罗平汉 ◎ 著

HUIKAN MAOZEDONG

回看毛泽东

人民出版社

大革命时期毛泽东的农村调查 /1

调查研究是毛泽东一生事业的特殊组成部分。毛泽东早年就非常注重社会实践,既读"有字之书",又读"无字之书"。正因为他极为注重社会调查,尤其是农村调查,才对中国社会有着透彻的了解,也才能在"众人皆醉"的社会氛围中,号准中国农村之脉,准确把握革命规律。

"朱毛之争"与古田会议 /16

1929 年夏,红四军内部在如何建党建军问题上,曾发生了一场争论,并直接涉及毛泽东与朱德,史称"朱毛之争"。

在中共红四军七大上,争论非但未能解决,反而在选举前委书记时,毛泽东意外落选了。

革命与利益——毛泽东的《寻乌调查》与《兴国调查》/55

在革命战争年代,因为革命主要发生在农村,地主阶级也就成为被打倒的对象。当下有人认为,当年的土地改革根本没有必要,理由之一是中国土地集中并不严重;理由之二是纵使土地集中在地主手中,从生产力发展的角度来看,土地的集约经营比分散经营更有利。其实对于这个问题,从毛泽东的《寻乌调查》中似乎可以得到一些解答。

1931年赣南会议毛泽东为何被指责为"狭隘经验论" /65

中共六届四中全会后,王明等人开始向各根据地派出大批干部,一时间"钦差大臣满天飞"。

1931年11月的赣南会议,是毛泽东受到不公正待遇的起点。在这次会议上,他被指责为"狭隘经验论",随后又进一步被作为"右倾机会主义"而遭受批判。从1931年11月到红军长征离开中央苏区,毛泽东在近三年的时间成为王明集团排挤与打击的对象,长期处于"靠边站"的境地。

宁都会议上毛泽东为何失去对红军的指挥权 /83

1932年5月长汀会议后,毛泽东与中共苏区中央局之间的关系有所缓和,曾一度重新担任红一方面军总政委,但好景不长,双方矛盾再度激化,1932年9月的宁都会议,毛泽东失去了对红军的指挥权。

宁都会议无疑是一次集中批判毛泽东的会议,对于周恩来在宁都会议上的表现,中共苏区中央局很不满意,认为他"在斗争上是调和的"。对于这种指责,周恩来表示不能接受。

宁都会议后毛泽东与中共临时中央的关系 /101

宁都会议后,毛泽东实际上处于无事可做的境地。但他在中央苏区仍有威望,于是中共临时中央刚一到中央苏区,就开展矛头直指毛泽东的反"罗明路线",甚至提出要将他送到苏联去。

这时的毛泽东完全处于"靠边站"的地位,后来他回忆说:那时候,"连一个鬼也不上门。我的任务是吃饭、睡觉和拉屎。还好,我的脑袋没有被砍掉。"

抗战爆发后毛泽东强调独立自主 /114

1937年6月,中共闽粤边特委代理书记何鸣同粤军第一五七师通过谈判,达成合作抗日协定。但是,由于何鸣对国共合作的复杂性认识不足,将红军游击队带往漳浦县城集中改编,以致发生近千名游击队员被国民党军队缴械的"漳浦事件"(即何鸣事件)。

国共合作实现后中共面临的这种复杂情况,使毛泽东、张闻天等中共领导人对党内可能出现的右倾危险,保持着高度的警惕,一再强调要保持中共在统一战线中的独立性。

1937 年十二月会议毛泽东被"孤立"的原因 /126

在 1937 年的十二月会议上,刚从莫斯科回国的王明系统阐述了他关于抗日民族统一战线的主张,得到与会多数人的认同,而此前一再强调必须警惕右倾投降危险,保持中共在统一战线中独立性的毛泽东却显得"孤立"。十二月会议后,毛泽东曾对李维汉说:"我的命令不出这个窑洞。"

由于王明在报告中点了刘少奇的名,所以刘"在会上受到了许多人点名或不点名的批评"。毛泽东后来在谈到这次政治局会议时说:"十二月会议上有老实人受欺骗,作了自我批评,以为自己错了。"

毛泽东的新民主主义理论 /141

大革命失败后,中共开展武装斗争,举起"苏维埃革命"的旗帜,苏区老百姓很长时间却不知苏维埃为何物。抗战爆发后,中共承认"三民主义为中国之必要",又发生了共产党的"三民主义"与国民党的"三民主义"如何区分的问题。毛泽东的新民主主义理论,旗帜鲜明地提出了中共的各项主张,为中国革命的胜利奠定了理论基础。

毛泽东为什么要发动延安整风 /172

　　在中央苏区几起几落的人生经历,使毛泽东对教条主义尤为反感。不论是刘安恭,还是宁都会议上"反毛反得最厉害"的任弼时,以及开展反"罗明路线"的博古、张闻天等人,都有在莫斯科学习的经历,在毛泽东看来,他们身上都有教条主义。

　　在后来的整风中,王明成为教条主义的标本和众矢之的,但在毛泽东准备发动这场运动之时,他眼中教条主义的代表人物更多的恐怕还是张闻天。

毛泽东怎样发动延安整风 /192

　　1941年9月召开的中共中央政治局会议,成为整风运动启动的标志性事件。在九月会议上,王明先是指责他人检讨错误不彻底,继而又说要向中央揭穿一个秘密,他说,博古、张闻天当年领导的中央是不合法的。

　　王明揭露出这个"秘密",显然是为把博、张二人彻底搞臭搞倒,使博古、张闻天等人不但背上犯了路线错误的责任,而且还存在"篡位"和假传圣旨的问题。然而,王明此举实有落井下石之嫌,结果弄巧成拙,引火烧身,这恐怕是他始料不及的。

毛泽东对夺取全国政权的科学预计 /214

　　抗战胜利后,中共中央对时局也曾作出过乐观的估计,开始做参加联合政府的准备,甚至计划将中央机关迁到江苏的淮阴。

全面内战爆发之后,毛泽东等中共领导人多次对中共战胜蒋介石所需的时间作出预计。1948年3月,毛泽东曾说:同蒋介石的这场战争,可能要打六十个月。前三十个月是我们"爬坡"到顶点;在后三十个月叫做"传檄而定"。

毛泽东与农业合作化运动 /227

毛泽东严厉批评邓子恢等人"右倾",认为他们对合作化运动的领导"象一个小脚女人,东摇西摆地在那里走路",对合作化运动有"过多的评头品足,不适当的埋怨,无穷的忧虑,数不尽的清规和戒律",是一种右倾错误的指导方针。随后各地纷纷检查"右倾保守思想",批判"小脚女人",对农业合作化运动作出重新部署,农业合作社于是迅猛发展起来。

毛泽东与"双百"方针 /270

关于"双百"方针,毛泽东说得很清楚,是"艺术方面的百花齐放","学术方面的百家争鸣"。可是,1957年的整风运动中,却将"百家争鸣"变成了向执政党的工作和执政党的干部提意见,学术"争鸣"变成政治"争鸣",从而偏离了"百家争鸣"的本意。

在反右派运动的准备阶段,为了"引蛇而洞","百家争鸣"作为一种策略还在使用;到了正式反右之后,"百花齐放"就变成了一枝独秀,"百家争鸣"也就变成了一家独鸣。

毛泽东为什么批评反冒进 /294

毛泽东在中共中央政治局会议上主张追加20亿的基本建设投资，但与会的大多数人不赞成。据胡乔木回忆："会上尤以恩来同志发言最多，认为追加预算将造成物资供应紧张，增加城市人口，更会带来一系列困难等等。毛泽东最后仍坚持自己的意见，就宣布散会。会后，恩来同志又亲自去找毛主席，说我作为总理，从良心上不能同意这个决定。这句话使毛主席非常生气。不久，毛主席就离开了北京。"

"大跃进"中毛泽东相信亩产过万斤吗？/330

1958年"大跃进"在农业生产上一个突出的特点，就是各地争先恐后大放各种高产"卫星"，于是有了亩产七八千斤的小麦，几万斤甚至十几万斤的水稻。其实，当年那些亩产万斤甚至更高的粮食高产"卫星"，如同"皇帝的新衣"，稍有常识的人都不可能信以为真，只不过是谁也不愿把它揭穿而已。那么，出身于农民并对农村十分熟悉的毛泽东，果真相信亩产万斤吗？

毛泽东是如何发现人民公社问题的 /342

建立人民公社时，各地在分配上搞"吃饭不钱"的供给制，大办公共食堂，实行农民生活集体化，大有共产主义很快到来之势。毛泽东通过调查，发现人民公社存在许多问题。当他了解到有些公社搞集体住宿时很生气，说这种搞法是给国民党对共产党的诬蔑帮忙，这些干部头脑发昏了，怎么共产党不要家庭呢？他还说：河南提出四年过渡到共产主义，马克思主义"太多"了，搞社会主义没有耐心怎么行？

毛泽东与人民公社基本核算单位的下放 /363

对于农业"六十条",毛泽东倾注了大量的心血,也希望有了这个东西,农村和人民公社的发展就有了规矩,就不至出大的乱子。但是,是否有了"六十条",农村和人民公社就不会再出问题,农民的积极性就能提高,毛泽东也是心中没底。他认为有了"大包干",就能解决大队内部的平均主义问题,不需要再搞"责任田"一类的包产到户了。

毛泽东生平与思想研究述评 /382

对毛泽东生平与思想的介绍,最早可以追溯到20世纪30年代。而严格意义上的研究则是中共十一届三中全会之后才开始的。1993年以来,毛泽东生平与思想的研究取得了重大进展。毛泽东为何过早放弃新民主主义社会,新民主主义社会能否"回归",毛泽东思想与中国特色社会主义理论之间的关系,成为近来学界讨论较多的话题。

大革命时期毛泽东的农村调查

　　调查研究是毛泽东一生事业的特殊组成部分。毛泽东早年就非常注重社会实践,既读"有字之书",又读"无字之书"。正因为他极为注重社会调查,尤其是农村调查,才对中国社会有着透彻的了解,也才能在"众人皆醉"的社会氛围中,号准中国农村之脉,准确把握革命规律。

　　调查研究是毛泽东一生事业的特殊组成部分。邓小平后来说:"毛泽东同志从参加共产主义运动、缔造我们党的最初年代开始,就一直提倡和实行对于社会客观情况的调查研究,就一直同理论脱离实际、一切只从主观愿望出发、一切只从本本和上级指示出发而不联系具体实际的错误倾向作坚决的斗争。"①正因为毛泽东在民主革命时期非常注重调查研究,尤其是极为注重农村调查,他才对中国革命时期的社会情形有着透彻的了解,也才能在"众人皆醉"的社会氛围中,号准中国农村之脉,准确把握革命规律,找到一条符合中国国情的革命道路。

---

　　① 《邓小平文选》第二卷,人民出版社 1994 年版,第 114—115 页。

一、《中国佃农生活举例》

早在湖南第一师范学校求学时期,毛泽东就非常注重社会实践,既重视读"有字之书",又重视读"无字之书"。他认为,以往思想界"很少踏着人生社会的实际说话",结果,"凑热闹成了风","不容易引入实际去研究实事和真理"。① 因此,要积极主动地进行社会调查。他在给友人的一封信中说:"吾人如果要在现今的世界稍为尽一点力,当然脱不开'中国'这个地盘。关于这地盘内的情形,似不可不加以实地的调查,及研究。"②

在这一思想指导下,毛泽东开始了其人生中的初期农村调查实践——"游学"。1917 年的七、八月间,他利用暑期与同学萧子升漫游了长沙、宁乡、安化、益阳、沅江五个县,历时一个月,行程九百余里,沿途接触了城乡各阶层人员,了解当地风土人情,获得了许多新鲜知识。第二年春天,他和蔡和森沿洞庭湖南岸和东岸,经湘阴、岳阳、平江、浏阳几县,游历了半个多月。正如后来人们所评价的:"他日后养成的调查研究作风,从这里已可看出些端倪。"③

虽然在中国共产党成立之前,毛泽东就已用"游学"的方式进行过社会调查,但在成为马克思主义者后的一段时间里,农民问题并没有引起他的高度重视。恽代英曾写信给毛泽东说,我们也可以学习陶行知到乡村里去搞一搞。毛泽东认为,现在在城市工作还忙不过来,哪里还顾得上农村。后来,他曾多次讲到这个问题。1938 年 3 月 21 日,他在延安抗日军政大学三大队的临别演讲中说:"十五年前,恽代英主张去做平民教育工作,我没有去。"④所以在建党之初,毛泽东的主要精力也是放在领导工人运动上。他

---

① 《毛泽东早期文稿》,湖南出版社 1990 年版,第 363 页。
② 《毛泽东早期文稿》,湖南出版社 1990 年版,第 474 页。
③ 中共中央文献研究室:《毛泽东传(1893—1949)》,中央文献出版社 1996 年版,第 22 页。
④ 中共中央文献研究室:《毛泽东传(1893—1949)》,中央文献出版社 1996 年版,第 107 页。

真正意义的农村调查,是从 1924 年年底开始的。

这年 12 月,毛泽东离开上海回到家乡韶山养病。在家乡的半年时间里,他一边养病一边利用串门、走亲访友等形式进行社会调查。毛泽东通过同各种人的接触和访问,了解到韶山附近农民的生产、生活和各种社会情况。其间,他特地到安化县考察这里的社会和革命斗争情况。在进行社会调查的同时,毛泽东还秘密建立了中共韶山支部和社会主义青年团组织,组织农民协会,成立了 20 多所农民夜校,并领导家乡农民进行了"阻禁平粜"和争夺教育权等斗争。

毛泽东在组织和领导韶山一带农民运动的过程中,收集了许多关于农民生产和生活的材料。他以这些材料为根据,再加上在湘潭西乡同佃农张连初交谈所得情况,写成了《中国佃农生活举例》一文。1927 年 3 月,这篇调查作为中央农民运动讲习所丛书之一正式出版。这是目前保存下来的毛泽东用文字写成的最早的一篇调查材料。

毛泽东以一个壮年勤敏的佃农作为分析对象,"假定事实:一个壮年勤敏佃农,租人 15 亩田(一佃农力能耕种之数),附以相当之园土柴山,并茅屋一所以为住宅。此佃农父母俱亡,仅一妻一子,妻替他煮饭喂猪,子年十二三岁,替他看牛。这个佃农于其租来之 15 亩田,可以全由自己一人之力耕种,不需加雇人工。因穷,田系贩耕,没有押租银可交,所以田租照本处通例要交十分之七"。① 这个佃农一年的支出是:食粮共 72 元(大洋,下同)、猪油共 3 元、盐 3.12 元、灯油 0.84 元、茶叶 2 元、工资 36 元、种子 2.4 元、肥料 18 元、牛力 9.824 元、农具消耗 6.6055 元、杂用 12 元,以上 11 项共计 167.3655 元。

这个佃农一年的收入,每亩年获稻谷 4 石,15 亩共获 60 石,交租 42 石(十分之七),自得 18 石,每石价 4 元,共 72 元;喂猪每年 40 元;冬季或砍柴或挑脚可寻钱 20 元;工食省余(九、十、十一三个月出外砍柴挑脚,不在家里吃饭做事)15.72 元;以上 4 项共计 147.72 元。收支相抵,亏空 19.6455元。而每年 147.72 元收入,还须假定在下列六个条件之下才有可能:(一)绝无水、旱、风、雹、虫、病各种灾害;(二)身体熬炼,绝无妨碍工作之疾病;

---

① 《毛泽东农村调查文集》,人民出版社 1982 年版,第 28 页。

(三)精明会计算;(四)所养猪牛不病不死;(五)冬季整晴不雨;(六)终年勤劳,全无休息。

事实上,这六个条件同时具备者很少,尤其是第三和第五个条件。因为"穷苦佃农总是老实者多精明者少,在生存竞争十分剧烈之今日农村,此点关系荣枯极大;而冬天往往风雨连绵,害得穷苦农民大大减少砍柴挑脚之收入"。而且第一条的天然灾害,第二条的疾病,第四条的牲畜病症,都是在所难免。所以,毛泽东调查后得出的结论是:"中国之佃农比牛还苦,因牛每年尚有休息,人则全无。然事实上佃农不能个个这样终年无一天休息地做苦工,稍一躲懒,亏折跟来了。这就是中国佃农比世界上无论何国之佃农为苦,而许多佃农被挤离开土地变为兵匪游民之真正原因。"①

1925年12月1日,毛泽东在国民革命军第二军编印的《革命》第4期上,发表了《中国社会各阶级的分析》一文,其中分析了"半无产阶级"的经济地位和政治态度。这里的"半无产阶级",主要指的就是农民。毛泽东此时将"半无产阶级"划分为半自耕农、贫农、小手工业者、店员、小贩等五种,认为绝大部分半自耕农和贫农是农村中一个数量极大的群众。所谓农民问题,主要就是他们的问题。他还具体分析了半自耕农和贫农的三种不同的经济状况及其不同的革命性。

次年1月1日,毛泽东又在《中国农民》第1期上发表《中国农民中各阶级的分析及其对于革命的态度》一文。文章将农村分大地主、小地主、自耕农、半自耕农、半益农、贫农、雇农及乡村手工业、游民等阶级和阶层。认为大地主是中国农民的死敌,是帝国主义军阀的真实基础,是封建宗法社会的唯一坚垒;小地主对于现代的革命采取矛盾态度;自耕农的情况比较复杂,但革命高潮到来时,各种自耕农是全部可以倾向革命的;至于半自耕农、半益农、贫农都是要求革命的,但因其经济地位有差异,故革命性也有所不同;而雇农在农村中是"甚感痛苦者,做农民运动极要注意";游民无产阶级"很能勇敢奋斗,引导得法可以变成一种革命力量"。对农村的不同阶级阶层的经济地位和政治态度,作如此详细的分析,在当时党内是不多见的,而

① 《毛泽东农村调查文集》,人民出版社1982年版,第33页。

"在韶山从事农民运动的实践,无疑为他的这些分析提供了重要依据"①。

二、组织农讲所学员调查

1926 年 1 月,国民党在广州召开第二次全国代表大会。会议根据中国共产党人的提议,通过农民运动的决议案,设立农民运动委员会,毛泽东、林祖涵(林伯渠)、萧楚女等九人为委员。3 月 16 日,农民运动委员会举行第一次会议,决定由毛泽东担任第六届广州农民运动讲习所所长。

广州农民运动讲习所是 1924 年 7 月创办的,由彭湃担任主任(第二届至四届由共产党员阮啸仙担任主任,第五届仍由彭湃任主任)。农讲所每届时间为 1 个月,学员毕业后选派为农民运动特派员。第六届学员来自全国 20 个省,共 300 多人,是历届农讲所规模最大的一次。这些学员大部分是工人、农民、小学教师和青年学生,他们把各自所熟悉的当地农村情况带进农讲所。"毛泽东认为这是了解农村的极好机会,他就把这些学员作为调查对象,向他们了解各地农村各方面的情况。毛泽东经常向学员印发一些调查表格,要求学员们把自己知道的情况填写出来。"②

当年参加第六届农讲所学习的湖南籍学员王首道,在 1961 年撰写的《革命的摇篮——回忆广州农民运动讲习所》一文中说:"在农讲所的整个学习过程中,毛泽东同志教育和引导我们始终坚持理论联系实际的革命学风。在这期间,他除了引导学员坚持社会调查外,还以学员为对象,作了许多关于农民问题的调查研究工作,并在教学中充分运用这些材料,坚持理论与实际相结合。"③河北籍学员张明远也回忆说:"毛泽东还在学员中成立农民问题研究会,充分利用学员来自全国这一有利条件,亲自主持召集来自各

---

① 中共中央文献研究室:《毛泽东传(1893—1949)》,中央文献出版社 1996 年版,第 114 页。

② 孙克信等编著:《毛泽东调查研究活动简史》,中国社会科学出版社 1984 年版,第 37 页。

③ 王首道:《怀念集》,湖南人民出版社 1983 年版,第 13—14 页。

省的学员开调查会。不能参加调查会的,都发给调查提纲。从阶级关系、宗教信仰,到风俗习惯、秘密社团,以及歌谣谚语等等,都在调查之列。"①

由于第六届农讲所的学员来自各省,根据毛泽东的建议,在教务主任陆沉(当时是共产党员)的指导下,农讲所根据学员所在地区,分别组成了两广、湖南、湖北、江西、福建、江浙、安徽、四川、云贵、奉直、山东、豫陕、三个特区(热河、察哈尔、绥远)13个"农民问题研究会"。每个研究会推选干事1人,书记1至8人,由其主持会务。研究会每星期开会一二次,引导学员研究实际问题,要求学员就如下问题开展调查:

(一)租率;(二)主佃的关系;(三)抗租减租平粜等风潮;(四)利率;(五)拖欠逼账及烂账等情形;(六)田赋;(七)抗粮情形;(八)厘金杂税杂捐及临时捐;(九)自耕农半自耕农佃农雇农数目比较;(十)地主的来源;(十一)货物价格与农产品价格之比较;(十二)工价;(十三)失业情形;(十四)祠堂组织及族政情形;(十五)地方公会组织及财产状况;(十六)地方政治组织;(十七)地方政治情形;(十八)会党及土匪;(十九)团防情形;(二十)教育状况;(二十一)销售何种洋货影响如何;(二十二)兵祸及其影响;(二十三)天灾及其影响;(二十四)贪官污吏及其影响;(二十五)烟赌偷抢各种情形;(二十六)出产什么及其销售地;(二十七)妇女的地位;(二十八)农民的观念及感想;(二十九)从前与现在地价之比较;(三十)从前与现在农产品价格之比较;(三十一)农村组织状况;(三十二)地质之肥沃;(三十三)宗教之信仰状况;(三十四)度量衡;(三十五)民歌;(三十六)成语。

第六届农讲所学员通过搜集农村各方面的材料,集体讨论分析,加深了对农村中各阶级经济与政治关系的认识,学到了如何进行调查研究的方法,提高了观察问题和分析问题的能力。为了使学员掌握实际的调查研究方法,毛泽东还组织学员分别到当时农民运动开展得较好的海丰、韶关等地农村,进行实地调查研究,"了解农村各阶级状况,了解农会组织及对敌斗争的方法,学习农会的工作经验,增强了学员们从事农民运动的决心"。②

第六届农讲所的学员撰写了一批调查报告,毛泽东对此十分重视,亲自

---

① 张明远:《我的回忆》,中共党史出版社2004年版,第41页。
② 孙克信等编著:《毛泽东调查研究活动简史》,中国社会科学出版社1984年版,第40页。

给学员们修改调查报告，并把一部分调查报告和调查材料编入《农民问题丛刊》，作为研究和指导农民运动的重要材料。他在为《农民问题丛刊》写的序言《国民革命与农民运动》指出："农民问题乃国民革命的中心问题，农民不起来参加并拥护国民革命，国民革命不会成功；农民运动不赶速地做起来，农民问题不会解决；农民问题不在现在的革命运动中得到相当的解决，农民不会拥护这个革命。"①要发动农民起来革命，就必须了解农民，开展深入的农村调查。为此，他号召："我们的同志于组织工人组织学生组织中小商人许多工作以外，要有大批的同志，立刻下了决心，去做那组织农民的浩大的工作。要立刻下了决心，把农民问题开始研究起来。要立刻下了决心，向党里要到命令，跑到你那熟悉的或不熟悉的乡村中间去，夏天晒着酷热的太阳，冬天冒着严寒的风雪，挽着农民的手，问他们痛苦些什么，问他们要些什么。从他们的痛苦与需要中，引导他们组织起来，引导他们向土豪劣绅争斗，引导他们与城市的工人、学生、中小商人合作建立起联合战线，引导他们参与反帝国主义反军阀的国民革命运动。"②

对于农讲所学员的调查研究，毛泽东给予了充分的肯定。他说："说到研究农民问题，便感觉太缺乏材料。这种材料的搜集自然要随农民运动的发展才能日即于丰富，目前除广东外各地农运都方在开始，所以材料是异常贫乏。这回尽可能搜集了这一点，印成这一部丛刊，作为各地农运同志的参考。其中各省农村状况调查一部分，乃农民运动讲习所第六届学生三百余人所做，在学生们分别组织的各该省农民问题研究会内提出讨论，又经过相当的审查才付印的。他们以前多没有农民状况的详细的调查，故所述只属大略。然从前连大略都没有，今有了一点，便也觉得可贵。我们应该拿了这一点大略，在不久的时期内从各地的实际工作实际考察中引出一个详细的具体的全国的调查来。"③

从各地的调查中，"引出一个详细的具体的全国的调查来"，以此推动农民运动的发展和中国革命高潮的到来，这是毛泽东倡导农讲所学员开展农村调查的根本目的。在中国共产党内，毛泽东不是最早从事农民运动的，

---

① 《毛泽东文集》第一卷，人民出版社 1993 年版，第 37 页。
② 《毛泽东文集》第一卷，人民出版社 1993 年版，第 39 页。
③ 《毛泽东文集》第一卷，人民出版社 1993 年版，第 39—40 页。

但他此时在党内对农民问题认识的深度已走在前列。周恩来后来曾评价说:"从这个运动中,能看到革命的发展是走向农民的革命战争,能看到革命发展这个全局的,在我们党内的代表是毛泽东同志。他接办农民运动讲习所,进行农民土地问题的调查研究,出了二十几种小册子,历届讲习所的学生后来分散到湖南、湖北和其他各地,发动了广大的农民运动。"①

三、对湖南农民运动的考察

1926年11月,毛泽东从广州到上海,担任中共中央农民运动指导委员会书记,负责领导全国的农民运动。主持中央农委工作后,毛泽东所做的第一件事,就是制定《目前农运计划》。这个《计划》提出,农民运动要首先在那些具备条件而又在国民革命中具有重要意义的地方大力开展起来。"在目前状况之下,农运发展应取集中的原则。全国除粤省外,应集中在湘、鄂、赣、豫四省发展;次则陕西、四川、广西、福建、安徽、江苏、浙江七省亦应以相当的力量去做。"②

为了实施这个计划,毛泽东于11下旬前往长江沿线一带视察,联络江西、湖南、湖北诸省国民党省党部,商办武昌农民运动讲习所事宜。12月初,毛泽东抵达当时革命的中心武汉。

随着北伐战争的胜利进军,全国出现了一个以湖南为中心的农民运动高潮,其势如暴风骤雨,迅猛异常。蓬勃发展的农民革命斗争,引起了帝国主义、土豪劣绅、封建军阀、贪官污吏和国民党右派的恐慌,他们攻击污蔑农民运动是"痞子运动"、"惰民运动",叫嚷农民运动"糟得很"。就在此时,对于正在风起云涌的农民运动究竟应当持什么样的态度,中国共产党内部也出现了激烈争论。

这年12月13日至18日,中共中央在汉口召开特别会议,毛泽东以中

---

① 《周恩来选集》上,人民出版社1980年版,第117页。

② 中央档案馆:《中共中央文件选集》第2册,中共中央党校出版社1989年版,第461页。

央农委书记身份参加了这次会议。这次会议根据陈独秀的政治报告作出的决议案说:当前"各种危险倾向中最主要的严重的倾向是一方面民众运动勃起之日渐向'左',一方面军事政权对于民众运动之勃起而恐怖而日渐向右。这种'左'右倾倘继续发展下去而距离日远,会至破裂联合战线,而危及整个的国民革命运动。"①根据这个分析,会议规定当时党的主要策略是:限制工农运动发展,反对"耕地农有",以换取蒋介石由右向左;同时扶持汪精卫取得国民党中央、国民政府和民众运动的领导地位,用以制约蒋介石的军事势力。②

在这次会议上,陈独秀指责湖南工农运动"过火""幼稚"、"动摇北伐军心"、"妨碍统一战线"等。但也不少人不同意陈独秀的意见,中共中央委员、湖南区委书记李维汉提出,根据湖南农民运动的发展趋势,应当解决农民土地问题,"毛泽东赞同湖南区委的主张,但陈独秀和鲍罗廷不赞成马上解决土地问题,认为条件不成熟,说目前主要是满足农民的减租减息、武装自卫、反抗土豪劣绅、反抗苛捐杂税的迫切要求,并且认为不应以赞成不赞成解决土地问题作为是否左派的标准。会议基本上按照陈独秀和鲍罗廷的主张通过了决议。"③

毛泽东可以说是在陈独秀、李大钊的影响下成为马克思主义者的,他原本对陈独秀十分敬重,但此时陈独秀的形象在他的心目中产生了动摇。"当面对着复杂的问题需要作出决断时,毛泽东历来主张应该从调查研究入手,把事实先切实地弄清楚。带着农民运动是否'过火'、'幼稚'的问题,他决心实地考察一下,看看农村的实际情况究竟是怎么一回事。"④恰好在此时,湖南省第一次农民代表大会在长沙召开,大会电请他回湘给予指导。于是,他从汉口到了长沙。

参加完湖南省第一次农民代表大会后,毛泽东经与中共湖南区委商定,

---

① 中央档案馆:《中共中央文件选集》第2册,中共中央党校出版社1989年版,第569页。

② 中共中央文献研究室:《毛泽东传(1893—1949)》,中央文献出版社1996年版,第121页。

③ 李维汉:《回忆与研究》上,中共党史资料出版社1986年版,第104页。

④ 中共中央文献研究室:《毛泽东传(1893—1949)》,中央文献出版社1996年版,第122页。

为参加会议的代表开办了一个短训班,并作了三次关于农民问题及调查方法的报告。短训班结束后,毛泽东于1月4日动身前往湘潭,考察湖南农民运动。

1月4日至9日,毛泽东先后在湘潭县城和湘潭的银田、韶山一带考察。在湘潭县城,毛泽东召集县农协、工会、妇联、商联、青年等组织的负责人召开座谈会,了解农民组织起来的情况和斗争土豪劣绅的情况。回到韶山调查时,毛泽东发现此时的情形与1925年他离开时已大不一样了:祠堂成了农民协会的会址,农民协会组织农民修塘、修坝、禁烟、办农民夜校,韶山成了农民的天下。过去雨神庙里有很多游民,现在也没有了,他们有的参加了农民协会,有的在劳动。而且妇女也来开会了,甚至她们还要坐头席,过去她们不能进的祠堂也可以大摇大摆地进了。闻讯赶来的宁乡县高露乡的农会干部告诉他,这个乡的国民党区分部实行的是"二民主义",因为他们取消平粜米,还把领头争取平粜的鞋匠关进县监狱,取消了"民生主义"。在银田寺,人们告诉他,原团防局长汤峻岩等自民国二年以来就杀人50多,活埋4人,最先被杀的竟是两个无辜的乞丐。

1月9日至14日,毛泽东来到湘乡考察。他首先来到外婆家的唐家圫,并将舅父、表兄弟和一些老农请来座谈。在湘乡县城,又召集县农协的主要负责人开调查会。在调查中他边问边记:农会组织得怎么样,乡里人对农民协会有什么看法,有没有反对农民协会的,等等。他还多次邀集湘乡县农协、工会、妇联、商联、青年等组织的负责人座谈,了解农民运动的情况,并邀请一些区农民协会的委员长,听取他们对农民运动的意见。在调查中,有人告诉他,湘乡历来牌赌盛行,鸦片流毒很广,农民协会一成立,首先禁止赌钱打牌,禁止抽鸦片烟。还有人告诉他,有个大土豪逃到长沙,到处攻击农民运动,说"那些一字不识的黑脚杆子,翻开脚板皮有牛屎臭,也当了区农民协会的委员长,弄得乡里不安宁";留在乡下的小劣绅怕打入另册,却愿意出10块钱要求参加农会。

1月15日至23日,毛泽东到衡山县考察。在该县白果乡,人们告诉他,农会掌了权,土豪劣绅不敢说半个"不"字;妇女们也成群结队地拥入祠堂,一屁股坐下便吃酒席,族长老爷对此也无可奈何。在衡山县的福田铺,毛泽东在农协所在的圣帝庙开调查会,调查农民运动的情况。他还到宋家桥走访农户,找开明绅士座谈,了解他们对农民运动的看法。在衡山县城,他又邀请农协及其他群众组织的负责人座谈,并详细地了解了农民武装的情况。

1月24日,毛泽东回到长沙,将他在湘潭、湘乡、衡山三县的调查情况,详细地向中共湖南区委负责人作了报告,并到长沙郊区作了考察。

1月27日至2月3日,毛泽东再次离开长沙,前往醴陵考察。在这里他多次召开各种座谈会,听取农民运动情况的汇报,研究如何加强对农运的领导,扩大农民运动组织,发展农民武装,建立和巩固农民政权的问题。还到离县城20余里的东富寺考察了3天,了解这里的农民运动情况。在醴陵县,毛泽东了解到,这里禁迷信、打菩萨之风颇盛行。北乡各区农民禁止家神老爷(傩神)游香。渌口伏波岭庙内有许多菩萨,因为办国民党区党部房屋不够,把大小菩萨堆于一角,农民无异言。自此以后,这一带死了人,敬神、做道场、送大王灯的,就很少了。他还了解到,有个诨号叫"乡里王"的土豪易萃轩,最初极力反对农协,后来又低头作揖,给乡农会送上"革故鼎新"的金匾,同时又把儿子送到仇视农民运动的何键(时任国民革命军第35军军长)的部队去当兵。

2月4日,毛泽东回到长沙,在长沙县城郊区再次邀请农民协会负责人座谈,了解长沙农民运动的情况。毛泽东原本还要对宁乡、新化、宝庆、攸县、武冈、新宁等县进行考察,后因时间关系未能成行。

回到长沙后,毛泽东向中共湖南区委作了几次报告,纠正他们认为农运过"左"的错误。这年2月,中共湖南区委写给中共中央的《湘区一月份农民运动报告》中说:"我们在此社会群向农运进攻之包围中,我们亦自认现在农运的确是太左稚,于是通告禁止农协罚款、捕人等事,而且限制区乡农运执行委员,皆须现在耕种之农民担任,对于罚款、逮捕之人,皆须扫除,几乎不自觉的站到富农、地主方面而限制贫农。自润之同志自乡间视察归来,我们才感贫农猛烈之打击土豪劣绅实有必要,非如此不足以推翻现在乡村之封建政治。"①

四、写作《湖南农民运动考察报告》

2月12日，毛泽东由长沙回到武汉。16日，他将考察的情况给中共中央写了一个报告，对农民运动作了高度评价。报告中说："在各县乡下所见所闻与在汉口在长沙所见所闻几乎全不同，始发现我们从前对农运政策上处置上几个颇大的错误点。"报告提出：党对农运的政策，应注意以"农运好得很"的事实，纠正政府、国民党、社会各界一致的"农运糟得很"的议论；应以"贫农乃革命先锋"的事实，纠正各界一致的"痞子运动"的议论；应以从来并没有什么联合战线存在的事实，纠正农协破坏了联合战线的议论。报告还提出，贫农有很高的革命热情，应解决贫农的土地问题和资本问题，在农村中大力发展党的组织，以应付急剧发展的革命形势。[①]

很快，毛泽东又将他在湖南考察农民运动的所见所闻、所思所想，写成了《湖南农民运动考察报告》（以下简称《报告》）。3月5日，《报告》在中共湖南区委机关刊物《战士》周刊最先作了刊登。3月12日，中共中央机关报《向导》周刊开始刊载，后由于陈独秀的反对被迫停止。4月，在瞿秋白的支持下出版单行本，由汉口长江书店印行。瞿秋白亲自为该书作序，热情地赞颂了农民运动，驳斥了污蔑和攻击农民运动的种种谬论，号召广大革命者要为农民说话。瞿秋白在序中强调指出："中国革命家都要代表三万万九千万农民说话做事，到战线去奋斗，毛泽东不过开始罢了。中国的革命者个个都应当读读毛泽东这本书，和读彭湃的《海丰农民运动》一样。"[②]两个月后，共产国际执委会机关杂志《共产国际》俄文版和英文版转载了这个报告。

《湖南农民运动考察报告》是一篇经典性的文献。报告强调，革命党人必须极端重视农民斗争，支持农民的革命行动，指出："所有各种反对农民

---

① 中共中央文献研究室：《毛泽东年谱（1893—1949）》上卷，人民出版社、中央文献出版社1996年版，第181—182页。

② 《瞿秋白文集》（政治理论编）第四卷，人民出版社1993年版，第574页。

运动的议论,都必须迅速矫正。革命当局对农民运动的各种错误处置,必须迅速变更。这样,才于革命前途有所补益。因为目前农民运动的兴起是一个极大的问题。很短的时间内,将有几万万农民从中国中部、南部和北部各省起来,其势如暴风骤雨,迅猛异常,无论什么大的力量都将压抑不住。他们将冲决一切束缚他们的罗网,朝着解放的路上迅跑。一切帝国主义、军阀、贪官污吏、土豪劣绅,都将被他们葬入坟墓。"①

《报告》肯定了湖南农民在运动中所做的十四件大事,都是革命的行动和完成革命的必要措施。指出:"农民的主要攻击目标是土豪劣绅,不法地主,旁及各种宗法的思想和制度,城里的贪官污吏,乡村的恶劣习惯。这个攻击的形势,简直是急风暴雨,顺之者存,违之者灭。其结果,把几千年封建地主的特权,打得个落花流水。"②"孙中山先生致力国民革命凡四十年,所要做而没有做到的事,农民在几个月内做到了。这是四十年乃至几千年未曾成就过的奇勋。这是好得很。完全没有什么'糟',完全不是什么'糟得很'。"③

《报告》中还说:"革命不是请客吃饭,不是做文章,不是绘画绣花,不能那样雅致,那样从容不迫,文质彬彬,那样温良恭俭让。革命是暴动,是一个阶级推翻一个阶级的暴烈的行动。农村革命是农民阶级推翻封建地主阶级的权力的革命。农民若不用极大的力量,决不能推翻几千年根深蒂固的地主权力。农村中须有一个大的革命热潮,才能鼓动成千成万的群众,形成一个大的力量。""政权、族权、神权、夫权,代表了全部封建宗法的思想和制度,是束缚中国人民特别是农民的四条极大的绳索。""地主政权,是一切权力的基干。地主政权既被打翻,族权、神权、夫权便一概跟着动摇起来"。④

在《湖南农民运动考察报告》中,毛泽东还提出了"推翻地主武装,建立农民武装"的思想,强调共产党人应站在前面领导农民运动。他说:"一切革命同志须知:国民革命需要一个大的农村变动。辛亥革命没有这个变动,所以失败了。现在有了这个变动,乃是革命完成的重要因素。一切革命同

---

① 《毛泽东选集》第一卷,人民出版社1991年版,第12—13页。
② 《毛泽东选集》第一卷,人民出版社1991年版,第14页。
③ 《毛泽东选集》第一卷,人民出版社1991年版,第15—16页。
④ 《毛泽东选集》第一卷,人民出版社1991年版,第17、31页。

志都要拥护这个变动,否则他就站到反革命立场上去了。"①

诚然,当年的湖南农民运动"不可避免地出现了一些'左'的偏差,诸如擅自捕人游乡,随意罚款打人,以至就地枪决,驱逐出境,强迫剪发,砸佛像和祖宗牌位……等等。这些做法容易失去社会的同情,对谷米的平粜阻禁,以及禁止榨糖酿酒,禁止坐轿,禁止穿长衫等,易使商人、中农和小手工业者产生反感,也使一般农民感到不便"。在运动中"还冲击了少数北伐军官家属,也引起同湖南农村有联系的湘籍军官的不满"。② 毛泽东的《湖南农民运动考察报告》本身,由于它的主要锋芒是指向当时党内外对农民运动的责难与抨击,回答农民运动到底是"好得很"还是"糟得很",因而对于一些具体问题的分析也确有不妥当之处,如将那些"踏烂鞋皮的,挟烂伞子的,打闲的,穿绿长褂子的,赌钱打牌四业不居的"无业游民,列入革命先锋之中,说他们"最革命",就缺乏一分为二的分析。这些无业游民固然有很强的革命性,但他们身上具有的流氓无产者的各种弱点,往往给革命带来很大的破坏性,而且这些人也容易为反动派所利用作为反革命的工具。又如,《报告》中提出的"矫枉必须过正,不过正就不能矫枉"的观点,也有些绝对化,因而《报告》在提出反右的同时,对于防"左"没有引起注意。就整个全党特别是党内领导层而言,当时的农民运动主要是要解决右的问题,但对于一些运动发展迅猛的地方,也确实出现了一些过左的做法,湖南的农民运动兴起迅速,而在蒋介石、汪精卫背叛革命之后又顿时退潮,固然是由于反动派对农民运动的残酷镇压,但与运动中那些过左行为失去社会同情亦不无关系。

尽管如此,毛泽东对湖南农民运动的考察和《湖南农民运动考察报告》,在中国革命史上有着极为重要的地位。这次对湖南农民运动的考察,使毛泽东看到了农民中所蕴含的革命力量,认识到动员组织农民参加革命,组织农民武装,建立革命政权的极端重要性,为他后来对农民问题的高度重视,为他成功开辟农村包围城市的革命道路,为他形成新民主主义革命的理论,起到了十分重要的作用。

---

① 《毛泽东选集》第一卷,人民出版社 1991 年版,第 16 页。
② 李维汉:《回忆与研究》上,中共党史资料出版社 1996 年版,第 97 页。

随后,毛泽东在由他主办的设在武昌的中央农民运动讲习所里,向来自全国各地的 800 多名学员系统地讲授了《报告》的内容,学员们深受鼓舞,纷纷把《报告》的精神函告家乡。方志敏从武汉回去时,"把毛泽东同志的《湖南农民运动考察报告》(手抄本)带回江西,向江西特别是赣东北农民运动的领袖、骨干分子,作了详尽的传达,并组织学习"。"在毛泽东同志农运思想的影响下","方志敏同志组织和领导的赣东北地区的农民运动,很快就如火如荼地发展起来"。① 湖北直接受到《报告》的影响,全省农协会员由 3 月份的 80 多万人,猛增到 6 月份的 250 万人。在此期间,农民武装迅速发展,土地斗争也逐渐由减租减息、抗租抗息进入到要求烧毁田契、分配土地的斗争,有些县的一些地主被迫交出了部分甚至全部土地。总之,毛泽东根据调查获得的材料,不但在《报告》中热情赞扬了农民的革命运动,而且还针对农民的要求和农运中的问题,提出了许多重要的观点,从而把已经开展起来的农民运动推进到一个新的阶段。

对于湖南农民运动考察的情况,1941 年 9 月 13 日,毛泽东在延安对中共中央妇委、中共中央西北局联合组成的妇女生活考察团介绍自己的调查经验时说:"中央要我管理农民运动。我下了一个决心,走了一个月零两天,调查了长沙、湘潭、湘乡、衡山、醴陵五县。这五县正是当时农民运动很高涨的地方,许多农民都加入了农民协会。国民党骂我们'过火',骂我们是'游民行动',骂农民把大地主小姐的床滚脏了是'过火'。其实,以我调查后看来,也并不都是像他们所说的'过火',而是必然的,必需的。因为农民太痛苦了。我看受几千年压迫的农民,翻过身来,有点'过火'是不可免的,在小姐的床上多滚几下子也不妨哩!"②

《湖南农民运动考察报告》不仅包含着丰富的农民运动思想,而且还特别强调了调查研究的重要性。毛泽东指出:"在乡下,在县城,召集有经验的农民和农运工作同志开调查会,仔细听他们的报告,所得材料不少。许多农民运动的道理,和在汉口、长沙从绅士阶级那里听得的道理,完全相反。许多奇事,则见所未见,闻所未闻。"③可见调查研究何其重要。

---

① 方志纯:《赣东北苏维埃创立的历史》,人民出版社 1980 年版,第 12 页。
② 《毛泽东文集》第二卷,人民出版社 1993 年版,第 379 页。
③ 《毛泽东选集》第一卷,人民出版社 1991 年版,第 12 页。

"朱毛之争"与古田会议

1929 年夏,红四军内部在如何建党建军问题上,曾发生了一场争论,并直接涉及毛泽东与朱德,史称"朱毛之争"。

在中共红四军七大上,争论非但未能解决,反而在选举前委书记时,毛泽东意外落选了。

1929 年年底召开的古田会议(即中共红四军第九次代表大会),在建党建军历史上留下了光辉的一笔。之所以召开这个会议,又与此前红四军内部在如何建党建军问题上曾发生的一场争论密不可分。过去一段时间,出于为尊者讳的缘故,相关党史著述写及古田会议时,对于这场争论的介绍常常是语焉不详。笔者拟在学术界已有研究成果的基础上,对这段历史再略作探讨。

一、红四军军委的"暂时停止"与重设

1928 年 4 月,毛泽东率领的工农革命军与朱德率领的湘南起义军在江西宁冈县的砻市会师。两军会师后,在砻市的龙江书院召开连以上干部会议,根据中共湘南特委的决定,两军合编为工农革命军第四军,由朱德任军

长,毛泽东任党代表,"朱毛红军"由此而来。接着,又召开中共工农革命军第四军第一次代表大会,选举产生以毛泽东为书记,朱德、陈毅等为委员的红四军军委。同年 5 月下旬,中共湘赣边界第一次代表大会召开,成立了中共湘赣边界特别委员会,选举毛泽东任特委书记。随后不久,红四军军委进行改选,由陈毅任军委书记。

这年 6 月 26 日,中共湖南省委给红四军(1928 年 5 月,中共中央发出通知,规定各地工农革命军改称工农红军)发来指示信,要求取消红四军军委,另成立红四军前敌委员会指挥四军与湘南党务及群众工作。中共湖南省委还指定红四军前敌委员会由毛泽东、朱德、陈毅、龚楚、宋乔生及兵士一人、湘南农民同志一人组成,毛泽东为书记,毛泽东、朱德、龚楚为常委。至于毛泽东此前所任的中共湘赣边界特委书记一职,则由中共湖南省委派来的杨开明继任。

7 月中旬,由于中共湖南省委派来红四军的代表杜修经坚持省委决定,要求红四军去湘南活动。红四军召开军委扩大会议,决定按照中共湖南省委的指示,将军委改称为前委,因毛泽东在永新,由陈毅代理前委书记。会后,前委指挥红四军第二十八、第二十九两个团(原湘南起义部队)前往湘南郴州;毛泽东以党代表名义指挥第三十一团、第三十二团留在井冈山。7 月下旬,前往郴州的部队遭受重大损失,其中第二十九团几乎全部散失。8 月 23 日,毛泽东率第三十一团在湖南桂东与朱德、陈毅率领的第二十八团会合。当晚,红四军前委召开扩大会议,决定红四军主力重返井冈山,并取消前委,组织行动委员会指挥部队行动,以毛泽东为书记。

此前的 6 月 4 日,中共中央致信朱德、毛泽东及红四军前委,认为有"前敌委员会组织之必要",并指出:"前敌委员会的名单指定如下:毛泽东,朱德,一工人同志,一农民同志,及前委所在地党部的书记等五人组织,而以毛泽东为书记。前委之下组织军事委员会(同时即是最高苏维埃的军事委员会),以朱德为书记。"信中还提出,前委所管辖的范围"当然要由环境决定",暂时可包括湘赣边界工农武装割据各县,"所有这一区域内的工作完全受前委指挥"。至于前委同江西、湖南两个省委的关系,中共中央要求"如前委在江西境内时受江西省委指导,在湖南境内时受湖南省委指导,同时与两个省委发生密切关系"①。

朱、毛收到中共中央这封信时已是 11 月 2 日。11 月 6 日，毛泽东主持召开中共湘赣边界特委扩大会议，讨论中共中央 6 月 4 日的来信，并根据中共中央的指示，决定重新成立红四军前委，由毛泽东、朱德、谭震林（地方党部书记）、宋乔生（工人）、毛科文（农民）五人组成，毛泽东任书记。11 月 14 日至 15 日，中共红四军第六次代表大会召开，选举 23 人组成军委，由朱德任书记，陈毅改任士兵委员会秘书长。当时，红四军前委和军委的书记都是中共中央指定的，军委隶属于前委，军委委员的名单由前委指定。

1929 年 1 月，红四军前委在宁冈县的柏露村召开红四军军委、红五军军委、湘赣边界特委常委及边界各县党组织负责人和红四军、红五军代表参加的联席会议，决定由毛泽东、朱德率红四军主力出击赣南，彭德怀率红五军留守井冈山。2 月初，红四军到达湘粤赣三省交界的罗福嶂山区时，前委在这里召开扩大会议。此次会议鉴于部队行军打仗和军情紧急，为了减少领导层次，决定"军委暂时停止办公，把权力集中到前委"，由前委直接领导军内各级党委，朱德的军委书记一职也暂时停止。② 对于这个情况，同年 9 月陈毅在向中共中央报告红四军的党务工作时也说："四军出发赣南，前委在事实上随军走，所以只能管军队，至多连〔达〕到某地作一点巡视地方党的工作，同时军队每日行动均须决定，因此觉得军委前委发生重复，遂将军委停止职权，由前委直接指挥两个团委，及特务营委及军部特支，颇觉便利敏捷，同时前委权力超过特委军队行动脱离了地方主义的束缚。"③

2 月 2 日，中共中央政治局召开会议，专门讨论朱毛红军撤离井冈山后的行动方针问题。由于当时中共中央对红四军的情况不很了解，中共六大组成的新中央回国后，半年内几次派人送信给朱、毛，但始终未能联系上，中共中央对此"莫不胜焦念"。红四军撤出井冈山在赣南一带游击的消息，中共中央是从报纸上的报道中得知的。为此，中共中央认为，在目前形势下，

---

① 《中央致朱德、毛泽东并前委信》(1928 年 6 月 4 日)，中央档案馆：《中共中央文件选集》第 4 册，中共中央党校出版社 1989 年版，第 256—257 页。

② 中共中央文献研究室：《朱德年谱》(新编本) 上，中央文献出版社 2006 年版，第 134 页。

③ 《陈毅关于朱毛红军的党务概况报告 (二)》(1929 年 9 月 1 日)，中央档案馆：《中共中央文件选集》第 5 册，中共中央党校出版社 1990 年版，第 772—773 页。

红四军很难形成一个大的割据局面,部队应分散活动,朱德和毛泽东应当离开红四军,以减少敌人的目标。会议决定,由周恩来起草一封信给红四军。此信史上称之为"中央二月来信"。

"中央二月来信"的全称是《中央给润之、玉阶两同志并转湘赣边特委信——关于目前国际国内形势和党的军事策略》。信中强调:"目前党的主要工作在建立和发展党的无产阶级基础(主要的是产业工人支部)与领导工农群众日常生活的斗争和组织群众。""因此,你们所领导的武装力量也宜在这一全国政治形势和党的任务前面重新下一责任的估定。中央依着六次大会的指示,早就告诉你们应有计划地有关联地将红军的武装力量分成小部队的组织散入湘赣边境各乡村中进行和深入土地革命。"中共中央要求红四军"在适宜的环境中(即是非在敌人严重的包围时候)可能的条件下(依照敌人的军力配置和我们武装群众的作战能力与乡土关系)",将武装力量分编散入各乡村去。部队的大小可依照条件的许可定为数十人至数百人,最多不要超过五百人。"这些分编的部队必须互有联络互相策应,且须尽可能地散在农民中间发动农民的日常斗争走入广大的土地革命。"①

来信还要求朱、毛离开部队到中央工作,并且说:"两同志在部队中工作年余,自然会有不愿即离的表示,只是中央从客观方面考察和主观的需要深信朱毛两同志在目前有离开部队的必要:一方朱毛两同志离开部队不仅不会有更大的损失且更利便于部队分编计划的进行,因为朱毛两同志留在部队中目标既大,徒惹敌人更多的注意分编更多不便,一方朱毛两同志于来到中央后更可将一年来万余武装群众斗争的宝贵经验供献到全国以至整个的革命。两同志得到中央的决定后,不应囿于一时群众的依依而忽略了更重大的更艰苦的责任,应毅然地脱离部队速来中央。"②

4月3日,毛泽东、朱德收到中共中央的二月来信。4月5日,中共红四军前委召开会议,对此进行讨论。会后毛泽东根据会议所讨论的情况给中共中央复信,认为二月来信对客观形势和主观力量的估计"都太悲观了",

---

① 《中央给润之、玉阶两同志并转湘赣边特委信——关于目前国际国内形势和党的军事策略》(1929 年 2 月 7 日),中央档案馆:《中共中央文件选集》第 5 册,中共中央党校出版社 1990 年版,第 34—36 页。

② 同上书,第 37 页。

不赞成将队伍分散到农村游击和朱毛离开红四军,强调:"中央若因别项需要朱毛二人改换工作,望即派遣得力人来。我们的意见,刘伯承同志可以任军事,恽代英同志可以任党及政治,两人如能派来,那是胜过我们的。"①

随后,中共中央不再坚持朱、毛离开红四军,也没有将朱毛认为能"胜过"他们的刘伯承和恽代英派来(刘伯承后来到了中央苏区,但已是1932年1月的事了),而将刚从苏联学习回来的刘安恭派来了。

刘安恭是这年5月上旬来到当时红四军的驻地宁都的。刘安恭是四川永川(今属重庆)人,1918年赴德国留学。在德国期间,刘安恭结识了朱德、章伯钧等中共旅欧支部的成员,"共同的追求、共同的理想,使他们成为志同道合的同志和朋友"②。1924年,刘安恭回国后,被派往四川军阀杨森部做秘密工作,公开身份是杨部参谋和成都市电话局长。不久,杨森在四川军阀混战中被逐出成都,驻扎在万县,杨森让刘安恭署理兵运事务,为自己招兵买马。1926年8月,朱德根据中共中央的指示,前来万县做杨森部的统战工作,与刘安恭再次相遇。同年9月"万县惨案"发生后,刘安恭因策动杨森部一个团易帜,遭杨通缉而潜往武汉。不久,朱德也离开杨森的部队去了武汉。1927年年初,朱德在南昌国民革命军第三军军官教导团任团长,刘安恭任副团长。刘参加了著名的八一南昌起义,起义失败后,根据中共中央的指示前往苏联高级射击学校学习。1929年年初,刘从苏联回国,随即被中共中央任命为特派员,前往红四军工作。

刘安恭在苏联学习过军事,又是中共中央直接派来的,毛泽东和朱德对他的到来自然很重视,于是红四军前委决定恢复2月初曾"停止办公"的军委,并由刘安恭担任军委书记兼军政治部主任。同年6月1日,毛泽东给中共中央的报告中曾这样说:"去年十一月以前全军有军党部,十一月的中央指示后,组织比前妥。前委设军委管辖前委的各级党部(团委营连委支部)兼及地方赤卫队,前委于指导红军之外还有对地方党部指导。今年一月四军从湘赣边界出发向闽赣边境,每日行程或作战,在一种特殊环境之下,应付这种环境,感觉军委之重叠,遂决议军委暂时停止办公,把权力集中到前

---

① 《红军红四军前委给中央的信》(1929年4月5日),《毛泽东文集》第一卷,人民出版社1993年版,第57页。

② 参见赵广瑞:《红四军领导人刘安恭因"托派"埋名》,《炎黄春秋》2000年第2期。

委,前委直接指导之下组织委员会。现在因时间开长而发达红军数量比前大增,前委兼顾不来,遂决定组织军的最高党部,刘安荣〔恭〕同志为书记兼政治部主任。"①

报告中所言重新恢复军委,主要是"因时间开长而发达红军数量比前大增,前委兼顾不来",固然也是事实。红四军离开井冈山后,起初在赣粤边境的大余、信丰一带活动并不顺利。后来陈毅在给中共中央的报告中说:"一月十四日,四军军部率二十八,三十一两〈团〉及一特务营出发赣南游击,企图击破湘赣会剿,一月二十八日与赣军三团战于大庾,因当地无群众组织,事前不知敌人向我进攻,以致仓猝应战,我军未能全数集中,并因兵力累积重叠于一线致失利,我军引退折回粤边南雄界,取闽粤赣边界转至吉安兴国一带,沿途皆两省交界,红军没有群众帮助,行军宿营侦探等事非常困难,敌人又有样轮班穷追(原文如此——引者注)政策,我军为脱离敌人,每日平均急行九十里以上,沿途经过山领〔岭〕皆冰雪不化困苦加甚,复于平顶坳、崇仙圩、圳下、瑞金四地连战四次皆失利,枪械虽未有大的损失,但官〈兵〉经过三十日左右之长途急行军已属难支"②。

不过,到了2月之后,红四军的情况有了改观。2月9日,也就是农历除夕这天,在江西瑞金的大柏地打了一个漂亮的伏击战,消灭了一直尾追红四军的国民党军独立第七师(师长刘士毅)的两个团大部,俘敌团长以下八百余人。随后,进占宁都县城,并在李文林等人创建的东固根据地休整了一个星期。3月中旬,攻占福建长汀县城,歼敌两千余人,缴枪五百余支,击毙敌旅长郭凤鸣。还在这里利用缴获的敌人被服厂,赶制了四千套军装,这是红四军自成立以来第一次有了统一着装。占领长汀后,红四军回师赣南,在宁都、瑞金、兴国一带活动,建立三县县级革命政权。5月,红四军第二次入闽,攻占龙岩、永定等县城。

在这个过程中,红四军自身也得到了一定的发展。这年6月1日毛泽东在给中共中央的报告中说:"红军第四军一二三纵队由大庾失败退到赣

---

① 《红军第四军前委书记毛泽东给中央的报告》(1929年6月1日),中央档案馆:《中共中央文件选集》第5册,中共中央党校出版社1990年版,第684页。

② 《陈毅关于朱毛的历史及状况的报告(一)》(1929年9月1日),中央档案馆:《中共中央文件选集》第5册,中共中央党校出版社1990年版,第754—755页。

南时人数由三千六百,减至三千,计损失六百(内有百余名受伤与病,现在东固疗养实际损失二百)。六日都(此处可能是指宁都,大柏地位于宁都瑞金两县交界处,但属于瑞金——引者注)大柏地对刘旅一战幸已补充,但因没有兵提,将所有之枪给江西红军第二团去。三个月来,人数增加一千六百,枪数增加五百(汀州宁都龙岩坎市四役共得枪八百支,三百多等坏些的发给地方赤卫队去了),连原有共计二千。""现在计在前委管辖下与前委有发生关系的共有三个部队,一是四军一二三纵队,枪二千,这是主力,二是湘赣边界部队有枪一千四百,三是江西第三〔二〕四团枪一千,共计四千五百枪。这三部分大体说都可说是有相当的战斗力的正式军队,都是从最困难的反革命高潮下创造出来的。"①

从毛泽东的这个报告中可以看出,大柏地战斗之后的几个月,红四军确实得到了较大的发展,增加了一千多兵力,并且配合地方党组织建立了几个县的革命政权,但这恐怕不是恢复军委的全部理由。更重要的是,刘安恭来头大——中共中央直接派来,而且又有国际背景——在苏联学习,所以朱、毛对刘的到来十分重视,先让刘担任军政治部主任(这一职务原本是毛泽东兼的),后又于5月23日攻占龙岩城后,前委决定成立临时军委,并由刘担任军委书记。一时间,刘成了红四军内仅次于朱、毛的第三号人物。

时下一些人对以毛泽东为书记的中共红四军前委此间设立临时军委之事颇有微词,意即毛泽东实际上在红四军搞个人专断,军委书记这样重要的职务,他想取消就取消,他想恢复就恢复。笔者认为,这件事恐怕与毛泽东搞个人专断难以直接挂上钩来,而很大程度上是因人设事的需要。因为刘是中央下派的"钦差大臣",又有在莫斯科啃过洋面包、喝过洋墨水的背景,在那个全党对苏联普遍崇拜的年代,凡是从莫斯科回来者多少都带有神圣的光环。现在刘安恭来了,如何给他在红四军内安排一个合适的职务,是毛泽东为首的红四军前委不能不考虑的问题。

---

① 《红军第四军前委书记毛泽东给中央的报告》(1929年6月1日),中央档案馆:《中共中央文件选集》第5册,中共中央党校出版社1990年版,第684页。

二、"朱毛之争"的起因

离开井冈山之后,由于"处境困难,屡遭挫折。于是,红四军内部,包括高级领导干部中,对井冈山时期以及下山后的一些政策和作法产生了各种议论。对红军中党的领导、民主集中制、军事和政治的关系、红军和根据地建设等问题,争论更一直不断。"①收到中共中央的二月来信后,这些争论又逐渐发展到基层。而刘安恭的到来和这个临时军委的设立,进一步加剧了红四军内部的这场争论,并且涉及毛泽东和朱德,也就是史上所说的"朱毛之争"。

在"朱毛之争"中,刘安恭自然是一个关键人物,有的著述中甚至说在这场争论中,他和林彪"起了很坏的作用"。刘与林彪的一些言行,使争论得以激化固然是事实,但如果将这场"朱毛之争"的责任都归结到他们两人身上,似乎将历史简单化了。

引发"朱毛之争"的,其实并不在于是否设立临时军委,而是前委与军委之间的职权如何划分。其导火线就是刘安恭担任军委书记一职后不久,就作了一项限制前委权力的决定:前委只讨论行动问题,不要管军事。曾经历过这场争论的萧克在《朱毛红军侧记》一书中回忆说:"问题就出在新组织的军委。刘安恭在军委会讨论工作时,对上级机关——前委作了条决议,'前委只讨论行动问题'。对这条决定,许多人就觉得不合适,下级怎么能决定上级的权力范围呢? 从而议论纷纷。"②时任红四军政治部秘书长的江华也在其回忆文章中说:"他(指刘安恭——引者注)刚由苏回国不久,不了解中国红军发展历史和斗争情况,就主张搬用苏联红军的一些做法,并在他主持的一次军委会议上作出决定:前委只讨论行动问题,不要管其他事。这个决定限制了前委的领导权,使前委无法开展工作。显而易见,这个决定是

---

① 中共中央文献研究室:《朱德传》,人民出版社1993年版,第175页。
② 萧克:《朱毛红军侧记》,中共中央党校出版社1993年版,第89页。

错误的,是不利于革命斗争的,自然引起许多同志的不满。这时,原来在井冈山时期即存在的关于红军建设问题又开始议论起来,一些不正确的非无产阶级思想也颇有表露。"①

刘安恭主持的军委作出这样的决议,显然是违背中共中央精神的。当时中共中央在关于红四军工作的指示中说得很清楚,前委不仅领导所在红色区域的地方工作,而且是在前委之下组织军委,也就是说,军委是前委的下级组织,现在作为下级的军委竟然对其上级的前委作出限制性的决定,作为前委书记的毛泽东对此不满,也就是情理之中的事了。

问题在于刘安恭为书记的军委能作出这样一个决定,似乎并不完全是刘个人所为。他初来乍到,对于红四军可以说是人地两生,虽然有"钦差大臣"的身份,但这样一个决定的作出,至少说明军内负责的干部中,有部分人对此是赞成或者同情的。由此也可以看出,"朱毛之争"表面看是前委与军委之争,实际情形并不是这样简单。

对于这个问题,中共中央文献研究室编纂的《毛泽东传(1893—1949)》是这样论述的:"转战赣南闽西的过程中,红军的环境相当艰苦。部队中,包括领导层中,对有些问题的认识出现了分歧。这时,刚从苏联回国的刘安恭,由中共中央派到红四军工作,担任临时军委书记兼军政治部主任,对毛泽东从实际出发的一些正确主张任意指责。这就促发了红四军党内关于建军原则的一场争论。"②

可见,这场争论所涉及的,并非只是前委与军委的职权划分问题,也并非是刘安恭来后才发生的,只不过是由于刘安恭任临时军委书记后加剧了这场争论而已。

1929 年 9 月,陈毅在给中共中央的报告中曾提到这个问题。他说:"因四军是由各种自有其本身奋斗的历史部队而组成,混编的办法始终未执行,因此历史的残余尚保留在一般同志的脑中,武昌出发(毛部)南昌出发(朱部)的资格在军队中是有相当的尊重的,尤其军队的习惯,一班,一排,一连,一营,一团,生活各为一集团,农民的自私关系,自然要划分界而且非常

① 江华:《关于红军建设问题的一场争论》,《党的文献》1989 年第 5 期。
② 中共中央文献研究室:《毛泽东传(1893—1949)》,中央文献出版社 1996 年版,第200—201 页。

清楚,因此小团体主义的色彩就很浓重,各团为各团争利益,如〔各〕营为各营争利益,各连为各连争利益,如枪弹人员之类则主张自己要多,如担任勤务则主张自己要少一点,尤其各连还有同乡关系,广东人,湖南人,北方老乡,他们总是情投意合,分外不同,遇有病痛,以这一类人为最能帮忙自己的。"①当时红四军中下级干部有这种"小团体"主义,那么军中高级干部的情况如何,陈毅报告中没有提及,恐怕很难说一点也没有。

还应该看到,红四军虽然是中国共产党领导的新型人民军队,但毕竟有相当部分是由原来的国民革命军脱胎而来。在国民革命军中,虽然也有党代表制,有政治工作人员,但党代表与政治工作人员在军队中的地位与作用,与红军是不可同日而语的。在某种程度上,红军中的党代表和政治工作人员的地位或许还要高出同级军官,这就难免使一些军官不习惯。陈毅在报告中同样提到这个问题。他说:"政治工作人员与军官常常发生纠纷,恍惚是国民革命军旧习一样。前委为根本解决这个问题,特考查政治工作人员与军官可以有四个方式:一个政治工作人员与军官平等(结发夫妻式),结果天天要吵嘴。二、把政治工作人员权力只限于政治训练,这样军官权力过大,政治人员会变成姨太太。三、照江西红军二四团的办法,军官须听命于政治工作人员,这样成了父子式了。四、军官与政治人员平等,由党内书记总其成,一切工作归支部,这样可以解决许多纠纷,划分职权,但这要许多人材了"②。其实,红四军内部发生这场争论,在一定程度上可以说是新型人民军队在初创时期难以完全避免的。

但是,刘安恭的到来加剧了这场争论,用《毛泽东传》所说的"促发"倒也贴切。刘的第一"促",就是作出了前委不能讨论军事的决定,这就涉及前委与军委的关系问题,不难理解他的这一决定是针对毛泽东的。刘与毛泽东没有任何的历史关系,而刘与朱德可以说不但是同乡,而且是相识多年的旧友。革命当然没有地域之别,革命者也应当以党的事业、革命大局为重,不能有旧时代的同乡关系,但革命毕竟是在中国进行的,中国旧有的习

---

① 《陈毅关于朱毛军的历史及状况的报告(一)》(1929年9月1日),中央档案馆:《中共中央文件选集》第5册,中共中央党校出版社1990年版,第776页。

② 《陈毅关于朱毛军的历史及状况的报告(一)》(1929年9月1日),中央档案馆:《中共中央文件选集》第5册,中共中央党校出版社1990年版,第773—774页。

俗(如重乡谊之类),不可能在革命者身上一点也不发生影响。

我们现在当然无法确认刘与朱、刘与毛之间的私人情谊有什么样的区别,不过有一点是可以肯定的,毛泽东对刘安恭的印象始终不佳。

1936年夏秋,毛泽东在同美国记者斯诺谈到红四军转战赣南闽西后的情况时说,这时"红军在物质上和政治上的情况都有了改进,但是还存在着许多不良倾向","1929年12月在闽西古田召开红军第九次党代表大会以后,许多这样的弱点都被克服了。大会讨论了改进的办法,消除了许多的误解,通过了新的计划,这就为在红军中提高思想领导奠定了基础。在这以前,上面所说那些倾向是十分严重的,而且被党内和军事领导内的一个托洛茨基派别利用了来削弱运动的力量。这时开展了猛烈的斗争来反对他们,有些人被撤销了党内职务和军队指挥职务。刘恩康(应为刘安恭——引者注)——一个军长(应为军委书记——引者注),就是其中的一个典型。据揭发,他们阴谋在对敌作战时使红军陷入困境而消灭红军。"①说刘安恭是托派当然不是事实,刘也没有要"消灭红军"的阴谋,这说明毛泽东对刘安恭确有很深的成见。

事隔多年,毛泽东对刘安恭的印象仍旧没有什么改观。他在1961年3月的广州中央工作会议上,结合对《调查工作》(即《反对本本主义》)一文的介绍,强调调查研究的重要。在介绍到这篇文章的第二节时,毛泽东说:"这中间批评了许多巡视员,许多游击队的领导者,许多新接任的工作干部,喜欢一到就宣布政见,看到一点表面、一个枝节,就指手画脚地说这也不对,那也错误。这是讲四中全会(指标志王明在中共中央取得统治地位的中共六届四中全会——引者注)以前的事。那一批人以刘安恭为首,他和一些人刚刚来就夺取军权,军队就落到了他们手里。他们一共四五个人,都当了前委委员,直到第九次代表大会。后来中央来信,说他们挑拨红军内部的关系,破坏团结。"②用一位古田会议研究专家的话说,"毛泽东显然夸大了刘安恭对红军建设的破坏作用,表明了他对刘安恭的耿耿于怀"③。

_____

① 埃德加·斯诺:《西行漫记》,生活·读书·新知三联书店1979年版。
② 《在广州中央工作会议上的讲话》(1961年3月23日),《毛泽东文集》第八卷,人民出版社1999年版,第256—257页。
③ 蒋伯英:《朱毛红军与古田会议》,福建人民出版社2009年版,第150页。

虽然 1929 年春夏红四军内部的这场争论可以追溯到下井冈山之初,但刘安恭的到来及临时军委书记一职的设置,加剧了这种争论并且使之表面化确是事实。差不多在此一年前,即 1928 年 6 月,中共六大在莫斯科召开。由于交通问题,六大有关文件传送到红四军时,已是 1929 年 1 月了。接到六大通过的有关文件后,红四军前委自然要组织学习。六大通过的党章规定:"共产国际,中国共产党全国大会,中央委员会及其他上级机关的决议,都应当迅速而正确的执行。同时在未经决议以前,党内的一切争论问题可以自由讨论。"①这样一来,"大多数人从关心党、爱护党的角度出发,发表自己的看法,展开争论。"②一时间,军委书记究竟该不该设,成了红四军中的一个热门话题。

三、湖雷会议与白砂会议

1929 年 5 月底,红四军前委在福建永定的湖雷召开会议。会上,就个人领导与党的领导、前委与军委的分权等问题发生了争论。一种意见是要求成立军委,理由是:"既名四军,就要有军委",建立军委是完成党的组织系统;而前委"管的太多"、"权力太集中"、"代替了群众工作",是"书记专政",有家长制倾向。半个月后,毛泽东在给林彪的信中,曾是这样描述主张设立军委的意见的:"争论的焦点是在现在时代军党部要不要的问题,因为少数同志坚决地要军委,遂不得不攻击前委,于是涉及党的机关的本身问题,'党太管多了'、'权太集中前委了'就是他们攻击的口号。在辩论中论到支部工作,便有人说出支部只管教育同志的话,这亦是由于党的管辖范围问题生出来的,因为他们主张党所过问的范围是要限制的,便不得不主张支部工作也是要有限制的了。因为党的意志伸张,个人意志减缩,一切问题都要在各级党的会议席上议决之后,才许党员个人依照

① 《中国共产党党章》(1928 年 7 月 10 日通过),中央档案馆:《中共中央文件选集》第 4 册,中共中央党校出版社 1990 年版,第 480 页。

② 萧克:《朱毛红军侧记》,中共中央党校出版社 1993 年版,第 89 页。

决议去执行工作,使得个人没有英雄式的自由,于是从要有相当自由要求出来的'一支枪也要问过党吗?''马夫没有饭吃也要党去管吗?'这就成他们嘲笑党部精密细小工作的口号了。以上是他们在湖雷前委会议时发表的意见"①。

　　另一种意见是不必再设军委,因为现在领导工作的重心在军队,军队指挥需要集中而敏捷,由前委直接领导更有利于作战,不必设置重叠的机构,并且批评要求设立军委的人是"分权主义"。至于毛泽东本人,对是否应设军委态度很明确,他认为,"少数同志们硬是要一个军委,骨子里是要一个党的指导机关拿在他们的手里"。在他看来,虽然主张设立军委的人提出的理由"是冠冕堂皇的,可惜完全是一种形式主义罢了"。那种"既名四军,就要有军委","完成组织系统应有军委"的说法,是完全形式主义的。"现在只有四千多人一个小部队,并没有多数的'军'如中央之下有多数的省一样。行军时多的游击时代与驻军时多的边界割据时代又绝然不同,军队指导需要集中而敏捷。少数同志们对这些实际的理由一点不顾及,只是形式地要于前委之下、纵委之上硬生生地插进一个军委,人也是这些人,事也是这些事,这是什么人都明白在实际上不需要的。"

　　毛泽东还认为,少数人为了成立新的指导机关——军委,便不得不搜出旧的理由,攻击旧的指导机关——前委以至支部,指责党代替了群众的组织、四军党内有家长制。其实他们的"这种攻击又全陷于形式主义",因为"党的组织代替群众组织,自有四军党以来就是严禁的,就前委指导下的工农组织说来,未曾有党的支部代替过工农协会的事,就兵士组织上说,未曾有任何一连的连支部代替过连士兵委员会的事,这是四军中有眼睛的人都见到的。至于党部机关代替了群众机关或政权机关,如纵委代替了纵队士委、纵队司令部、纵队政治部,前委代替了军士委、军司令部、军政治部,亦是从来没有过"②。

　　毛泽东的这些话,虽然不是他在湖雷会议上所讲,而是6月14日给林

───────────────

　　① 《给林彪的信》(1929年6月14日),《毛泽东文集》第一卷,人民出版社1993年版,第67—68页。
　　② 《给林彪的信》(1929年6月14日),《毛泽东文集》第一卷,人民出版社1993年版,第70—71页。

彪的信中写的,但基本反映了他对是否应当设立军委一事的态度。至于这场争论中另一个主要当事人朱德,在湖雷会议上对此持什么态度,相关文献中似乎没有留下什么记载。

湖雷会议并没有解决军委是否应该设立的问题,可以说是议而未决。因此,6月1日,毛泽东在湖雷给中共中央写了一份报告,汇报红四军在赣南、闽西的斗争状况,以及红四军、红五军、江西红军独立第二团和第四团的实力和党组织的概况。至于湖雷会议所发生的争论,信中只是简单地说:"党内现发生些毛病,正在改进中。"①

这次会议后,红四军第二次攻占龙岩,并在这里建立了革命委员会,这是闽西继长汀、永定之后的第三个红色政权。6月7日,红四军攻克上杭的白砂。第二天,红四军前委在白砂再次召开会议,再度讨论军委问题。出席会议的人员较之湖雷会议有所扩大,达到41人。毛泽东在会上提出了一份书面意见,认为前委、军委分权,前委不好放手工作,但责任又要担负,陷于不生不死的状态;还说,"对于决议案没有服从的诚意,讨论时不切实论争,决议后又要反对且归咎于个人,因此,前委在组织上的指导原则根本发生问题"。毛泽东甚至表示,"我不能担负这不生不死的责任,请求马上调换书记,让我离开前委"②。

会上,朱德就党以什么方式领导红四军的问题发表意见,认为党应该经过无产阶级组织的各种机关(苏维埃)起核心作用去管理一切;表示极端拥护一切工作归支部的原则,并认为红四军在原则上坚持得不够,成为一切工作集中于前委,前委对外代替群众机关,对内代替各级党部;还认为党员在党内要严格执行纪律,自由要受到纪律的限制,只有赞成执行铁的纪律,方能培养全数党员对党的训练和信仰奋斗有所依归。③

朱毛之间在要不要坚持党对红军的领导上没有分歧,所不同的是领导方式。"朱德更多地强调党支部的作用和一切工作归支部的原则,不赞成

---

① 《红军第四军前委书记毛泽东给中央的报告》(1929年6月1日),中央档案馆:《中共中央文件选集》第5册,中共中央党校出版社1990年版,第684页。

② 中共中央文献研究室:《毛泽东年谱(1893—1949)》上卷,人民出版社、中央文献出版社1993年版,第278页。

③ 中共中央文献研究室:《朱德年谱》(新编本)上,中央文献出版社2006年版,第148页。

前委代表群众组织和各级党委的职权。这同毛泽东的主张有着明显的差异。"①

白砂会议以 36 票对 5 票通过决议,取消临时军委,刘安恭的临时军委书记自然被免除,随后改任第二纵队司令员,政治部主任一职由陈毅继任。毛泽东对于会议的这一结果是满意的,他在 6 月 14 日给林彪的信中这样说:"因为现在的四军的党是比第一、二时期都有显然的进步,各纵队的基础已是不能动摇,个人自私的欲望决定会被群众所拒绝,我们只要看四十一个人会议中三十六票对五票取消那少数同志们硬要成立军委的一件事,就可知道大多数人一定不会拥护他们的'不利于团结,不利于革命'的主张了"②。

事后看来,毛泽东对于白砂会议的估计过于乐观了。其实,"争论的根本问题仍未解决,少数人还把党内分歧意见散布到一般指战员中去,情况日趋严重"③。

这时,这场争论中的另一个重要人物出场了,这就是红四军第一纵队司令员林彪。6 月 7 日,也就是白砂会议的当天,林彪给毛泽东写信,其中含沙射影地攻击朱德:"现在四军里实有少数同志的领袖欲望非常高涨,虚荣心极端发展。这些同志又比较在群众是有地位的。因此,他们利用各种封建形成一无形结合(派),专门吹牛皮地攻击别的同志。这种现象是破坏党的团结一致的,是不利于革命的,但是许多党员还不能看出这种错误现象起而纠正,并且被这些少数有领袖欲望的同志所蒙蔽的阴谋,(附)和这些少数有领袖欲望的同志的意见,这是一个可叹息的现象。"④

对于林彪给毛泽东这封信的时间,现在出版的一些著述说法各一。有的说,"第一纵队司令员林彪在开会前写信给毛泽东,含沙射影地攻

---

① 蒋伯英:《朱毛红军与古田会议》,福建人民出版社 2009 年版,第 146 页。

② 《给林彪的信》(1929 年 6 月 14 日),《毛泽东文集》第一卷,人民出版社 1993 年版,第 68 页。

③ 中共中央文献研究室:《毛泽东传(1893—1949)》,中央文献出版社 1996 年版,第 201 页。

④ 中共中央文献研究室:《朱德年谱》(新编本)上,中央文献出版社 2006 年版,第 148 页。

击朱德"①。亦有的说是"白砂会后的当天夜里,(林彪)给毛泽东写了一封急信"②。"就在这次会议的当天晚上,(林彪)给毛泽东送来了一封急信"③。江华则回忆说:"当天夜里,林彪给毛泽东同志送来一封急信,主要是表示不赞成毛泽东离开前委,希望他有决心纠正党内的错误思想。"④

不论林彪这封信是写于会前还是会后,确实在一定程度起到了挑拨朱毛关系的作用。林彪从南昌暴动起就是朱德的部下,跟随朱德一路转战到了井冈山,并从连长、营长升至团长(纵队司令员)。红四军成立之初,军下有师,但只过了个把月,就取消了师的编制,由军直辖团。部队下井冈山后,在寻乌的罗福嶂进行整顿,将团改为纵队,全军只有第一、第三两个纵队,林彪为第一纵队司令员。此时的林彪还只有22岁。

于是,林彪给毛泽东写信的动机,就成了史家不能不分析的话题。有著述说,林彪在信中表示不赞成毛泽东离开前委,并称希望他有决心纠正党内的错误思想,这当然是无可非议的。但信中也暴露了林彪写信的严重私心。"林的私心已经在此之前的6月上杭县白砂一次支队长以上干部会议上便公开暴露过。他在会上说:'朱德在赣南行军途中,说我逃跑暴露了目标,给了我记过处分,这点我不在乎,就是这个月扣了我两块钱饷,弄得我没钱抽烟,逼得我好苦。'其实,林彪对朱德给他处分是很在乎的,他马上就给毛泽东写了一封攻击朱德的信,说朱德'好讲大话'、'放大炮'、'拉拢下层'、'游击习气'(指衣着破烂不整,说话高兴时喜欢提裤子)。现在,林彪认为出气的机会终于来了,于是,他又给毛泽东写这封信。"⑤

亦有著述说,据经历过当年斗争的老同志分析,林彪对朱德的不满由来已久。有三件事使林彪对朱德耿耿于怀。一是1927年南昌起义失败后,朱德率起义军余部向湘南转移途中,林彪曾想脱离队伍开小差,但没有走出去又回来了,朱德为此严厉地批评了他;二是在井冈山时期,第二十八团团长

---

① 中共中央文献研究室:《朱德年谱》(新编本)上,中央文献出版社2006年版,第148页。

② 李蓉、吴为:《朱德与毛泽东》,中共党史出版社1998年版,第72页。

③ 庹平主编:《朱德与中共党史重大事件》,中央文献出版社2001年版,第136页。

④ 江华:《关于红军建设问题的一场争论》,《党的文献》1989年第5期。

⑤ 庹平主编:《朱德与中共党史重大事件》,中央文献出版社2001年版,第136页。

王尔琢牺牲后,有人提议由时任第一营营长的林彪继任,但朱德鉴于林彪在湘南时的表现没有马上同意,后来林彪了解到这一情况后对朱记恨在心;三是下井冈山后部队在寻乌的项山遭敌人突袭时,第二十八团担任后卫,时任该团团长的林彪拉起队伍就走,致使毛泽东、朱德和军直属机关被抛在后面,情况十分紧急,朱德在战后严厉批评了林彪,并扣发了他当月的薪金,林彪对朱德更加不满。所以,林彪是借此次朱毛之间的争论,攻击朱德,以泄私愤。①

四、毛泽东和朱德"各作一篇文章"

林彪究竟是出于何种动机给毛泽东写信暂且不论,但林彪的这种态度的确获得了毛泽东的好感。根据前委"各作一篇文章,表明他们自己的意见"的要求,毛泽东于6月14日在福建连城县的新泉给林彪写了回信,并送交前委。信中开始就说:"你的信给我很大的感动,因为你的勇敢的前进,我的勇气也起来了,我一定同你及一切谋有利于党的团结和革命的前进的同志们,向一切有害的思想、习惯、制度奋斗。"

毛泽东在信中说:"因为现在的争论问题,不是个人的和一时的问题,是整个四军党的和一年以来长期斗争的问题,不过从前因种种原因把它隐蔽了,到近日来才暴露出来。其实从前的隐蔽是错误了,现在的暴露才是对的,党内有争论问题发生是党的进步,不是退步。"由此可见,1929年春夏的朱毛之争,并不是刘安恭的到来才引发的,很大程度上是朱、毛两支革命军队会师后,在一系列的问题上存在不同认识积累所致。

自红四军成立以来,毛泽东任党代表兼前委书记,朱德任军长并兼一段时间的军委书记。红四军是由两支来自不同地区的革命武装合编而成,也正因为两支革命武装的会师,才有了著名的"朱毛红军"。两支来自不同地域、不同历史渊源、不同领导者的部队之所以能融合起来,能成为一个有机

---

① 李蓉、吴为:《朱德与毛泽东》,中共党史出版社1998年版,第72—73页。

的整体,就在于两支部队都是共产党领导的革命武装,两军将士都把党的利益视为最高利益。同时也应看到,两支队伍毕竟来源不同,会合的时间不久,而且其成员或则来自于旧军队,或则来自刚刚放下农具参加革命的农民,难免受到旧思想、旧作风的影响。朱、毛之间在一些问题上(如党与军队、前委与军委的关系、军长与党代表的权责等)产生不同认识和不同看法也是很正常的。

在红四军的这场内部争论中,最核心的无疑是党与军队的关系问题。用毛泽东信中的话说:"个人领导与党的领导,这是四军党的主要问题。"之所以这个问题成为当时争论的核心,毛泽东在信中,其实对此已作了很透彻的分析。他说:"讨论这个问题,我们首先要记得的就是四军的大部分是从旧式军队脱胎出来的,而且是从失败环境中拖出来的。我们记起了这两点,就可以知道一切思想、习惯、制度何以这样地难改"。"红军既是从旧式军队变来的,便带来了一些旧思想、旧习惯、旧制度的拥护者和一些反对这种思想、习惯、制度的人作斗争,这是党的领导权在四军里至今还不能绝对建立起来的第一个原因。不但如此,四军的大部分是从失败环境之下拖出来的(这是1929年),结集又是失败之前的党的组织,既是非常薄弱,在失败中就是完全失了领导。那时候的得救,可以说十分原因中有九分是靠了个人的领导才得救的,因此造成了个人庞大的领导权。这是党的领导权在四军里不能绝对建立起来的第二个原因。"

毛泽东在信中将红四军党与军队的关系分三个时期作了分析。第一个时期是红四军成立到1928年9月重回边界。"党在这时期中不能有绝对的指挥权,小团体主义充分存在而发展,党不敢作调动枪枝上的尝试,红军后方兼顾主义与少数同志的红军本位主义是冲突的,军需制度和编制法规未能建立,个人支配政治和武器的事常常有的,这时候的党从连到军从它的实质说是处在一种从属的地位,在某些问题上是绝对听命于个人。"

第二个时期是1928年9月重回边界到这年3月占领长汀(当时称汀州)。这时期内,从支部到前委党确处在指挥的地位了,原因是此时在湘南失败及大余一路逃难形势之下,"个人没有显出什么大领导,同时非依赖党的领导就会有塌台的可能"。此外,"这时期内党的组织与同志们的政治程度和斗争经验比起第一时期来确实进步些,少数同志不正确的言论行动比较不容易得到一般人的拥护,因此自己要收敛一些"。

第三时期是占领长汀到现在。"这一时期内党及红军的各方面实在都比以前进步了","各级党部更能无顾忌地讨论各种各样的问题","政治部成立,司令部的职权也有限制了"。"但因为党的意志极大的限度的伸张、个人意志感到从来未有的痛苦,一连打了几个胜仗和一种形式主义的理论从远方到来,这三样汇合所以爆发了近日的争论。"毛泽东这里讲到的"一种形式主义的理论从远方到来",指的显然就是刘安恭。

毛泽东认为,那些坚持要设军委并为此攻击前委的人,"骨子里是要一个党的指导机关拿在他们的手里,以求伸张那久抑求伸的素志(即与历来指导路线不同的另一指导路线),然而表现出的理由仍然是冠冕堂皇的,可惜完全是一种形式主义罢了。"

至于红四军党内是否存在家长制的问题,毛泽东认为,"同样是一种形式主义的观察"。他首先解释了何谓家长制。他说,家长制是只有个人的命令,没有集体的讨论,只有上级委派,没有群众选举。用这个定义来衡量,就能很清楚地判断出红四军有无家长制。毛泽东接着说,四军党的集体的讨论,从支部到前委历来是如此的,各级党部会议,特别是前委纵委两级会议,不论是常委会、全体会,应到委员之外,差不多每次到的有非委员的负责同志参加,这个问题各纵队和前委的会议记录都是有案可查的。凡是涉及全军的重大问题,如井冈山之出发问题讨论,东固之分兵讨论,以及这一次的争论及分兵问题讨论等等,总是征求群众意见的。因此,不能说四军党内只有个人命令没有集体讨论。

在毛泽东看来,红四军党内事实上找不出什么家长制,但为何有少数人有这样的说法?"就是四军中有一种党部书记兼充红军党代表制度,一些同志分不清楚党代表与书记在职务上是两样东西,因为党代表与军官的权限历来没有弄清楚,时常发生争权问题,由是引起了头脑不清楚的人把党代表在那里工作看做是党的书记在那里工作了。""要除去此弊,只有使党代表与书记分开,这是应该一面从内部找人,一面从外面多找人来才可以解决的"。

毛泽东进一步分析了红四军内部产生这样的纷争的思想根源。他在信中写道:"我们千万不要忘记红军的来源和它的成分,五月份统计,全军一千三百二十四名党员中,工人三百一十一,农民六百二十六,小商人一百,学生一百九十二,其他九十五,工人与非工人的比例是百分之二十三对百分之七十七。讨论到个人思想时,不要忘记他的出身、教育和工作历史,这是共产主义者的研究态度。四军党内显然有一种建立于农民、游民、小资产阶级之上的不正确的思想,这种思想是不利于党的团结和革命的前途的,是有离开无产阶级革命立场的危险。我们必须和这种思想(主要的是思想问题,其余是小节)奋斗,去克服这种思想,以求红军彻底改造,凡有障碍腐旧思想之铲除和红军之改造的,必须毫不犹豫地反对之,这是同志们今后奋斗的目标。"①

毛泽东在这封信中,明确提出了要从思想路线的高度,克服党内的非无产阶级思想,实现非无产阶级出身的党员无产阶级化的问题。在毛泽东看来,要化解红四军内部的争论,最根本的就是要解决思想路线问题,克服各种非无产阶级的不正确思想,并从中提出了一个重大的课题——在长期的农村游击战争环境中,如何保持党对军队的绝对领导,如何使农民和小资产阶级出身的党员实现无产阶级化的问题。毛泽东并没有将红四军内部的这场争论简单地视为人事纠纷,而是从用无产阶级思想去克服非无产阶级思想的视角,来看待这场争论,这正是毛泽东的过人之处。从这个角度来看,毛泽东的这封信,为他半年后起草古田会议决议打下了初步基础。

信的最后,毛泽东解释了他为何在白砂会议提出辞职的理由:

(一)对于与党内错误思想奋斗,两年以来已经既竭吾力了,现在我又把问题的内容提出以后,使多数同志们作不断的奋斗才能得到最后的胜利。

(二)我在四军的日子太久了,一种历史的地位发生出来的影响是很不好的,这是我要指出的中心理由。

(三)我个人身体太弱,智识太贫,所以我希望经过中央送到莫斯科去留学兼休息一个时期。在没有得到中央允许以前,由前委派我到

---

① 引文见《给林彪的信》(1929 年 6 月 14 日),《毛泽东文集》第一卷,人民出版社 1993 年版,第 74—75 页。

地方做些事,使我能因改环境而得到相当的进步。

(四)四军的党已经有了比较坚固的基础了,我去之后,决然没有不好的影响。党的思想上的分化和斗争既已经起来了,决不因我去而不达到胜利的目的,所以你的信上的后面一段是过虑的。自然我的工作我只能提出意见,决定要在党部,我没有离开一天仍旧可以随大家作思想奋斗一天!①

毛泽东给林彪写信的第二天,朱德也给林彪写了一封信,就红四军党的组织领导问题阐述了自己的看法,表示不同意以"党管理一切"为最高原则,如果真要执行此口号,必然使党脱离群众,使党孤立,认为"党管理一切"的口号,违背了党的无产阶级专政的主张。朱德在信中说,党的组织的最高原则,此前已印发的中共六大关于组织问题的决议案中已有明确的规定,我们不能有丝毫的修改。"至于我个人如稍有不合原则的,即可以铁的组织纪律拒绝。"

朱德说,我们反对此口号,是因为拥护共产党的组织最高原则,恐被人曲解。一切工作归支部,此原则我是极端拥护的。党的新生命,就在此原则的实行,巩固党的基础,要打破家长制及包办制。一切实际工作集中于前委,前委开联委会开了数日,各级党部坐等命令到来,以便遵照办理,这样何尝有工作归支部呢?

朱德还说,此次的辩论,不但对党没有损失,并且使党有很大的进步,必定会培养多数党员的精神来。及支部基础建立起来,各级党部的职权实行起来,党的群众机关、行政路线正确起来,收效必大。各个同志积极的斗争,使党内一切不正确的一切的错误,都要全部清除,努力建设新生命的党。要克服困难,只有各同志大家担负起来,迅速建造党的新的基础。为此问题,请大家站在党的立场上去讨论。②

毛泽东和朱德给林彪的信,都公开登载在这年6月中旬前委编印的油

---

① 《给林彪的信》(1929年6月14日),《毛泽东文集》第一卷,人民出版社1993年版,第75页。

② 中共中央文献研究室:《朱德年谱》(新编本)上,中央文献出版社2006年版,第150—151页。

印刷物《前委通讯》第 3 期上，实际上也使朱毛之争在军内公开化。这时，在白砂会议上被免除军委书记和政治部主任职务的刘安恭，不仅继续坚持设立军委的主张，并且说红四军的党分成两派，一派以朱德为首，"是拥护中央指示的"；一派以毛泽东为首，"是自创原则，不服从中央指示"。刘进而提出，要通过建立"完全选举制及党内负责同志轮流更换来解决纠纷"①，也就是要采取轮流坐庄的办法，实际上是不赞成毛泽东继续担任前委书记。这样一来，红四军内部的争论非但未能停止，反而呈愈演愈烈之势。萧克回忆说："在这种情况下，各纵队、支队党委讨论得更热闹了，甚至连朱毛去留问题都提出来了。四军驻新泉的七八天，连以上尤其是支队、纵队干部天天开会，老是争论这么几个问题：党应不应管理一切？是管理一切、领导一切还是指导一切？等等。当时，领导上号召大家发表意见，放手争论。但得不出结果，大家觉得该由上边领导人来管了，多数干部希望停止争论。"②

红四军内部就党与军队的关系问题争论不休，蒋介石却没有放松对红军和革命根据地的进攻。6 月 16 日，他命令江西、福建、广东三省的国民党军务必于半个月内分途集结于闽西边境，作好"会剿"红四军的准备，国民党参加"会剿"的兵力达 13 个团又 2 个营，约 2 万余人。因为大敌当前，必须尽快解决内部的争论问题。6 月中旬，红四军前委召开了一次扩大会议，决定由陈毅代理前委书记，于近期内主持召开中共红四军党的第七次代表大会。为使陈毅集中精力筹备这次会议，又决定陈毅担任的红四军政治部主任一职由李任予继任。③ 所以，毛泽东的前委书记实际在中共红四军七大前就已经离职。不过，他此时仍是红四军的党代表。

① 蒋伯英：《朱毛红军与古田会议》，福建人民出版社 2009 年版，第 149 页。
② 萧克：《朱毛红军侧记》，中共中央党校出版社 1993 年版，第 93 页。
③ 刘树发主编：《陈毅年谱》，人民出版社 1995 年版，第 134 页。

五、中共红四军七大毛泽东落选

6月19日,红四军第三次攻占龙岩城。6月20日,毛泽东就中共红四军七大如何召开问题向前委提出建议:通过总结过去斗争经验的办法达到统一认识,解决红军建设中存在的主要问题,以进一步提高红军的政治素质和战斗力,担负起发展农村革命根据地的斗争任务。但是,前委并没有采纳毛泽东的这个意见。①

6月22日,中共红四军第七次代表大会在龙岩城的公民小学召开。大会由陈毅作报告,参加会议的有支队以上干部和士兵代表共四五十人。会上,毛泽东、朱德都发表了讲话。至于毛泽东和朱德讲了些什么,陈毅在1971年林彪事件后曾回忆说,朱德在发言中承认自己过去有些看法存在片面性,表示欢迎大家对他提出批评。毛泽东在发言中强调,现在还要根据我们历来的实际斗争经验,加强政治工作,加强党对红军的领导,军队应该严格地在党的领导之下,军队要做群众工作,要打仗,要筹款,要讲三大纪律八项注意。至于会上对他的批评,他现在不说,如果对他有好处,他会考虑的,不正确的,将来自然会证明是不正确的。②

另外,参加了会议的红四军第四纵队司令员傅柏翠后来也回忆说:"当我到会场时,在主席台上坐有三五个人,朱军长正在发言,还在答辩那些问题,说得很多。大家说不要再讲了。他还在讲,并说让我说完吧。毛主席也发了言,他讲话简明扼要,胸怀宽阔,我记得毛主席说,有问题以后还可以争论,也可以写文章,现在不需要作出答辩,是非留待以后由历史来作证明,不同意见可以保留吧。"③陈与傅的回忆虽然有所出入,但大致意思还是相

---

① 中共中央文献研究室:《毛泽东年谱(1893—1949)》上卷,人民出版社、中央文献出版社1993年版,第280—281页。

② 转引自余伯流、凌步机:《中央苏区史》,江西人民出版社2001年版,第120页。

③ 转引自蒋伯英:《朱毛红军与古田会议》,福建人民出版社2009年版,第165—166页。

同的。

陈毅是这次会议的主角,他自上井冈山以来,实际上是红四军中的第三号人物,对朱毛的性格应当是比较了解的,而且也了解朱毛之争的内情。现在红四军的两位主要领导人在一些问题的认识上产生了分歧,客观形势将他推上了前台,需要他当这场争论的仲裁人。陈毅的看法是,毛泽东思想领导是正确的,但不太民主;朱德对红军有建树,但重用刘安恭是不对的。

因为此前中共中央的"二月来信"曾提出朱毛离开红四军的问题,此次朱毛两人间又发生了争论,而且毛泽东不止一次地提出要辞去前委书记的职务,会议专门讨论了两人的去留问题,提出这个问题将由中共中央决定,在中央未派人到军中工作前,他俩可以继续工作。会议还讨论了前委的组成人选,决定以前由中央指定的前委委员毛泽东、朱德不变动,仍为委员。按照中共中央的指示,红四军所到之处的地方党部派一名主要负责人为委员。其余的委员名额,由军直属队推选出陈毅,第一、第二、第三、第四纵队各推选纵队负责人林彪、刘安恭、伍中豪、傅柏翠,上述五单位又各推选出一名士兵代表。在正式选举中,这十三个人选全部当选。接着举行前委书记的选举,结果陈毅当选,而原本是中共中央指定任前委书记的毛泽东却落选了。

对于毛泽东落选、陈毅当选的原因,萧克的解释是:"当时在四军上下比较有威信的是毛、朱、陈。朱毛因对一些问题认识不一致,大家认为他们两人都有不对的地方,陈毅受命筹备'七大'并主持召开会议。因为自四军成立以来,陈毅同朱毛一样也曾担任过军委书记、前委书记,尽管我们也觉得毛陈两人相比,毛应居先,但陈亦是好领导人之一。所以通过民主选举,陈毅担任了前委书记。但决议还强调了一点,要把决定呈报中央批准,没有批准之前,先开展工作。"①

贺子珍则说:"在红四军第七次党代表大会上,选举前委书记,许多人不投毛泽东的票,他落选了。他为什么会落选? 有的人说,这是因为毛泽东民主作风不够,在党内有家长作风。毛泽东是不是有家长作风? 我的看法是,他脾气是有一点,在这方面不如朱德同志,朱德的作风是更好一些。我

————————————

① 萧克:《朱毛红军侧记》,中共中央党校出版社1993年版,第100页。

看,他所以落选,主要是一些人轻视党对军队的领导,否定红军中的党代表制,不重视政治工作;另外,毛泽东对部队中的不正之风进行了批评和抵制,也引起一些人不高兴;加上这次打不打广东的问题上,意见也不一致。"①

红四军"七大"用举手表决的方式,通过了陈毅起草《红军第四军第七次代表大会决议案》(以下简称《决议案》)。《决议案》分为"党内争论问题"和"分兵问题",由于会议只进行了一天,"分兵问题"未能讨论。

关于"党内争论问题",《决议案》分为七节:一、过去工作的检阅;二、这次争论之原因和性质;三、党应不应管理一切;四、对前委通信第三期的意见;五、对朱毛同志的意见;六、对中央指定之前委委员不动,决定以陈毅为书记;七、提出几个口号作为这次争论的结果及党员以后的工作标准。

在"过去工作的检阅"一节里,《决议案》首先就红四军成立以来的方针、政策进行总结,认为在总的政治策略上,红四军建立以后,在罗霄山脉中段坚持武装斗争,发动群众,武装群众,发展边界党和群众组织,建立罗霄山脉中段政权,扩大地方武装,"这是十分对的,很正确的"。虽然有个时期出于不得已采取极端没收的经济政策,有点军事共产的意味,但随着红四军情况的变化,这种做法已得到纠正,《决议案》肯定了自下山以来采取的经济政策。关于政权的形式,《决议案》肯定了"合群众的需要采取公开与秘密两种形式,是很对的",而"在边界时采取有部分是强迫性质,不顾群众的需要是不对的"。

对于红四军这次争论的原因和性质,《决议案》没有认可毛泽东在给林彪的信中所说的,原因在于"因为党的意志极大限度的伸张,个人意志感到从来未有的痛苦,一连打了几个胜仗和一种形式主义的理论从远方到来,这三样汇合,所以爆发了近日的争论",其性质是"少数同志们历来错误路线的结果,两个指导路线的最后斗争"的观点,而是认为主要是由于以下原因造成的:一是由于四军党员的经济背景复杂,思想认识不一致;二是负责同志间工作方式与态度不好,引起了意见纠纷;三是组织上不完备,兼职较多,责任心都很重,爱多管事;四是新的理论批评旧的习惯反响;五是过去党缺乏批评精神。关于争论的性质,《决议案》说:"这次争论不仅是朱毛闹意

① 转引自王行娟:《贺子珍的路》,作家出版社1985年版,第139页。

见,不仅是组织原则的解释不同,实由于过去党的斗争历史上各种不同的主张,各种不同的方式互相精神(原文如此,意为僵持)着,历久不得解决,加上组织上有缺限(陷),及党内批评精神缺乏,造成这次争论总爆发。这个争论虽对党有益处,若没有无产阶级意识的领导,必不能得到正确的解决"。《决议案》同时认为,这场党内争论"并不是简单的两种路线思想的斗争结果"。

关于党应不应管理一切的问题,《决议案》说:"这个口号并不是任何一个同志所能造的笑话,是一个工作口号,在四军党内极为深入。现在审查这个口号的意义与中央颁发的党的组织问题第三章的组织原则并不冲突,所以这个口号是对的。不过这个口号'党管理一切'在文字方面太简单不明显,可以引起不正确的理解,这个口号今后不要再引用。"

前委和军委的关系曾是这次内部争论的中心和焦点。《决议案》认为,军委是前委的下级党部,它有决议须报告前委审查,不能说前委与军委是分权式,只能说军委分担了前委的工作。规定前委只能讨论行动问题,"这是临时军委的错误",一部分同志要求在前委之下再成立军委,是形式主义地看问题。根据目前的实际情况来看,前委之下再设立军委,实属机关重叠,没有必要。

对于此次争论中多次提到的红四军党内究竟有无家长制、有无党代表群众组织、上级党是否包办支部工作等三个问题,《决定案》也一一作了说明。

关于第一个问题,《决议案》说,过去四军党员群众对于党部,下级对上级,都有机械式的服从而无活泼的党的生活,将一切工作推到书记一人身上,形成家长制的倾向。《决议案》同时认为,四军党内没有"书记专政"的问题,之所以产生这种偏见,主要是因为在组织上是前委书记兼党代表和政治部主任,这样,有时难免出现把一切事情集中于一个人的现象,但这不是"书记专政",是属于组织上人才安排得不合适。

关于第二个问题,《决议案》认为,"党代替群众系指一切由党直接处理,使所有群众停摆。过去四军没有犯这个错误,只是执行工作技术上带有缺点"。

关于第三个问题,《决议案》明确指出:"过去四军党能领导红军在艰苦奋斗,大半由于连支部起作用,说上级包办支部工作,完全不是事实。"《决议案》还认为,过去四军少数同志在组织纪律上犯错误是有的,但绝没有个人"与党争权"的事实,因而把这次争论看成是"个人领导和党的领导争雄的具体的表现",是"最要不得的"。①

因为在红四军《前委通信》第三期上,刊登了林彪给毛泽东的信及毛泽东、朱德给林彪的信。《决议案》也就此发表了意见,对毛泽东给林彪的信作了评析,"否定了毛泽东的大部分意见,并且对毛泽东在白砂会议后愤而辞职的行为提出了批评。而对朱德在 6 月 15 日给林彪复信中指责毛泽东的内容,《决议案》也给予了批评"②。

《决议案》还对刘安恭和林彪在这场争论所起的不良作用提出了严肃的批评,认为刘安恭来到红四军不久,未作调查研究就胡乱发表意见,挑拨领导人之间的关系是错误的行为。并且指出,刘安恭所说的红四军党分成两派,朱德是拥护中央指示的,毛泽东是自创原则、不服从中央指示,这完全不是事实,是凭空捏造;他所提出的用完全的选举制度和党内负责同志轮流担任前委书记的做法,是非常不对的。《决议案》同时认为,林彪不应该将事关红四军前途的重大问题向个人写信,而应向党报告,更不应该随意指责军长朱德,挑拨朱、毛之间的关系。认为刘、林的做法"不但不能解决党内纠纷而使之加重","助长党内纠纷","这种轻率的工作是不对的"。

《决议案》专门对朱、毛的缺点作了尖锐的批评。认为毛泽东的缺点主要有七点:A. 英雄主义;B. 固执己见,过分自信;C. 虚荣心重,不接受批评;D. 在党内用手段排除异己,惯用报复主义;E. 对同志有成见;F. 工作态度不好;G. 小资产阶级色彩浓厚。《决议案》为此小结说:"因有以上之错误,使同志们怕说话,造成个人信仰,使小团体观念加重。"

对于朱德的缺点,《决议案》也列举了七条:A. 用旧军阀的手段,相信私人;B. 有迎合群众造成个人信仰的倾向;C. 无形间有游民无产阶级行动的表现;D. 工作不科学,无条件(理),无计划,马马虎虎;E. 无形中夸大英雄思想的表现;F. 不能坚决执行党的决议;G. 不注意军事训练,不注意维

---

① 转引自余伯流、凌步机:《中央苏区史》,江西人民出版社 2001 年版,第 122—124 页;傅柒生:《古田会议》,解放军出版社 2006 年版,第 109—110 页。

② 余伯流、凌步机:《中央苏区史》,江西人民出版社 2001 年版,第 123 页。

持军纪。《决议案》同样也给朱德一个小结:"因为有以上错误,弄成了军纪风纪松懈,使士兵具有流氓习气,难以纠正,又惯用手段拉拢部下,小团体观念极深。"《决议案》给朱、毛各罗列了七条缺点,确实有点各打五十大板的味道。

《决议案》还对朱、毛作了一个总批评:"朱毛两同志在党内外负责重要工作,不能因某种观点与意见不同互相猜忌,又不提出来批评交由党解决,以致造成这次党内严重争论问题,给党以不好影响。朱毛两同志都有着同等错误。但毛同志因负党代表与书记之工作,对此次争论应负较大责任。"①为此,大会决定给予毛泽东严重警告处分,给予朱德书面警告处分。

看了《决议案》对朱、毛的批评,不禁感慨良多。其中对朱、毛的批评,有的合乎事实,有的则难免牵强附会、夸大其词。这些批评是否妥当暂且不论,《决议案》如此直言不讳批评军中两位最高领导人,当时党内民主气氛由此可见一斑。对于这种批评,朱、毛两人并没有多加辩解,在他们均在场的情况下《决议案》得以通过,如果没有以党的事业为重的胸怀,真是很难想象。这恐怕也是中国共产党领导的革命能够成功的重要原因吧。

《决议案》的最后提出了十三条口号,以"作为这次争论的结果及党员以后的工作标准":(一)拥护第七次代表大会决议案;(二)反对英雄思想;(三)反对形式主义;(四)增加批评精神;(五)闹个人意见的滚出党去;(六)反对不正确的理论与思想;(七)反对小团体主义;(八)实行民主集权制;(九)反对家长制及极端民主化倾向;(十)反对一切非无产阶级的意识;(十一)提高党员政治水平;(十二)做事科学化、规律化;(十三)改进支部生活。

中共红四军七大将毛泽东的前委书记选掉了,虽然违背了组织程序——因为毛泽东的前委书记一职本是中共中央指定的——但当时的各项制度还不健全,党成立不过八九年的时间,红军创立则不到两年,大家又把党内民主看得很重,加之这群革命者都是年轻人,其中朱德最年长,也只有43岁,毛泽东则是36岁,陈毅28岁,在那个年代还没有领袖崇拜的概念,党内似乎也没有多少吹牛拍马的不良习气,也没有多少唯一把手是瞻的作

---

① 转引自傅柒生:《古田会议》,解放军出版社2006年版,第110—111页。

风,既然大家觉得毛泽东、朱德都要缺点,就理所当然可以进行批评,也应当进行批评。何况他们之间还曾发生了争论,而毛泽东是前委书记,是军内党的最高领导人,自然应承担更多一些责任,所以不但觉得毛泽东继续担任前委书记不太适合,而且还给了他一个严重警告处分,大概也有要其吸取教训之意。这样一来,虽然毛泽东仍是红四军的党代表,但由于他此前一再表示过要辞前委书记之职,前往苏联学习,现在这一职务已被选掉,在这种情况下,留存军中似乎不太合适。恰在此时,中共闽西第一次代表大会将在上杭的蛟洋召开,于是,毛泽东与第三纵队司令蔡协民、第四纵队政治部主任谭震林、红四军政治部秘书长江华、红四军直属队支部书记曾志等,受红四军前委的委派,于 7 月 8 日由龙岩动身,前往蛟洋代表前委出席会议并对会议加以指导。

六、陈毅的汇报与“中央九月来信”

1929 年 4 月 7 日,中共中央曾致信毛泽东、朱德,提出红军的总任务是扩大游击战争范围,发动农民武装斗争,深入土地革命,并再次提出毛泽东、朱德来中共中央的问题,明确表示,如果他们两人一时不能来,希望红四军前委“派一得力同志”前来与讨论问题。6 月 12 日,中共中央政治局召开会议,由周恩来报告红四军 4 月 5 日从瑞金发出的对中央“二月来信”复信。周恩来提出,中央政治常委已决定召开一次军事会议,朱德、毛泽东处应派一得力人员来参加①。于是,中共中央再次致信红四军,要求其派人参加会议并汇报工作。

红四军前委收到由中共福建省委和闽西特委转来的中共中央来信时,朱德和陈毅正率部进驻连城的新泉,而毛泽东还在蛟洋参加中共闽西一大。7 月 29 日,朱和陈从新泉赶赴蛟洋,与毛泽东等召开红四军前委紧急会议,

---

① 中共中央文献研究室:《周恩来年谱(1898—1949)》,中央文献出版社、人民出版社 1990 年版,第 164 页。

商讨应对闽、赣、粤三省国民党军对闽西革命根据地第一次"会剿"的作战计划,并决定由陈毅赴上海向中共中央汇报工作,前委书记一职由朱德代理。

8月上旬,按照中共中央和前委的指示,陈毅动身前往上海。行前,他专程到蛟洋征求毛泽东的意见,并请其复职,主持前委的工作。据《陈毅年谱》记载,"由于种种原因,毛未如其愿"①。由此,红四军的三个主要领导人分为三处,陈毅去上海向中共中央汇报;朱德率第二、第三纵队出击闽中;毛泽东则在中共闽西一大之后因患疟疾病重,先后到上杭的苏家坡、大洋坝和永定的牛牯扑、合溪养病,同时指导闽西地方党的工作。

此前的7月9日,陈毅曾以红四军前委书记的名义给中共中央写了一份《关于闽西情况及前委工作计划的报告》,连同红四军"七大"的决议及毛泽东、朱德发表的不同意见等,一并交中共福建省委转交中共中央,并请求中共中央在详细审查这些文件之后给予明确指示。

看来中共中央及时收到了陈毅的报告及相关材料。8月13日,中共中央政治局专门召开会议,讨论中共红四军七大文件及朱德与毛泽东之间的意见分歧等问题。周恩来在会上说,中共红四军七大对每一个问题都有一简单的回答,有些是正确的,有些是不正确的。刘安恭写信来将朱德与毛泽东分成两派,许多不会是事实,在故意造成派别。刘安恭无论如何要调回。由于有些问题还不清楚,等陈毅到后再作整个的回答。可以给红四军写一信,要朱德、毛泽东努力与敌人斗争,已经解决的问题不应再争论;军委可暂时不设立,军事指挥由军长、党代表管理。②

8月21日,中共中央给红四军前委发出指示信(即"八月来信")。信中认为,在敌人加紧实施三省"会剿"这种严重的局势之下,"你们第七次代表大会的主要精神是在解决党内纠纷而没有针对着目前围攻形势,着重于与敌人的艰苦奋斗——这不能不说是代表大会中的缺点。固然,你们一切决议案是极力向着解决问题的方向做的,但对群众的影响,却很有可能使他们转移视线着重于党内的斗争而放松或看轻与敌人的当前斗争。即从你们

---

① 刘树发主编:《陈毅年谱》,人民出版社1995年版,第136页。

② 中共中央文献研究室:《朱德年谱》(新编本)上,中央文献出版社2006年版,第156页。

的文件语句中间,也可看出你们整个的精神是正用在对内。"信中提出,在目前敌人四面包围中,红四军主要的任务是在向敌人奋斗,可是"代表会的决议案无一语引导全体同志向着敌人争斗"。信中还就前一时期引发红四军党内激烈争论的几个问题作了明确答复。① 遗憾的是,中共中央的这封信,红四军前委并没有收到,而是误当作8月20日《中央给信阳中心县委转商城县委指示信》,送到了河南信阳。

8月下旬,陈毅抵达上海,很快同中共中央接上了头,并向中共中央政治局委员李立三汇报了红四军的有关情况。李立三表示他将尽快向政治局作报告,并要陈毅赶紧写出几种上报的书面材料。8月27日,李立三向中共中央政治局扼要介绍了陈毅报告的红四军有关情况,并且说,红四军都了解,"毛(泽东)在政治上强,军事上朱(德)强"。会议决定召开临时政治局会议,由陈毅出席并作详细报告。就在这次会议上,中共中央政治局决定由周恩来兼任中央军事部长,因为原军事部长杨殷由于叛徒告密而遭国民党当局逮捕。

过了两天,政治局会议如期召开,出席会议的有总书记向忠发和政治局委员李立三、周恩来、项英、关向应。陈毅在会上就红四军的全面情况和朱、毛之间的争论作了详细报告。会议认为,红四军的经验和问题都很重要,乃决定由李立三、周恩来和陈毅组成一个委员会,由周恩来任召集人,就有关问题进行深入的讨论审议,并起草一个决议提交政治局讨论通过后发给红四军。

9月1日,陈毅写出关于红四军情况的五个书面材料:《关于朱、毛军的历史及其状况的报告》、《关于朱、毛红军党务概况报告》、《关于朱、毛争论问题的报告》、《关于赣南、闽西、粤东江农运及党的发展情况的报告》。中共中央对几个报告是很重视的,其中还特地将第一个报告刊登在《中央军事通讯》的创刊号上。

随后,周恩来、李立三和陈毅多次讨论研究红四军问题,周恩来一再强调要巩固红四军的团结,维护朱德、毛泽东的领导,并代表中共中央宣

---

① 《中共中央给红四军前委的指示信》(1929年8月21日),《周恩来军事文选》第一卷,人民出版社1997年版,第83—84页。

布毛泽东继续担任红四军前委书记。这说明,当时中共中央对毛泽东还是很信任的。同时,周恩来让陈毅根据此间召开的中共中央军事会议和谈话精神,代中央起草一封给红四军的指示信。很快,陈毅写出了这份题为《中共中央给红军第四军前委的指示》的文件,在经周恩来审定后,于9月28日由中共中央政治局讨论通过。这就是中国革命历史上著名的"中央九月来信"。

对于中共红四军七大前后军内引起热烈争论的若干问题,"九月来信"作了明确解答。关于前委与军委的问题,信中指出,党的组织系统可保存现在状态,前委委员不要超过九人,前委下面不需要成立军委。党在军队中采取秘密形式,党的机关设在政治部内,党的机关的人员不要过多,要尽量利用群众组织中的人做事。中共中央同时要求红四军中党对军队的指挥尽可能实现党团路线,不要直接指挥军队,经过军部指挥军事工作,经过政治部指挥政治工作。

关于所谓集权制问题,"九月来信"肯定了党的一切权力集中于前委指导机关是正确的,这个原则绝不能动摇,不能机械地引用"家长制"这个名词来削弱指导机关的权力,来做极端民主化的掩护。指示同时认为,前委对于一切问题毫无疑义应先有决定后交下级讨论,绝不能先征求下级同意或者不作决定俟下级发表意见后再定办法,这样不但削弱上级指导机关的权力,而且也不是下级党部的正确生活,这就是极端民主化发展到极度的现象。

关于"党管一切"的口号,"九月来信"认为这在原则上事实上都是行不通的,党只能经过党团作用作政治的领导。目前前委指挥军部、政治部,这是一个临时的办法。前委对日常行政事务不要去管理,应交由行政机关去办,由政治委员监督,前委应着眼在红军的政治军事经济及群众斗争的领导上。一切工作归支部这个口号是对的,是作经过支部去工作的解释,但不是与党的民主集权制相对立。

对于朱、毛的关系,"九月来信"为此单列一节专门作出指示("九月来信"在编入《周恩来选集》时曾删去了此节),强调"红军是生长在与敌人肉搏中的,他的精神主要的应是对付敌人",而此前红四军前委在处理朱、毛问题时,存在四个方面的缺点:一是没有引导群众注意对外斗争,自己不先提办法,而交下级自由讨论,客观上有放任内部斗争关门闹纠纷的精神,前委自己铸成这个错误;二是没有从政治上指出正确路线,"使同志们得到一个政治领导来判别谁是谁非,只是由组织来回答一些个人问题";三是削弱了前委的权力,客观上助长极端民主化的发展;四是对朱、毛问题没有顾及他们在政治上的责任之重要,公开提到群众中没有指导的任意批评,使朱、毛两同志在群众中的信仰发生影响。指示还特别指出:"一般同志对朱、毛的批评大半是一些唯心的推测,没有从政治上去检查他们的错误,这样不但不能解决纠纷而且只有使纠纷加重。"应当说,这个批评是很中肯的,也是实事求是的,中共红四军七大给毛泽东和朱德罗列的各项缺点,就存在这个问题。

信中认为,毛泽东和朱德的错误是"工作方法的错误",并对其错误提出批评:"第一,两同志常采取对立的形式去相互争论;第二,两同志常离开政治立场互相怀疑猜测,这是最不好的现象。两同志的工作方法亦常常犯有主观的或不公开的毛病,望两同志及前委要注意纠正这些影响到工作上的严重错误!"

"九月来信"明确要求红四军前委"应立即负责挽回上面的一些错误",并提出了四条具体办法:"第一,应该团结全体同志努力向敌人斗争,实现红军所负的任务;第二,前委要加强指导机关的威信与一切非无产阶级意识作坚决的斗争;第三,前委应纠正朱、毛两同志的错误,要恢复朱、毛两同志在群众中的信仰;第四,朱、毛两同志仍留前委工作。经过前委会议,朱、毛两同志诚恳接受中央指示后,毛同志应仍为前委书记,并须使红军全体同志了解而接受。"①

中共中央上述关于朱、毛问题处理的各项意见,无疑是正确的,也是经得起历史检验的。它既实事求是地指出了朱、毛在工作方法上的缺点,同时又不是过分追究个人责任和进行所谓的组织处分,并且强调要在帮助朱、毛改正缺点的同时恢复他们在群众的威信。事实证明,朱、毛之争确实不是什么权力之争,也不是所谓正确路线与错误路线之争,而是在党与军队关系、

---

① 《中央给红四军前委的指示信》(1929 年 9 月 28 日),中央档案馆:《中共中央文件选集》第 5 册,中共中央党校出版社 1990 年版,第 488—489 页。

在新型人民军队究竟如何建设等具体问题上存在不同的看法。红军刚刚创建之时，如何建党建军没有现成的模式可以套用，一切都处于探索、摸索阶段，而且红四军又是由两支部队合编而成的，其领导人具有不同的经历、不同的个人性格，因而在若干具体问题上出现分歧、产生矛盾，是十分正常的。问题在于当这种纷争产生之后如何去处理，中共中央的这个指示，在某种意义上可以说为解决党内争论问题树立了一个典范。可惜在后来的一段时间里在处理党内矛盾时，并没有很好地运用这种方式，而是自觉不自觉地将党内矛盾动辄用党内斗争甚至是阶级斗争的方式去解决，留下了深刻的教训。

七、古田会议成为永恒的历史记忆

不少论著认为，"七大"之后红四军内部的争论遂得以停止。这或许是事实，但争论停止的一个客观前提，是这场争论的两个主角实际上已经分开，毛泽东去了闽西地方，只有朱德仍留在军中。然而，由于毛泽东的离职和陈毅去中共中央汇报，红四军"七大"之后，军中的主要领导人只剩下朱德一人，朱既是军长又是代理前委书记，用现在的话说是党政一肩挑，而朱自红四军成立以来一直负责军事，虽然现在不得不兼负军中的政治工作，但毕竟难以做到军政工作同时兼顾，因而"七大"之后，军中思想政治工作难免有所放松。1930 年 1 月 6 日红四军前委在给中共中央的报告中说："四军八、九、十三个月中，前委机关不健全，毛同志去地方养病，陈毅同志去中央，前委只余朱德同志一人，因此应付不开，政策上发现许多错误，党及红军组织皆松懈。"①

虽然红四军"七大"提出的十三大口号中，有"实行民主集权制"和"反对家长制及极端民主化倾向"的内容，但由于前一阶段对党内争论问题采

---

① 《红四军前委向中央的报告》(1930 年 1 月 6 日)，中国人民解放军政治学院党史教研室编：《中共党史教学参考资料》第 14 册，第 236 页。

取"大家放开来争论"态度,这固然一方面有助于军中的民主空气,但另一方面使军中出现极端民主化的倾向。据红四军代理军委书记①熊寿祺1930年4月所写的《红军第四军状况(从1929年7月至1930年4月)》说:"七次大会直到九次大会,前委的指导路线都不是集体指导一切问题。一切问题都摆在会场上让大家来讨论,不管他政治分析也好,行动计划也好,请调工作也好,都毫不准备意见到会场来争,往往争议终日得不到一个结论。八次大会前后,前委为了请调工作问题(当时很多同志请调工作),常常讨论几个钟头,无法解决。每次开会,都要各纵队负责同志到了才能解决问题。各纵队同志在会场上,为了调人调枪这些问题,当然要为自己说话,于是争论起来了,没法解决。前委负责人,只有说些调和话,常常都是这个样子开会。当时有许多同志说,前委是各纵队联席会,但是前委的负责同志还以为要这样才对,才是自下而上的民主制。"②

　　与此同时,军中要求毛泽东回来主持前委工作的声音也日益多起来。面对这种情况,朱德一面决定召开中共红四军第八次代表大会,以"解决'七大'所没有解决的一些争论问题"③。一面亲自给毛泽东写信,希望他能回来主持前委,但遭到毛泽东的拒绝。据陈毅回忆,毛泽东回信说:我平生精密考察事情,严正督促工作,这是陈毅主义的眼中之钉,陈毅要我作"八边美人四方面讨好",我办不到;红四军党内是非不解决,我不能够随便回来;再者身体不好,就不参加会了。④

　　9月19日,朱德指挥红四军和地方武装攻占了上杭城,打破了国民党军的三省"会剿",使红四军获得了一个休整的机会。9月下旬,中共红四军第八次代表大会在上杭城太忠庙召开,会议由朱德主持。这次会议由于前委领导不健全,"会议又没有作好必要的准备,在事先不能拿出一个意见,

---

　　①　1930年2月,因成立了中共红四、五、六军共同前委,红四军再次成立了军委,潘心源任书记,但潘未到任,由熊代理,军委委员有朱德、潘心源、林彪、熊寿祺、伍中豪等和士兵代表数人。

　　②　《红军第四军状况(从1929年7月至1930年4月)》,《中共党史教学参考资料》第14册,第257页。

　　③　中共中央文献研究室:《朱德传》,人民出版社1993年版,第184页。

　　④　中共中央文献研究室:《毛泽东传(1893—1949)》,中央文献出版社1996年版,第204页。

就让大家讨论。结果,会议开了三天,七嘴八舌,毫无结果"①。熊寿祺在给中共中央的报告说:"八次大会时,为了一个红军法规中的党代表权力问题,讨论了两天仍旧没法解决,结果还是决定请示中央。八次大会的选举,为了要各纵队都要参加人,决定选举十七(指前委委员——引者注),在大会上临时来推选,把新由中央派来四军工作的张恨秋、谭玺和郭化仁等都一齐选为委员。谭玺当时尚在一纵队,还没有与大会上的人谋面,他的观念正不正确没有人知道,便当选为常委(这是因为提议他的同志说他好,提议了两次,最后一次才通过)。总之,当时前委什么事都是民主,大家要怎样干就怎样!前委事先对选举没有丝毫意见,结果,选出来的八届前委,又是同从前一样,而且更甚的实行所谓'由下而上的民主制',一开会就得争论半天,前委还认为这样才是无产阶级的办法。因此当时全军政治上失掉领导中心,对政治分析也是由大家缓议,各同志又没有报看,哪里议得出!"②

　　这次会议共选出了十七名前委委员,毛泽东是其中之一,陈毅再次被选为前委书记,在他未回之前由朱德代理。在会议过程中,第三纵队九支队党代表罗荣桓提出要将毛泽东请回来,得到了不少代表的支持。朱德也有此意,但担心毛泽东不愿回来,于是就由军政治部主任张恨秋给毛泽东写"敦请信"。张恨秋是广东大埔人,8月由中共中央派到红四军工作后即被委以重任,当上军政治部主任,他在信中说,接此信后若不回来,就要给予党内处分。毛泽东当时病得很厉害,接到信后只得坐担架从永定的金丰大山前来,可等到他到上杭城时,"八大"已经开完。大家见他身体确实虚弱,也就放弃了让他回来工作的打算。

　　其后,毛泽东到永定的合溪继续养病。10月10日前后,又从合溪由地方武装用担架护送到上杭城,住在汀江边的临江楼休养。经过一位名医吴修山十多天的治疗,毛泽东病情明显好转,心情也逐渐好了起来。农历重阳节(10月11日),他看到临江楼院中的黄菊盛开,乃填词一首:"人生易老天难老,岁岁重阳。今又重阳,战地黄花分外香。一年一度秋风劲,不似春光。

---

　　①　中共中央文献研究室:《朱德传》,人民出版社1993年版,第184页。
　　②　《红军第四军状况(从1929年7月至1930年4月)》,《中共党史教学参考资料》第14册,第257页。

胜似春光,寥廓江天万里霜。"

这年 10 月 1 日,陈毅结束了在上海向中共中央的汇报,携带"九月来信"动身返回红四军。10 月 22 日,在广东蕉岭县的松源与朱德会面。当天晚上,红四军前委召开会议,听取陈毅传达中共中央的指示。会议根据中共中央的指示精神,致信毛泽东请其回到红四军重新担任前委书记;同时,考虑毛泽东因病一时不能返回部队,决定前委书记暂由陈毅代理。

在陈毅回到军中的前两天,那位在朱、毛之争中颇为活跃,白砂会议后改任第二纵队司令员的刘安恭,在率部进攻广东大埔的虎头沙时中弹牺牲,时年 30 岁。

11 月 2 日,陈毅再次给毛泽东写信,请他回前委工作。过了两天,陈毅又写信向中共中央汇报说:"我只有按照中央的办法去做:一、建立四军的政治领导,使全体同志及红军官兵集中力量对外斗争,对外斗争胜利才是我们的出路;二、建立前委的威信,制止极端民主化的发展;三、化除一些同志的成见(朱、毛在内),用布尔什维克党的态度扫除一切敷衍调和模棱两可的陈毅主义(如毛同志所说),对于这个非无产阶级意识的东西,我也不落人后的要去打倒他。我回前委后已选函去催毛同志回前委工作。现已筹备九次大会改选前委。"①

11 月 18 日,朱德和陈毅率部抵达上杭的官庄,两人又一次致信毛泽东,请他回军中主持前委工作。23 日,部队第三次攻占长汀,红四军前委在这里作出决定,促请毛泽东速回主持工作,并派部队去迎接。这时的毛泽东,一方面健康正在恢复,另一方面看了陈毅传达的"九月来信",已知中共中央的态度,乃于 11 月 26 日在中共福建省委巡视员、组织部长谢汉秋的陪同下,来到长汀与朱德、陈毅会合,并重新担任红四军前委书记。回到红四军后,毛泽东"向朱德、陈毅等表示接受中共中央的'九月来信',包括对他工作方式的批评。陈毅诚恳地作了自我批评,并介绍了他上海之行的情况。毛泽东也说他在红四军八大时因为身体不好,情绪不佳,写了一些伤感情的话。这样,相互间的矛盾和隔阂就消除了"②。到这时,历时几个月的朱、毛

---

① 刘树发主编:《陈毅年谱》,人民出版社 1995 年版,第 140 页。
② 中共中央文献研究室:《毛泽东传(1893—1949)》,中央文献出版社 1996 年版,第 207 页。

之争真正结束了。

11月28日，毛泽东在长汀主持召开中共红四军前委扩大会议。会议作出了三项重要的决定：（一）召开中共红四军第九次代表大会；（二）用各种方法建立红四军的政治领导；（三）纠正党内各种错误倾向，扫除红军内部一些旧的封建残余制度（废止肉刑、禁止枪毙逃兵等）。同一天，毛泽东向中共中央写了一份报告，汇报自己回到红四军的情况和目前的工作计划。信中说："四军党内的团结，在中央正确指导之下，完全不成问题。陈毅同志已到，中央的意思已完全达到。"①

12月上旬，毛泽东、朱德、陈毅率红四军第一、第二、第三纵队撤出长汀，前往连城的新泉与在这里活动的第四纵队会合。然后，全军在这里进行了十天左右的政治与军事整训。同月中旬，他们又率部开赴上杭县的古田村，为中共红四军第九次代表大会作准备。毛泽东依据"九月来信"的精神，结合调查研究的情况，起草了"纠正党内非无产阶级意识的不正确倾向"、"党的组织"、"党内教育"、"红军宣传工作"等八个决议草案，共达三万字。

12月28日和29日，中共红四军第九次代表大会在古田召开。毛泽东在会上作了政治报告，朱德作了军事报告，陈毅传达了中共中央的指示。会议一致通过了毛泽东起草的八个决议，总称《中国共产党红军第四军第九次代表大会决议案》，即史上著名的"古田会议决议案"。大会通过选举，产生了红四军新一届前委成员，他们是毛泽东、朱德、陈毅、李任予（军政治部主任）、黄益善（前委秘书长）、罗荣桓（第二纵队党代表）、林彪（第一纵队司令员）、伍中豪（第三纵队司令员）、谭震林（第四纵队政治部主任）、宋裕和（红四军经理处长）、田桂祥（士兵代表），毛泽东重新当选为前委书记。古田会议及其决议案在各类中共党史的著述中，已有了详细的记载，在此就不再赘述了。

对于古田会议的历史意义，在中共党史上一直赋予很高的评价，这自然是有其道理的，它确实在党的建设问题上、在新型人民军队建设问题上，都

① 中共中央文献研究室：《毛泽东年谱（1893—1949）》上卷，人民出版社、中央文献出版社1993年版，第290页。

具有创新性的意义。但是也应该看到,古田会议及其决议的形成,与此前发生的朱、毛之争有着密切的关系。在这场争论中,朱、毛关于党与军队的关系、军队中党如何建设、军队自身如何建设等,曾出现不同意见,产生了争论。正因为产生了争论,就使得争论的双方都对自己的观点和对方的观点进行认真的思考,也使得中央领导层不得不对双方争论的内容提出意见,其结果是形成了一系列关于党的建设、人民军队建设的比较正确的思想。而朱、毛之争之所以产生这样一个积极的结果,一个重要的原因,是这场争论从根本上讲不是个人意气之争、权力之争,争论双方的出发点是共同的,这就是如何把军队建设好、把军队中的党建设好。因为有这样一个共同点,因为双方以党的利益为重,故而在经过一段时间的实践检验之后,双方最终达到了共识,这就为古田会议的成功召开奠定了基础。

　　第二年的九、十月间,中共中央特派员涂振农在一份报告说:"据我在那里时的观察,(朱毛)确实都从行动上改正过来。朱德同志很坦白的表示,他对中央的指示,无条件的接受。他承认过去的争论,他是错的。毛泽东同志也承认工作方式和态度的不对,并且找出了错误的原因。过去军政关系的不甚好,是做政治的和做军事的人对立了,缺乏积极的政治领导的精神。同时要说到四军党内虽有争论,但都是站在党的立场上,在党的会议上公开讨论,虽有不同的意见,但没有什么派别的组织,只是同志间个人的争论,而不是形成了那一派和这一派的争论。"①。朱、毛之间发生的这场争论,由于当时中共中央采取了正确的立场,毛泽东、朱德和陈毅这三个重要的当事人又各自作了诚恳的自我批评,使双方之间的分歧不但得到了化解,而且在提高认识的基础上实现了新的团结。

---

　　①　转引自中共中央文献研究室:《毛泽东传(1893—1949)》,中央文献出版社 1996 年版,第 207—208 页。

革命与利益——毛泽东的
《寻乌调查》与《兴国调查》

在革命战争年代,因为革命主要发生在农村,地主阶级也就成为被打倒的对象。当下有人认为,当年的土地改革根本没有必要,理由之一是中国土地集中并不严重;理由之二是纵使土地集中在地主手中,从生产力发展的角度来看,土地的集约经营比分散经营更有利。其实对于这个问题,从毛泽东的《寻乌调查》中似乎可以得到一些解答。

民主革命时期,毛泽东曾作了大量的农村调查。在这些农村调查中,以1930年5月所作的《寻乌调查》和同年10月所作的《兴国调查》内容最为详细。重读这两篇调查报告,对以下几点留下了很深刻的印象。

一、大中地主"完全以收租坐视为目的"

1929年年底的古田会议后,红四军回师赣南,分兵发动群众,深入开展土地革命,建立了比较巩固的赣南根据地。1930年5月,红四军攻克寻乌县城,并在这里停留了一个月的时间,分散到寻乌及附近各县发动群众。毛泽东利用这个机会,在中共寻乌县委书记古柏的协助下,接连开了十多天座谈会,进行社会调查。他这次调查,主要采取调查会的方式。参加调查会的人员,有曾任过县商会会长的杂货店主,有做过铸铁工人、做过小商人、当过兵的县苏维埃政府的委员,有做过裁缝、当过小学教师的区苏维埃政府主席,有当过县署钱粮兼征柜办事员的乡苏维埃政府主席,有开过赌场、做过小生意的老童生,有赴过乡试、做过小学教师的老秀才等各色人物共 11 人。调查会开了十余天,在调查会上,毛泽东自己既主持会议又亲自记录。

毛泽东进行寻乌调查时,了解的内容甚是详细,包括地理位置、历史沿革、行政区划、自然风貌、水陆交通、土特产品、商业往来、商品种类、货物流向、税收制度、人口成分、土地关系、阶级状况、剥削方式、土地斗争等等。其中,寻乌旧有的土地关系是毛泽东调查的重点之一,他从寻乌农村人口成分、旧有田地分配、公共地主、个人地主、富农、贫农、山林制度、剥削状况、寻乌文化等九个方面,对此作了详细调查。

在革命年代,因为革命的地点在农村,地主阶级也就成为革命的主要对象。除了抗战时期中共在农村执行减租减息政策之外,不论是土地革命战争时期还是解放战争时期,对地主都采取没收其土地财产的政策。应当承认,在土地革命战争时期,在对待地主的问题上,有过"左"的地方(如"地主不分田、富农分坏田",甚至对其简单地采取肉体消灭的政策);在解放战争时期老区土改中,也曾出现过比较严重的"左"的偏差(如对地主富农"扫地出门",侵犯中农和工商业者的利益,部分地方甚至发生乱打乱杀等)。在研究中共历史的时候,对于这些"左"的做法不应回避,而应认真总结其历史教训。但同时又涉及另外一个问题——地主阶级该不该打倒,旧的土地制度有没有必要改变。因为当下有人认为,当年的土地改革其实没有必要,理由之一是当时中国土地集中并不严重;理由之二纵使土地集中在地主手中,从生产力发展的角度看,土地的集约经营比分散经营更有利,何况许多地主是通过勤劳致富而积累土地的。其实,对于这个问题,从毛泽东的《寻乌调查》中似乎可以得到一些解答。

毛泽东既然要调查寻乌的土地关系,当然就要了解寻乌地主们的情况。他在调查中发现:"收租二百石以上的中等地主,收租五百石以上的大地主,他们对于生产的态度是完全坐视不理。他们既不亲自劳动,又不组织生产,完全以收租为目的。固然每个大中地主家里都多少耕了一点田,但他们的目的不在生产方法的改良和生产力的增进,不是靠此发财。为了使人畜粪草堆积起来了弃之可惜,再则使雇工不致闲起,便择了自己土地中的最肥沃者耕上十多二十石谷,耕四五十石谷的可以说没有。这种地主家中普通都是请一个工人,只有'万户'以上的大地主而又人丁单薄的方才请两个工人。为使工人不致'闲嬲'('嬲',当地读廖,'东走西走'或'玩下子'的意思),除开做杂事外,便要他耕点田。"①地主与富农之所以被称为剥削阶级或阶层,是因为他们的收入有相当部分来自于对农民的剥削。地主与富农的差别在于,前者的剥削收入主要靠收取地租,后者的剥削收入主要来自雇工。于是,地主并不怎么关心已租给他人耕种的土地的生产经营状态,包括对于土地的改良、生产工具的改进和较为先进的农业技术的使用,他所关心的是地租的及时收取,从而也没有推进生产力进步的原动力,而富农则正好相反,如果土地改良了,生产工具改进了,使用的是较先进的农业技术,意味着生产效率和效益会相应的提出,与付给雇工的工资是一定的。可见,这种以收租坐视为目的之地主,他们手中的土地并非为了集约经营或进行规模化生产。从这个角度上,在革命的过程中该不该将地主阶级打倒,答案似乎不难得出。

当然,革命要打倒的是地主这个阶级,要消灭的是其对农民的剥削,并将之改造成为自食其力的劳动者,而不是对其肉体消灭。不论是土地革命还是土地改革,对此一度没有很好的把握,都曾出现过肉体消灭地主富农的做法,这方面的教训是十分深刻的。对于这个问题,1948 年年初毛泽东在一次讲话中曾指出:"地主作为一个阶级要消灭,作为个人要保护。"并解释说,消灭地主阶级是因为它代表的是反动的生产关系,"但废除地主阶级的私有权,并不等于连他的人也不要了。地主和旧式富农占农村人口十分之一,全国共有三千六百万人,这是社会的劳动力,是一种财富。"他强调:"我们对封建剥削要非常恨,但地主本人还是劳动力,经过改造过几年还有选举权。对地主要安置好,安置不好会出乱子,我们就不可能取得胜利。"②这个

① 《毛泽东农村调查文集》,人民出版社 1982 年版,第 124 页。

② 《在西北野战军前委扩大会议上的讲话》(1948 年 1 月 15 日),《毛泽东文集》第五卷,人民出版社 1996 年版,第 23—24 页。

观点无疑是正确的。

二、小地主对革命的态度因人而异

根据毛泽东的调查,寻乌农村的剥削形式,分为地租剥削、高利剥削和税捐剥削三类。在地租剥削中,比较普遍的是见面分割的收租方式。即在禾熟时,地主和农民同往禾田,农民将打下的谷子与地主对半分,然后由农民将给地主的那部分送到地主家。放高利贷者,多为中小地主特别是新发户子,大地主及公堂仅占5%。大地主之所以较少放高利贷,是因为他们的"目的在图享乐而不在增殖资本";而那些商业化的大地主,"拿了钱去做生意,因此,也就无钱借与别人。"①。

寻乌的高利贷剥削有多种方式,如钱利、谷利、油利等。其中谷利是"富农及殷实中小地主剥削贫农的一种最毒辣的方法",六个月乃至三个月就要付50%的利息。贫农还不起债,或生活不下去了,就只有最后一条路:卖奶子(即卖亲生子)。毛泽东在《寻乌调查》中写道:"我就是历来疑心别人的记载上面写着'卖妻鬻子'的话未必确实的,所以我这回特别下细问了寻乌的农民,看到底有这种事情没有?细问的结果,那天是三个人开调查会,他们三个村子里都有这种事。"所以毛泽东说:"旧的社会关系,就是吃人关系。"②

革命为什么发生?最根本的是当时深刻的社会矛盾,严重的贫富不均导致一部分生活在底层的人们没有生活出路,这是造成革命最根本的社会根源。中共在发动革命的过程中组织动员固然重要,但没有这种社会矛盾,革命不可能成为一种强大的群众运动。如果老百姓的生活都很安逸,他们对于现状没有强烈的不满,革命就不可能有深厚的群众基础。当年,许多人参加革命之初,未必有多高的政治觉悟,也不一定有明确的政治理想,但由

---

① 《毛泽东农村调查文集》,人民出版社1982年版,第146—147页。
② 《毛泽东农村调查文集》,人民出版社1982年版,第147、150、153页。

于度日艰难,生活无望,与其坐以待毙,不如起而反抗,革命也就由此发生与发展。

毛泽东在寻乌还详细地调查了小地主的情形。他了解到,在寻乌,大地主只占地主全数的1%,中地主占19%,小地主占80%。小地主有两个明显的特点:一是做小生意的多。"他们开小杂货店,收买廉价农产物候价贵时卖出去",这类人大约占小地主的10%。二是他们有派遣子弟进学堂一事。小地主子弟进初等小学是全部,进高等小学也几乎是全部,至少十家有八家,进中学的亦十家有三家。①。寻乌的小地主包含两个部分。一部分是从所谓老税户传下来的,这部分人的来源多半是由大中地主的家产分拆,所谓"大份分小份",即由大中地主分成许多小地主。这部分的人数在整个地主阶级中占32%。依据他们的经济地位,其政治态度又有三种区别:一是年有多余的,人数占地主阶级总数0.96%,他们在斗争中是反革命的;二是一年差过一年,须陆续变卖田地才能维持生活,时常显示着悲惨的前途的。这一部分人数很多,占地主阶级全数22.4%。他们很有革命的热情;三是破产更厉害靠借债维持生活的。这一部分占地主全部8.64%,他们也是革命的,有很多人参加现在寻乌的实际斗争。

这是一个很有意义的调查。就整个阶级而言,地主是阻碍生产力发展的,是土地革命必须打倒的对象。但对这个阶级也要具体问题具体分析,对其中的不同的阶层、不同的人不能一概而论,有相当一部分小地主其实也是愿意革命的,有的甚至有较高的革命热情。其中一个重要的原因,在于这种小地主"在全般政治生活中是受中地主阶级统治的,即是说他们是没有权的","他们这阶级的大多数在经济上受资本主义侵蚀和政府机关(大中地主的)压榨(派款),破产得非常厉害的原故"②。由于其经济地位不断下降,参加革命并不使其经济利益受损。不但如此,这种小地主由于派遣子弟进学堂,"接受新文化的形势是比哪一个阶级要快普及"③,这对于他们参加革命亦不无关系。红四军到来之前,在寻乌领导当地革命斗争中,有的人就是出身于这类小地主家庭。

① 《毛泽东农村调查文集》,人民出版社1982年版,第127页。
② 《毛泽东农村调查文集》,人民出版社1982年版,第127、128页。
③ 《毛泽东农村调查文集》,人民出版社1982年版,第127页。

　　毛泽东在调查中还了解到,普通小地主,除上述老税户部分外,另有一个占地主全数 48% 的不小的阶层,那就是所谓"新发户子"。这一个阶层的来历,与从老税户破落下来的阶层恰好相反,是由农民力作致富升上来的,或由小商业致富来的。"他们的经济情形是一面自己耕种(雇长工帮助的很少,雇零工帮助的很多),一面又把那窎远的瘦瘠的土地租与别人种而自己收取租谷。"他们看钱看得很大,吝啬是他们的特性,发财是他们的中心思想,终日劳动是他们的工作。他们的粮食年有剩余,并且有许多不是把谷子出卖,而是把谷子加工做成米子,自己挑了去大圩市,以期多赚几个铜钱。他们又放很恶的高利贷,所有放高利贷,差不多全属这班新发户子。"这班新发户子看钱既看得大,更不肯花费钱米抛弃劳动送他们子弟去进学堂。所以他们中间很少有中学生,高小学生虽有一些,但比破落户阶层却少很多。至于破落户阶层为什么进学堂的多,就是因为他们看钱看得破些(因不是他经手赚来的),而且除了靠读书操本事一条路外,更没有别的路子可以振起家业,所以毕业生就多从这个阶层中涌了出来。"毛泽东在《寻乌调查》中写道:"这种半地主性的富农,是农村中最恶劣的敌人阶级,在贫农眼中是没有什么理由不把他打倒的。"①

　　实际上,不论是土地革命,还是土地改革,冲击最大的往往是这种刚刚由普通农民上升的"新发户子"。前面提及的那种老税户传下的小地主,那份家业是祖辈遗留下来的,这种地主往往不善于经营而坐吃山空,又有送子女读书求学的习惯,对于土地财产并不十分看重。"新发户子"则正好相反,他们好不容易发了一点财,购进了一些土地上升为地主,对这一点费尽辛苦积累的家业十分看重,并且他们刚刚尝到发家致富的甜头,自然想积累更多的土地财产,所以他们不但把土地财产看成是自己的命根子,而且一门心思进一步扩大家业,于是对他人十分刻薄吝啬,甚至连子女上学的费用都舍不得出,又"放很恶的高利贷"等等。这种"新发户子"无疑是广大农民最痛恨的。在土地革命或土地斗争中,他们也自然成为被斗争的主要对象。

---

　　①　《毛泽东农村调查文集》,人民出版社 1982 年版,第 129—131 页。

三、农民对革命的态度与利益增损密切相关

1930年10月初,红军第一方面军攻占吉安,进到袁水流域。这时,兴国县送来了许多农民来当红军,毛泽东趁此机会作了一个兴国第十区即永丰区的调查。他找了八个刚刚参加红军的农民,开了一个星期调查会。调查的时间是1930年10月底,调查会的地点是新余县的罗坊。

《兴国调查》的对象主要是八户农民。对于这次调查的情况,毛泽东后来回忆说:"我在兴国调查中,请了几个农民来谈话。开始时,他们很疑惧,不知我究竟要把他们怎么样。所以,第一天只是谈点家常事,他们脸上没有一点笑容,也不多讲。后来,请他们吃了饭,晚上又给他们宽大温暖的被子睡觉,这样使他们开始了解我的真意,慢慢有点笑容,说得也较多。到后来,我们简直毫无拘束,大家热烈地讨论,无话不谈,亲切得像自家人一样。"[1]

毛泽东深入调查了八户农民家庭的土地、财产、收入、支出、人口、劳动力、婚姻、文化、政治地位、对革命的态度等。这八户农民,在土地斗争中分到了土地,欠的债也不要还了,而且百物都便宜了,因此他们总是"叨红军的恩典"。这也正是农民拥护共产党,革命根据地能够建立和巩固的根本原因。但是,这八个农民也反映,盐和布匹的价格太贵,甚至比土地斗争前贵出很多。毛泽东认为,这是工农政府应当引起注意并加以解决的问题。

革命还使妇女得到了解放。农民陈侦山家的"几个妇娘子都赞成革命,原因是往常债主逼债,逼得她们过不得年",而且革命之后,抗租、抗捐、抗粮、抗债,故而她们"心里喜欢",赞成革命。

分到土地之后的农民对于参加红军总体上是积极的。当然,也有的人不愿当红军,这些人并非不拥护红军,而是家中缺少劳动力,生产离不开。

土地革命使无地少地的农民分到了土地和其他生产资料,生活有了改善,但也有的人革命之后生活仍苦,甚至"困苦不堪"。出现这种情况,并不

---

① 《毛泽东文集》第二卷,人民出版社1993年版,第384页。

是土地政策不好,而是有的人好赌、好吃懒做所致。毛泽东之所以对农民的家庭生活情况了解得如此细致,是因为他认为,"没有这种调查,就没有农村的基础概念"①。

毛泽东详细调查了各阶级在土地斗争中的表现:地主多数反对革命,有的参加反动武装靖卫团,有的革命后逃跑。但也有地主参加了革命工作,并且红军来后"自动拿出契来烧,田都平了"②。富农是一个比较复杂的阶层,他们多数反革命。当革命初起时,他们参加革命的颇多,但有不少人是投机革命,经过反富农宣传周,大部分富农分子被清洗出去了。

中农在土地革命中是得利的,主要表现为:平分土地后他们的土地不但不受损失,而且多数还分进了部分土地;过去娶亲要花很多钱,几乎等于中农的全部财产,土地斗争后,婚姻自由,娶亲不要钱;过去办丧事要花很多钱,有些中农由此负债破产,土地斗争后破除了迷信,这个钱也不用花了;土地革命后牛价便宜;地主和富农的权利被打倒,中农不再向他们送情送礼了,也可节省一项费用。更重要的是,过去中农在地主富农的统治之下,没有"说话权",事事听人处置,土地斗争后,他们与贫雇农一起有了"说话权"。因此,中农参加革命很勇敢,"和贫农一样'出发'(谓编在自卫军中,有时要出发作战),一样放哨,一样开会"③。

贫农在土地革命中是得利最大的阶层。因为他们分了田(这是根本利益);分了山,解决了没有柴火或柴火不足的问题,可以从山上伐了松柴到集市换油盐,山上有茶油树可以解决以往没有油吃的问题;革命初起时,分了地主及反革命富农的谷子;革命以前的债一概不还;物价便宜了能吃便宜米;过去娶亲非钱不可,为此许多人娶不起老婆,革命后废除了买卖婚姻可以"由"(苏区实行婚姻自由,江西农民将"由"字就成动词)到老婆;分了田后家家能养猪,不专卖钱供别人吃,自己也可以吃肉了;最根本的是取得了政权,他们成为农村政权的主干和指导阶级。

由此可见,农民参加革命与否,在革命的过程中积极与否,很大程度上与革命能否改善其政治、经济地位密不可分。后来,毛泽东曾这样说:"领

① 《毛泽东农村调查文集》,人民出版社 1982 年版,第 183 页。
② 《毛泽东农村调查文集》,人民出版社 1982 年版,第 212 页。
③ 《毛泽东农村调查文集》,人民出版社 1982 年版,第 217 页。

导的阶级和政党,要实现自己对于被领导的阶级、阶层、政党和人民团体的领导,必须具备两个条件:(甲)率领被领导者(同盟者)向着共同敌人作坚决的斗争,并取得胜利;(乙)对被领导者给以物质福利,至少不损害其利益,同时对被领导者给以政治教育。没有这两个条件或两个条件缺一,就不能实现领导。"①这确是对中国革命经验的深刻总结。

毛泽东在兴国调查中,还了解到区、乡政府工作人员中存在的一些弊病:

一是官僚主义,摆架子,不喜欢接近群众。有群众走到政府里去问他们的事情时,政府办事人欢喜时答他们一两句,不欢喜时理也不理,还要说群众"吵乱子"。

二是没收了反动派的东西,不发与贫民,拿了卖钱。群众想买没收的东西,如果向政府里头讲不起话的买不到手,有情面讲得起几句话的才买得到。并且只有比较有钱的人才能买到,雇农及极穷贫农当然无份。

三是调女子到政府办事。乡政府总有一个两个女子,区政府总有三个四个女子。生得不好看,会说话会办事的也不要,生得好看,不会说话不会办事也要。乡政府的人下村开会时,也是一样,漂亮的女子他就和她讲话,不漂亮的,话也不和她讲。

四是强奸民意。政府委员由少数人指定,代表大会选举只是形式。竟出现了会议主席说赞成某人的举手,有些人不举手,主席就说不举手的人是AB团②的情况。而且规定"一定要共产党员才能在政府办事,不是共产党员,即使是群众领袖,也不能到政府办事"③。

这些问题引起了毛泽东的高度重视,他向参加调查会的人表示:这些坏事是土地革命初期的状况,原因之一是区乡政府工作人员成分不大好,将来都要改变的。

毛泽东进行这项调查的时候,兴国的革命政权还只建立一年多的时间,

①　《关于目前党的政策中的几个重要问题》(1948年1月18日),《毛泽东选集》第四卷,人民出版社1991年版,第1273页。

②　AB团北伐战争时江西国民党右派建立的反动组织,后在国民党左派和中国共产党人联合打压下不复存在。1930年之后赣西南苏区误以为AB团组织不但存在而且是反革命急先锋,曾开展以反AB团为主要内容的肃反运动,AB团成为反革命的代名词。

③　《毛泽东农村调查文集》,人民出版社1982年版,第245—246页。

区、乡政府工作人员就存在这样一些问题,可见当下人们极为反感的干部腐化问题,并非改革开放之后才出现的"新事物",而是从某种意义上它是权力的伴随物。只要权力得不到约束,以权谋私、贪污腐化的现象就难免发生。由此也可见,要预防与遏制腐败,建立健全制度是何等重要。

1931年赣南会议毛泽东为何被指责为"狭隘经验论"

中共六届四中全会后,王明等人开始向各根据地派出大批干部,一时间"钦差大臣满天飞"。

1931年11月的赣南会议,是毛泽东受到不公正待遇的起点。在这次会议上,他被指责为"狭隘经验论",随后又进一步被作为"右倾机会主义"而遭受批判。从1931年11月到红军长征离开中央苏区,毛泽东在近三年的时间成为王明集团排挤与打击的对象,长期处于"靠边站"的境地。

从1931年11月到1934年10月红军长征离开中央苏区,毛泽东在近三年的时间成为王明教条主义排挤与打击的对象,长期处于"靠边站"的境地。1931年11月的中共苏区党组织第一次代表大会(即赣南会议),是毛泽东受到不公正待遇的起点。在这次会议上,他被指责为"狭隘经验论",随后又进一步被作为"右倾机会主义"而遭受批判。

一、中央代表团认为毛泽东"有才干"

1931 年 1 月,中共扩大的六届四中全会在上海召开,王明等留苏学生在共产国际代表米夫的支持下,进入中共中央及中央政治局,史上称之为"从这时起,以王明为代表的'左'倾教条主义在党中央领导机关内开始长达四年的统治"①。虽然王明本人始终未担任过中共中央总书记,但王明是这个时期中共中央的灵魂,故而这几年亦可称之为王明统治中共中央时期。

中共六届四中全会召开之际,毛泽东率领红一方面军取得了第一次反"围剿"的胜利。恰在此时,中共中央派项英来到了中央苏区,与红一方面军总部领导人会合。虽然后来项英是宁都会议上主张解除毛泽东兵权者之一,但此时的项英并非代表六届四中全会新组成的中央而来,而是中共六届三中全会(1930 年 9 月下旬由周恩来、瞿秋白主持召开)决定派来的中央代表。1931 年 1 月 15 日,在宁都的小布成立了中共苏区中央局,由周恩来任书记,周未到任前由项英代理,毛泽东仅是苏区中央局的委员之一,同时撤销了以毛泽东为书记的红一方面军总前委和以毛泽东为主席的中国工农革命委员会,组成中央局领导下的中央革命军事委员会,以项英为主席,朱德、毛泽东为副主席,毛泽东兼任中央革命军事委员会总政治部主任和红一方面军总政委。

中共六届四中全会后,王明等人为贯彻会议精神,开始向各革命根据地派出大批干部,也就是后来毛泽东所批评的所谓"钦差大臣满天飞"现象。1931 年 3 月 4 日,中共中央政治局常委会议决定,由任弼时、王稼祥和顾作霖组成中央代表团立即前往中央苏区,传达四中全会精神,加强对中央苏区的理论指导。大概在中共中央看来,包括毛泽东在内的原中央苏区干部,马克思主义理论水平不高,而任弼时、王稼祥则在莫斯科系统地学习过马列主

① 中共中央党史研究室:《中国共产党的七十年》,中共党史出版社 1991 年版,第 124 页。

义理论。4 月初,中央代表团到达瑞金。4 月 17 日,中央代表团在宁都的青塘参加苏区中央局第一次扩大会议。会议批评了项英在处理富田事变中的所谓"错误",但对毛泽东领导的红四军前委及后来的红一方面军总前委,则给予了较高评价,认为红四军前委执行中共六大的正确路线,贡献了解决土地问题的"许多宝贵经验",对红军建设"有了正确的了解";总前委"认清半殖民地的中国斗争的实质,农民战争的作用",从苏维埃运动实际斗争中获得经验,"反对'左'右倾的机会主义",取得了第一次反"围剿"战争的伟大胜利①。正如有研究者所言,由于中央代表团"基本肯定了毛泽东当时主持的反 AB 团的斗争,毛泽东也接受了他们关于在军事上必须集中兵力实行进攻路线的意见,因此两方面相处一度还算融洽"②。

但是,只过了几个月,毛泽东和苏区中央局的分歧便凸显出来了。1931年 8 月 21 日,中共苏区中央局根据共产国际新制定的关于中国土地问题的决议和王明于 1931 年 3 月起草的《土地法令草案》的精神,通过了《关于土地问题的决议案》。这个文件虽然肯定毛泽东提出的在半分土地过程中实行"抽多补少,抽肥补瘦"的原则,"是土地革命中的一个成绩",但认为毛泽东此前主张在分配土地的时候,把土地分配给乡村中的一切男女,使豪绅地主家属和富农与贫农、中农一样,分得数量上和质量上同样的土地,"是不正确的,是非阶级的",这样做"模糊了土地革命的阶级意义"。决议案强调,在分配土地中,地主豪绅及其家属根本无权分得土地,"富农已分得的土地,应交出来重新分配,好田应当转分给雇农、贫农、中农而把他们的坏田调给富农"③。这就是所谓的"地主不分田,富农分坏田"。

同年 8 月 30 日,中共中央发出长达万余字的《给苏区中央局并红军总前委的指示信》。信中指出,中央苏区在肃反中犯了简单化和扩大化的错误。这无疑是正确的。但是,这封信的主要内容,则是对以毛泽东为首的中共苏区中央局的各项工作进行批评。信中虽然肯定"在几年来土地革命的

①　中共中央文献研究室:《任弼时年谱》,中央文献出版社 2006 年版,第 166—167 页。
②　杨奎松:《毛泽东与莫斯科的恩恩怨怨》,江西人民出版社 1999 年版,第 37 页。
③　《苏区中央局关于土地问题的决议案》(1931 年 8 月 21 日),中国社会科学院经济研究所中国现代经济史组:《第一、二次国内革命战争时期土地斗争史料选编》,人民出版社1981 年版,第 559—561 页。

深入中,在最近一年多红军英勇的战争中,在苏区内外阶级敌人的残酷进攻中,中央苏区是获得了他伟大的成功",但又强调"中央苏区还存在着错误和缺点",其中"最严重的错误是:缺乏明确的阶级路线与充分的群众工作"。

信中认为,中央苏区过去工作的错误,主要表现在没用一切可能力量动员群众巩固河东(赣江以东)中心根据地;对于消灭地主阶级与抑制富农政策,还持着动摇的态度,没有实行"地主不分田,富农分坏田"的政策,使土地革命的果实"为富农所攫去";中华苏维埃第一次全国代表大会至今未能开成,但又将工农革命委员会的临时政权取消了,而代以军事组织,实际上党又包办一切,这使群众对政权的认识模糊而不相信政权是自己的;红军直到现在还没有完全抛弃游击主义的传统与小团体的观念,这在红军已在进行大规模战争与担负着争取一省几省首先胜利的任务是不相称的。

信中要求红军在冲破三次"围剿"后,必须向外发展,"占领一个两个顶大的城市";必须消灭地主残余,"绝对不能使他们仍保有租借权而密接土地关系,对待地主残余的办法,只能是分配他们苦工做";必须加紧"雇农贫农与富农的对抗","变更富农的土地,只有给他坏田耕种,富农的剩余工具要没收","而雇农贫农便可分得地主富农的肥田和工具";红军的编制应"开始适应于大规模的作战的组织",战斗力亦应着重于技术能力的增进,"特别是要有堡垒战、街市战、射击飞机等等的演习","以加强红军的作战能力而完全脱离游击主义的传统"。信中认为,唯有如此,才能实现一省几省革命的首先胜利。① 中共中央的这些要求,显然与毛泽东的一贯主张不合拍。

中共中央虽然不赞成毛泽东的土地分配主张,其所提出的夺取"顶大的城市"的思想也与毛泽东农村包围城市的思想大相径庭,但是,就当时中共中央和中央代表团而言,在毛泽东和项英这两个中央苏区的主要领导人中,似乎对项的不满还更多一些。这一则在于作为中共苏区中央局代理书记的项英在处理富田事变问题上,力图在党内纠纷的框架内加以解决,而中

---

① 《给苏区中央局并红军总前委的指示信——关于中央苏区存在的问题及今后的中心任务》(1931 年 8 月 30 日),中央档案馆:《中共中央文件选集》第 7 册,中共中央党校出版社 1991 年版,第 364、366、368 页。

共临时中央认定富田事变是"反革命暴动"，项英此举自然有右倾之嫌；二则在于中央代表团经过一段时间的观察，认为毛泽东确实"有独特见解，有才干"，而项英"犹豫不决(特别在军事行动上)，领导战争能力弱"①。因此，这年 10 月 11 日，中央代表团控制下的中共苏区中央局致电中共临时中央(1931 年 9 月下旬，鉴于王明将去共产国际工作，周恩来将前往中央苏区，时在上海的中共中央委员和政治局委员不到半数，根据共产国际远东局的提议，在上海成立临时中央政治局，以博古负总的责任，史称中共临时中央)，原苏区中央局书记项英"因解决富田事变完全错误"，"工作能力不够领导"，决定由毛泽东代理中央局书记并报请批准。电文中还提出请中共临时中央决定即将成立的中华苏维埃共和国临时中央政府成员名单。

中共临时中央很快作出答复。10 月中下旬，中共临时中央两次致电中共苏区中央局，一次是同意中共苏区中央局书记由毛泽东代理；另一次是提出中华苏维埃中央临时政府由毛泽东任主席。

二、赣南会议上毛泽东被指责为"狭隘经验论"

可是，中央代表团对毛泽东的信任并没有延续多长时间。1931 年 11 月 1 日至 5 日，在中央代表团的主持下，中央苏区党组织在瑞金叶坪召开第一次代表大会，即史上有名的赣南会议。会议的中心内容是贯彻 8 月 30 日中共中央给苏区中央局并红一方面军临时总前委的指示信。会议在讨论过程中，就根据地、土地革命路线和军事等问题上展开了争论。毛泽东坚持认为，中央革命根据地从实践中形成的一整套路线和方针是正确的，是符合根据地实际情况的；几个中心县委书记也举出大量事实来支持毛泽东的看法。② 但是，中央代表团却根据中共中央 8 月 30 日来信，强调中央苏区"至今还存在许多严重的错误和缺点"，其表现就是"缺乏明确的阶级路线与充

---

① 中共中央文献研究室：《任弼时年谱》，中央文献出版社 2006 年版，第 167 页。

② 中共中央文献研究室：《毛泽东传(1893—1949)》，中央文献出版社 1996 年版，第 270 页。

分的群众工作"。按照这个基调,会议通过的由中央代表团起草的相关决议案中,对中央苏区的工作进行了多方面的批评和指责。

在思想理论上,由于毛泽东一再强调反对本本主义,必须坚持从实际出发,结果被指责为"狭义经验论"。会议通过的《党的建设问题决议案》说,目前苏区党表现出的最严重的问题之一,是"马克思列宁主义最基本常识的系统教育工作,尚未能引起党严重的注意。而在党内流行一种狭隘的经验论调,实际上是反理论的倾向而形成一种事务主义的现象"①。会议通过的《红军问题决议案》中也说:"红军中狭义的经验论,在实际工作中生了不小影响,根本〈否〉认马克思列宁主义的理论,单凭自己的狭小经验和短小眼光来分析各种问题,这完全是农民的落后思想,事实上会要走到错乱的非阶级路线的前途上。"②中共中央文献研究室编著的《任弼时传》曾披露了毛泽东被冠以"狭隘经验论"的缘由:1930 年 5 月,毛泽东写了《调查工作》(即《反对本本主义》)一文,提出"没有调查,没有发言权"的论断,提倡面向实际做社会调查,反对靠"本本"发号施令的错误。任弼时到中央苏区后,认为反对"本本"主义,就是不重视理论,忽视马克思列宁主义的理论教育,乃指责毛泽东是"狭隘经验论"和"事务主义"③。

在土地革命问题上,赣南会议指责毛泽东犯了"富农路线"的错误,模糊了土地革命中的阶级斗争。会议通过的《政治决议案》指出:"'二七会议'(即 1930 年 2 月 7 日,红四军前委和红五、六军军委及赣西特委在吉安县陂头村召开联席会议,史称二七会议——引者注)虽然反对了露骨的富农路线,虽然在土地问题上进了一步,但其'抽多补少','抽肥补瘦','分配土地给一切人'是模糊土地革命中的阶级斗争,也是同样的犯了富农路线的错误。""上述一切错误,使土地革命不能深入,使贫苦农民或者根本没有得到土地革命的利益(如没有分配土地的地方),或者没有得到最大利益,而使富农偷取土地的果实。这些错误,使农村中的阶级斗争与对阶级关系

---

① 《党的建设问题决议案》(1931 年 11 月),中央档案馆:《中共中央文件选集》第 7 册,中共中央党校出版社 1991 年版,第 467 页。

② 《红军问题决议案》(1931 年 11 月),中央档案馆:《中共中央文件选集》第 7 册,中共中央党校出版社 1991 年版,第 487 页。

③ 中共中央文献研究室:《任弼时传》,中央文献出版社、人民出版社 1994 年版,第 224 页。

的认识模糊起来。"①因此,必须按照中共临时中央提出的"地主不分田,富农分坏田"的原则,"彻底解决土地问题"。

在根据地问题上,会议指责毛泽东对发展根据地右倾保守,"苏区的阶级斗争不但没有发展到最高程度","阶级异己分子时常占领领导机关","从政权一直到各种群众团体的组织非常散漫","中央苏区的地方工作是赶不上闽西和其他苏区的"②。会议要求"于最短时间内""贯通中央区与湘赣苏区以及赣南的零星苏区","再进一步与赣东北与湘鄂赣边苏区贯通,这样来扩大并巩固苏维埃根据地。③

在军事问题上,会议指责毛泽东倡导的保持党对红军的绝对领导,是"党包办一切",认为"党包办一切的结果,把红军中军事政治机关,失去其独立系统的工作,变成了不健全的残废机关。这种由党来包办一切的根源,仍然是国民党以党治国的余毒。党包办一切的结果,将党变成了事务主义的机关,反而放轻了党在红军中的本身工作。"提出"红军中包办一切军队行政的各级党的委员会应即取消。各级党的组织应当由各军政治部管理,各军党由革命军事委员会总政治部负责管理,并指导其工作"④。至于毛泽东提出的"诱敌深入、后发制人"的战略方针,则被指责为"游击主义的传统",是"为进行大规模作战的绝大障碍"⑤,提出今后在军事训练上要有"堡垒战"、"街市战"的演习,为夺取中心城市作准备。

会议通过的几个决议案都强调,要"加紧两条战线的斗争尤其要集中火力反对右倾","在实际工作当中,要与一切立三路线影响和党内主要危险——右倾机会主义作最残酷的斗争"⑥。这里虽然没有点毛泽东的名,但从所批评和指责的内容看,其所指已是十分明了。

<hr>

① 《政治决议案》(1931年11月),中央档案馆:《中共中央文件选集》第7册,中共中央党校出版社1991年版,第448页。
② 同前引,第452—453页。
③ 同前引,第459页。
④ 《党的建设问题决议案》(1931年11月),中央档案馆:《中共中央文件选集》第7册,中共中央党校出版社1991年版,第486、478页。
⑤ 《红军问题决议案》(1931年11月),中央档案馆:《中共中央文件选集》第7册,中共中央党校出版社1991年版,第486页。
⑥ 《党的建设问题决议案》(1931年11月),中央档案馆:《中共中央文件选集》第7册,中共中央党校出版社1991年版,第483页。

这次会议还根据中共临时中央的指示,设立了中华苏维埃共和国中央革命军事委员会,取消红一方面军总司令和总政委、总前委书记的名义,毛泽东所担任的总政委、总前委书记之职自然被免除。11 月 25 日,中央革命军事委员会(简称"中革军委")正式成立,朱德为主席,王稼祥、彭德怀为副主席,毛泽东仅为十五人组成的委员之一。尽管如此,中共临时中央对赣南会议并不满意。第二年 5 月 20 日,临时中央在给中共苏区中央局的电报中,批评中央代表团说:"自我批评的发展,在大会及其前后都没有充分的发展,两条战线的斗争,尤其非常薄弱,大会上反对所谓狭隘的经验论,代替了反机会主义的斗争,这些都是党大会最主要的错误与缺点。"①

三、因反对打赣州毛泽东请假休养

1931 年 11 月 7 日至 20 日,中华苏维埃第一次全国代表大会在瑞金召开,毛泽东当选为中华苏维埃共和国中央执行委员会主席(相当于国家主席)。在中央执行委员会之下组织人民委员会,毛泽东亦是人民委员会的主席(相当于政府总理)。12 月底,周恩来抵达瑞金,中共苏区中央局书记之职也就无须毛泽东代理了。

12 月 11 日,中共临时中央发出《为目前时局告同志书》,对当时的形势作了十分乐观的估计,认为第三次反"围剿"胜利后,"苏维埃运动的发展与胜利,尤其是中华苏维埃共和国临时政府的成立,工农劳苦民众反对日本帝国主义进攻满洲,反对列强瓜分中国的反帝浪潮的汹涌澎湃,再加以全中国工农运动、灾民斗争与士兵斗争的开展,使地主资产阶级的国民党的统治日益动摇,使全中国的革命危机,日益成熟"。因此,在"新的革命的浪潮是汹涌地滚向前来"的情况下,"取得中国革命在几个主要省份(湘鄂赣皖)的首先胜利","是目前所要实现的摆在议事日程上的斗争任务"。为了实现这

---

① 《中央给苏区中央局的指示电》(1932 年 5 月 20 日),中央档案馆:《中共中央文件选集》第 8 册,中共中央党校出版社 1991 年版,第 220—221 页。

个"斗争任务"，就必须"在坚决的执行国际路线之下，发动广大的反帝国主义反国民党反富农的斗争，巩固苏维埃，扩大红军，把几个分离的苏区打成一片，并占领几个主要的与次要的中心城市。"①

1932 年 1 月 9 日，中共临时中央又作出《关于争取革命在一省与数省首先胜利的决议》，强调"国内阶级力量的对比已经变动了；这个变动是有利于工农的，有利于红军苏维埃的。国民党各派的力量都削弱了，相反地，工农与苏维埃运动的力量是增长了，强固了。红军成了极大的坚固的力量，苏维埃政权统治了几千万人口的区域。红军与游击队的发展，造成了包围南昌吉安武汉等重要的与次要的大城市的形势。过去正确的不占取大城市的策略，现在是不同了；扩大苏区，将零星的苏区联系成整个的苏区，利用目前顺利的政治与军事的条件，占取一二个重要的中心城市，以开始革命在一省数省的首先胜利是放到党的全部工作与苏维埃运动的议事日程上面了"。为此，中共临时中央提出要将闽粤赣、赣东北、湘鄂赣、湘赣各苏区联系成整个一片的苏区，"并以占取南昌，抚州，吉安等中心城市，来结合目前分散的苏维埃根据地，开始湘鄂赣各省的首先胜利"②。

根据中共临时中央"占领几个主要的与次要的中心城市"的指示，1932 年 1 月上旬，中共苏区中央局在瑞金召开会议，研究讨论攻打江西中心城市问题。会前，周恩来曾向毛泽东征求过对于这个问题的意见。毛泽东鉴于敌我力量的对比，认为现在还不能打中心城市。周恩来一开始也以为然，并致电中共临时中央，表示攻打中心城市尚有困难，但中共临时中央复电强调，攻打城市的决心不能动摇，如南昌一时不能夺取，至少要在抚州、吉安、赣州中选取一个攻占。上述 1 月 9 日的决议又重申了这个要求。

既然如此，看来城市是不能不打了。那么，在这几个城市中先打哪一个，会议在讨论过程中，不少人认为抚州及其周围有敌军十个师，吉安及其周围有敌军五个师，只有赣州的守军较少，且同周围其他军队的联系不密切。于是，会议就转到讨论如何打赣州的问题。但是，毛泽东仍不同意打赣

① 《中国共产党中央委员会为目前时局告同志书》(1931 年 12 月 11 日)，中央档案馆：《中共中央文件选集》第 7 册，中共中央党校出版社 1991 年版，第 544、547、548 页。

② 《中央关于争取革命在一省与数省首先胜利的决议》(1932 年 1 月 9 日)，中央档案馆：《中共中央文件选集》第 8 册，中共中央党校出版社 1991 年版，第 41—43 页。

州,在发言中提出:赣州是赣南的政治经济中心,是闽粤两省的咽喉,是敌军必守的坚城;它三面环水、城墙高筑、易守难攻,前年3月红四军曾围攻赣州三天,没有结果,只得撤围;现在赣州南北都屯集着国民党重兵,以红军现有力量和技术装备很可能久攻不克,还是以不打为好。即使要打,也只能采取围城打援的战术。① 朱德也不赞成打赣州。

然而,与会人员中,赞成打赣州的占了多数。毛泽东乃又建议能否听一听前线指挥员的意见,项英因在处理富田事变问题上受到中共临时中央的批评,故在打赣州的问题上表现甚为积极。他说在第一次苏维埃代表大会时,已问过彭德怀能不能将赣州打下来,彭告诉他,赣州守军马崑旅估计有六千人,地方靖卫团两千人,共八千人,如有时间,蒋介石又不来增援,是可以打下的。② 这样一来,毛泽东和朱德成了少数,会议作出了攻打赣州的决定。1月10日,中央革命军事委员会发布攻打赣州的训令,以红三军团并指挥红七军、红四军为主作战军,彭德怀任前敌总指挥,负责攻城;以江西、闽西军区共六个师为支作战军,陈毅为总指挥,以游击战争配合主作战军行动。

1月中旬,中共苏区中央局再次召开会议,报告第三次反"围剿"的情况和九一八事变后的国际形势。会议由毛泽东主持。毛泽东在发言中认为,日本帝国主义大举侵华势必引起全国的抗日高潮,国内阶级关系必将发生变化。但是,中央代表团不同意毛泽东的分析,认为日本占领东北主要是为了进攻苏联,"不作此估计就是右倾机会主义","我们必须提出武装保卫苏联",如不这样,"就是典型的右倾机会主义"。面对这一指责,毛泽东只得报以沉默,会议也暂时中断,另选主持人才算把会开完。③ 会后,毛泽东向中共苏区中央局请假要求休养。中共苏区中央局很快同意了他的请求,至于他负责的临时中央政府的工作,则暂由副主席之一的项英负责。

---

① 中共中央文献研究室:《毛泽东传(1893—1949)》,中央文献出版社1996年版,第280页。

② 《彭德怀自述》,人民出版社1981年版,第173页。

③ 中共中央文献研究室:《毛泽东年谱(1893—1949)》上卷,人民出版社、中央文献出版社1993年版,第365页。

2月4日,红三军团先头部队抵达赣州城郊。6日,红三军团全部抵达赣州城外,攻打赣州的战役正式开始。然而,赣州三面环水,城池坚固,守军依城垣固守待援,红三军团先后四次爆城进攻,均未能奏效。攻城期间,敌人援军偷渡赣江进入城内,却未引起中革军委的高度重视,注意力仍放在全力攻城上。3月7日,赣州守敌和城外援军突然内外夹击攻城部队,红三军团处于腹背受敌的境地。

攻城失利之际,中革军委急电毛泽东,请其暂停休养,立即赶赴前线参与决策。项英手持中革军委急电,冒雨从瑞金赶到毛泽东休养的东华山,通报了有关情况。毛泽东决定立即下山,随即复电前线指挥部,建议启用刚刚由原国民党第二十六军起义部队编成的红五军团,掩护攻城部队撤出。根据毛泽东的建议,朱德命令红五军团第十三军驰援,掩护红三军团从赣州撤围,历经月余的攻打赣州之役宣告结束。

3月中旬,中共苏区中央局在赣县的江口召开会议,讨论攻打赣州的经验教训和红军今后的行动方针。会上,毛泽东指出攻打赣州是错误的,主张红军主力向敌人力量比较薄弱、党和群众基础较好、地势有利的赣东北发展。在赣江以东、闽浙沿海以西、长江以南、五岭山脉以北广大地区发展革命战争,建立根据地。[①] 但有人认为,红军攻打赣州是依据中央和中央局的决议,在政治上是正确的;胜败乃兵家常事,现在虽从赣州撤围,并不是不再打赣州了;红军还是要执行中央的"进攻路线",要夺取中心城市的。会议没有接受毛泽东的意见,而是决定红军主力夹赣江而下向北发展,相机夺取赣江流域的中心城市或较大城市;以红一、红五军团组成中路军,以红三军团、红十六军等组成西路军,分别作战。[②] 这时,毛泽东在红一方面军中已没有领导职务,只得以临时中央政府主席和中革军委委员这个尴尬身份,率中路军北上。

3月底,中共苏区中央局在瑞金开会讨论红军行动方向问题,毛泽东建议中路军向东方向,攻打龙岩,消灭闽西的国民党张贞部。这个建议为

① 中共中央文献研究室:《毛泽东年谱(1893—1949)》上卷,人民出版社、中央文献出版社1993年版,第368页。

② 中共中央文献研究室:《毛泽东传(1893—1949)》,中央文献出版社1996年版,第282页。

会议所采纳,并决定将中路军改称东路军。4月20日,毛泽东率东路军攻占闽南重要城市漳州,缴获了大量的武器弹药和各类物资,其中包括飞机两架。

四、"中央的政治估量和军事
战略完全是错误的"

可是,就在此时,毛泽东与中共临时中央的关系却再次紧张起来。

4月4日,中共临时中央政治局常委洛甫(即张闻天),写出了题为《在争取中国革命在一省与数省的首先胜利中中国共产党内机会主义的动摇》的长文,在中共中央机关报《红旗周报》上发表。文章强调,中国地主资产阶级的统治日益走向崩溃,使中国的革命危机更加成熟,但"党内一部分最不坚定的同志",则对于目前革命形势估计不足,"对于党所提出的许多中心任务发生机会主义的动摇"①。

文章具体地列举了各种所谓机会主义的表现,并且指责"中央苏区的同志""表现出了浓厚的等待主义,等待敌人的进攻,等待新的胜利。他们始终没有能够利用客观上的顺利环境去采取积极进攻的策略。他们把'巩固苏区根据地'当做符咒一样的去念,把消灭'土围子'当做了巩固根据地的中心工作,以等待敌人的新的进攻,新的'坚壁清野',新的'诱敌深入'与新的胜利"。"在分配土地上,中央苏区过去提出'分配一切土地给一切人'的观念,不用说是十足机会主义的观点"。② 不难看出,这里所说的"中央苏区的同志",其实指的就是毛泽东。文章强调,"目前的主要危险,是对于国民党统治的过分估计,与对于革命力量的估计不足的右倾机会主义","只

① 洛甫:《在争取中国革命在一省与数省的首先胜利中中国共产党内机会主义的动摇》(1932年4月4日),中央档案馆:《中共中央文件选集》第8册,中共中央党校出版社1991年版,第611页。

② 中央档案馆:《中共中央文件选集》第8册,中共中央党校出版社1991年版,第619、623页。

有最坚决无情的反对机会主义倾向的斗争,才能使全党同志更能清晰的了解我们的任务,为这些任务的实现而斗争"①。

4月11日,项英向中共临时中央政治局常委会汇报了赣南会议前后情况,认为中央苏区是"狭隘经验论障碍新路线的执行",但听取汇报的政治局常委会成员对这种说法并不认可,认为毛泽东不只是"狭隘经验论"的问题,而是右倾机会主义的错误。一位政治局常委说:"中央区的领导,我以为对于目前中国革命的基本问题是民粹派的观点,是离开布尔什维克的认识的。中央区是以为目前的革命是农民或贫民的革命(虽然没有文件上表示出来),这是与国际指出目前是民主的革命工农专政、无产阶级领导权的意义是原则上的不同。这在土地问题上、党的问题上、职工决议上、反帝问题上都表现出来。因此,中央区的领导是脱离了布尔什维克的路线的。"另一个常委则说:"狭隘的经验论,毋宁说是机会主义障碍路线的执行。"②

为了反掉中央苏区存在的"右倾机会主义",更好在贯彻中共临时中央所谓的"布尔什维克路线",4月14日,中共临时中央下发了《中央反对帝国主义进攻苏联瓜分中国给苏区党部的信》。信中指出:"日本占领满洲是帝国主义新的瓜分中国的开始,是进攻苏联的具体的危险的步骤",现在,"反苏联战争的危险是箭在弦上"。信中重弹"武装保卫苏联"的老调,认为"扩大苏区,消灭国民党的武力,是给帝国主义的直接打击,是与帝国主义决战的准备,是民族革命战争胜利的先决条件,是真正的拥护苏联的革命争斗"。信的最后强调:"右倾机会主义的危险是各个苏区党目前的主要危险。这些右倾机会主义是表现在:对于目前革命形势的估计不足,忽视反苏联战争的危险,忽视反帝运动与土地革命中的无产阶级的领导权,轻视中国革命的民族解放的任务与帝国主义直接干涉苏区的危险,不相信工农的力量能够战胜帝国主义的干涉,不了解红军的积极行动的必要而陷于庸俗的保守主义,甚至个别的情况之下,提议解散红军编为游击队,实际上这是对

---

① 中央档案馆:《中共中央文件选集》第8册,中共中央党校出版社1991年版,第621、611页。

② 中共中央文献研究室:《毛泽东传(1893—1949)》,中央文献出版社1996年版,第290页。

于帝国主义国民党完全的投降。"因此,必须对"右倾作最坚决无情的争斗"①。

接到中共临时中央的指示信后,中共苏区中央局将其基本精神电告了在漳州的毛泽东。毛泽东接到来电后,"断然认为:临时中央对形势的分析、党的任务的规定和对党内主要危险的判断,是同实际情况完全不符的"②。5月3日,毛泽东复电中共苏区中央局,明确表示:"中央的政治估量和军事战略,完全是错误的。"为此,他提出了两点理由:

"第一,三次战争和日本出兵之后的中国统治势力,特别是蒋系,已经受到很大的打击,对于我们只能取守势防御的攻击,至于粤军亦是防御攻击性质。决不应夸大敌人力量,以为敌人还有像去年三次进攻给中央苏区以大摧残的可能,而且在战略上,把自己错误起来,走入错误的道路。"

"第二,在三次战争以后,我们的军事战略,大规模上决不应再采取防御式的内线作战战略,相反要采取进攻的外线作战战略。我们的任务是夺取中心城市实现一省胜利,似要以消灭敌人做前提。在现时的敌我形势下,在我军的给养条件下,均必须跳出敌人的圆围之外,采取进攻的外线作战,才能达到目的。""此次东西两路军的行动完全是正确的。东路军深入漳州决不是主要为着筹款,西路军的分出也没有破坏集中的原则。我们已跳出敌人的圆围之外,突破了敌人的东西两面,因而其南北两面也就受到我们极大威胁,不得不转移其向中区的目标,向着我东西两路军行动。"③

毛泽东敢于批评中共临时中央,但以周恩来为首的中共苏区中央局却未能顶住中共临时中央的批评。同一日,周恩来、王稼祥、任弼时和朱德联名等致电中共临时中央:"我们在[中央]苏区扩大方向和红军作战行动上有分歧意见。去年年底,在[中共苏区]中央局会议上,毛泽东提出了沿福建、广东、江西和湖南边界的三山建立苏区的计划。科穆纳尔(即王稼

---

① 《中央反对帝国主义进攻苏联瓜分中国给苏区党部的信》(1932年4月14日),中央档案馆:《中共中央文件选集》第8册,中共中央党校出版社1991年版,第193、195、198、201页。

② 中共中央文献研究室:《毛泽东传(1893—1949)》,中央文献出版社1996年版,第291页。

③ 《对政治估量、军事战略和东西路军任务的意见》(1932年5月3日),《毛泽东军事文集》第1卷,军事科学出版社、中央文献出版社1993年版,第271—272页。

祥——引者注）反对这一计划，并说在目前的政治形势下，这是规避占领大城市。我们应当在赣江两边之间建立联系并在它的上游占领最重要的城市。""中央局的其他委员都同意这个意见，并决定攻打赣州。""当莫斯克文（即周恩来——引者注）来到时，毛泽东提出了在［赣］东北扩大苏区的计划，并反对攻占中心城市。毛泽东遭到反对后，暂时放弃了自己的计划，而我们把占领大城市的计划具体化了，并开始攻打赣州。从被围困的赣州撤退后，毛泽东认为攻打该城的行动是李立三路线的继续。"

电文还说："经过讨论后，毛泽东说了另一番话，说在打赣州的同时，应派部分部队去东北方向扩大苏区。毛［泽东］再次建议在福建、江西、浙江和安徽边界地区建立大片苏区，并制定了十个月的工作计划，说今年内不可能占领大城市，必须向其他的农村推进。"电文认为，毛泽东"从没有发生变化的形势出发，制定了长期的行动计划。这条政治路线乃是百分之百的右倾机会主义，它低估了目前的形势，完全背离了共产国际和［中共］中央的指示，［中共苏区］中央局所有其他委员都反对这条路线"。电报最后表示："我们决定同毛泽东的错误进行斗争，并在党的机关报上进行批评。""最近一次［中共苏区］中央局的会议认为，毛泽东的错误是机会主义的"①。

五、长汀会议毛泽东遭"缺席裁判"

1932年5月11日，中共苏区中央局在福建长汀召开会议，决定"完全同意和接受"临时中央的批评，作出了《关于领导和参加反对帝国主义进攻苏联瓜分中国与扩大民族革命战争运动周的决议》。决议指出，现阶段苏区党的中心任务，"应使用一切力量开展群众的反帝国主义运动，组织，准备，领导和武装千百万的无产阶级与农民劳苦群众进行革命的民族解放战争，来保卫中国革命，保卫苏联，反对日本及一切帝国主义的侵犯与瓜分中

① 《周恩来、王稼祥、任弼时和朱德给中共中央的电报》（1932年5月3日），《共产国际、联共（布）与中国革命档案资料丛书》第13卷，中共党史出版社2007年版，第146—148页。

国,压迫中国革命与武装进攻苏联,来争取中国的独立解放与统一。号召组织与领导无产阶级与农民发展群众阶级斗争,积极发展革命战争,粉碎国民党军阀新的进攻,坚决进行胜利的进攻,争取苏区扩大,争取闽赣湘鄂苏区打成一片,争取中心城市——赣州,吉安,抚州,南昌与江西及其邻近省区的首先胜利"。决议强调:"须彻底纠正中央局过去的右倾机会主义错误。右倾机会主义是苏区党内的主要危险,特别表现在对于目前革命形势估量不足,对敌人力量过分恐惧,过分估量了帝国主义大战的危机,忽视反苏联战争的主要根本危险,忽视反帝运动与土地革命中无产阶级的领导权,不认识帝国主义直接干涉苏区的危险,不了解江军积极行动的必要而对于迅速夺取大城市迟疑,主张向着偏僻区域发展,这简直是苏维埃运动中的机会主义路线。"①

毛泽东没有参加长汀会议,而这个决议在很大程度又是针对他而作的。5月底6月初,他从漳州返回赣南,途经长汀时看到了这个文件,自然十分不满。多年后,他对于此事尚不能释怀。1941年上半年,他在决定发动整风运动之际,曾写了一篇《驳第三次左倾路线》的文章,其中写道:"六月回到长汀,见了这个皇皇大文,茅塞为之顿启。知道是采的缺席裁判办法,一审终结,不许上诉的。"②

然而,中共临时中央对此并不满意,并于5月20日给中共苏区中央局发来一封共有十条内容的指示电,内称:赣南会议"一般的接受了中央的指示,在苏区工作的转变上有进步的作用,但大会对于政治情势估计不足,因此,对于争取一省数省首先胜利及进攻的路线,缺乏明确的肯定的指出,虽然当时中央屡次电指示,但是没有为中区的领导同志所严重注意"。电文中还指名道姓地对周恩来作了批评:"伍豪同志(周恩来曾化名伍豪——引者注)到苏区后,有些错误已经纠正,或部分的纠正,在某些工作上有相当的转变,但是未估计反苏联战争的危险,不巩固无产阶级的领导及加强工会

---

① 《中共苏区中央局关于领导和参加反对帝国主义进攻苏联瓜分中国与扩大民族革命战争运动周的决议》(1932年5月11日),中央档案馆:《中共中央文件选集》第8册,中共中央党校出版社1991年版,第214、218页。

② 中共中央文献研究室:《毛泽东传(1893—1949)》,中央文献出版社1996年版,第292页。

工作,一切工作深入下层的澈底的转变"①。指示强调:"现在全国力量的对比,已经与三次战争时不同了的,更有利于红军的发展,有利于革命的。目前应该采取积极的进攻策略,消灭敌人的武力,扩大苏区夺取一二中心城市,来发展革命的一省数省的胜利"。

受到中共临时中央的点名批评之后,周恩来不得不就此作出表态。5月30日,他在中共苏区中央局机关刊物《实话》上发表《拥护全国红军胜利,坚决执行积极进攻的路线》一文,其中说:"我们应当承认是犯了不可容许的迟缓、等待这种右倾机会主义错误的,来源是由于中央局过去对于目前政治形势估量不足,因此,对于争取一省几省首先胜利的任务与积极进攻的路线,便缺乏明确的认识。"文章还表示,要"坚决的不调和的进行在苏区发展路线上的两条战线的斗争,反对'左倾'的'轻敌'、'盲动'等等错误,尤其要集中火力反对目前主要危险右倾机会主义的一切动摇"。②

6月上旬,中共苏区中央局又召开了一次会议。2007年出版的《共产国际、联共(布)与中国革命档案资料丛书》第十三卷中,收录了一封6月9日中共苏区中央局致电中共临时中央的电报,其中说:"毛泽东已从前线返回,全会已经结束,取得很好结果,一致同意中央的指示信(指5月20日临时中央给中央局的电报——引者注),坚决揭露了以前的错误,进行了深刻的自我批评,确定了当前政治工作的积极进攻方针和在江西取得首先胜利的行动方针。在全会上,毛泽东同志表现出很好的态度,深刻承认了自己以前的错误,完全放弃了自己向东北扩张的意见。所有问题都迎刃而解了。""我们的讨论是在同志式的气氛中进行的,只限于中央局委员之间。这并不妨碍毛泽东的领导工作。目前我们正齐心协力地执行中央的指示,不会再有任何冲突。"③

① 《中央给苏区中央局的指示电》(1932年5月20日),中央档案馆:《中共中央文件选集》第8册,中共中央党校出版社1991年版,第220—221、221—222页。

② 中共中央文献研究室:《周恩来年谱(1898—1949)》,中央文献出版社、人民出版社1990年版,第221页。

③ 《中共苏区中央局给中共中央的电报》(1932年6月9日),《共产国际、联共(布)与中国革命档案资料丛书》第13卷,中共党史出版社2007年版,第164页。

　　6月中旬,中共临时中央和苏区中央局决定恢复红一方面军总部,辖红一、红三、红五军团,取消东路军和西路军番号,由中革军委主席朱德兼总司令,副主席王稼祥兼总政治部主任,总政治委员一职空缺,毛泽东仍只能以政府主席的身份随军行动。

宁都会议上毛泽东为何
失去对红军的指挥权

　　1932 年 5 月长汀会议，毛泽东与中共苏区中央局之间的关系有所缓和，曾一度重新担任红一方面军总政委，但好景不长，双方矛盾再度激化，1932 年 9 月的宁都会议，毛泽东失去了对红军的指挥权。

　　宁都会议无疑是一次集中批判毛泽东的会议，对于周恩来在宁都会议上的表现，中共苏区中央局很不满意，认为他"在斗争上是调和的"。对于这种指责，周恩来表示不能接受。

　　1932 年 9 月，中共苏区中央局在江西宁都的小源村召开全体会议，对毛泽东开展了"从未有过的反倾向的斗争"，并决定毛泽东回后方主持临时中央政府的工作，他所担任的红一方面军总政委一职由周恩来代理，实际上解除了他对红军的指挥权。

一、周恩来建议毛泽东任总政委

　　1932 年 6 月 17 日，中共苏区中央局在福建长汀召开会议，通过了《关于争取和完成江西及其邻近省区革命首先胜利的决议——苏区党大会前后工作的检阅及中央苏区党的目前中心任务》。决议承认苏区中央局是犯了"不可容许的右倾机会主义的动摇"的错误,认为造成这一错误的原因,"主要的是由于对目前革命形势估量不足,对反革命力量过分估计,对目前两个世界与中国两个政权的对立的不了解与估计不足,对于反帝国主义与土地革命中巩固无产阶级的领导的忽视——这些是右倾机会主义的根源。"认为不彻底揭发这些右倾机会主义的严重错误,不坚决地向这些右倾机会主义的动摇开火,便不能坚决地执行积极进攻的路线,迅速地夺取中心城市,以实现一省数省革命的首先胜利。决议提出:"中央苏区红军的行动,必须达到最高度的积极化,必须与其他苏区红军更加有互相配合,互相策略(应),互相牵制敌人的行动,以达到革命战争在全战线上的一致和继续的胜利。"为此,必须"夺取赣河流域的南昌、九江、抚州、吉安、赣州、萍乡等中心城市,以实现江西及其邻近省区革命的首先胜利"①。

但是,中共临时中央对苏区中央局此举并不满意。7月21日,中共临时中央发出《给中区中央局及苏区闽赣两省委信》。信中继续批评中共苏区中央局"没有及时采取进攻的策略,积极地扩大苏区,将争取一省数省首先胜利的任务放到全部工作的议事日程上面",责成苏区中央局"根据中央的指示来严格与切实的检查各部门的工作与进行彻底的转变",并且"迅速的提高红军中的军事技术与改善组织与编制,而想要战胜现代的帝国主义武力是很困难的。所以应该加十倍的努力,要加紧军事技术的训练,阵地战,做工事,现代的战术与特种兵器的使用,广大的采用新式的武器,组织特种兵的部队、炮兵、骑兵甚至飞机队"②。当时,红军根本没有与敌人进行阵地战的条件,不要说没有飞机队(漳州战役虽然缴获了两架飞机,但只有一架可以起飞,且红军中也没有可以驾机的飞行员),就连炮兵也甚少。中共临时中央的这种要求,显然严重脱离了实际。

---

① 《关于争取和完成江西及其邻近省区革命首先胜利的决议——苏区党大会前后工作的检阅及中央苏区党的目前中心任务》(1932年6月17日),中央档案馆:《中共中央文件选集》第8册,中共中央党校出版社1991年版,第246—247、249页。

② 《中央给中区中央局及苏区闽赣两省委信》(1932年7月21日),中央档案馆:《中共中央文件选集》第8册,中共中央党校出版社1991年版,第299、305、311页。

在中共临时中央致信苏区中央局的同一天,周恩来以苏区中央局代表身份赶赴前方,后方由任弼时代理苏区中央局书记。

当时,红一方面军总部已经恢复,由朱德任总司令,王稼祥任总政治部主任,而总政治委员却空缺。中共苏区中央局曾提议这一职务由周恩来兼任,但周恩来觉得毛泽东在军中没有职务,又要随军行动参与作战的决策与指挥,没有一个名分不行,乃于7月25日,和毛泽东、朱德、王稼祥致电苏区中央局:"我们认为,为前方作战指挥便利起见,以取消政府主席一级,改设总政治委员为妥,即以毛任总政委。作战指挥权属总司令、总政委,作战计划与决定权属中革军委,关于行动方针中央局代表有决定权。"①实际上,此举一方面是使毛泽东参与作战指挥,但另一方面也限制了毛泽东的军事行动权,因为作战计划和决定权在中革军委,毛泽东仅是中革军委的委员之一。但是,"后方的中央局成员对毛泽东能否执行中央的军事进攻路线是有怀疑的"②,周恩来的建议没有为中共苏区中央局所批准。

7月29日,鉴于中共苏区中央局仍坚持由周恩来兼任红一方面军总政委,周就改请由毛泽东任总政委一事,再次向中共苏区中央局陈说:"现在我想是否可改为军事最高会议,由政府明令发表以周、毛、朱、王四人组织。周为主席,负责解决一切行动方针与作战总计划。如依你们提议,仍以周为总政委,这不仅对于政府主席、总政治部主任的关系弄得多头指挥,而且使政府主席将无事可做。泽东的经验与长处,还须尽量使他发展,而督促他改正错误。他做总政委其权限于指挥作战战术方面为多。依上两次战役看,红军战术差得很,虽高级指挥员都需帮助。玉阶不细心,有泽东负责,可能指挥适宜。遇关重要或犹豫不定时,我便可以最高军事会议主席或中央局代表名义来纠正或解决。以政府主席名义在前方,实在不便之至。且只能主持大计,这又与中央局代表或军事会议主席权限相同,故此,宝塔式的指挥权,必须改变。我觉得前方决定于实际、于原则均无不合。"③

① 《提议由毛泽东任总政委》(1932年7月25日),《周恩来军事文选》第一卷,人民出版社1997年版,第151页。

② 中共中央文献研究室:《任弼时传》,中央文献出版社、人民出版社1996年版,第237页。

③ 《南雄水口战役的初步总结及组织问题》(1932年7月29日),《周恩来军事文选》第一卷,人民出版社1997年版,第159页。

周恩来的建议可谓用心良苦,一方面希望通过让毛泽东担任红一方面军总政委一职,避免"多头指挥"和让政府主席有事可做,且能发挥毛泽东的"经验与长处",并督促其"改正错误";另一方面又想让后方的中共苏区中央局成员们放心,毛泽东任总政委一职后不会独树一帜、不服从领导,因为毛泽东授权有限,仅限于"指挥作战",而他作为最高军事会议主席,有权"负责解决一切行动方针与作战计划"。

后方中共苏区中央局成员不想让毛泽东担任总政委一职,就是担心毛泽东获得红军指挥权后尾大不掉不听调遣,不贯彻中共临时中央和苏区中央局的指示,周恩来的这番话总算使他们有些放心了,乃同意组成最高军事会议和让毛泽东任红一方面军总政委之职。8月初,周恩来在兴国主持中共苏区中央局会议,决定对红一方面军进行整编,在前方由周恩来、毛泽东、朱德、王稼祥组成最高军事会议,周恩来为主席,负责军事行动方针和作战计划。8月8日,中革军委主席朱德,副主席王稼祥、彭德怀发布通令,宣布:奉中央政府命令,特任毛泽东同志为红军第一方面军总政治委员。

二、前后方关于军事行动的分歧

8月中下旬,红一方面军发动宜黄、乐安战役,攻克乐安、宜黄、南丰三座县城,歼灭国民党军一个师,俘虏五千多人,缴获长短枪四千余支以及一批军用物资,并且从战略上直接援助了鄂豫皖与湘鄂西两苏区的反"围剿"作战。

8月24日,红一方面军在占领南丰县城之后,准备攻打南城县城。可是,"当红一方面军主力进抵南城近郊时,发现国民党军队已在这里集中三个师准备固守,并有援军赶来,当地地形也不利于红军作战。周、毛、朱、王立刻当机立断地改变攻打南城的计划,将红军主力退却到根据地内的东韶、洛口,随后又撤至宁都以北的青塘一带休整,寻求战机"①。

---

① 中共中央文献研究室:《毛泽东传(1893—1949)》,中央文献出版社1996年版,第294—295页。

然而,在后方的中共苏区中央局成员并不赞成此举。9 月 7 日,任弼时和顾作霖联名致电周恩来,表示不同意休整待敌,而应秘密迅速北上,袭取永丰,将敌向西调动,给以各个击破为最有利。电文指出:如果不迅速向西求得在宜黄以西打击敌陈诚、吴奇伟部,敌军必南下广昌,"将造成敌人更积极向苏区中心前进,使之受敌摧残,这给群众以十二分不好影响"①。

周恩来、毛泽东、朱德和王稼祥不同意苏区中央局关于袭取永丰的行动方针。9 月 8 日,周恩来致电苏区中央局:敌之目的在驱逐我军,恢复据点,攻入苏区。我军 5 号始在东(韶)、洛(口)集中完毕,西袭永丰不仅疲劳未恢复,且敌军将先防我西进,袭取永丰将成为不可能。周恩来强调说:方面军现在小布、安福、平田一带休息七天绝对必要,已令二十二军及十二军在宜乐、宜南之间扩大发展游击运动与新苏区。② 这时,国民党军队在恢复乐安、宜黄的据点后,并未如后方中共苏区中央局所预料的那样,向南进攻苏区腹地,反而将深入东陂、黄陂和新丰等地的队伍撤离,故任弼时等人也就未再坚持袭取南丰方针。

可是,没过多长时间,前后方之间又为军事行动问题再次发生分歧。这年 9 月初,由于中共湘鄂西中央分局书记夏曦忠实执行中共临时中央的"左"倾路线,内部肃反严重扩大化,军事上又推行"两个拳头打人",将红三军分成两部分,一部分由他率领固守洪湖根据地,一部分由贺龙率领转入敌后钳制敌人。可是,夏曦搞什么寸土必争,到处修碉堡,使部队分散挨打,结果,敌军进入根据地中心,红三军不得不放弃洪湖根据地。湘鄂西的反"围剿"刚刚失利,中共鄂豫皖中央分局书记张国焘在指挥第四次反"围剿"战争时,先则盲目轻敌,认为敌人已是不堪一击的"偏师",强令红四方面军南下威胁武汉,继而在敌人三面包围根据地的情况下惊慌失措,急电中共临时中央,要求中央苏区紧急动员予以策应。在这种情况下,中共苏区中央局为援助湘鄂西和鄂豫皖苏区的反"围剿"战争,乃要求红一方面立即北上出击,给两地红军以"直接配合"。

---

① 中共中央文献研究室:《周恩来年谱(1898—1949)》,中央文献出版社、人民出版社 1990 年版,第 227 页。

② 《袭取永丰将成为可能》(1932 年 9 月 8 日),《周恩来军事文选》第一卷,人民出版社 1997 年版,第 174 页。

然而，前方的毛泽东和周恩来等人对于北上出击有着自己的看法。他们一方面建议红三军和红四方面军不要机械地固守一地，应采取诱敌深入之策，在运动中疲劳敌人，以争取歼敌的有利条件；另一方面又向中共苏区中央局和中共临时中央报告说，在目前情况下，红一方面军不能立即北上作战。9 月 23 日，周恩来、毛泽东、朱德和王稼祥致电中共苏区中央局并转中共临时中央："出击必须有把握的胜利与消灭敌人一部，以便各个击破敌人，才是正确策略，否则急于求战而遭不利，将造成更严重错误。""我们认为在现在不利于马上作战的条件下，应以夺取南丰，赤化南丰河两岸尤其南丰至乐安一片地区，促起敌情变化，准备在运动战中打击与消灭目前主要敌人为目前行动方针。"四人同时认为："这一布置虽不是立即出击敌人，但仍是积极进攻的策略"①。

此时，不但前后方的中共苏区中央局成员之间，就作战方向问题产生严重分歧，就是前方的中央局成员们意见也不尽一致。9 月 24 日，周恩来个人致信给后方中共苏区中央局说：

"前方关于战略原则与发展方针，时常引起争论，而且在动摇的原则上变更意见，有时今天以为是的，明天立以为非，工作在不定状况之下非常难做，前方组织既不是集权于个人负责制，各人能力又均有长有短，许多事件既不能决之于个人，而且时常变更其解释的原则，尤令人无所适从，有时争论则不胜其争论。"

"本来利用目前行动的环境，我可以回后方一行，可以将前方对于群众工作的心得贡献到中局（即苏区中央局——引者注），并可以更具体地规定动员群众的办法。但稼祥同志坚决主张中局来一人到前方开会，泽东同志则主张任、项两人来。我以为既主张在前方开会，则须开全体会，彻底地解决一切原则上的问题，而不容再有异议，否则前方工作无法进行得好。尤其是军事行动上，必须行专勿疑。大家都不放心，事情一定做不好。即使有错，也要在检阅时予以批评，否则遇事干涉，

① 《关于目前军事行动的报告》(1932 年 9 月 23 日)，《毛泽东军事文集》第一卷，军事科学出版社、中央文献出版社 1993 年版，第 290—291 页。

遇事不放心,即不错也会弄错!"

"前方每遇商榷之事,动辄离开一定原则谈话,有时海阔天空,不知'伊于胡底',而实际问题反为搁下,即不搁下,也好像大问题没有解决小问题没有把握似的。尤其是军事战略,更可以随意恣谈,不值定则,因此工作方针极难稳定。""再则前方负责人太多,我意与其各持一见,不如抽出人来做前方与后方的群众工作,或到河西去都可。我想这(原文如此)还是到后方来,否则必须有另一办法解决。此事尚未与前方各同志谈,我亟望中央局全体会能在前方开成,地点在广昌,以根本解决这一困难问题。"①

周恩来的这封信可以看出,中共苏区中央局和周恩来原本没有在宁都召开会议的打算,但由于王稼祥和毛泽东主张中央局派人来前方开会,周恩来乃放弃了回后方汇报的计划,转而认为既然要开中央局会议,就必须开全体会议,使"一切原则上的问题"一揽子解决,且不"再有异议"。周恩来所说的"原则上的问题",既包括前后方的争论,也包括前方负责人之间的争论和"负责人太多"政出多门的问题。至于信中说的"每遇商榷之事",离开"原则谈话,有时海阔天空",虽然没有明言是谁,但从前方几位负责人的性格看,指的无疑是毛泽东。

由于急于援救鄂豫皖和湘鄂西苏区,中共苏区中央局坚持要求红一方面军"积极进攻",不同意分兵赤化南丰河两岸的部署。9月25日,中共苏区中央局复电周恩来、毛泽东、朱德、王稼祥,对下一步行动方针提出不同意见。电文说:"在目前全国苏区红军积极行动艰苦作战中,我们不同意你们分散兵力,先赤化南丰、乐安,逼近几个城市来变换敌情,求得有利群众条件来消灭敌军,并解释这为积极进攻策略的具体布置与精神,这在实际上将要延缓作战时间一个月以上",如果不能配合呼应鄂豫皖、湘鄂西红军,"可以演成严重错误"。②

---

① 《亟待解决战略原则与发展方针问题》(1932年9月24日),《周恩来军事文选》第一卷,人民出版社1997年版,第186—187页。

② 中共中央文献研究室:《周恩来年谱(1898—1949)》,中央文献出版社、人民出版社1990年版,第229页。

收到中共苏区中央局电文的当天，周恩来、毛泽东等复电中央局，仍坚持原定作战计划。电文指出："现在如能马上求得战争，的确对于鄂豫皖、湘鄂西是直接援助，并开展向北发展的局面，我们对此已考虑再三。但在目前敌情与方面军现有力量条件下，攻城打增援部队是无把握的，若因求战心切，鲁莽从事，结果反会费时无功，徒劳兵力，欲速反慢，而造成更不利局面"。电文还说："我们认为打开目前困难局面，特别要认识敌人正在布置更大规模的进攻中区，残酷的战争很快就要到来，必需勿失时机地采取赤化北面地区，逼近宜、乐、南丰，变动敌情，争取有利于决战以消灭敌人的条件。"①电文的最后，提议即刻在前方召开中央局全体会议，讨论红军行动总方针与发展方向等问题。

9月26日，中共苏区中央局电复周恩来、毛泽东等人，坚持"向西进击永丰"的意见，并且提出：如在轻敌之下分散布置赤化工作，则不但将失去运动战中各个击破敌人，稍缓即逝的时机，而且有反被敌人各个击破的危险。苏区中央局还以"项英、邓发已去闽西参加会议，而且你们亦须随军前进"为由，表示不可能召开中央局全体会议。②

同一天，周恩来等又致电中共苏区中央局："攻乐安无把握，且用最大力量，即使能消灭吴奇伟，以现时红军实力，将不能接着打强大增援敌队。此请中央局特别注意"。同时坚持"中央局全体会以项、邓两同志回后，仍以到前方开为妥，因有许多问题如前电所指，必须讨论解决"③。

就在前后方电报你来我往之际，中共苏区中央局收到了中共临时中央发来转给周、毛、朱、王的急电："蒋由汉回庐山召集在赣将领开会，〈有〉即将倾全力向我中区及赣东北进攻之势。我方须立即紧急动员警戒，并以最积极迅速之行动，择敌人弱点击破一面，勿待其合围反失机动。望即定军事

---

① 《提议在前方召开中央局全会讨论作战行动问题》(1932年9月25日)，《毛泽东军事文集》第一卷，第293—294页。

② 中共中央文献研究室：《周恩来年谱(1898—1949)》，中央文献出版社、人民出版社1990年版，第229页。

③ 《关于方面军行动与中央局全会地点问题的意见》(1932年9月26日)，《毛泽东军事文集》第一卷，第296页。

动员计划,电告中央。"①

　　看到这封电报后,后方中共苏区中央局成员意识到军情紧急,也认为有召开中央局会议的必要,乃于9月27日致电周、毛、朱、王,提议由周恩来立即回到瑞金参加中央局会议,理由是前方有毛、朱、王主持"无甚妨碍",而项英、邓发要到10月1日才能回到瑞金,如果后方中央局成员到前方开会,路程过远,费时太多,对工作影响太大。

　　9月26日,朱德、毛泽东以红一方面军总司令和总政委的名义,发布红一方面军关于部队向北工作一时期的训令,命令部队在宜黄、乐安、南丰一带地区,做一时期争取群众、发展苏区以及加强本身训练的准备工作,消灭敌人的零星游击力量,肃清这一地区的反动武装,争取和赤化北面敌人据点附近的地区和群众,整顿扩大和建立这些地区的游击队,造成更有利于与北面敌人决战和消灭敌人主力的条件来夺取大城市,实现江西革命的首先胜利。②

　　这个训令虽然也说要争取夺取大城市,实现江西革命的首先胜利,但从具体措施上,却与中共临时中央一向主张的"积极进攻"相左,引起了后方的中共苏区中央局成员的强烈不满,他们一改中央局会议须在后方召开的前议,决定立即前往前方召开全体会议。9月29日,中共苏区中央局致电周恩来、毛泽东、朱德、王稼祥:"训令收到,我们认为这完全是离开了原则,极危险的布置。中央局决定暂时停止行动,立即在前方开中央局全体会议"。第二天,苏区中央局再次致电周恩来:"我们现重新向你提出前次分散赤化南丰河两岸,做一个时期扩大苏区工作等意见,是对形势估计不足,不去深刻领会攻取宜黄受分散所造成之严重的错误教训。"电文明确表示,对那种一切离开原则完成目前任务的分散赤化的观点,要"给以无情的打击"③。

　　① 中央档案馆:《中共中央文件选集》第8册,中共中央党校出版社1991年版,第531页。

　　② 《敌大举进攻前部队向北工作一时期的训令》(1932年9月26日),《毛泽东军事文集》第一卷,第298页。

　　③ 中共中央文献研究室:《毛泽东年谱(1893—1949)》上卷,人民出版社、中央文献出版社1993年版,第388页。

三、宁都会议作出决定：毛泽东暂回后方

到这时,后方中共苏区中央局成员觉得一段时间以来,前后方之间的矛盾与分歧,关键是毛泽东仍坚持其"机会主义路线",周恩来又未能很好地贯彻中央局的意见,因此,此次苏区中央局全体会议必须集中解决这个问题。9月30日,中共苏区中央局致电中共临时中央说:"毛泽东同志对扩大中央苏区、占领中心城市和争取[革命]在一省或数省首先胜利的斗争表现动摇。他的扩大苏区到东部山区的机会主义路线仍在继续,他常常试图加以实施,忽视党的领导,而提拔干部是从私人关系出发,而不是出于社会实践的[需要]。虽然莫斯科文同志在那里,但他实际上很难贯彻[苏区中央]局的意见,从根本上改变他们的活动。""为了军事领导人观点的一致,我们坚决而公开地批评毛[泽东]同志的错误,并把他召回后方[中央]苏维埃政府中工作。"[①]同一天,任弼时、顾作霖、项英和邓发从瑞金出发,前往宁都。

10月3至8日,中共苏区中央局在宁都的小源村召开全体会议,即史上著名的宁都会议。出席这次会议的,在后方的中央局成员有任弼时、项英、顾作霖、邓发,在前方的中央局成员有周恩来、毛泽东、朱德、王稼祥。中革军委总参谋长刘伯承列席了会议。

宁都会议虽然开了好几天的时间,但留下的史料却很少,今天能找到的只有一份《苏区中央局宁都会议经过简报》。根据这份简报可知,会议的主要内容:"认为在今年采取积极向外发展民族革命战争,夺取中心城市,争取江西首先胜利策略,以及六月决议揭发过去党大会前后中央局所犯错误后,中央区一般的表现有相当进步。""批评泽东同志认为早应北上,过去七个月都错误了之不正确观点,指出这是动摇并否认过去胜利成绩,掩盖了领导上所犯错误。""一致接受中央行动方针的指示电,认为需立即有紧急充

---

① 《中共苏区中央局给中共中央的电报》(1932年9月30日),《共产国际、联共(布)与中国革命档案资料丛书》第13卷,中共党史出版社2007年版,第210页。

分动员,要以最积极迅速的行动,在敌合围未成之前,选择敌弱点各个击破敌人,已〔以〕粉碎敌人大举进攻,夺取中心城市,争取江西首先胜利。"当然,会议还有一项重要的内容,这就是讨论毛泽东的去留问题。对于会议讨论的情况,简报中说:

> "会议中批评了泽东同志过去向赣东发展路线与不尊重党领导机关与组织观念的错误,批评到前方同志对革命胜利估计不足,特别指示〔出〕泽东同志等待观念的错误,批评到总政治部对有政治问题的人采取了组织上自由主义与组织观念的错误,开展了中央局从未有过的反倾向的斗争。对前方战争领导,留在后方中央局同志对于过去前方领导不能统一,认为战争领导必须求得专一独断,迅速决定问题,提出由恩来同志负战争领导总责,泽东同志回后方负中府〔央〕政府工作责任。因恩来同志坚持要毛同志在前方助理或由毛同志负主持战争责任,恩来同志亦在前方负监督行动总方针责任。在大多数同志认为毛同志承认与了解错误不够,如他主持战争,在政治与行动方针上容易发生错误。最后是通过了恩来同志第一种意见,但最后批准毛同志暂时请病假,必要时到前方。"①

宁都会议无疑是一次集中批判毛泽东的会议,用中共苏区中央局的话说,"开展了中央局从未有过的反倾向的斗争"。至于是如何开展这种斗争的,简报没有提及,至少到目前为止也未见有会议记录披露。

毛泽东在红军中的去留,成为会议讨论的中心问题。后方中共苏区中央局的成员主张将毛泽东召回后方,专负中央政府工作的责任,而由周恩来负战争领导的总责。这一下把周恩来推到了前台,不得不就此作出表态。他一方面在发言中检查了前方同志"确有以准备为中心的观念",肯定后方中央局成员"集中火力反对等待倾向是对的";另一方面也认为后方中央局成员对敌人大举进攻认识不足,对毛泽东的批评过分,表示"泽东积年的经

---

① 《苏区中央局宁都会议经过简报》(1932年10月21日),中央档案馆:《中共中央文件选集》第8册,中共中央党校出版社1991年版,第528—531页。

验多偏于作战,他的兴趣亦在主持战争","如在前方则可吸引他贡献不少意见,对战争有帮助",主张毛泽东留在前方。周恩来还提出了两种选择方案:"一种是由我负主持战争全责,泽东仍留前方助理;另一种是泽东负指挥战争全责,我负监督行动方针的执行。"①但与会的大多数不赞成毛泽东留存前方,毛泽东本人也不同意周恩来提出的第二种方案。会议最后作出决定:毛泽东暂时请病假回后方,必要时到前方。

对于周恩来在宁都会议上的表现,后方中共苏区中央局成员很不满意,认为他"在斗争上是调和的"。11 月 12 日,在后方的中共苏区中央局成员致电中共临时中央说:"这次会议是开展了中局内部从未有过的两条战线斗争,打破过去迁就和平的状态","恩来同志在会议前与前方其他同志意见没有什么明显的不同,在报告中更未提到积极进攻,以准备为中心的精神来解释中央指示电",并且"不给泽东错误以明确的批评,反而有些地方替他解释掩护,这不能说只是态度温和的问题"。"我们认为恩来在斗争中不坚决,这是他个人最大的弱点,他应深刻了解此弱点加以克服。"

对于这种指责,周恩来表示不能接受,他也在同一天致电中共临时中央说:"我承认在会议中我对泽东同志的批评是采取了温和态度,对他的组织观念错误批评得不足,另外却指正了后方同志对他的过分批评。"但对于顾作霖、项英等人"认为未将这次斗争局面展开,是调和,是模糊了斗争战线,我不能同意"。

中共临时中央收到这两份电报后,作出裁判:"中央局会议所取路线与一般的方针是正确的","泽东同志在会议上已承认自己的错误,必须帮助泽东迅速彻底的改正自己的观点与吸引他参加积极的工作";"恩来同志在会议的立场是正确的,一部分同志责备恩来为调和派是不正确的"②。

再说尚在上海的中共临时中央在了解到毛泽东与中共苏区中央局间的分歧后,于 10 月 7 日致电苏区中央局表明自己的态度。电文说:"至于与毛泽东同志的分歧,我们再重复一遍:请尝试用同志式的态度争取他赞成积极

① 中共中央文献研究室:《周恩来年谱(1898—1949)》,中央文献出版社、人民出版社1990 年版,第 231 页。

② 中共中央文献研究室:《周恩来年谱(1898—1949)》,中央文献出版社、人民出版社1990 年版,第 233—234 页。

斗争的路线。在要党内、红军内和群众中宣传积极的路线。争取党和红军的干部，使他们相信纯防御路线的错误与危险，不进行反对毛泽东的公开讨论。现在我们反对将他从军队中召回，如果他服从党的纪律的话。目前采取这一步骤，会给红军和政府造成严重的后果。要保证领导的一致，这是斗争成功的前提。速发给我们补充信息，不到等到［一切］事实既成之后。"①

10月8日，共产国际代表埃韦特在给共产国际执行委员会政治书记处委员、主席团委员皮亚特尼茨基的报告中，曾提到了宁都会议的争论及中共临时中央的态度。报告写道："关于我们的策略问题在江西省的领导中引起了重大意见分歧。毛泽东主张防御策略，反对目前发动任何攻势。面对敌人的优势兵力，他建议撤退到山区去。""江西党的领导坚持认为，我们应该实行进攻策略，我们现在能够做到这一点。为了保证对敌人进攻的反击，必须撤销毛泽东前线总指挥的职务，对他进行公开批评并谴责他的错误立场。只有在这些决议通过后，才能告知这里的中央。""这里的中央主张进攻策略，但反对撤销和公开批评［毛泽东］。"②

这份报告不但清楚地表明了毛泽东与后方苏区中央局成员之间分歧之所在，而且表明此时中共临时中央的基本态度是：不满意毛泽东对进攻战略的消极反对态度，也不赞成对毛泽东进行组织处理，而是希望毛泽东能够转变立场，能够与临时中央的进攻方针保持一致。

中共临时中央之所以不赞成对毛泽东"撤销和公开批评"，很大程度上出于毛泽东在苏区威望的考虑。10月6日，中共临时中央政治局常委会讨论苏区中央局的问题，临时中央负责人博古说："分散工作的观点，我是坚决反对的。在这里泽东又表现他一贯的观念，同时伍豪不能将自己正确路线与自己的权威与之作坚决斗争，而表示没有办法，又暴露一次调和以至投降的弱点。泽东的观点是保守、退却。""我以为应该做坚决的斗争，但不一定指出泽东名字，而与他的倾向在党内作积极的斗争，这因为要估计到泽东

---

① 《中共中央给中共苏区中央局的电报》（1932年10月7日），《共产国际、联共（布）与中国革命档案资料丛书》第13卷，中共党史出版社2007年版，第213—214页。

② 《埃韦特给皮亚特尼茨的报告》（1932年10月8日），《共产国际、联共（布）与中国革命档案资料丛书》第13卷，中共党史出版社2007年版，第217页。

在苏区红军中的威信。"①

　　然而,当中共苏区中央局收到临时中央10月7日电报的时候,宁都会议已经结束,毛泽东也已离开前线回到后方。留在宁都的中央局成员继续开会,研究毛泽东的去留问题,最后作出决定:毛泽东回后方主持临时中央政府工作,红一方面军总政委由周恩来代理。

　　10月12日,中革军委主席朱德、副主席王稼祥和彭德怀发布通令:"当此革命猛烈向前发展的时候,苏维埃政权的巩固与发展,是十二万分重要的。工农红军第一方面军兼总政治委员毛泽东同志,为了苏维埃工作的需要,暂回中央政府主持一切工作。所遗总政治委员一职,由周恩来同志代理。"

　　在这种情况下,中共临时中央也只得接受既成事实。10月26日,中共临时中央来电,正式任命周恩来兼任红一方面军总政委,毛泽东也由此失去了对红军的指挥权。11月10日,中共临时中央又致电中共苏区中央局:"我们可同意现在召回泽东同志与公开批评他的错误观点,批评方法应该说服教育,并继续吸引他参加领导机关的工作。不然,在目前将削弱我们的地位。"②

四、毛泽东为何在宁都会议上遭排挤

　　宁都会议解除毛泽东在红军中的领导职务,使他不得不离开自己亲手创立的红军,这对他来说不能不说是一个很大的打击。毛泽东遭解职的根本原因,无疑是他一再坚持其"右倾机会主义路线",对中共临时中央的"积极进攻"和攻打中心城市的方针,持消极与反对态度。

　　当时,中共苏区中央局的多数成员是中共中央派来的(此时中央局的

　　① 中共中央文献研究室:《毛泽东年谱(1893—1949)》,人民出版社、中央文献出版社1996年版,第390页。
　　② 中共中央文献研究室:《毛泽东年谱(1893—1949)》上卷,人民出版社、中央文献出版社1993年版,第391页。

八位成员中,除毛泽东和朱德外,其余的周恩来、项英、任弼时、王稼祥、邓发、顾作霖都是由中共中央派来的),并且来中央苏区的时间不长(其中项英和邓发进入中央苏区的时间是 1930 年年底,任弼时、王稼祥、顾作霖是 1931 年 4 月,周恩来是 1931 年年底)。一方面,他们中的一些人对中央苏区的情况未必十分了解,对与国民党军队作战也没有太多的经验,而毛泽东自 1927 年领导湘赣边界的秋收起义后,一直处于与国民党军队作战的第一线,1929 年年初进入赣南闽西后也长期战斗在这里,已经积累了较丰富的革命战争经验,故而他的主张实践证明是正确的(王稼祥本来在打赣州的问题上甚是积极,但后来与毛泽东同在前方,故对毛泽东的军事思想有较多的了解,因而在宁都会议上反对解除毛泽东军权)。但是,在当时的情况下,中共苏区中央局的多数成员未必有这样的认识。

另一方面,正是由于中共苏区中央局的多数成员来自于中共中央,而且有的还是在六届四中全会之后才进入领导层的,不但负有按中央指示办事的职责,而且在某种程度上对中共临时中央那一套"左"的方针政策的认识有共性,并未意识到所谓进攻方针和夺取中心城市的错误所在。这样一来,他们与毛泽东难免产生意见分歧,而当毛泽东一再坚持自己的主张之时,他们自然就难以容忍了。在他们看来,毛泽东此举不但是错误的,而且也是违背中共临时中央和共产国际的指示,解除他对红军的指挥权,是为了贯彻临时中央正确方针必须采取的组织措施。彭德怀没有参加宁都会议,但他曾赞成打赣州,他在自述中说:"我当时并没有认识四中全会(王明路线)实际是立三路线的继续。当时四中全会的中央,把它称为国际路线,布尔什维克化的。至于它同样是反毛泽东人民战争思想的,是反对农村包围城市的战略方针的,也即是依靠红军打天下的单纯军事路线,我当时完全没有这样去想。一个共产党员凡事要问一个为什么,当时自己仅仅是服从中央决定,带有极大的盲目性。"①当时参加宁都会议的苏区中央局多数成员对"左"倾教条主义的认识,恐怕也是如此。

在宁都会议上,周恩来的处境很微妙,他不是王明团体的成员。1930 年 9 月,他与瞿秋白一起主持召开中共扩大的六届三中全会,决定停止组织

———————

① 《彭德怀自述》,人民出版社 1981 年版,第 176 页。

全国总暴动和集中红军进攻中心城市的冒险行动，纠正了李立三的"左"倾冒险错误。但是，共产国际对这次会议并不满意，认为李立三的错误"是反国际的政治路线"，"是用假冒的'左派'空谈遮盖着自己的消极性，而实质上却是机会主义立场"，而六届三中全会没有揭露李立三的路线错误，采取了调和的态度。于是，王明等打着"反对三中全会的调和路线"的旗号，要求改组中共中央，正是在这样的背景下，米夫来到中国，并提出召开以反右倾为中心的中共六届四中全会。会前，周恩来曾提出他和瞿秋白一起退出中央政治局，但为米夫所拒绝。

中共六届四中全会上，周恩来不得不检讨了所谓调和主义的错误，并被选为中央政治局常委。为什么要留用周恩来，主要是自 1927 年八七会议以来，周恩来都是中共的主要领导人之一，在实际工作中显现出很强的组织领导才能和协调能力，中共中央的领导工作需要他。但共产国际对他又不放心，用米夫的话说："如恩来同志自然应该打他的屁股，但也不是要他滚旦，而是在工作中纠正他，看他是否在工作中改正他的错误。"①周恩来是一个组织观念极强的人，虽然他对四中全会后王明"左"倾教条主义有自己的看法，但从服从组织的角度又使他难以完全公开抵制，只能采取一些变通的办法减小其危害。

来中央苏区之前，周恩来与毛泽东并没有很深的私人关系，但他作为中共中央的主要领导人之一，又曾担任中共中央军事部长，在党内负责军事工作，自然对各根据地及其领导人有较多的了解，而毛泽东在建立井冈山和赣南闽西根据地过程中显现出的才能，给周恩来留下了很深的印象，他多次在中共中央给各地的指示信中，介绍朱、毛红军的游击战争指导原则、军事训练以及党的建设等方面的经验。周恩来进入中央苏区特别是以中共苏区中央局代表身份随军活动后，使他对毛泽东的军事才能有了更多的了解。他在宁都会议前一再要求苏区中央局给毛泽东以红一方面军总政委一职，也主要是为了充分发挥毛泽东的军事才能。

由于前后方中共苏区中央局成员间因"战略原则和发展方针"引起争

---

① 《共产国际代表在四中全会上的结论》(1931 年 1 月)，中央档案馆：《中共中央文件选集》第 7 册，中共中央党校出版社 1991 年版，第 39 页。

论,在后方的中共苏区中央局是根据地中共组织的最高领导机关,从组织原则的角度中央局成员都有服从其指示的义务,周恩来也不能例外。但是,后方的中央局成员对前方的情况未必了解,周恩来夹在各方中间确实左右为难,在这种情况下,他也就只能将解决问题的希望寄托在召开中央局全会上。令他始料不及的是,宁都会议召开前夕,后方的中共苏区中央局就已经有了将毛泽东召回后方的打算,故而在会上对毛泽东开展了"从未有过的反倾向"斗争,毛泽东成了少数派。周恩来到中央苏区虽然半年有余,但真正带兵打仗还刚刚开始,对于即将开始的第四反"围剿"能否顺利取胜恐怕也没有十足的把握,因此,周恩来确实希望毛泽东能留在前方协助他指挥作战,以发挥毛泽东之所长。但是,对于他提出的折中方案,不但中央局的多数人不赞成,就是毛泽东本人也不愿在别人的"监督"之下"负作战指挥全责",毛泽东离开前方就成了唯一的选择,周恩来本人也就只得服从会议作出的决定。

一般党史著述在讲到宁都会议的时候,大多以"多数与会者"认为毛泽东"承认与了解错误"不够,故不赞成他主持战争,至于这里的"多数"指的是那些人并不提及。出席会议的苏区中央局成员除毛泽东外,还有任弼时、项英、顾作霖、邓发、周恩来、朱德、王稼祥,以及列席的刘伯承。周恩来的态度前面已经说过,而相关著述中均说朱德和王稼祥也不同意毛泽东离开红军指挥岗位,故而这里的"多数人"是哪些人也就很清楚了。

任弼时等人在宁都会议上主张解除毛泽东对红军的指挥权,除了他们认为只有撤换毛泽东才能贯彻四中全会精神的认识外,笔者认为,恐怕也与毛泽东的个人性格也有一定的关联。毛泽东在革命战争的实践中显露出杰出的军事指挥才能,而且在领导开创革命根据地的过程中也显示出他卓越的政治远见。毛泽东个性坚强,极有自信,藐视权威,敢于创新,鄙视教条主义,自然从心眼里瞧不起中共临时中央派来的"钦差大臣",而中共苏区中央局的多数成员来自中共临时中央,有的还在莫斯科系统学习过,自认为自己有理论水平且能领会共产国际和中共临时中央的精神,于是双方之间的矛盾也就难免产生。在后方中共苏区中央局成员看来,毛泽东虽然在建立发展根据地和红军上有功,但他的那些主张违背了四中全会精神和共产国际指示,是典型的右倾机会主义,实有必要对其开展斗争。

另外,毛泽东在用人问题上亦有可检讨之处。黄克诚在其回忆录中曾讲到这样一件事:原红四军干部何笃才因在古田会议之前的朱、毛争论中,反对过毛泽东的正确意见,从此便不受重用,后由红一军团调到红三军团工作。何曾对黄说:毛泽东这个人很了不起,论本事没一个人能超过他,政治主张毫无问题是最正确的,但他不能同意毛泽东的组织路线。原因是毛泽东过于信用顺从自己的人,对持不同意见的人不能一视同仁。黄克诚说,对何的这番话,他是一年以后才品出其中的某些道理。"本来,毛泽东同志在中央革命根据地军民中,已经有了很高的威望,大家都公认他的政治、军事路线正确。然而,临时中央从上海进入中央苏区后,轻而易举地夺了毛泽东的权,以错误的政治、军事路线,代替正确的政治路线、军事路线。其所以会如此,苏区的同志相信党中央固然是一个重要原因。但是,如果不是毛泽东在组织路线上失掉一部分人心,要想在中央苏区排斥毛泽东,当不会是一件容易的事情。"①黄克诚的这段话,从一个侧面对宁都会议的结局作了解答。

---

① 《黄克诚回忆录》,人民出版社 1994 年版,第 101 页。

宁都会议后毛泽东与
中共临时中央的关系

　　宁都会议后,毛泽东实际上处于无事可做的境地。但他在中央苏区仍有威望,于是中共临时中央一到中央苏区,就开展矛头直指毛泽东的反"罗明路线",甚至提出要将他送到苏联去。

　　这时的毛泽东完全处于"靠边站"的地位,后来他自己回忆说:那时候,"连一个鬼也不上门。我的任务是吃饭、睡觉和拉屎。还好,我的脑袋没有被砍掉。"。

　　宁都会议之后,毛泽东已经失去了对红军的指挥权,"专负"中华苏维埃中央临时政府的工作,实际上处于无事可做的境地。尽管如此,中共临时中央到达中央苏区后,博古等人仍发动了一场实际矛头是指向他的反"罗明路线"运动,并剥夺了他对查田运动的领导权,甚至还提出要将毛泽东送到苏联去。

一、博古反感称毛泽东是"最好的领袖"

　　宁都会议后,毛泽东不得不离开他亲手创建的红军,从前方回到后方。

临走之时,他曾向周恩来表示,前方军事急需,何时电召便何时回来。随后,他回到后方的长汀福音医院休养。

1933 年 1 月下旬,中共临时中央负总责的博古和政治局常委张闻天等人到达瑞金,意味着中共临时中央从上海迁到了中央苏区。博古、张闻天进入中央苏区不久,中共临时中央与苏区中央局合并,开始仍称苏区中央局,约在这年五、六月间改称中共中央局。博古后来自己说:"在上海中央破坏以后,由老的中央政治局委员指定我做临时中央负责人。当指定我做这个工作的时期,我并没有感到不能担任领导整个党这样的事情。相反的,当时背了相当多的包袱,反对李立三的英雄是一个包袱,李立三把我处分了,四中全会取消了我的处分,这时又洋洋得意,再加上四中全会后我在青年团做了一个时期的工作,少共国际的决议上,说我们的工作有成绩有进步,这又是一个包袱,说我领导团还行,难道就不能领导党?""在临时中央到了苏区以后,这个时候我只是在形式上推一推,'请别的同志担负吧!'别的同志说,'还是你来吧。'我说'好,就是我。'所以这个时期,我是中央的总负责人,我是这条路线所有一切错误发号施令的司令官,而且这条路线在这个时期所有的各方面的错误,我是赞成的。"①

同年 2 月下旬和 3 月中旬,红一方面军在周恩来、朱德的指挥下,分别在宜黄的黄陂、草台岗设伏,歼灭国民党中央军近三个师,俘敌万余名,缴枪万余支,胜利结束了第四次反"围剿"战争。而第四次反"围剿"战争胜利的取得,又使中共临时中央认为,即使没有毛泽东指挥作战,红军照样能取得反"围剿"的胜利,自然更不想让毛泽东过问军事问题了。所以宁都会议规定毛泽东"暂时请病假,必要时到前方",这一"暂时"便是两年多时间。

宁都会议后,毛泽东失去对红军的指挥权,"专负"中华苏维埃共和国临时中央政府的工作。临时中央政府牌子很大,机构也很健全,基本上把苏联中央政府的那一套都搬来了,但谁都明白,战争环境下,军事工作第一,政府工作的主要任务,也就是为前方筹措粮草、扩充兵源,不过是军队后勤部的延伸。但是,临时中央对失去军权的毛泽东仍不放心,觉得他的余威还在,在根

---

① 秦邦宪:《在中国共产党第七次全国代表大会上的发言》(节录)(1945 年 5 月 3 日)。中共中央党史资料征集委员会、中央档案馆:《遵义会议文献》,人民出版社 2009 年版,第114—115 页。

据地和红军还有影响,仍视其是贯彻六届四中全会精神和他们那一套主张的障碍,因此有必要进一步地肃清其影响。于是,中共临时中央一到中央苏区,就用指桑骂槐之术,开展了一场矛头实际指向毛泽东的反"罗明路线"运动。

关于反"罗明路线"的起因,据罗明回忆:宁都会议后,毛泽东到长汀的福音医院养病,罗明(时任中共福建省委代理书记)在随红一方面军进攻漳州时跌伤了腰,此时也在福音医院住院,毛泽东乃找罗明谈话,大意是福建和江西一样,应加紧开展广泛的地方游击战争,以配合主力红军的运动战,使主力红军能集中优势兵力,选择敌人的弱点,实行各个击破,消灭敌人的有生力量,粉碎敌人的"围剿"。毛泽东还说,要在(上)杭、永(定)、(龙)岩老区开展游击战争,牵制和打击漳州国民党第十九路军和广东陈济棠部队的进攻,这对粉碎敌人的"围剿"、保卫中央苏区是十分重要的。

罗明出院后,在长汀主持召开中共福建省委会议,传达毛泽东的意见,省委立刻决定派他为特派员,去到杭、永、岩一带进一步开展游击战争。博古等人从上海进入中央苏区时,途经上杭,罗明去迎接。博古责问罗明:"你是省委代理书记,不领导全省工作,来杭、永、岩干什么?"罗明回答:"是按照毛泽东同志的指示并经省委研究决定,来这里开展游击战争的。"博古问罗明对当前斗争有什么意见,罗明谈到要和各党派、各军队联合起来共同抗日。他还没有讲完,博古便不耐烦地说:"吃饭了,不谈了。"①据中共中央文献研究室编纂的《毛泽东传》介绍,博古到长汀时,有人提议去看一下正在疗养的毛泽东。博古又说:毛泽东有什么可看的。②

博古等人与毛泽东并无个人恩怨,主要是思想认识的分歧。当然,毛泽东对于中共临时中央那些从莫斯科回来的留学生们,内心多少有些鄙视,故称其为"洋房子先生",而博古等人对于坚持自己主见的毛泽东自然也有些看不惯,认为他轻视理论不过有些经验罢了,双方之间在情感上不融洽也是事实。在此之前,毛泽东与中共临时中央之间的矛盾,更多是体现在他与中共苏区中央局间的关系上。现在,中共临时中央搬到苏区来了,中共苏区中央局与临时中央合二为一,令博古等人没想到的是,虽然中共六届四中全会

---

① 罗明:《关于"罗明路线"问题的回顾》,《福建党史资料》第2辑,第51—52页。

② 中共中央文献研究室:《毛泽东传(1893—1949)》,中央文献出版社1996年版,第300页。

以来,不断地批判毛泽东的"右倾机会主义",但毛泽东在中央苏区仍有不小的影响,仍有不少的追随者,罗明便是其代表之一。这种情况显然不利于中共临时中央"进攻路线"的贯彻,因此有必要对此采取措施,以树立中共临时中央的权威。

罗明是博古等进入苏区之后见到第一个较高级别的负责干部,而他的主张竟然与毛泽东完全一致,说明毛泽东在中央苏区的影响仍然很大。但考虑到毛泽东是中央苏区和红一方面军的主要创建者之一,中共临时中央是在上海站不住脚,才搬到这个他们原本认为出不了马克思主义的山沟沟里来的,所以又不便直面对毛泽东展开批评,于是罗明就成为博古等批毛的一个突破口。

罗明惹怒博古等人的,主要是他1933年1月21日向中共福建省委写的《对工作的几点意见》和同月下旬写的《关于杭永情形给闽粤赣省委的报告》。其基本观点是:红军应向敌人力量薄弱的地方发展,以巩固和扩大根据地,处在根据地边缘的地方武装应先打击当地的地主武装,不要去硬打敌人的正规军,要在游击战、运动战中锻炼和提高红军的作战能力;不能一味地将地方红军扩充到主力红军中去,对边缘区、新区的工作指导应与已巩固的中心区有所区别等。这些观点自然与临时中央的"进攻路线"不相吻合。尤其是罗明说,如果不这样的话:"那就请我们最好的领袖毛主席,项主席,周恩来同志,任弼时同志,或者到苏联去请斯大林同志或请列宁复活,一齐到上下溪南,或者到其他地方去,对群众大演说三天三夜,加强政治宣传,我想也不能彻底转变群众的情绪"。① 在罗明的眼里,毛泽东仍是"最好的领袖",而在中共临时中央的领导人看来,毛泽东是犯严重错误之人,怎么称得上是"最好的领袖"?

---

① 转引自博古:《拥护党的布尔雪维克的进攻路线》(1933年2月16日),中央档案馆:《中共中央文件选集》第9册,中共中央党校出版社1991年版,第465页。

二、"项庄舞剑"式的反"罗明路线"

1933年2月15日,博古来到瑞金没有几天的时间,中共苏区中央局就通过了《关于闽粤赣省委的决定》(闽粤赣省委实为福建省委),认为福建省委"形成了以罗明同志为首的机会主义路线",应当"在党内立刻开展反对以罗明同志为代表的机会主义路线的斗争",并且"立刻撤销罗明同志省委代理书记及省委驻杭永岩全权代表工作"①。

2月16日,博古在工农红军学校第四期的毕业生党团员大会上,作了《拥护党的布尔雪维克的进攻路线》的政治报告,正式展开了对"罗明路线"的批判。博古在报告中称,罗明形成了"自己的机会主义的取消主义的逃跑退却路线",而苏区的干部却"缺乏拥护党的路线而斗争的布尔雪克的彻底性与坚定性,因此在实际工作中犯着许多极严重的机会主义的错误"。因此,必须"用十倍努力,十倍坚定,十倍积极,勇敢地去克服自己队伍中的机会主义"②。随后,苏区中央局机关刊物《斗争》发表张闻天的《什么是罗明同志的机会主义路线》、任弼时的《什么是进攻路线》等文章,号召对罗明路线"进行最坚决的斗争"。

紧接着,中共临时中央又将反"罗明路线"扩大到江西,将会(昌)寻(乌)安(远)中心县委书记邓小平,中共苏区中央局秘书长毛泽覃,江西军区二分区司令员兼独立第五师师长谢唯俊,江西省政府委员、裁判部长和党团书记古柏,作为"江西罗明路线"的代表进行批判和组织处理。这四个人中,毛泽覃是毛泽东的弟弟。谢唯俊和古柏较长时间在毛泽东身边工作,而且他们曾称中共临时中央及其派来的"钦差大臣"是"洋房子先生",并说过大城市产生了立三路线,我们苏区的山上却全是马克思主义这类话。邓小

---

① 《苏区中央局关于闽粤赣省委的决定》(1933年2月15日),中央档案馆:《中共中央文件选集》第9册,中共中央党校出版社1991年版,第94—95页。

② 博古:《拥护党的布尔雪维克的进攻路线》(1933年2月16日),中央档案馆:《中共中央文件选集》第9册,中共中央党校出版社1991年版,第463、468页。

平本与毛泽东没有历史渊源,但到中央苏区后与毛泽东的观点接近,在赣南会议前后对中共临时中央的一些错误做法进行过抵制。

博古等开展反"罗明路线",其用意当然是希望通过此举肃清毛泽东的影响。当时在反"罗明路线"中比较活跃的李维汉说:"反'罗明路线',无论在福建还是在江西,矛头都是指向毛泽东的正确路线的。"①博古自己也在中国共产党第七次全国代表大会上说:"苏区反对罗明路线,实际是反对毛主席在苏区的正确路线和作风。这个斗争扩大到整个中央苏区和周围的各个苏区,有福建的罗明路线,江西的罗明路线,闽赣的罗明路线,湘赣的罗明路线等等。"②毛泽东本人对此更是心知肚明,后来多次讲反"罗明路线"就是打击他。例如,他在1941年9月的中共中央政治局扩大会议上讲到反对主观问题和宗派主义的问题时说:"1933年反邓、毛、谢、古:右倾机会主义的一篇文章,实际上是指鸡骂狗的。"③

事实也是如此。1933年5月6日,罗迈(李维汉)在《斗争》上发表《为党的路线而斗争——要肃清在江西的罗明路线,粉碎反党的派别和小组织》,其中所批判的邓、毛、谢、古的观点,许多其实本身就是毛泽东的。如文中说:在三次战争后,依据全国的形势,红军应该向着中心城市发展,他们却说红军的力量只能留在苏区打土围子。打赣州的时候,他们袖手旁观的讥笑,对党指示的工作完全怠工。在敌人第四次大举进攻的前面,他们主张放弃苏区根据地,红军主力应退到兴国一带来或调到河西去,实行退却逃跑。因为他们根本不相信红军有力量在白区消灭敌人。他们却反对澈底解决土地问题,说土地是一次分不好的,要经过三次四次以至好几次,甚至主张"抽多补少,抽肥补瘦"的富农路线。④

① 李维汉:《回忆与研究》上,中共党史资料出版社1986年版,第337页。
② 秦邦宪:《在中国共产党第七次全国代表大会上的发言》(节录)(1945年5月3日)。中共中央党史资料征集委员会、中央档案馆:《遵义会议文献》,人民出版社2009年版,第113页。
③ 《反对主观主义和宗派主义》(1941年9月10日),《毛泽东文集》第二卷,人民出版社1993年版,第373页。
④ 罗迈:《为党的路线而斗争——要肃清在江西的罗明路线,粉碎反党的派别和小组织》(1933年5月6日),中央档案馆:《中共中央文件选集》第9册,中共中央党校出版社1991年版,第494、495页。

不过,这场"项庄舞剑"式的反"罗明路线"运动,却始终没有点毛泽东的名,一个重要的原因,是出于共产国际的干涉。就在中共临时中央大张旗鼓地开展反"罗明路线"之际,共产国际执行委员会政治书记处于 1933 年 3 月 19 日至 22 日间,给中共临时中央发来了一份电报,指出:"对于毛泽东,必须最大限度的克制态度和施加同志式的影响,为他提供充分的机会在党中央或中央局领导下担任当负责工作。"①顾忌到这一点,中共临时中央对毛泽东的批判,就只能在批所谓"罗明路线"的名义下进行。

三、因查田运动纠偏毛泽东再受打击

1933 年 5 月 8 日,中华苏维埃共和国临时中央政府人民委员会第四十一次常委会作出决定,在前方另行组织中国工农红军总司令部兼第一方面军总司令部,由朱德和周恩来分任总司令和总政治委员;将中央革命军事委员会由前方移至瑞金,增加项英、博古为中革军委委员,中革军委主席朱德在前方指挥作战时,由项英代理主席。同年 9 月,共产国际派来的德国人李德来到中央苏区,不懂军事的博古将军事指挥权交到了他的手中。李德在苏联学习过军事理论,又来自共产国际,自认为自己具有统帅之才,加之博古等人对其极度信任,几乎到了言听计从的地步,自然不会让毛泽东过问军事问题。

为了不至于让毛泽东无事可做,中共临时中央就将让他去领导中央苏区的查田运动。

早在 1932 年 2 月,中共苏区中央局就提出要开展查田运动,以此彻底解决苏区的土地问题。但此后将近一年的时间,查田运动是雷声大雨点小,直到中共临时中央进入中央苏区后,查田运动才在中央苏区广泛开展起来。

1933 年 2 月 1 日,中华苏维埃共和国临时中央政府土地人民委员会发

---

① 《共产国际执行委员会政治书记处给中共中央的电报》(1933 年 3 月 19 日—22 日),《共产国际、联共(布)与中国革命档案资料丛书》第 13 卷,中共党史出版社 2007 年版,第 354 页。

出《关于在苏区实行查田运动的训令》，提出在"苏区内田未分好或分得不好的地方"，"要马上发动群众，重新分田，或彼此将田对调。土地分得好的地方，要组织突击队、查田队，去检查别区和别县的土地，发动他们重分或对调。限两个月内全县田园必须彻底分好，要使地主分不到一寸土地，富农分不到一丘好田"①。

之所以要开展查田运动，就在于当时中共临时中央认为，此前苏区的土地革命不彻底，主要表现是按人口平均分配土地，而且实行的是"抽多补少、抽肥补瘦"，而没有彻底贯彻"地主不分田、富农分坏田"的方针。博古等人认为，这是毛泽东犯了"右倾机会主义"错误的重要表现。按理，这项工作再由毛泽东来主持并不合适，出于让毛泽东在工作中改正错误的考虑，1933 年 1 月，中共临时中央在一份电报中说："我们可以同意现在召回泽东同志与公开批评他的错误观点，批评方法应该说服教育，并继续吸引他参加领导机关的工作，不然，在目前将削弱我们的地位。"②1933 年 2 月中旬，中共临时中央一纸命令，将在长汀已"休养"了四个月的毛泽东召回了瑞金，由其具体领导查田运动。

毛泽东接受了这个任务，"一方面因为这是组织的决定，他必须服从；另一方面，毛泽东也发现，中央苏区的土地分配虽然已基本完成，但是由于一直处于战争时期，为求快捷，工作比较粗糙，确实存在不少问题，需要进行一番调查和研究"。③虽然他并不赞成"地主不分田，富人分坏田"的做法，但为了使查田运动能顺利开展，也为使自己的工作不至于一开始就被中共临时中央指责，因而在查田运动中毛泽东没有对这个政策提出明确的反对。

6 月 1 日，毛泽东和项英发布临时中央政府《关于查田运动的训令》。第二天，中共苏区中央局在听取毛泽东和胡海（临时中央政府土地人民委员会副部长）关于查田运动的报告后，作出《关于查田运动的决议》。这两个文件内容没有本质的不同，都认为在"许多区域中，土地问题还没有得到

---

① 《关于在苏区实行号查田运动的训令》，《红色中华》第 52 期，1933 年 2 月 13 日。

② 中共中央文献研究室：《毛泽东传（1893—1949）》，中央文献出版社 1996 年版，第 301—302 页。

③ 蒋伯英：《走出困境的毛泽东——土地革命战争的历史报告》，福建人民出版社 1993 年版，第 469 页。

澈底的解决"①，因此必然进行普遍的深入的查田运动。

6月14日，毛泽东写作了《查田运动的群众工作》，提出查田运动是查阶级，而不是查田亩；查阶级是查地主富农，而不是查贫农、中农，不是挨家挨户地去查。这篇文章后来发表在10月28日出版的中共苏区中央局机关刊物《斗争》上。接着，毛泽东又主持瑞金、会昌、于都、长汀等八县区以上苏维埃负责人参加的查田运动大会。从此，查田运动在中央苏区迅速开展起来。同月上旬，中共中央局曾在宁都召开会议，毛泽东对第一次宁都会议受到不公正待遇提出申诉，博古说，没有第一次宁都会议，就没有第四次反"围剿"的胜利，毛泽东的申诉自然没有效果。

由于查田运动的前提是认为苏区的土地问题还没有彻底解决，那些已经分配了土地的地区，"地主豪绅与富农常常利用各种方法"，"阻止雇农贫农积极性的发展，以便利他们的土地占有，甚至窃取土地革命的果实"，因此，必须"检举每一个隐藏着的地主和分得好田的富农"，"清洗一切混入党与苏维埃机关的地主富农的暗探"②。结果在这场以查阶级为重点的运动中，将许多中农甚至贫农也查成了地主富农，仅在查田运动全面展开的6、7、8三个月，中央苏区就查出了"地主"6988家、"富农"6638家。这样一来，许多中农纷纷跑到苏维埃政府要求将自己的成分改成贫农，他们说："中农危险得很，捱上去就是富农，改为贫农咧，隔富农就远了一点。"甚至有的中农怕自己被查成富农，跑到山上躲藏起来。③

毛泽东不但生长在农村，而且自大革命失败后就一直战斗在农村，虽然他也赞成搞查田运动，但他对农村的实际情况毕竟比长期生活、工作在城市的博古等人要了解透彻，觉得不能再这样查下去，必须将这种随意拔高阶级成分、扩大打击面的做法有所控制。8月29日，他在中共苏区中央局机关刊物《斗争》上发表《查田运动的初步总结》一文，强调"要在党内团内开展思想斗争，反对任何党员团员侵犯中农利益，违犯联合中农策略的思想与行

① 《苏区中央局关于查田运动的决议》（1933年6月2日），中央档案馆：《中共中央文件选集》第9册，中共中央党校出版社1991年版，第206页。

② 《苏区中央局关于查田运动的决议》（1933年6月2日），中央档案馆：《中共中央文件选集》第9册，中共中央党校出版社1991年版，第206、209—210页。

③ 毛泽东：《查田运动的初步总结》，《斗争》第24期。

为"，"已经没收了中农的土地财产的地方，苏维埃人员要向当地中农群众公开承认自己的错误，把土地财产赔还他。"随后，他又主持制定了《关于土地斗争中一些问题的决定》和起草了《怎样分析农村阶级》一文，前者对土地斗争中遇到的二十个实际问题作了具体的规定和解释，后者提出了如何划分农村阶级的具体标准。这两个文件对纠正查田运动的过"左"做法起到了积极的作用，一些地方开始将错划为地主富农者改正过来。

本来，博古等人也觉得查田运动有些过火，所以正式公布了毛泽东主持的《关于土地斗争中一些问题的决定》和《怎样分析农村阶级》这两个文件，以之指导查田运动。但是，当查田运动中的过"左"做法逐渐纠正之时，博古等人又担心毛泽东的"右倾机会主义"会旧病复发，使"地主不分田，富农分坏田"的政策不能彻底贯彻，再次对毛泽东采取排斥打击之策。

1934 年 1 月，中共六届五中全会在瑞金召开。会前，博古本想把毛泽东的临时中央政府人民委员主席和政治局候补委员两个职务一并取消，但由于早在中共临时中央进入中央苏区之前，共产国际驻中国代表提出的中共中央政治局十三名委员的名单中，已将毛泽东列为第十号，所以这次会议毛泽东虽然没有参加，但还是补选为政治局委员。

不过，这次全会虽使毛泽东由政治局的候补委员变成了正式委员，但处境并没有因之改善。博古在全会的报告和总结中，号召全党"集中火力反对主要危险的右倾机会主义"。在酝酿临时中央政府人选时，博古提出让张闻天代替毛泽东任人民委员会主席，周恩来就此事询问博古，并认为"似无此必要"，博古表示"毛泽东不管日常事"，仍坚持原议。张闻天认为，这是博古"'一箭双雕'的妙计。一方面可以把我从中央排挤出去。另一方面又可以把毛泽东同志从中央政府排挤出去"①。

这样，在这年 1 月下旬召开的第二次全国苏维埃代表大会（简称"二苏大"）上，毛泽东虽然继续保留着临时中央政府中央执行委员会主席（国家主席）的虚位，但他的人民委员会主席（政府总理）职务则被张闻天所取代。这就使得毛泽东不但在军队中失去了发言权，就是政府中的那一点发言权，

---

① 张闻天：《从福建事变到遵义会议》（1943 年 12 月 16 日），中共中央党史资料征集委员会、中央档案馆：《遵义会议文献》，人民出版社 2009 年版，第 86 页。

也被博古等人给剥夺了，"实际上毛泽东已被架空了"①。

四、共产国际不同意让毛泽东去莫斯科

1934年3月15日，新任人民委员会主席张闻天发布第一号训令——《关于继续开展查田运动的问题》，认为上届人民委员会《关于土地斗争中一些问题》的决定发表后，"各地查田运动中又发生了许多严重的问题"，许多地方"忙于'纠正'过去在查田运动中甚至在查田运动前的一些过'左'的错误，并且给地主、富农以许多反攻的机会"。强调要"坚决打击以纠正过去'左'的倾向为借口，而停止查田运动的右倾机会主义"，"右倾机会主义是目前的主要危险"②。如此一来，查田运动的"左"倾错误再度泛滥起来，靠边站了的毛泽东对此也就无能为力了。

尽管如此，中共临时中央对毛泽东还是不放心，觉得只要他还在中央苏区，总是一个不利因素，最好将他送到苏联去。1934年3月17日，留守上海的中共中央政治局委员、中共上海中央执行局书记李竹声在给共产国际执行委员会书记皮亚特尼茨基的电报中说："中央报告说，毛泽东已长时间患病，请求派他去莫斯科。他已停止工作。"③随后，共产国际专门讨论了此事，"认为他（即毛泽东——引者）不宜来莫斯科。必须尽一切努力在中国苏区将他治好。只有在中国苏区绝对不能医治时，他才可以来苏联。"④4月9日，共产国际执行委员会政治书记处政治委员会给其驻中国代表埃韦

---

① 李维汉：《回忆与研究》上，中共党史资料出版社1986年版，第339页。

② 《关于继续开展查田运动的问题》（1934年3月15日），中国社会科学院经济研究所中国现代经济史组：《第一、二次国内革命战争时期土地斗争史料选编》，人民出版社1981年版，第770—771页。

③ 《李竹声给皮亚特尼茨基的电报》（1934年3月27日），《共产国际、联共（布）与中国革命档案资料丛书》第14卷，中共党史出版社2007年版，第101页

④ 《共产国际执行委员会政治书记处政治委员会第367号记录》（1934年4月3日），《共产国际、联共（布）与中国革命档案资料丛书》第14卷，中共党史出版社2007年版，第103页。

特的电报中说:"反对毛泽东出行,因为我们不能认为能够使他在旅途中免遭危险。即使需要大笔开支,也绝对需要在苏区组织对他的治疗。只有在完全不可能在当地医治和有病死危险的情况下,我们才同意他来莫斯科。"①由于共产国际的这一态度,中共临时中央才不再坚持让毛泽东去莫斯科。其实,当时毛泽东的身体状况并非"长期患病",只不过是屡遭排挤打击情绪低落罢了,中共临时中央要送他去莫斯科治病,用意显而易见。

不知何故,中共临时中央并没有将六届五中全会和二苏大的有关情况及时向共产国际报告。直到9月16日,这时中共临时中央已决定主力红军离开中央苏区实行战略转移,康生和王明在给中共中央的信中还说:"五中全会的决议及第二次苏大会的文件,我们收到的只有一个政治决议及毛泽东同志的报告(即毛泽东在"二苏大"作的总结报告——引者注),其余五中全会及第二次苏大会的一切材料,没有收到"。"苏维埃大会选举的名单,在此地各报及各国党报以及我们的报纸都要发表宣传,但是中央怎么不送来,我们又不敢根据敌人的报纸为根据,各国党天天向我们要,而我们无法供给。"②有著者认为,这是博古有意向共产国际封锁毛泽东被免去人民委员会主席的消息。③

这时的毛泽东再次成了排斥与打击的对象,完全处于靠边站的地位。后来他自己说:"他们迷信国际路线,迷信打大城市,迷信外国的政治、军事、组织、文化的那一套政策。我们反对那一套过'左'的政策。我们有一些马克思主义,可是我们被孤立。我这个菩萨,过去还灵,后头就不灵了。他们把我这个木菩萨浸到粪坑里,再拿出来,搞得臭得很。那时候,不但一个人也不上门,连一个鬼也不上门。我的任务是吃饭、睡觉和拉屎。还好,

---

① 《共产国际执行委员会政治书记处政治委员会给埃韦特的电报》(1934年4月9日),《共产国际、联共(布)与中国革命档案资料丛书》第14卷,中共党史出版社2007年版,第104页。

② 《康生和王明给中共中央政治局的第4号信》(1934年9月16日),《共产国际、联共(布)与中国革命档案资料丛书》第14卷,中共党史出版社2007年版,第248—249页。

③ 余伯流:《历史转折中的毛泽东、张闻天、周恩来》,中央文献出版社2008年版,第100页。

我的脑袋没有被砍掉。"①

说"连一个鬼也不上门"自然有些夸张，这时毛泽东毕竟还有中华苏维埃共和国临时中央政府主席这个头衔，完全被冷落却是事实。其实，坏事也变成了好事。由于在博古等人眼中，毛泽东不过是有一点工作经验而没有掌握多少马列理论，于是他利用"靠边站"后时间比较充足的机会，将打1932年漳州时找到的几本马列著作作了一番认真的研读。几十年后，他对别人说："1932年（秋）开始，我没有工作，就从漳州以及其他地方搜集来的书籍中，把有关马恩列斯的书通通找了出来，不全不够的就向一些同志借。我就埋头读马列著作，差不多整天看，读了这本，又看那本，有时还交替着看，扎扎实实下功夫，硬是读了两年书。"②后来毛泽东能写出《矛盾论》、《实践论》、《新民主主义论》这样的理论著作，与他这两年的读书生活有着密切的关系。

也正是博古等人在各项工作中继续推行"左"倾政策，第五次反"围剿"战争日陷被动，最后不得不放弃中央苏区进行战略转移。中共临时中央来到中央苏区仅一年多的时间，一个好端端的中央苏区完全丧失，人们终于认识到毛泽东的政治路线和军事路线是正确的。经历成功与失败的比较之后，在1935年1月的遵义会议上，毛泽东进入了中共中央领导集体，此后逐渐成为全党所公认的领袖。

---

① 中共中央文献研究室：《毛泽东传（1893—1949）》，中央文献出版社1996年版，第322—323页。

② 《缅怀毛泽东》编辑组编：《缅怀毛泽东》（上册），中央文献出版社1993年版，第401页。

抗战爆发后毛泽东强调独立自主

1937年6月,中共闽粤边特委代理书记何鸣同粤军第一五七师通过谈判,达成合作抗日协定。但是,由于何鸣对国共合作的复杂性认识不足,将红军游击队带往漳浦县城集中改编,以致发生近千名游击队员被国民党军队缴械的"漳浦事件"(即何鸣事件)。

国共合作实现后中共面临的这种复杂情况,使毛泽东、张闻天等中共领导人对党内可能出现的右倾危险,保持着高度的警惕,一再强调要保持中共在统一战线中的独立性。

1937年7月全面抗战爆发后,作为中共中央主要领导人的毛泽东、张闻天反复强调,在抗日民族统一战线形成后,必须警惕可能出现的右倾偏向,坚持反对阶级投降主义。那么,是什么原因使他们如此重视统一战线中的独立自主问题,对党内可能出现的右倾保持高度警惕呢?

一、"统一战线建立以后,主要
危险是右倾机会主义"

1937年7月7日,卢沟桥事变爆发,中国驻军奋起抵抗,全面抗战由此开始。事变发生后的第二天,中共中央发出《为日军进攻卢沟桥通电》,呼吁全中国人民、政府和军队团结起来,国共两党亲密合作,筑起抗日民族统一战线的坚固长城,坚决抵抗日寇的侵略。8月18日,蒋介石正式发表命令将红军改编为国民革命军第八路军,八路军统辖三个师,以朱德、彭德怀为正副总指挥。8月22日,南京国民政府军事委员会正式发布八路军总部所属三个师的番号。

全面抗战爆发后,毛泽东、张闻天十分关注如何在统一战线中保持中国共产党的独立性问题。8月9日,中共中央在延安召开中央及各部门负责人会议,讨论平津失陷后的形势与党的任务。张闻天在会上所作的报告中,明确指出:"坚持同国民党合作的方针,发扬其每个进步,批评其动摇与妥协。反对急躁病,不断推动它前进,逼它前进。另一方面,合作并不是投降,反对满足、迁就的投降倾向。""提出我党独立的积极的主张,提出保障抗战胜利的办法,来号召与团结全国群众,迫使蒋走向我们方面,使我党实际上起指导作用。"①毛泽东在讲话中也认为,"红军应当实行独立自主的指挥与分散的游击战争。必须保持独立自主的指挥,才能发挥红军的长处,集团的作战是不行的。同时还要估计到特别的情形,防人之心不可无,应有戒心,保障红军之发展扩大。"②

8月22日至24日,中共中央政治局扩大会议在洛川召开。在22日的会议上,毛泽东作了军事问题和国共两党关系问题的报告。关于国共关系问题,毛泽东指出:现在统一战线正在成熟中,但国民党还在限制和破坏我们,我们是继续有原则地让步,即保持党和红军的独立性,要有自由,而采取不决裂的方针。根据大革命失败的教训,"独立性是组织的、政治的独立问题两方面"③。张闻天在发言中提出,尽管国民党还有令人不满意的地方,但还是要坚持联合他。既要防止"左"的急躁病,要想尽一切办法来推动国民党,使其在日本进攻及全国人民的压力下继续前进;

① 《平津失守后的形势与党的任务》(1937年8月9日),《张闻天文集》第二卷,中共党史出版社1992年版,第336页。

② 中共中央文献研究室:《毛泽东年谱(1893—1949)》中卷,人民出版社、中央文献出版社1993年版,第12页。

③ 中共中央文献研究室:《毛泽东传(1893—1949)》,中央文献出版社1996年版,第464页。

但另一方面也要防止右的尾巴主义、投降主义的倾向,要认清中共有保持独立组织和批评的自由。张闻天强调:"在任何情况下都不要失掉自己的立场,不要轻易相信人家。我们只是在抗战问题上与人家联合,而内部是有矛盾的。""目前国民党对共产党的态度虽有基本转变,但合作还只是初步成功,并没有完全成功,完全成功还要有相当时期。总之,我们对国民党的态度是:好的赞扬,坏的批评。"①24 日,张闻天又在会上作了报告,分析当前的政治形势,在谈到有关方针的问题时,他再次指出:"要使大家了解抗战是一个持久的战争,中共应起决定的作用。只有中共在抗战中取得领导权时,抗战胜利才能得到保障,才能使抗战胜利后完成民主共和国的任务!"②

8 月 27 日,中共中央召开座谈会,重点讨论统一战线问题,而且在讨论的题目中,第一个就是在统一战线中是共产党吸引国民党,还是国民党吸引共产党? 毛泽东在座谈会上首先发言。他说:无产阶级的政治和组织程度比资产阶级高,所以统一战线由无产阶级提出。在联合抗日的情况下,要把民族革命与社会革命贯通起来。在统一战线的长期过程中,国民党有计划地吸引共产党及红军,我们要提高政治警觉性。要使农民与小资产阶级随着我党走。国民党内也有些人动摇于国共两党之间,共产党吸引国民党的条件是存在着的。"两党之间互相吸引的问题,要在斗争中解决。统一战线建立以后,主要危险是右倾机会主义,在各方面表现出来的就是投降主义倾向,要注意对党内加强教育。"③

9 月 25 日,中共中央政治局召开常委会,讨论中共参加政府的问题。会议通过了《中共中央关于共产党参加政府问题的决定草案》,强调"在原有红军中及一切游击队中,共产党绝对独立领导之保持,是完全必要的;共

---

① 《在洛川会议上的发言》(1937 年 8 月 22 日),《张闻天文集》第二卷,中共党史出版社 1992 年版,第 340 页。

② 《在洛川会议上的报告》(1937 年 8 月 24 日),《张闻天文集》第二卷,中共党史出版社 1992 年版,第 349 页。

③ 中共中央文献研究室:《毛泽东传(1893 — 1949)》,中央文献出版社 1996 年版,第 466 页;中共中央文献研究室:《毛泽东年谱(1893 — 1949)》中卷,人民出版社、中央文献出版社 1993 年版,第 17 页。

产党员不许可在这个问题上发生任何原则上的动摇"①。

这次会议的前三天,即 9 月 22 日,国民党中央通讯社全文发表《中国共产党为公布国共合作宣言》。9 月 23 日,蒋介石在庐山发表《对中国共产党宣言的谈话》,认为"此次中国共产党发表之宣言,即为民族意识胜过一切之例证"。"今日凡为中国国民,但能信奉三民主义而努力救国者,政府当不问其过去如何而咸使其有效忠国家之机会,对于国内任何派别,只要诚意救国,愿在国民革命抗敌御侮之旗帜下,共同奋斗者,政府无不开诚接纳,咸使集中于本党领导之下,而一致努力。中国共产党人即捐弃成见,确认国家独立与民族利益之重要,吾人唯望其真诚一致,实践其宣言所举之诸点,更望其御侮救亡统一指挥之下,从贡献能力于国家,与全国同胞一致奋斗,以完成国民革命之使命。"②这个谈话的发表,实际上是蒋介石承认了中共的合法地位,标志着第二次国共合作正式形成。

毛泽东很快对蒋介石的谈话作出回应。9 月 29 日,他写作了《国共两党统一战线成立后中国革命的迫切任务》(即收入《毛泽东选集》第二卷的《国共合作成立后的迫切任务》一文),指出:"共产党的这个宣言和蒋介石氏的这个谈话,宣布了两党合作的成立,对于两党联合救国的伟大事业,建立了必要的基础。共产党的宣言,不但将成为两党团结的方针,而且将成为全国人民大团结的根本方针。蒋氏的谈话,承认了共产党在全国的合法地位,指出了团结救国的必要,这是很好的;但是还没有抛弃国民党的自大精神,还没有必要的自我批评,这是我们所不能满意的。但是不论如何,两党的统一战线是宣告成立了。这在中国革命史上开辟了一个新纪元。这将给予中国革命以广大的深刻的影响,将对于打倒日本帝国主义发生决定的作用。"③

国共合作局面正式形成后,中共中央和毛泽东一再重申,在统一战线中必须坚持独立自主原则。9 月 30 日,毛泽东、张闻天致电秦邦宪、叶剑英,

---

① 中央档案馆:《中共中央文件选集》第 11 册,中共中央党校出版社 1991 年版,第 345—346 页。

② 重庆市政协文史资料研究委员会等编:《抗战时期国共合作纪实》上卷,重庆出版社 1992 年版,第 401—402 页。

③ 《毛泽东选集》第二卷,人民出版社 1991 年版,第 363—364 页。

强调在南方红军游击队改编时,以集中五分之三、留下五分之二原地改为保安队为原则,反对国民党提出的全部集中的要求;保安队均须进行政治上的整理,反对投降主义,反对国民党派遣任何人,任何游击队区域,均须中共中央派人亲去传达改编指示,然后集中。① 10月2日,毛泽东与张闻天又致电秦、叶,令项英来中央讨论南方游击队改编问题,并指出:"南方游击队万不宜集中,项(即项英——引者注)在江西的做法上了国民党的当"②。

10月13日,张闻天、毛泽东致电刘晓等人,强调:"民族资产阶级的影响,在部分左倾领袖及党员中是在增长,主要表现在对于国民党的投降,只知同国民党统一,处处迁就他的要求,而不知同他的错误政策做斗争。""民族统一战线不但不取消对于国民党的错误政策进行批评与斗争,而且只有在这一基础上,才能使统一战线充实巩固起来,使之继续前进。只有使国民党感觉到群众对于自己的不满与压迫,才能推动它在各方面的彻底转变。同国民党和平共居,只能延长他的错误政策的寿命。""应不失时机对国民党的错误政策采取攻势的批评与斗争,主要方向首先是在改组国民党,然后及于改组政府与改造军队,这不是使国共合作分裂,而是使之更进一步的开展。"③10月19日,毛泽东与张闻天致电周恩来、朱德等,提出在山西须坚持与阎锡山合作,不参加任何倒阎阴谋,但原则问题决不让步。④

11月12日,即上海陷落的当天,中共中央在延安召开党的活动分子会议,毛泽东在会上作了《上海太原失陷以后抗日战争的形势和任务》的报告。报告指出:"在卢沟桥事变以后,党内的主要危险倾向,已经不是'左'倾关门主义,而转变到右倾机会主义,即投降主义方面了。这主要是因为国民党已经抗日了的缘故。"因此,"必须尖锐地提出谁领导谁的问题,必须坚决地反对投降主义。""'统一战线中的独立自主'这个原则的说明、实践和

---

① 中共中央文献研究室:《毛泽东年谱(1893—1949)》中卷,人民出版社、中央文献出版社1993年版,第27页。

② 中共中央文献研究室:《毛泽东年谱(1893—1949)》中卷,人民出版社、中央文献出版社1993年版,第27页。

③ 《关于克服对国民党的投降主义倾向的指示》(1937年10月13日),中央档案馆:《中共中央文件选集》第11册,中央党校出版社1991年版,第365—366页。

④ 中共中央文献研究室:《毛泽东年谱(1893—1949)》中卷,人民出版社、中央文献出版社1993年版,第32页。

坚持,是把抗日民族革命战争引向胜利之途的中心一环"①。11月15日,毛泽东在复电周恩来并告朱德、彭德怀等时又指出:"目前山西工作原则是'在统一战线中进一步执行独立自主'。因为国民党及阎、黄、卫(指阎锡山、黄绍竑、卫立煌——引者注)在日寇打击之下,已基本上丧失在山西继续支持的精神与能力。我们须自己作主,减少对于他们的希望与依靠,故'独立自主'之实行,须比较过去'进一步',这是完全必要的。"②

二、对蒋介石"编共而不容共"的警惕

毛泽东和张闻天为何在国共合作一开始,就将反右倾投降问题如此严重地提出来,其中一个重要的原因,就是在此前的国共谈判过程中,蒋介石始终没有放弃消灭至少削弱共产党力量的目标,这就不能不使中共领导人对蒋介石保持高度的戒心。

西安事变后,国共两党就合作事宜进行谈判。1937年2月8日,蒋介石致电其西安行营主任顾祝同,提出在与周恩来谈判时,"我方最要注意之一点,不在形式之统一,而在精神实质之统一。一国之中,决不能有性质与精神不同之军队也,简言之,要其共同实行三民主义,不做赤化宣传工作。若在此点同意,则甚当易商量"③。在随后与国民党代表张冲、顾祝同进行的谈判中,周恩来发现,蒋介石"始终不承认国共合作,而看作红军投降,似无共产党独立地位",而蒋本人"因为他成功地解决了东北军和十七路军问题,使红军再陷孤立,因此暗下决心要把'共党非人伦、不道德的生活,与无国家、反民族的主义','根绝净尽'"④。当周恩来提出红军改编后人数确

① 《毛泽东选集》第二卷,人民出版社1991年版,第391、392、394页。

② 中共中央文献研究室:《毛泽东年谱(1893—1949)》中卷,人民出版社、中央文献出版社1993年版,第38页。

③ 秦孝仪:《中华民国重要史料初编》第五编(一),中国国民党中央委员会党史委员会1985年编印,第262页。

④ 杨奎松:《失去的机会——抗战前后国共谈判实录》,新星出版社2010年版,第49页。

定为六七万,编制为四个师,每师三个旅六个团约一万五千人时,蒋介石于2月16日指示顾祝同说:"当西安事变前只允编三千人,后拟加为五千人,但五千人之数尚未与之明言也。今则时移情迁,彼既有诚意与好意之表示,中央准编其四团制师之两师,照中央编制,八团兵力已有一万五千人以上之数,不能再多,即可以此为标准,与之切商。其余人数,准由中央为之设法编并与安置,但其各师之参谋长与师内各级之副职,自副师长乃至副排长人员,皆应由中央派充也"。① 实际上拒绝了中共的要求。同一天,蒋介石还在其日记中写道:"考虑大局,决定编共而不容共,抗日而非排日,外交更以独立自主为基础。"②

1937年2月21日,国民党召开五届三中全会。这次全会较大幅度地调整了国民党政策,确认了和平统一、修改宪法、扩大民主、开放言论、释放政治犯诸原则,间接地接受了中共提出的抗日民族统一战线的主张。即便如此,国民党仍在重谈取消共产党及其领导的军队、政权的老调。会议通过的《关于根绝赤祸之决议》,提出要取消红军、取消苏维埃、停止赤化宣传、停止阶级斗争,等等。用周恩来的话说,"这个东西是双关的,因为红军改了名称,也可以说是取消红军,但红军还存在;苏区改了名称,也可以说是取消苏区,但苏区还存在。所谓停止阶级斗争,停止赤化宣传,就是不许我们在国民党统治区有政治活动。那时候一方面和平了,一方面又埋伏了文章"。③ 周恩来所说的这个"文章",就是要取消共产党领导的军队和政权。所以这个决议案污蔑中共"封建割裂专制残酷之策略,及其以国际组织为背景,而破坏国家统一之行动与宣传,实与建国立人之要旨绝对相反","故赤祸之必须根绝,乃为维护吾国家民族至当不易之大道"④。

在以后的国共谈判中,国民党方面千方百计地限制中共军队的编制与

---

① 秦孝仪:《中华民国重要史料初编》第五编(一),中国国民党中央委员会党史委员会1985年编印,第264页。

② 秦孝仪:《中华民国重要史料初编》第五编(一),中国国民党中央委员会党史委员会1985年编印,第265页。

③ 《论统一战线》(1945年4月30日),《周恩来选集》,人民出版社1980年版,第194页。

④ 荣孟源主编:《中国国民党历次代表大会及中央全会资料》,光明日报出版社1985年版,第435页。

人数,虽然答应红军可以改编为三个师,但又提出每师人数只能是一万人,总数三万人。蒋介石还对周恩来说,不必说与国民党合作,只是与他个人合作,还说共产党说话不算话,希望这次能够改变,能与他永久合作。中共中央在给共产国际的报告中说,蒋介石知道"共产党不会无条件地拥护他,而他又不能满足于党外合作,故他要我们想新的办法,他认为这一问题如能解决,其他具体问题可以放松一些"。周恩来曾问蒋介石有何具体办法使中共能与他永久合作,而蒋却再三说没有,而是要中共方面商量。① 显然,蒋介石想要的办法,就是中共不再是一个独立的、有军队有政权的党,而是共产党熔化到国民党中,维护他的领袖地位。

中共方面"商量"的结果,形成了《民族统一纲领(草案)》,由周恩来携带于6月上旬前往庐山同蒋介石再次进行谈判。不料,蒋见周后,却将这个文件撇在一边,另外提出一个成立国民革命同盟会的主张,"由蒋指定国民党的干部若干人,共产党推出同等数量之干部合组之,蒋为主席,有最后决定之权"。"两党一切对外行动及宣传,统由同盟会讨论决定,然后执行。关于纲领问题,亦由同盟会加以讨论"。"同盟会在进行顺利后,将来视情况许可扩大为国共两党合组之党"。② 并且在谈判的过程中,蒋介石提出红军改编后三个师以上不能设总司令部,只能设"政治训练处指挥之","请毛先生、朱先生出洋",陕甘宁边区政府由国民党派正的官长,边区自己推举副的,中共派代表参加民国大会时"不以共党名义出席",等等。③ 蒋介石这些无理要求,中共方面自然无法接受,这次谈判实际上是无果而终。

此后不久,七七卢沟桥事变发生,周恩来再次前往庐山同蒋介石会谈,并将《中共中央为公布国共合作宣言》送给蒋介石,而这时蒋的态度却十分冷淡。据周恩来后来说:"我们带去起草好的宣言,他要动手改两句,那时候我们还客气,同意他修改了两点。但修改了他也不发表,总想把共产党合

---

① 《中共中央关于与蒋介石谈判经过和我党对各方面策略方针向共产国际的报告》(1937年4月5日)。

② 《中共中央关于与蒋介石第二次谈判向共产国际的报告》(1937年6月17日)。

③ 中共中央文献研究室:《周恩来传(1898—1949)》,人民出版社、中央文献出版社1989年版,第361页。

法这一点抹杀掉。"①接着，日本在上海制造了八一三事变。在这种情况下，蒋介石才下定全面抗战的决心，并于 9 月 22 日发表《中共中央为公布国共合作宣言》，在事实上承认中共的合法地位。蒋介石的这种态度，无疑促使中共中央和毛泽东、张闻天等对其始终保持高度警惕，同时也一再提醒各级干部，一定要防止在国共合作实现后发生右倾危险。

随着抗日民族统一战线的形成和国共合作的建立，党内相继发生了若干在国共合作时丧失原则性、迁就国民党的事件，出现了一些值得注意的倾向。其中一个有代表性的例子就是"何鸣事件"。何鸣曾任中共闽粤边特委代理书记、闽粤边红军独立第三团团长等职，坚持了闽粤边的游击战争。1937 年 2 月后，何鸣通过国民党报纸了解到已发生西安事变，中共中央提出"停止内战、一致对外"建立抗日民族统一战线的主张，在向中共南方工作委员会（简称"南委"）汇报后，于这年 5 月开始同粤军第一五七师进行停战谈判，并于 6 月 26 日达成合作抗日、红军游击队改编为福建省保安独立大队的"六二六政治协定"，较早地开创了局部地区国共合作的新局面。但是，由于何鸣对国共合作的复杂性认识不足，没有执行南委提出的"驻防地应在我游击区"的指示，将红军游击队带往漳浦县城集中改编，以致发生近千名游击队员被国民党第一五七师缴械的"漳浦事件"（即"何鸣事件"）。

抗战爆发之后，又相继发生了屈从国民党解散中共领导的群众团体的事件。1937 年春，中共陇东特委曾不顾国民党方面的限制，建立各种抗日救亡组织。七七事变后，中共陇东特委的一些人却自动解散了这些进步团体。这年 8 月，国民党陕西省党部发出通告，提出要取缔中共所领导的西北各界救国联合会以及其他进步团体。迫于国民党方面的压力，中共陕西党组织中的一些人未坚持斗争，于 9 月间自动解散西北各界救国联合会，并要该会的一些干部参加国民党包办的陕西省各界抗敌后援会设计委员会。中共中央对中共陕西地方组织的这种做法提出了严肃批评。10 月 7 日，张闻天起草了《关于取消"西救"的错误及处理办法的指示》，指出："西救（即西北各界救国联合会——引者注）的取消是没有原则的"，"取消自己有长期

---

① 中共中央文献研究室：《周恩来传（1898—1949）》，人民出版社、中央文献出版社 1989 年版，第 364 页。

斗争历史的'西救',这实是投降主义倾向的具体表现"。"同国民党这批老爷们没有残酷的斗争,没有必要的进攻的行动,它是不会前进的,也不会向我们让步的。"[1]

上述这些事件的发生,使毛泽东、张闻天等中共领导人认为,在抗日民族统一战线未建立前,必须克服党内存在的"左"倾关门主义倾向,在抗日民族统一战线初步形成后,必须注意克服党内可能出现的阶级投降主义。

三、鉴于第一次国共合作破裂的教训

中共与国民党曾经有过合作的历史,即 1924 年至 1927 年的第一次国共合作。国共合作固然造成了大革命的高潮,中共的力量及其影响也随之扩大,但这次国共合作给共产党人留下的最深印象,在很大程度上是蒋介石、汪精卫先后发动"四一二"和"七一五"反革命政变,致使大批的共产党员及共产党的追随者、同情者遭受其残酷的屠杀。像毛泽东这样经历过第一次国共合作由兴起到破裂全过程的中共领导人,对于当年陈独秀和共产国际在处理国共关系时,面对蒋介石、汪精卫的进逼却一再妥协退让,从而导致国共合作破裂、大革命失败,有着深切的感受。因而在毛泽东、张闻天等人看来,要防止大革命失败那样的悲剧重演,与国民党再度合作时,就必须未雨绸缪,防患于未然,应防止右的倾向,警惕右倾危险。

大革命失败之后,毛泽东为贯彻中共八七会议提出的武装反抗国民党反动统治的总方针,组织领导了著名的湘赣边界秋收起义,随后开创了井冈山和中央革命根据地。在国共两党的十年内战中,毛泽东与蒋介石指挥各自领导的军队在战场上直接较量。张闻天则在 1933 年 1 月进入中央苏区后,也经历了中央苏区的第四次、第五次反"围剿"战争和红军长征。他们又共同领导了西安事变前后中共方面与蒋介石为建立抗日民族统一战线而开展的谈判。因此,与长期在共产国际工作的王明不同,毛泽东和张闻天对

---

[1]　张培森主编:《张闻天年谱》上卷,中共党史出版社 2000 年版,第 506 页。

蒋介石的专制独裁本质有着相当深刻的认识,意识到国民党的一党专政和蒋介石的个人独裁立场绝不会随着国共再次合作和全面抗战局面的到来而改变,唯有保持在统一战线中的独立性,与国民党既团结又斗争,中共才能生存和发展。

国民党当时是掌握全国政权的执政党,拥有丰富的政治资源和经济资源,国民党的党员有官可做,有相对丰厚的物质待遇,在国共再度合作共同抗日的情况下,这对于中共党内的一些人难免有很大的诱惑力。而且国民党的历史比中共久,已经积累了相当丰富的政治经验,中共党内的大多数成员是在大革命失败后才加入组织的,由于没有参加大革命的经历,对大革命后期右倾错误的危害没有切身体会,缺乏在统一战线中与国民党打交道的经验。因此,毛泽东、张闻天认为,必须谨防有的人经受不住国民党方面升官发财的引诱。

实际上,在抗战爆发后不久国共合作刚刚实现之时,张闻天、毛泽东就曾对为何"目前投降主义的危险在增长"作了解释。张闻天认为,原因之一是"统一战线愈发展,右倾危险性愈要增长,这是因为统一战线本身就包含右倾危险"。另一个原因中国共产党的斗争经验不够,党对于土地革命已有丰富的经验,而对其他斗争方式并不熟悉,而"我们与之建立统一战线的国民党是一个统治全国的党,钱、人、地位都有,它还有相当的经验",这样,党内一些不健全的分子就可能受其影响;同时,党内"农民成分多,容易受人欺骗与引诱,女人、金钱、地位对有些人诱惑力很大,人家只要一灌米汤,就轻于相信",这也是内部容易产生右倾危险的因素之一。①

毛泽东也就此解释说,抗日民族统一战线形成后,中共面临两个方面的情况:"一方面,中国资产阶级的妥协性,国民党实力上的优势,国民党三中全会的宣言和决议对于共产党的污蔑和侮辱以及所谓'停止阶级斗争'的叫嚣,国民党关于'共产党投降'的衷心愿望和广泛宣传,蒋介石关于统制共产党的企图,国民党对于红军的限制和削弱的政策,国民党对于抗日民主根据地的限制和削弱的政策,国民党七月庐山训练班提出的'在抗日战争

---

① 《右倾投降主义的危险在增长》(1937年8月27日),《张闻天文集》第二卷,中共党史出版社1992年版,第350页。

中削弱共产党力量五分之二'的阴谋计划,国民党对共产党干部所施行的升官发财酒色逸乐的引诱,某些小资产阶级急进分子在政治上的投降举动(以章乃器为代表①),等等情况。""另一方面,共产党内理论水平的不平衡,许多党员的缺乏北伐战争时期两党合作的经验,党内小资产阶级成分的大量存在,一部分党员对过去艰苦斗争的生活不愿意继续的情绪,统一战线中迁就国民党的无原则倾向的存在,八路军中的新军阀主义倾向的发生,共产党参加国民党政权问题的发生,抗日民主根据地中的迁就倾向的发生,等等情况。"②国共合作实现后中共面临的这种异常复杂情况,使毛泽东、张闻天等中共领导人对党内可能出现的右倾危险,保持着高度的警惕,一再强调要保持中共在统一战线中的独立性,坚决反对阶级投降主义。

---

① 1937 年 9 月 1 日,救国会"七君子"之一的章乃器发表《少号召多建议》一文,提出:"在国策还未确定的时候,我们不能不多作政治的号召,使国策能够早点确定下来。在国策已经确定的今日,我们却应该少作政治的号召,多作积极的建议,使国策可以早点充实起来。国家到了生死存亡的时候,政府既然已经有确定的国策,有点心肝的人,谁还愿标新立异以鸣高? 大家应该是集中力量、培养力量之不遑,哪能再存彼此派别之见,在明争暗斗中再消耗一丝一毫的国力。"

② 《上海太原失陷以后抗日战争的形势和任务》(1937 年 11 月 12 日),《毛泽东选集》第二卷,人民出版社 1991 年版,第 392 页。

1937年十二月会议
毛泽东被"孤立"的原因

在1937年的十二月会议上,刚从莫斯科回国的王明系统阐述了他关于抗日民族统一战线的主张,得到与会多数人的认同,而此前一再强调必须警惕右倾投降危险,保持中共在统一战线中独立性的毛泽东却显得"孤立"。十二月会议后,毛泽东曾对李维汉说:"我的命令不出这个窑洞。"

由于王明在报告中点了刘少奇的名,所以刘"在会上受到了许多人点名或不点名的批评"。毛泽东后来在谈到这次政治局会议时说:"十二月会议上有老实人受欺骗,作了自我批评,以为自己错了。"

在1937年12月召开的中共中央政治局会议(即十二月会议)上,王明系统地发表了他关于怎样坚持抗战、怎样巩固和扩大抗日民族统一战线的主张①,并且得到了许多与会者的认同,而毛泽东在这次会议上却相对"孤立"。那么,王明在这次会议上究竟讲了些什么?导致毛泽东在会上遭遇"孤立"的原因又是什么呢?

---

① 王明在十二月会议上提出的有关主张,曾被认为是其抗战初期右倾机会主义(或右倾投降主义)形成的重要标志。

一、王明在十二月会议上发言的主要观点

1937年11月29日,长期在共产国际工作的王明和康生、陈云乘苏联运输机经迪化(今称乌鲁木齐)回到延安。由于王明带回了共产国际的指示,中共中央政治局决定召开一次会议,听取王明对共产国际指示的传达,讨论抗战形势和国共关系诸问题。

会议于12月9日召开,12月14日结束。会议日程主要有三项:(一)政治报告;(二)组织问题;(三)南方三年游击战争报告。出席会议的中共中央政治局成员有张闻天(洛甫)、毛泽东、王明(陈绍禹)、康生(赵容)、陈云、周恩来、博古、彭德怀、凯丰(何克全)、刘少奇、项英、张国焘。不是政治局委员的林伯渠列席了会议。政治局委员朱德、任弼时在山西抗日前线,王稼祥在王明、康生回国后留莫斯科主持中共驻共产国际代表团工作,邓发在迪化接替陈云任中共驻新疆代表,故而他们未参加会议。

会议首先由张闻天作关于目前政治形势和党的任务的政治报告。接着,由王明作《如何继续全国抗战与争取抗战胜利呢?》的报告。王明的报告有一个书面的大纲,他另在会上作了个口头报告。那么,王明究竟在会上说了些什么,笔者拟对其报告的内容多做些摘录。

王明首先讲的是怎样实现党的策略问题。他说:在目前第一个危险发生了一部分人怀疑抗战的胜利。第二个危险是抗战没有出路,汪精卫认为胜利了是共产党,失败了是日本。因此,目前决定中日战争胜负的根本因素,一是决定于中国人民的团结与统一;二是决定于日本帝国主义内部的矛盾;三是国际对于中国抗战的援助。以上三个条件也是三个因素,对中国是有利的。

接下来,王明讲到了四个月来抗战的经验教训,实际上主要是论述统一战线即国共关系问题。王明说,目前的中心问题是如何争取抗日战争的胜利,如何巩固统一战线,即是如何巩固国共合作问题。我们党没有人破坏国共合作,但有同志对统一战线不了解,是要破坏统一战线的。今日统一战线

究竟是什么内容,现在的革命的主要任务是打击日本帝国主义,革命的动力是工农小资产阶级、民族资产阶级,革命的目的是建立民主共和国,即不是苏维埃,与过去苏维埃阶段是不同了的。为什么要这样改变,因为中国到了生死存亡的时候,中国抗战的力量是团结中国人民的力量,蒋介石是中国人民有组织的力量,如果不联合蒋介石,客观上等于帮助日本。

王明认为,统一战线是包含两个或两个以上党派的合作,今日中国共产党帮助谁,谁是朋友,就是要看谁抗日不抗日。决定敌友主要标准是抗日不抗日,不应以其他条件为敌友。在统一战线中,国共摩擦是不可免的,不要害怕也不要企图完全消灭摩擦。

对于统一战线中两党谁是主要力量问题,王明说,在全国政权与军事力量上,要承认国民党是领导的优势的力量。我们不能提出要国民党提高到共产党的地位,共产党也不能投降国民党,两党谁也不能投降谁。现在不能空喊资产阶级领导无产阶级或无产阶级领导资产阶级问题,这是将来看力量的问题,没有力量,空喊无产阶级领导是不行的。空喊领导只有吓走同盟军。如西班牙现在实际已是无产阶级领导,但没有喊无(产阶)级领导。现在欧洲资产阶级也看马列主义,资产阶级知道无产阶级领导是无产阶级专政的萌芽。因此我们不能说是谁领导谁,而是国共共同负责、共同领导。

王明还提出,现在国民党不能用分成左、中、右三派的分法,要看到国民党主要力量是黄埔系,如果这样分法会帮助蒋介石团结他们的力量,他们也知左中右提法的意义,应分为抗日派与降日派。对于 CC 系与复兴社,过去是叫法西斯蒂,现在应公开纠正过来,法西斯蒂是侵略殖民地的。要说明法西斯蒂是侵略主义,复兴社是主张民族独立与社会进化,要用这种理论去对付日本。同时 CC 系、复兴社也不同于法西斯主义,对于叛徒只是一部分问题,不能因此而使许多革命青年离开我们。

全面抗战爆发后,救国会领导人之一的章乃器提出应"少号召多建议",毛泽东在这年 11 月 12 日发表的《上海太原失陷以后抗日战争的形势与任务》一文中,曾认为这是"某些小资产阶级急进分子在政治上的投降举动",而王明却对章乃器的这个主张给予肯定。他说:我们的斗争方式也要注意,如章乃器说多建议少号召在一定的程度上是有意义的。我们对蒋介石也要采用与他们商量的办法,不要说这些纲领是共产党提的,非要蒋介石执行不可,这样反不好。

王明还说:我们自己要明白中国的将来是由民族阵线转到人民阵线,最后是社会主义的胜利,这些话政治局以外的人是不能说的。民族统一战线之历史策略,1927年蒋介石利用民族统一战线打我们,说我们分裂民族统一战线,将来我们要拿住民族统一战线这个武器去打敌人,反对汉奸的分裂。我们扩大与充实民族统一战线,要使各党派加入统一战线,使各群众团体加入统一战线,没有组织的群众也要组织起来。今天的中心问题是一切为了抗日,一切经过抗日民族统一战线,一切服从抗日,现在我们要用这样的原则去组织群众,今天不是组织狭小的群众团体,而是利用现在合法的团体,要登记,读总理遗嘱也可以,要利用合法,取得合法,只有采用公开的合法的办法才能扩大统一战线,否则还是没有办法去扩大统一战线的。

这年10月16日,刘少奇以陶尚行的笔名发表《抗日游击战争中的若干基本政策问题》的小册子,指出:"游击战争将成为华北人民反对日本帝国主义的主要斗争方式。""今天华北人民的中心任务,是广大地组织与发展抗日游击战争。广大的游击战争是华北人民抗日最有效的方式。一切愿意在华北继续进行抗日斗争的人们,都不应该放弃或逃避游击战争。"文章强调:为使华北游击战争能够取得最后的胜利,必须建立能够在各方面执行正确政策的游击队,建立巩固的抗日根据地。"在这些区域中,有的还存在着原来的政府,这些政府或者继续抗日,或者准备投降转变为汉奸政府;有的原政府人员逃走,汉奸们准备建立维持会等。我们的方针是:要在这些区域中建立人民的抗日政权。我们的口号是:打倒汉奸政府、维持会,反对投降,改造原来一党专政的政府成为人民的抗日政府。为了在这些区域中建立真正有工作能力的、有群众基础的抗日政府来领导战争,原来的政治机构必须实行民主的改造。"①

对于刘少奇的这个主张,王明明确表示不能赞成。他说:少奇同志写的小册子提得太多,提打大地主当作政策是不对的,提出单打维持会也是不对的,这样便帮助日本建立社会力量的基础。满洲人民革命军与地主关系弄得很好,使地主也不反对我们。总之,使日本减少以华制华的作用。

---

① 《刘少奇选集》上卷,人民出版社1981年版,第81、88页。

王明在报告中还讲到了民主共和国、旧军队等问题。他说:民主共和国问题,即取消苏维埃问题,今天苏维埃还不能统一中国,十年来说明苏维埃还只有少数的人民拥护,国民政府是遭受大多数人民的反对,现在需要全国人民拥护的民主共和国,议会式的民主共和国,现在不是苏维埃与议会的斗争,而是苏维埃与议会联合反法西斯野蛮专政的斗争。这是造成全国统一的国家政权,而是不加深中国的分裂。

在讲到全国军队的统一指挥的时候,王明说,我们要拥护统一指挥,八路军也要统一受蒋指挥,我们不怕统一纪律、统一作战计划、统一给养,不过注意不要受到无谓的牺牲。八路军、新四军是要向着统一的方向发展,而不是分裂军队的统一。王明同时又指出:红军的改编不仅名义改变,而且内容也改变了。现在要保存红军的独立:(一)保障党的领导;(二)保障自己干部的领导;(三)建立自己的教育与政治工作;(四)打胜仗的模范。我们要将我们的军队扩大到 30 万,但方式上不要使人害怕。

抗战爆发之后,毛泽东曾提出中国存在两条不同的抗战路线,一条是全国人民总动员的完全的民族革命战争的全面抗战路线,一条是不要人民群众参加的单纯政府抗战的片面抗战路线,并且认为,全面抗战还是片面抗战,"这是共产党的抗战主张和现时国民党的抗战主张的原则分歧"①。王明并不认同毛泽东关于全面抗战和片面抗战的观点,认为不要使用"片面抗战"这样的提法,以免刺激国民党。他说:只有动员广大人民群众才能争取抗战胜利是没有问题的,中国要争取抗战胜利,只有动员几万万人民参加抗战才能取得胜利,但国民党害怕民众起来。过去提出国民党片面抗战,是使他们害怕,要提出政府抗战很好,要动员广大人民来帮助抗战,不要提得那样尖锐,使人害怕,只好在党内提,不能在外面提出来。

在讲话中,王明还讲到了反对托派、建立军事工业、国际宣传、苏联是否出兵援助各国革命、加强党内马列著作教育、实行正确的干部政策、准备召开七大等问题。

12 月 10 日,王明在会上作了第二次发言,主要内容是报告中共驻共产国际代表团所做的工作及取得的成绩。

---

① 《毛泽东选集》第二卷,人民出版社 1991 年版,第 387—388 页。

二、王明的主张其实来源于共产国际

从王明上述发言可以看出,他的抗日主张特别是关于统一战线的主张,与毛泽东确有明显的不同。第二次国共合作实现之后,毛泽东不厌其烦地一再强调,要警惕右倾投降危险,要保持在统一战线中的独立性。王明在发言中虽然也讲到了保持红军独立性、保障党的领导问题,但其重心却是强调"一切为了抗日,一切经过抗日民族统一战线,一切服从抗日",要求全党充分认识抗战爆发后国民党的进步,对国民党不能用过去的眼光看待,要尽量地帮助其进步。王明也认为,"共产党也不能投降国民党,两党谁也不能投降谁",但现在中共的力量还与国民党不对等,要坚持抗战和取得抗战的最终胜利,主要依靠国民党的力量,因为"没有力量,空喊无产阶级领导是不行的",空喊领导权只会吓走国民党。

从理论上讲,王明主张的"一切经过抗日民族统一战线"也有其道理。如果抗日民族统一战线由中共主导或掌握,至少在统一战线里中共已取得了与国民党平等的地位,"一切经过统一战线"是没有问题的。但是,全面抗战爆发后,以国共合作为主要内容的抗日民族统一战线,实际上是一种特殊形式的统一战线。本来,中共中央曾设想国共合作的组织形式,一是如同当年孙中山改组国民党一样,将国民党改组为民族革命联盟,其他党派加入;二是建立两党共同委员会;三是遇事协商。中共中央希望的是第一、二种形式,在这次会议之后还为此进行过诸多的努力。但是,蒋介石始终拒绝这两种形式,使得国共合作实际上只剩下第三种形式。由于当时国共的实力对比是国强共弱,实力的不对等决定了地位的不对等,蒋介石始终不愿与中共进行平等的党与党的合作,而把中共与他的合作,看作是中共方面对他的"输诚",他不是联共而是要"溶共"。这样一来,如果"一切经过抗日民族统一战线",等于一切都要与国民党、蒋介石协商,经过其同意,这显然是行不通的,等于是用统一战线束缚住中共自己的手脚。

王明并非没有看到国共力量对比悬殊的现实,所以他也认为不能空喊领导权,领导权的争取要靠实力,但他对国民党抗战以来的进步作了过于理想的估计。全面抗战爆发之后,蒋介石对内对外政策固然作了很大调整,国民党军队在这个阶段也有较好的抗战表现,蒋介石本人也是主张坚持抗战的。但是,蒋介石只是一个民族主义者,同时也是一个专制主义者,而不是一个民主主义者,国民党本身也没有因为全面抗战而发生根本性的变化。所以,这时的蒋介石既有坚持抗战的一面,也有其坚持专制独裁的一面。王明对于蒋介石的两面性是认识不够的,这或许与他的个人经历有一定关系。王明在大革命时期加入中共,入党之后就到莫斯科去学习,虽然中共六届四中全会前后在国内工作了一段时间(一年左右),但很快就到共产国际工作。由于长期在莫斯科学习和工作,王明对于大革命失败给中共造成的损失没有切身的感受,也没有真正经历残酷的十年内战,对国民党特别是蒋介石的认识远远没有毛泽东深刻。参加了十二月会议的张国焘在其回忆录中说:"他(指王明——引者注)仍是一个无经验的小伙子,显得志大才疏,爱放言高论,不考察实际情况,也缺乏贯彻其主张的能力与方法。"①张氏的回忆有许多情绪化的地方,但他对王明的这个评价,还是有道理的。

王明的很多主张,很大程度上不是来自于中国革命经验教训的总结,而是来自于共产国际政策的转变,而共产国际所代表的,实际上就是苏联的利益。斯大林出于避免苏联东西两线作战的考虑,对国民党的抗战作出了积极支持的姿态,这在客观上确实是有利于中国抗战的。但是,斯大林支持中国抗战,是从苏联的国家利益出发,目的是为了让蒋介石能够拖住日本。为此目的,斯大林认为中共必须迁就和服从国民党。1940 年斯大林在接见即将赴任的苏联驻华武官兼蒋介石的总军事顾问崔可夫时,曾说过这样的话:"照理说,中国共产党人比蒋介石对我们更亲近些。照理说,主要援助也应该给予他们"。但"中国共产党和中国工人阶级要成为反侵略斗争的领导者,还显得弱。要把群众争取到自己一边来还需要时间,需要多长时间,很难说。""中国共产党人在国内的地位还不巩固。蒋介石可以轻而易举地联合日本人反对共产党。共产党却不可能联合日本人。蒋介石可以从美国和英国得到援助。毛泽东只要不背叛共产主义运动,就永远得不到这些大国

---

① 张国焘:《我的回忆》第 3 册,东方出版社 1991 年版,第 424 页。

的支持。欧洲的局势，希特勒的节节胜利，预示着英国和美国对蒋介石的援助将会逐渐增加。这也就使人可以指望，由于有我国的援助和英美同盟国的援助，蒋介石即便不能打退，也能长期拖住日本的侵略。"①斯大林的这些话，虽然是几年后说的，但反映了他对中共与国民党的基本立场。

斯大林对国共两党的这种态度，就必定影响到共产国际对中共的政策。1937 年 11 月 14 日（王明离开莫斯科的同一天），季米特洛夫在共产国际执委会书记处会议上发言说："由于中国共产党力量弱小，因此在国共统一战线中不要提谁占优势、谁领导谁的问题，应当运用法国共产党组织人民阵线的经验，遵循'一切服从统一战线'、'一切经过统一战线'的原则，努力从政治上影响国民党，做到共同负责，共同领导，共同发展，不要过分强调独立自主。"②王明在十二月会议上的讲话，其基本精神显然与季米特洛夫的这番话是一致的。

三、十二月会议毛泽东的"孤立"

在听取张闻天的报告和王明的发言后，会议进行讨论，"讨论中许多同志在一时难以分辨是非的情况下，不同程度地同意和拥护了王明的主张"③。

与王明一起回国的康生在发言中说：现在要内部团结，须提出下列口号：拥护蒋委员长继续领导全国抗日，拥护中央政府继续抗日，共产党要帮助国民党改造军队，帮助国民党购买军火，帮助蒋介石创设军事工业。关于片面抗战与全面抗战，今后最好不用，现在最好都用反日民族自卫战争，不

---

① ［苏］崔可夫著，赖铭传译：《在中国的使命：一个军事顾问的笔记》，解放军出版社 2012 年版，第 45—46 页。

② 转引自黄允升：《毛泽东开辟革命道路的理论创新》，中央文献出版社 2006 年版，第 363 页。

③ 张培森主编：《张闻天年谱》上卷，中共党史出版社 2000 年版，第 529 页。

用反日民族革命战争。①

12月11日,周恩来在会上就抗战问题和统一战线问题发表意见,认为从山西的情况来看,由于没有实行抗日高于一切的原则,而把独立自主提得太高,所以党内、军内和各地都有不利于抗战,不利于统一战线的思想、言论及行动。②

由于王明在报告中点了刘少奇的名,说他的"小册子提得太多",所以刘"在会上受到了许多人点名或不点名的批评"③。12月12日、13日、14日,刘少奇在会上先后三次发言,只得就有关问题进行辩解。刘少奇承认自己"抗战以来对国民党本质上的转变估计不足",认为现在的政府、军队不改造不能取得抗日战争的胜利,"因此,产生了把片面抗战与全面抗战对立起来"的思想。"同时由于大革命的痛苦教训,怕上国民党的当,因此,便强调独立自主。"刘少奇还针对王明的批评,辩解说:"我们所说的独立自主,不是破坏统一战线的,是尽量争取合法地位做起来的。一方面自己做,一方面利用合法,这样便使我们自己与阎(指阎锡山——引者注)同时做,这是较好的办法。"④

12月12日,张闻天作了总结性发言,就"对国民党转变估计不足"等缺点作了"检讨"⑤,"承认了王明所指摘的某些所谓'错误'"。但他同时又认为,对于统一战线问题,自西安事变以来,基本上是正确的,并获得了许多成绩;洛川会议提出的动员一切力量争取抗战胜利的方针是基本正确的,会议确定的独立自主的山地游击战基本上也是正确的,今后红军游击战还是主要的,有利条件下进行运动战。华北工作一般路线是正确的,工作有很大的成绩,统一战线工作有进步。⑥

在这次会议上,"唯有毛泽东作了实质上抵制王明错误的发言"⑦。当

① 王秀鑫:《中共中央政治局十二月会议和三月会议》,张树军、齐生主编:《中国共产党八十年重大会议实录》上,湖南人民出版社2001年版,第157页。

② 中共中央文献研究室:《周恩来年谱(1898—1949)》,中央文献出版社、人民出版社1989年版,第393页。

③ 金冲及主编:《刘少奇传》上,中央文献出版社1998年版,第300页。

④ 金冲及主编:《刘少奇传》上,中央文献出版社1998年版,第301页。

⑤ 张培森主编:《张闻天年谱》上卷,中共党史出版社2000年版,第529页。

⑥ 程中原:《张闻天传》,当代中国出版社1993年版,第401—402页。

⑦ 张培森主编:《张闻天年谱》上卷,中共党史出版社2000年版,第529页。

然,毛泽东的"抵制"也是有限度的。他12月11日在发言中,也承认"抗战发动后对国民党的转变估计不足",表示统一战线工作"总的方针要适合团结御侮","目前应该是和为贵","使国共合作,大家有利","我们对国民党的态度要光明磊落,大公无私,委曲求全,仁至义尽。"①毛泽东对王明的一些观点虽然持不同意见,但由于王明的共产国际背景与当时的会议气氛,也不可能明确提出反对意见,只能作"基本的辩白和正面的阐述"②。

毛泽东在发言中强调:"国民党与共产党谁吸引谁这个问题是有的,不是说要将国民党吸引到共产党,而是要国民党接受共产党的政治影响。""如果没有共产党的独立性,便会使共产党(降)低到国民党方面去。""八路军与游击队应当使成为全国军队的一部分,但是要政治上的区别,要在政治工作上、官兵团结上、纪律上、战场上起模范作用。""共产党在八路军出动后,政治影响更扩大。在全国群众中组织力量虽不够,但不能看数量少,在群众中力量是大起来的。"关于章乃器的"少号召多建议"主张,毛泽东仍坚持自己的观点,他说:"章乃器说少号召多建议,我们是要批评的。这是只适宜国民党现时状况。我们要在政治上有号召。"③

12月12日,毛泽东在会上再次作了发言,重点讲战略问题。他说:抗日战争总的战略方针是持久战。红军的战略方针是独立自主的山地游击战,在有利条件下打运动战,集中优势兵力消灭敌人一部。独立自主,对敌军来说我是主动而不是被动的,对友军来说我是相对的集中指挥,对自己来说是给下级以机动。总的一句话:相对集中指挥的独立自主的山地游击战。洛川会议决定的战略方针是对的。④

由此看来,尽管毛泽东与王明在事关国共关系等问题上确实存在分歧,但毛泽东并没有对王明的主张明确加以"抵制"或"斗争"。实际上,毛泽东

---

① 转引自中共中央文献研究室:《毛泽东传(1893—1949)》,中央文献出版社1996年版,第507页。

② 中共中央文献研究室:《毛泽东传(1893—1949)》,中央文献出版社1996年版,第507—508页。

③ 中共中央文献研究室:《毛泽东传(1893—1949)》,中央文献出版社1996年版,第508页。

④ 中共中央文献研究室:《毛泽东年谱(1893—1949)》中卷,人民出版社、中央文献出版社1993年版,第41页。

既认可了王明的一些提法,如承认对国民党的转变估计不足,但同时又用各自表述的方式,坚持自己原有的观点,如独立自主的山地游击战战略方针等。当然,坚持自己的主张,在某种意义上讲也是一种"抵制"或"斗争"。

毛泽东后来在谈到这次政治局会议时说:"十二月会议上有老实人受欺骗,作了自我批评,以为自己错了。""而我是孤立的。当时,我别的都承认,只有持久战、游击战、统战原则下的独立自主等原则问题,我是坚持到底的。"又说:"遵义会议以后,中央的领导路线是正确的,但中间也遭过波折。抗战初期,十二月会议就是一次波折。十二月会议的情形,如果继续下去,那将怎么样呢?有人说他奉共产国际命令回国,国内搞得不好,需要有一个新的方针。所谓新的方针,主要是在两个问题上,就是统一战线问题和战争问题。在统一战线问题上,是要独立自主还是不要或减弱独立自主;在战争问题上,是独立自主的山地游击战还是运动战。"①据李维汉回忆,十二月会议后,毛泽东曾对他说:"我的命令不出这个窑洞。"②

说自己的命令"不出这个窑洞"多少有些夸张,但这次会议上王明的那一套为多数与会者一时所接受确是事实。与会的彭德怀在其自述中曾这样说:"当时,我没有真正地认识到毛泽东同志路线的正确性,而是受了王明路线的影响,在这些原则问题上模糊不清。""在会上并没有支持毛泽东同志的正确路线,也没有拥护或反对王明的错误路线,是采取了一种模棱两可的态度。"③

四、十二月会议毛泽东"孤立"的原因分析

那么,是什么原因使多数与会者同彭德怀一样"受了王明路线的影响"?

---

① 中共中央文献研究室:《毛泽东传(1893—1949)》,中央文献出版社1996年版,第508—509页。

② 李维汉:《回忆与研究》上册,中共党史资料出版社1986年版,第443页。

③ 《彭德怀自述》,人民出版社1981年版,第225页。

原因之一，王明的特殊身份。张国焘回忆说："王明当时俨然是捧着尚方宝剑的莫斯科的'天使'，说话的态度，仿佛是传达'圣旨'似的"。"王明暗示这个策略上的变动很重要，而且出自斯大林本人的意见。"①彭德怀也说："王明讲话是以国际口吻出现的"②。王明长期在共产国际工作，并且是其领导成员之一，又有机会亲见斯大林和季米特洛夫。他的这种身份，在当时的中共领导人中绝无仅有。经过1935年1月的遵义会议，中共的独立自主有了很大的发展，但共产国际、斯大林、季米特洛夫在中共干部包括领导人的心目中，仍然有着巨大的威望，中共真正意义上的独立自主是经过延安整风之后才完全实现的。所以王明在十二月会议的讲话中，虽然一些原则问题如彭德怀所说的"混淆不清"，但多数与会者认为王明的话实际上就是共产国际的态度，而共产国际一定比自己站得高看得远，于是连毛泽东也承认自己对国民党的转变"估计不足"，仅对持久战、游击战、统战原则下的独立自主等问题"坚持到底"，其他与会者的态度就可想而知了。

原因之二，王明确实在建立抗日民族统一战线的问题上起过积极作用。1933年1月17日，王明起草以毛泽东、朱德名义发表的《中华苏维埃临时中央政府工农红军革命军事委员会为反对日本帝国主义侵入华北愿在三条件下与全国各军队共同抗日宣言》，这"实际上就开始突破下层统一战线的框框，有了向建立抗日反蒋统一战线转变的萌芽"。1933年1月26日，王明以中共中央名义发出《致满洲各级党部及全体党员的信——论满洲的状况和我们党的任务》，"第一次提出在东北建立全民族的反帝统一战线的策略方针"。1935年六、七月，王明根据共产国际七大建立反法西斯统一战线的精神，起草中国苏维埃中央政府、中共中央《为抗日救国告全体同胞书》（即《八一宣言》），这个宣言"不仅冲破了关门主义的小圈子和下层统一战线的框框，而且把联合的对象扩展到了除蒋介石等少数卖国贼和汉奸以外的一切抗日的党派、团体、阶级和阶层，统一战线的范围进一步扩大了。"③《八一宣言》是中共抗日民族统一战线政策形成的一个标志性文件。在全面抗战爆发前，抗日民族统一战线还是中国共产党人要争取实现的目标，在

---

① 张国焘：《我的回忆》第3册，东方出版社1991年版，第424、420页。
② 《彭德怀自述》，人民出版社1981年版，第224页。
③ 郭德宏：《王明与抗日民族统一战线的提出》，《党史研究与教学》1988年第5期。

抗日民族统一战线形成后,如何处理国共关系,中共对国民党应当持何种态度,就需要有具体的方针政策了。正在这关键时刻,王明回国,这在当时许多人看来,王明在统一战线问题上最具有发言权,何况他还带回了共产国际的指示,所以会议出现"一边倒"的情况,也就不难理解了。

原因之三,洛川会议关于红军作战原则分歧的影响。在洛川会议上,关于红军的作战原则,毛泽东强调,红军的战略方针是独立自主的山地游击战,包括在有利条件下消灭敌人兵团和在平原发展游击战争。游击战争的作战原则是分散以发动群众,集中以消灭敌人,打得赢就打,打不赢就走。① 但与会者对于这个问题看法并不一致。周恩来说:"我们的地区,是布置敌人后方游击战争,必要时集团力量消灭敌人。"他将这种打法称之为运动游击战。② 任弼时说:红军应当"不失时机的条件下集中力量消灭敌人",这样"增强我们的领导及扩大部队均有关系,所以还是独立自主的山地运动、游击战"。彭德怀说:"一般说,运动战的可能性减少了一些,但发动群众,麻痹敌人,调动敌人是可能的。游击战和运动战是密不可分的。"③ 由于时间紧迫,八路军必须紧急出兵山西抗日前线,故而对于这个问题会议没有深入讨论,也没有形成共识。在十二月会议上,王明对毛泽东以山地游击战为唯一作战方针的批评,也引起了部分人的共鸣。彭德怀就对此"表示赞同",认为八路军在战略上应该是运动游击战,在应用上要利用山地打游击战。会后,毛泽东与彭德怀详细讨论并研究四个月来八路军作战情况和华北战场的形势,两人之间还曾发生了激烈的争论。彭德怀说:"你在延安,不接触前方群众,不了解情况。"争论的结果,是毛泽东说服了彭德怀,八路军的战略方针"基本的是游击战",同时也采纳了彭德怀的建议,在"基本的是游击战"之后加上"不放松在有利条件下的运动战"。④

原因之四,抗日民族统一战线和国共合作是新事物,如何对待大多数人没有经验。中国共产党人虽然曾经有过与国民党合作的经历,但接着是同

---

① 中共中央文献研究室:《毛泽东年谱(1893—1949)》中卷,人民出版社、中央文献出版社1993年版,第15页。

② 中共中央文献研究室:《周恩来传(1898—1949)》,人民出版社、中央文献出版社1989年版,第371页。

③ 彭德怀传记组:《彭德怀全传》(二),中国大百科全书出版社2009年版,第375页。

④ 彭德怀传记组:《彭德怀全传》(二),中国大百科全书出版社2009年版,第399页。

国民党长达十年的内战,现在国民党从内战的对手一变为合作的对象,这对于中共来说确实是一个重大转折。在这重大转折关头,对国民党究竟应持何种态度,在国共合作中应持什么样的立场,对于中共领导人来说是一个新的课题。上一次国共合作是十年前的事情,此时中共中央政治局的多数成员,是大革命失败之后才进入中央领导机关的,更何况此次合作与上次合作时的国际国内形势、两党合作的具体方式,以及共产国际对两党合作的政策,都有了很大的不同。因此,当抗日民族统一战线的口号刚刚提出之时,党内有相当多的人对国共再次合作曾不理解,表现出关门主义的倾向。即使到西安事变发生蒋介石被张学良、杨虎城扣押时,当时许多人的第一反应是杀蒋,后来中共中央经过慎重的考虑提出了和平解决事变的方针,从而大大推进了抗日民族统一的进程。当国共合作建立之后,鉴于第一次国共合作的历史教训,毛泽东、张闻天等曾一再强调要反对右倾投降主义,一开始领导层中对这个问题并没有不同意见。由于抗战之初国民党确实对以往的政策作了较大程度的修正,蒋介石在抗日问题上也表现出较坚定的立场,正是在这种情况下,王明回国传达共产国际的新精神,并认为中共仍存在对国民党的进步估计不足等问题,相当多的人又觉得王明的说法有道理,从而造成了毛泽东一时"孤立"的局面。

王明虽然较早提出抗日民族统一战线口号,但由于他长期在共产国际工作,对于中国革命应当怎样进行往往多是纸上谈兵,对中国政治的了解显然没有毛泽东深刻,更缺乏同国内各种政治力量打交道的实际经验。而毛泽东经历了大革命由盛而败的全过程,特别是十年内战时期,他在创建革命根据地与红军的过程中,不但经历了许多的党内斗争,而且在战争中他与蒋介石进行直接较量,已经有了相当丰富的国内政治斗争经验,故而对蒋介石的了解与把握自然远比王明深刻且准确。所以,王明十二月会议关于统一战线和国共关系的观点,虽然一时为多数人所认可,但由于他的论述实际上许多是书生论政,是建立在中共能主导国共关系和统一战线的主观臆想上的,而当时的现实是,如果真正"一切经过抗日民族统一战线",中共就有可能成为国民党的附属物,变成一切经过国民党和一切服从国民党,这对于有着自己政治理想的中国共产党人来说是难以想象的。所以王明在十二月会议上的一套主张,在实际工作中并没有产生多大的影响,因而"有些人虽在会上作了口头的'自我批评',在实际工作中并没有真正去贯彻王明那一套"①。这也说明,十二月会议后,实际上并没有形成一条所谓的王明路线(或谓王明右倾投降主义、王明右倾机会主义路线),王明的右倾,是相对于毛泽东对独立自主的强调而言的。

———————————

① 中共中央文献研究室:《毛泽东传(1893—1949)》,中央文献出版社1996年版,第509页。

毛泽东的新民主主义理论

　　大革命失败后,中共开展武装斗争,举起"苏维埃革命"的旗帜,苏区老百姓很长时间却不知苏维埃为何物。抗战爆发后,中共承认"三民主义为中国之必要",又发生了共产党的"三民主义"与国民党的"三民主义"如何区分的问题。毛泽东的新民主主义理论,旗帜鲜明地提出了中共的各项主张,为中国革命的胜利奠定了理论基础。

　　1940 年 1 月 9 日,毛泽东在陕甘宁边区文化协会第一次代表大会上,作了《新民主主义的政治与新民主主义的文化》的讲演;同年 2 月 20 日,以《新民主主义论》为题全文发表在延安出版的《解放》第 98、第 99 期合刊上。这篇文章是新民主主义理论形成的重要标志,是以毛泽东为代表的中国共产党人,把马克思主义的基本原理同中国的具体实际相结合所取得的一个伟大理论成果。在新民主主义理论的指导下,中国人民成功地找到了一条经过新民主主义革命建立新民主主义社会,进而过渡到社会主义社会的发展道路。

一、新民主主义理论的形成

中国共产党一成立,就自觉地承担着领导中国人民进行反帝反封建革命的历史重任。随着革命斗争的展开,许多重大的理论问题摆在中国共产党人面前,如怎样认识中国社会和中国革命的性质?中国革命应当通过何种方式进行?在革命中有哪些同盟军可以争取?怎样才能最终实现社会主义和共产主义的前途?等等。所有这些问题,都需要中国共产党人作出准确的回答,以推动革命运动的向前发展。

为了解决这些问题,中国共产党人曾作出过许多的努力。1922 年召开的中共二大通过对中国政治经济状况的分析,初步揭示了中国社会的半殖民地半封建性质,提出了党的最高纲领是实现社会主义和共产主义,而在现阶段的革命纲领应当是打倒军阀,推翻国际帝国主义的压迫,统一中国使它成为真正的民主共和国,从而明确提出了反帝反封建的革命纲领。1925 年中共四大指出:“中国的民族革命运动,必须最革命的无产阶级有力的参加,并且取得领导的地位,才能够得到胜利”。① 1928 年中共六大再次重申:“中国革命现在阶段的性质是资产阶级性的民权主义革命。如认为中国革命目前阶段为已转变到社会主义性质的革命,这是错误的,同样,认为中国现时的革命为‘无间断革命’也是不对的。”②这些事实表明,中国共产党在革命斗争的实践中,已初步认识到中国社会的半殖民地半封建性质,认识到现阶段的中国革命还不是社会主义革命,而是反帝反封建的民主革命,认识到中国革命的领导权必须掌握在无产阶级手中。

应该看到,这些理论问题的解决还是初步的,而且有的问题虽然提了出来,但并未很好地以之指导实践,如中共四大尽管提出了无产阶级的领导权问题,而领导权如何去取得却没有作出具体的回答,政权问题和武装斗争问

---

① 《中共中央文件选集》第 1 册,中共中央党校出版社 1989 年版,第 333 页。

② 《中共中央文件选集》第 4 册,中共中央党校出版社 1989 年版,第 298 页。

题也没有引起大会的足够注意。同样,中共六大虽然强调中国的半殖民地半封建社会性质,认为中国革命仍属于反帝反封建的资产阶级民主革命,但是没有认识到中国革命的长期性和复杂性,仍把城市工作放在中心地位,把民族资产阶级当作革命的敌人,对中间阶级的作用和反动派内部的矛盾缺乏正确的估计,使得大革命失败后党内存在的"城市中心论"、"中间势力是最危险的敌人"等错误认识并未得到纠正。20世纪30年代初,党内还出现了严重的"左"倾冒险主义和"左"倾教条主义错误,给中国革命带来了极大的危害。由此可见,要成功地解决中国革命的性质、动力、道路和前途等问题,在此基础上制定出一条适合中国国情的革命总路线,形成一套完整的革命理论,并以此指导革命斗争的实践,并不是一件轻而易举的事情。

在中国共产党内,毛泽东是把马克思主义与中国实际相结合的成功典型。1925年年底,他发表了《中国社会各阶级的分析》一文,明确提出中国无产阶级最广大最忠实的同盟军是农民,他还提醒人们注意中国民族资产阶级对待中国革命的矛盾态度,认为其右翼可能是无产阶级的敌人,其左翼可能是无产阶级的朋友。大革命失败后,他在领导秋收起义的过程中,又率先深入农村,开创农村革命根据地,从理论和实践的结合上,得出了中国革命可以而且应该走农村包围城市、武装夺取政权道路的结论。他还大声疾呼反对本本主义,强调中国革命的胜利要靠中国同志了解中国情况。

非常遗憾的是,毛泽东当时还只是一个地方党的负责人,还没有成为全党的领袖。他的这些正确主张,并未为全党所接受。不但如此,因为他讲了一些马克思主义的本本中没有的新话,还曾被讽刺为"狭隘经验论"和"山沟里出不了马克思主义",为此还多次受到排挤和打击。

1935年10月中央红军到达陕北后,毛泽东对中国革命特别是土地革命的经验教训进行了系统总结,曾写出《中国革命战争的战略问题》、《矛盾论》、《实践论》等理论文章,分析了第五次反"围剿"失败的原因,论证了马克思主义与中国具体实际相结合的极端重要性。1939年年底至1940年年初,毛泽东在进一步总结大革命、土地革命和抗战爆发以来历史经验的基础,接连发表了《中国革命和中国共产党》、《〈共产党人〉发刊词》、《新民主主义论》等文章,在中国第一次旗帜鲜明地提出了新民主主义的完整理论,并对它作了系统的说明。这在马克思主义中国化的历史进程中是一次历史性的飞跃,是一件前人没有做过的事情。它从根本上回答了中国现阶段民主革命和未来建设新中国的一系列根本问题。这不仅是毛泽东思想成熟的标志,也是中国共产党成熟的标志。

毛泽东在这个时候系统地提出并阐明新民主主义理论,并不是偶然的。遵义会议之前,中国革命屡遭挫折,原因固然是多方面的,但其中一个重要的原因,就是革命理论的不成熟,不能依据马克思主义的基本原理,独立自主地解决中国革命的现实问题,不懂得国情不同,革命的性质、对象、依靠力量和方式诸多方面也必不相同,而常常机械地套用俄国十月革命的经验,教条地对待共产国际的指示。后来毛泽东在回顾中国共产党的历史时,曾这样讲道:"如果有人说,有哪一位同志,比如说中央的任何同志,比如说我自己,对于中国革命的规律,在一开始的时候就完全认识了,那是吹牛,你们切记不要信,没有那回事。过去,特别是开始时期,我们只是一股劲儿要革命,至于怎么革法,革些什么,哪些先革,哪些后革,哪些要到下一阶段才革,在一个相当长的时间内,都没有弄清楚,或者说没有完全弄清楚。"①他还说:"在抗日战争前夜和抗日战争时期,我写了一些论文,例如《中国革命战争的战略问题》、《论持久战》、《新民主主义论》、《〈共产党人〉发刊词》,替中央起草过一些关于政策、策略的文件,都是革命经验的总结。那些论文和文件,只有在那个时候才能产生,在以前不可能,因为没有经过大风大浪,没有两次胜利和两次失败的比较,还没有充分的经验,还不能充分认识中国革命的规律"②。

到毛泽东发表这些文章的时候,情况就已经完全不同了。这时的中国共产党,已经有了大革命、土地革命和抗战爆发以来近二十年成功和失败的经验教训,已经成为一个政治上成熟的政党。以毛泽东为代表的中共中央,已经能将马克思主义同中国革命的具体实践纯熟地结合起来,能够系统地回答有关中国革命的重大理论问题,因而到了这时"我们才制定了合乎情况的党的总路线和一整套具体政策,中国民主革命这个必然王国才被我们认识,我们才有了自由"③。所以,新民主主义理论是中国革命经验的科学

---

① 《毛泽东文集》第八卷,人民出版社 1999 年版,第 300 页。
② 《毛泽东文集》第八卷,人民出版社 1999 年版,第 299 页。
③ 《毛泽东文集》第八卷,人民出版社 1999 年版,第 300 页。

总结。

有意思的是,中国人最早使用"新民主主义"这个名词的不是毛泽东,而是中国社会党的首领江亢虎。早在1922年8月以前,他在列席共产国际三大期间,就起草了《新社会主义、新民主主义、新国家主义说明书》,大谈他的"新民主主义"。1922年8月25日,他又在《东方杂志》发表《新民主主义新社会主义说明书》,对他的主张作了解释。

江亢虎的新民主主义,主要是针对旧民主主义的弊病提出来的,又名"限制民主主义",用他自己的话说叫做"选民政治学说",主要内容包括三个方面:一是"选民参政",即不是由全体人民进行直接选举,而是有一定的文化水平、有固定职业和收入的人才,经过参政考试,才能成为选民,才能参政;二是"立法一权",即不是三权分立,而是立法权超越于其他两权之上,三权统一于一权,形成一权制国家,其最高代表是国会议长;三是"职业代议",即以职业为单位,以地方为区域,以选民人数为比例,平均分配投票权、代议权,以防止议员集中在官僚、军人、资本家等少数人身上。很明显,这些主张并不是革命的主张,而是改良议会制度的一种社会改革方案。因此,这实质上是一种社会民主主义的主张。

毛泽东此时之所以将中国共产党人自己的理论成果命名为新民主主义理论,还有一个特殊的历史背景。

抗战爆发以后,中国共产党从原来遭受反动派严密封锁的狭小天地里走出来,变成全国性的大党,公开走上全国政治生活的大舞台,受到人们越来越密切的关注。全国各阶级、各阶层都渴望了解中国共产党对时局和中国未来前途的看法。

为了建立和巩固抗日民族统一战线,中国共产党作了重大政策调整,公开承认"孙中山先生的三民主义为中国今日之必需,本党愿为其彻底的实现而奋斗"[1],并且明确提出"拥护蒋委员长,拥护国民政府,拥护国共合作"[2]。抗日战争爆发后,国共两党实现了第二次合作。中国共产党对于抗日民族统一战线是诚心维护的,但国民党内的顽固派自抗战进入相持阶段

---

[1]　《周恩来选集》上,人民出版社1980年版,第76页。
[2]　毛泽东:《论新阶段》(1938年10月),中央档案馆:《中共中央文件选集》第11册,中共中央党校出版社1991年版,第606页。

后,随着中共政治影响的扩大和八路军、新四军的壮大,基于其一党专政的理念,除了在军事上制造反共磨擦外,还不断鼓吹"一个主义"、"一个政党"、"一个领袖"的主张。国民党所谓"理论家"叶青公开叫嚣:"三民主义可以满足中国现在和将来的一切要求。它的实现,中国便不需要社会主义了,从而组织一个党来为社会主义而奋斗的事也就不必要了。"①蒋介石于1939年9月发表一篇题为《三民主义之体系及其实行程序》的文章,鼓吹所谓"以党治国"、"以党建国"、"要使抗战胜利之日,即为建国完成之时"。作为中间党派的国家社会党首领张君劢也在1938年12月发表《致毛泽东先生一封公开信》,提出"目前阶段中,先生等既努力于对外民族战争,不如将马克思主义暂搁一边,使国人思想走上彼此是非黑白分明一途,而不必出以灰色与掩饰之辞。诚能如此,国中各派思想,同以救民族救国家为出发点,而其接近也自易易矣"②。就这样,面对"中国向何处去"的问题,中国共产党必须对此系统地表明自己的立场和观点,在全国人民面前旗帜鲜明地提出区别于其他政党的政治主张来。正是在这样的背景下,毛泽东写作并发表了上述文章。

毫无疑问,新民主主义理论之花的绽放,是毛泽东和中国共产党的领导集体长时期理论耕耘的产物。在中国革命的各个历史阶段,毛泽东对中国社会特别是中国农村所进行的周密而系统的调查研究,他所撰写的有关中国革命问题的许多重要文章,都为新民主主义理论的形成作了重要准备。中共第一代中央领导集体的成员,李大钊、瞿秋白等中共早期领导人,也都为这一理论的探索贡献了自己的智慧。在抗日战争中后期和解放战争时期,毛泽东为代表的中国共产党人,又对这一理论作了进一步的完善和发展。

---

① 转引自中共中央文献研究室:《毛泽东传(1893—1949)》,中央文献出版社1996年版,第557页。

② 张君劢:《致毛泽东先生一封公开信》,《再生》第10期,1938年12月16日。

二、新民主主义革命论

新民主主义理论有着极为丰富的内涵。大体说来，它有两大方面的内容，一是关于新民主主义革命的理论；二是关于新民主主义社会的理论。

毛泽东在《中国革命和中国共产党》一文中强调："中国革命的对象、中国革命的任务、中国革命的动力，这些都是由于中国社会的特殊性质而发生的关于现阶段中国革命的基本的问题。"他又说："只有认清中国社会的性质，才能认清中国革命的对象、中国革命的任务、中国革命的动力、中国革命的性质、中国革命的前途和转变。所以，认清中国社会的性质，就是说，认清中国的国情，乃是认清一切革命问题的基本根据。"①大革命后期和土地革命战争中期，中国共产党内之所以多次出现"左"右倾错误，一个重要的原因，就是对中国的国情缺乏科学的分析，没有认识到中国国情的特殊性，从而也就不能准确地把握中国革命的特殊规律。

正因为如此，毛泽东十分重视对中国社会性质的认识。他曾说，我们在这里革命，就要先知道这里的情形，好像到台上去唱戏，不了解戏台上的情形就唱不成。毛泽东在《中国革命和中国共产党》这篇文章中，对中国的半殖民地半封建社会性质作了全面的论述，并将这种社会的基本特征作了科学的概括。正因为中国是一个半殖民地半封建的国家，这就决定了中国社会的主要矛盾必然是帝国主义与中华民族的矛盾、封建主义与人民大众的矛盾，而帝国主义与中华民族的矛盾，乃是各种矛盾中最主要的矛盾。这些矛盾的存在和激化，不能不造成日益发展的革命运动，这就是中国革命深刻的社会根源。近代中国革命之所以不断爆发，从根本上说，并不是基于人们的主观愿望，而是中国社会主要矛盾斗争及其尖锐化的结果。

中国近代社会的性质和主要矛盾，不仅成为中国革命发生和发展的根本原因，同时也决定了近代中国革命的对象、任务和性质。那就是对外推翻

---

① 《毛泽东选集》第二卷，人民出版社 1991 年版，第 633 页。

帝国主义的压迫,求得民族独立和人民解放;对内推翻封建主义的统治,实现国家繁荣富强和人民民主。这两大任务又决定了近代中国革命既是反帝的民族革命,又是反封建的民主革命,是民族民主革命的统一。这种革命,从性质上讲,属于资产阶级革命的范畴。为此,毛泽东曾作过这样的解释:"既然中国社会还是一个殖民地、半殖民地、半封建的社会,既然中国革命的敌人主要的还是帝国主义和封建势力,既然中国革命的任务是为了推翻这两个主要敌人的民族革命和民主革命,而推翻这两个敌人的革命,有时还有资产阶级参加,即使大资产阶级背叛革命而成了革命的敌人,革命的锋芒也不是向着一般的资本主义和资本主义的私有财产,而是向着帝国主义和封建主义,既然如此,所以,现阶段中国革命的性质,不是无产阶级社会主义的,而是资产阶级民主主义的。"①

但是,1919 年五四运动之后,中国的资产阶级民主主义革命,与以往的革命又有了根本的不同,它"已不是旧式的一般的资产阶级民主主义的革命,这种革命已经过时了,而是新式的特殊的资产阶级民主主义的革命。这种革命正在中国和一切殖民地半殖民地国家发展起来,我们称这种革命为新民主主义的革命"。② 以往的民族民主革命则可称为旧民主主义革命。

那么,这种新民主主义革命"新"在何处呢? 毛泽东在《新民主主义论》等著作中,对此作了清楚的回答:第一,第一次帝国主义世界大战和第一次胜利的社会主义十月革命,改变了整个世界历史的方向,划分了整个世界历史的时代。在这种时代,任何殖民地半殖民地国家,如果发生了反对帝国主义,即反对国际资产阶级、反对国际资本主义的革命,就不再是旧的资产阶级和资本主义的世界革命的一部分,而是新的世界革命的一部分,即无产阶级社会主义世界革命的一部分了;第二,新民主主义革命的领导阶级不再是资产阶级而是无产阶级,是无产阶级领导的人民大众的反帝反封建的革命;第三,新民主主义革命的结果不是建立资产阶级的共和国,造成资产阶级的专政,而是要建立一个新民主主义的共和国,建立无产阶级领导之下的各个革命阶级的联合专政。这其中,领导权的不同是区分新旧两种民主革命的

① 《毛泽东选集》第二卷,人民出版社 1991 年版,第 646—647 页。
② 《毛泽东选集》第二卷,人民出版社 1991 年版,第 647 页。

根本标志。

中国新民主主义革命的这种性质特征,也就决定了中国革命的主要对象是帝国主义和封建主义,即帝国主义国家的资产阶级和本国的地主阶级;决定了不能笼统地将本国的资产阶级作为革命的对象,而应当将官僚资产阶级与民族资产阶级加以区分,前者是帝国主义的附庸,是革命的对象之一,后者有参加革命的可能,又有妥协动摇的可能,因此对其必须采取慎重的政策;决定了中国革命的动力包括工人阶级、农民阶级、小资产阶级和民族资产阶级;还决定了中国革命的前途是建立一个无产阶级领导的各个革命阶级联合专政的新民主主义社会,并由此进入到社会主义和共产主义。

1948年4月,毛泽东将新民主主义革命的性质、对象、领导阶级和动力作了完整的概括,形成了新民主主义革命的总路线,指出:"无产阶级领导的,人民大众的,反对帝国主义、封建主义和官僚资本主义的革命,这就是中国的新民主主义的革命,这就是中国共产党在当前历史阶段的总路线和总政策。"[1]这就是说,这个革命的领导者不能由任何别的阶级和政党来承担,只能而且必须是无产阶级及其政党中国共产党;这个革命的阵线是十分广泛的,包括了工人、农民、小资产阶级、民族资产阶级,以及从地主阶级分裂出来的一部分开明绅士;这个革命所要推翻的敌人,只是和必须是帝国主义、封建主义和官僚资本主义。

既然中国革命的前途,是建立一个无产阶级领导的各个革命阶级联合专政的新民主主义社会,并由此过渡到社会主义和共产主义,那么,实现这样的前途需要怎样的步骤,能不能在新民主主义革命的同时进行社会主义革命,来一个"毕其功于一役";或在新民主主义革命胜利后建立一个资产阶级的共和国,然后再进行社会主义革命? 毛泽东在总结历史经验的基础上,认为这两种做法都是错误的。为此,他提出了中国革命分"两步走"的思想,并指出:"中国革命的历史进程,必须分为两步,其第一步是民主主义的革命,其第二步是社会主义的革命,这是性质不同的两个革命过程。"[2]

那么,新民主主义革命与社会主义革命有何联系呢? 毛泽东又指出:

---

① 《毛泽东选集》第四卷,人民出版社1991年版,第1316—1317页。

② 《毛泽东选集》第二卷,人民出版社1991年版,第665页。

"中国共产党领导的整个中国革命运动,是包括民主主义革命和社会主义革命两个阶段在内的全部革命运动;这是两个性质不同的革命过程,只有完成了前一个革命过程才有可能去完成后一个革命过程。民主主义革命是社会主义革命的必要准备,社会主义革命是民主主义革命的必然趋势。"①这就清楚地表明,中国革命的第一步已不是资产阶级领导的旧民主主义革命,而是无产阶级领导的新民主主义革命。这种革命是社会主义革命的必要准备,只有经过新民主主义革命才能进行社会主义革命;同时,在新民主主义革命和社会主义革命之间,不能插入一个资产阶级专政的阶段,而是当条件成熟时,必然自觉地将民主革命发展为社会主义革命。

要取得革命的胜利,除了要认清中国革命的性质、步骤等问题外,还必须掌握正确的方法。毛泽东通过对党的历史经验的总结,明确提出统一战线、武装斗争和党的建设是中国共产党人战胜敌人、取得革命胜利的"三大法宝"。他在《〈共产党人〉发刊词》一文中写道:"统一战线问题,武装斗争问题,党的建设问题,是我们党在中国革命中的三个基本问题。正确地理解了这三个问题及其相互关系,就等于正确地领导了全部中国革命。"为此,毛泽东就建立和巩固统一战线,保持无产阶级在统一战线中的领导权;开展武装斗争的重要性,建设一支在党的绝对领导之下具有强大战斗力的人民军队;在一个农民和小资产阶级为主要成分的国度建设一个坚强的无产阶级政党等重要问题,作了大量的论述。

中国革命要取得胜利,最重要的是找到一个适合本国国情的革命道路。毛泽东为代表的中国共产党人,从中国农民占人口绝大多数这个基本国情出发,看到了农民问题在中国革命中的极端重要性,得出了农民问题是中国革命的中心问题、农民是中国革命的主力军的科学结论,认识到中国革命战争实际上是无产阶级领导的农民战争,赢得了农民,无产阶级就有了力量,就能取得革命的胜利。从这样的认识出发,大革命失败后,毛泽东深入农村领导农民开展土地革命,建立农村革命根据地,根据中国政治经济发展不平衡的特点,开始了"工农武装割据"的伟大探索,并在同所谓"城市中心论"的斗争中,从理论上回答了"中国的红色政权为什么能够存在"这样一个人

---

① 《毛泽东选集》第二卷,人民出版社 1991 年版,第 651 页。

们普遍关心的问题。经过长期的革命斗争实践和不断的理论总结,最终形成了农村包围城市、武装夺取政权的理论。在这个理论的指引下,中国共产党领导中国人民取得了抗日战争和人民解放战争的胜利,建立一个崭新的人民共和国。

三、新民主主义社会论

毛泽东在《新民主主义论》中明确指出:"我们共产党人,多年以来,不但为中国的政治革命和经济革命而奋斗,而且为中国的文化革命而奋斗;一切这些的目的,在于建设一个中华民族的新社会和新国家……一句话,我们要建立一个新中国。"①毫无疑问,中国共产党要建立的新中国,首先是一个新民主主义的中国,然后是一个社会主义的中国。那么,在中国共产党已经局部执政的地方如何进行政治、经济、文化各方面的建设,新民主主义的中国究竟如何去建立,建立之后如何去建设,毛泽东和其他共产党人作了许多相关的论述,这些论述即是新民主主义社会论。

新民主主义社会论在一个相当长的时间里没有被人们所关注,但在1989年后,这一问题逐渐为理论界所看重。其中的原因,就在于中共十一届三中全会以来,形成和发展了社会主义初级阶段的理论,特别是1987年的中共十三大对社会主义初级阶段的理论作了系统的论述。随着这一理论的提出,人们发现社会主义初级阶段的一些具体政策,与当年的做法有许多类似之处,于是又引发人们重新认识毛泽东的新民主主义社会理论。

新民主主义社会的概念,是毛泽东在《新民主主义论》中首次提出的。他说:新民主主义"革命的第一步、第一阶段,决不是也不能建立中国资产阶级专政的资本主义的社会,而是要建立以中国无产阶级为首领的中国各个革命阶级联合专政的新民主主义的社会,以完结其第一阶段。然后,再使

---

① 《毛泽东选集》第二卷,人民出版社1991年版,第663页。

之发展到第二阶段,以建立中国社会主义的社会"①。这标志着新民主主义社会构想的正式提出。

后来,毛泽东又多次提出新民主主义社会的问题。他在 1941 年 5 月写的《关于打退第二次反共高潮的总结》一文中说:"无论就政治、经济或文化来看,只实行减租减息的各抗日根据地,和实行了彻底的土地革命的陕甘宁边区,同样是新民主主义的社会。各根据地的模型推广到全国,那时全国就成了新民主主义的共和国。"②1943 年 8 月,毛泽东在中央党校二部开学典礼上的讲话中又说:"以前各国的那种旧民主主义革命,是由资产阶级领导的,发动群众不彻底,生怕群众觉悟起来,超出资产阶级控制的范围。我们要建立的新民主主义社会,它的基本性质仍是资本主义的,破坏了封建秩序,推翻了帝国主义和封建制度的压迫,而在无产阶级的领导下,人民群众充分地发动起来了。"③

在新民主主义社会这个概念提出之前,人们对于中国共产党建立的抗日根据地,包括陕甘宁边区,总觉得它是与国民党统治区不一样的社会。当然,人们也知道,这里还不是苏联式的社会主义社会。那么,这是一种什么样性质的社会却说不清楚。毛泽东关于新民主主义社会这一概念的提出,给人们一种豁然开朗的感觉,它明确地告诉人们,现在的抗日根据地就是新民主主义的社会,将来各根据地连成一片,共产党人取得了全国政权,中国就成了新民主主义的共和国。

那么,新民主主义社会到底是一个什么样的社会,它与资本主义和社会主义有怎样的关系? 对于这个问题,毛泽东也多次发表过看法。1944 年 3 月,他在谈到陕甘宁边区的文化教育问题时,曾说过这样的话:"现在中国还不是资本主义国家,资本主义不占优势,所以中国的文化也是很弱的。在真正的资本主义国家,资本主义文化提高了生产技术。现在我们建立新民主主义社会,性质是资本主义的,但又是人民大众的,不是社会主义,也不是老资本主义,而是新资本主义,或者说是新民主主义。"④为什么新民主主义

---

① 《毛泽东选集》第二卷,人民出版社 1991 年版,第 672 页。
② 《毛泽东选集》第二卷,人民出版社 1991 年版,第 785 页。
③ 《毛泽东文集》第三卷,人民出版社 1996 年版,第 56 页。
④ 《毛泽东文集》第三卷,人民出版社 1996 年版,第 110 页。

社会就是新资本主义呢,因为中国经济文化十分落后,还不能直接建立社会主义社会,还要允许资本主义存在和发展。但是,这个社会又是无产阶级领导的,以人民大众为主体的社会,因而与老资本主义是不同的,是新式的资本主义。

新民主主义社会即是新资本主义的认识,毛泽东在中国革命即将胜利的时候发生了一些变化。他在 1948 年 9 月的中共中央政治局会议上说:"我们的社会经济呢? 有人说是'新资本主义'。我看这个名词是不妥当的,因为它没有说明在我们社会经济中起决定作用的东西是国营经济、公营经济,这个国家是无产阶级领导的,所以这些经济都是社会主义性质的。农村个体经济加上城市私人经济在数量上是大的,但是不起决定作用。我们国营经济、公营经济,在数量上较小,但它是起决定作用的。我们的社会经济的名字还是叫'新民主主义经济'好。"[1]不过,毛泽东虽然此时不赞成新资本主义的提法,但还没有放弃新民主主义社会的构想。

纵观毛泽东的有关论述,可以看出,新民主主义社会是一种介于半殖民地半封建社会和社会主义社会之间的社会形态,大致具有这样几个方面的特征:一是新民主主义的政权是无产阶级领导的、人民大众的、各个革命阶级联合专政的政权;二是新民主主义社会的经济是多种经济成分共存的经济,其中既有资本主义因素,也有社会主义因素;三是新民主主义社会是一种过渡性质的社会,它最终的前途只能是社会主义。

毛泽东不但提出了要建立新民主主义社会的问题,而且对于新民主主义社会的政治、经济、文化建设提出了具体的意见。

关于新民主主义的政治,即新民主主义的国家制度和政权形式,毛泽东在《新民主主义论》中指出:"国体——各革命阶级联合专政。政体——民主集中制。这就是新民主主义的政治,这就是新民主主义的共和国,这就是抗日统一战线的共和国,这就是三大政策的新三民主义的共和国。"[2]这就是说,新民主主义社会既不是无产阶级专政,也不是资产阶级专政,而是各个革命阶级的联合专政。

---

① 《毛泽东文集》第五卷,人民出版社 1996 年版,第 139 页。
② 《毛泽东选集》第二卷,人民出版社 1991 年版,第 677 页。

那么,各个革命阶级如何联合专政,这种联合专政通过什么样的方式实现? 在抗日战争时期,中国共产党提出并实行了"三三制"的原则;在抗日战争胜利前夕和解放战争时期,又一再主张建立民主联合政府。

所谓"三三制",就是在各抗日根据地的政府和各级参议会中,共产党员占三分之一,非党进步分子占三分之一,中间分子(主要是开明绅士,即拥护抗战和抗日民主政权的地主富农)占三分之一。

开始在根据地实行"三三制"时,许多干部思想想不通,觉得政权是我们共产党领导人民建立起来的,非党进步分子占三分之一尚可理解,凭什么让开明绅士也在政府和参议会中占三分之一? 还有的人担心"三三制"会削弱共产党的领导,害怕由此改变了政权的性质。对此,时任陕甘宁边区政府中共党团书记、政府秘书长的谢觉哉在一篇文章作了这样的回答:"政府中民意机关中,共产党员只占三分之一,并不是放弃党的领导,相反,为要实现领导,党员在政府中民意机关中就不能超过三分之一以上。什么叫领导,领导是带路的意思,有正确的政策和模范的行动,大多数人们自然跟着走。如果靠党员占权位的人多,使少数人不敢不跟着走,那是压迫,不算领导。我们知道:由政府下令'非党员不得充任公务员'的,并不见得党的领导加强,而只引起广大人民的反感。"①谢觉哉在另外一篇文章中又说,三三制是共产党约束自己的一个制,人民不选或少选共产党员,共产党无权要求他选或多选。但当选的共产党员若超过三分之一时,共产党就得辞去一些。为什么要这样? 因为革命需要有坚强的领导的党,而处于优势的领导的党,很容易走到把持包办。把持包办,不但广大人民不满意,于当政的党本身,也很不利。党得不到群众的拥护,其党必归于失败。②

对于为什么要实行"三三制"这样的政策? 毛泽东也曾作过这样的解释:"中国社会是一个两头小中间大的社会,无产阶级和地主大资产阶级都只占少数,最广大的人民是农民、城市小资产阶级以及其他的中间阶级。任何政党的政策如果不顾到这些阶级的利益,如果这些阶级的人们不得其所,

---

① 谢觉哉:《关于政权的三三制》,《延安民主模式研究》课题组编:《延安民主模式研究资料选编》,西北大学出版社 2004 年版,第 135 页。

② 谢觉哉:《三三制的理论与实际》,《延安民主模式研究资料选编》,西北大学出版社 2004 年版,第 142 页。

如果这些阶级的人们没有说话的权利,要想把国事弄好是不可能的。"他强调:"国事是国家的公事,不是一党一派的私事。因此,共产党员只有对党外人士实行民主合作的义务,而无排斥别人、垄断一切的权利。"①

中国共产党不但提出了"三三制"原则,而且模范执行这一原则。据"三三制"原则,陕甘宁边区第二届参议会以无记名投票的方式选出共产党员高岗为参议会议长,绥德县的开明绅士安文钦为副议长;共产党员林伯渠为边区政府主席,米脂县的开明绅士李鼎铭为副主席。选出的边区政府委员十八人中,中共党员有七人,超过了"三三制"的规定,德高望重的老共产党员徐特立马上申请退出,按得票多少的次序,改由一名非中共人士递补。陕甘宁边区第二届参议会选出的九名常驻议员,共产党员也刚好为三名。在1941年乡级参议员的选举中,据陕甘宁边区安塞、绥德、吴堡、米脂、合水、镇原、环县、新宁等八个县的统计,共产党员所占比例最高者合水县为29.4%,最少者绥德为13.8%,八县平均为20%。②

到了抗日战争后期,中国共产党明确提出成立民主联合政府,来体现各个革命阶级的联合专政。

1944年4月日军发动豫湘桂战役之后,国民党坚持其一党专政导致的政治腐败、军事溃败、经济衰退等弊端进一步暴露出来。结束国民党一党专政、改组其一党把持的国民政府,已成为人们普遍的愿望。鉴于这种情况,毛泽东认为,目前向国民党及国内外提出改组政府的时机已经成熟。8月17日,他在董必武给周恩来的一份关于如何对待增补国民参政员问题的请示报告上批示道:"应与张(澜)、左(舜生)商各党派联合政府。"③首次明确提出联合政府的问题。在9月1日的中共六届七中全会主席团会议上,毛泽东说:"联合政府,三条政纲,可在答复张(即张治中,国民党军事委员会

---

① 《在陕甘宁边区参议会的演说》(1941年6月23日),《毛泽东选集》第二卷,人民出版社1991年版,第808、809页。

② 林伯渠:《陕甘宁边区三三制的选举》(1944年3月25日),《延安民主模式研究资料选编》,西北大学出版社2004年版,第125页。

③ 中共中央文献研究室:《毛泽东年谱(1893—1949)》中卷,人民出版社、中央文献出版社1993年版,第536页。

政治部长——引者注)、王(即王世杰,国民党中央宣传部长——引者注)时提出。"①根据毛泽东的意见,周恩来9月4日为中共中央起草致林伯渠、董必武、王若飞的电报中指出:"目前我党向国民党及国内外提出召开国是会议、改组政府、废除一党统治的时机已经成熟。估计除国民党外的各党派、地方实力派、国内外进步人士甚至盟邦政府都会赞同这项主张,因此它应成为今后中国人民的政治斗争目标。"②

9月5日,第三届第三次国民参政会在重庆开幕。15日,林伯渠、张治中在大会上分别作了国共谈判经过的报告。林伯渠在报告中代表中共中央提出:"希望国民党立即结束一党统治的局面",召开国是会议,"组织各抗日党派联合政府,一新天下耳目",正式向全国公布了中共关于成立民主联合政府的主张。

联合政府的口号提出之后,"这不仅成为重庆国共谈判和在延安同赫尔利谈判的中心议题,也为起草七大政治报告提出了新的主题"③。毛泽东在七大的书面政治报告就叫《论联合政府》,其中指出:"我们主张的新民主主义的政治","是建立一个联合一切民主阶级的统一战线的政治制度"。④

1946年全面内战爆发后,国共两党都以打倒对方为目标,所以此时中国共产党关于民主联合政府的构想中,自然将国民党蒋介石集团排除在外。但中国共产党一再强调,即将成立的新中国,并不实行苏联式的无产阶级专政,当然也不能搞英美式的资产阶级专政,而是一个在中国共产党领导之下的、有各民主党派各人民团体的适当的代表人物参加的民主联合政府。

1949年6月,新政治协商会议筹备会在北平成立并举行第一次会议。虽然新政协所筹建的中央人民政府与七大时设想的联合政府有着根本的区别,但在政府组成人员的设计上,还是基本按照联合政府的思路进行的,不是因为中共取得了领导地位就在政府中大包大揽。这次政治协商会议选举

---

① 中共中央文献研究室:《毛泽东传(1893—1949)》,中央文献出版社1996年版,第684页。

② 中共中央文献研究室:《周恩来年谱(1898—1949)》,中央文献出版社、人民出版社1989年版,第581页。

③ 《胡乔木回忆毛泽东》,人民出版社1994年版,第369页。

④ 《毛泽东选集》第三卷,人民出版社1991年版,第1056页。

产生了中央人民政府的主席、副主席及全体委员。主席、副主席共 7 人,其中非中共人士 3 人;中央人民政府委员 56 人,其中非中共人士 27 人。在随后组建的政务院及其所属机关的负责人中,从总理到委员、副秘书长共 26 人,非中共人士 14 人;其他各部、委、署、院中,非中共人士占三分之一,有的部委占二分之一。从这一届中央人民政府的人员构成看,此时的中央人民政府应当是具有联合政府性质的,或者说是中国共产党领导的民主联合政府。可以说这是一个全国人民大团结的政府。人们对共产党这种做法十分钦佩,说共产党真了不起,真是以天下为公。所以,"三三制"和联合政府不仅仅是一个争取中间党派、中间力量的口号,更重要的是体现了中国共产党人当时国家建设的理念。

既然中国革命胜利之后要建立的是新民主主义的共和国,那么,民主在新民主主义社会中就有着重要的地位。因此,毛泽东在描绘新民主主义社会的蓝图时,十分重视民主的作用。1944 年 6 月,他在会见中外记者参观团时,曾讲过这样的话:"中国是有缺点的,而且是很大的缺点,这种缺点,一言以蔽之,就是缺乏民主。中国人民非常需要民主,因为只有民主,抗战才有力量,中国内部关系与对外关系,才能走上轨道,才能取得抗战的胜利,才能建设一个好的国家,亦只有民主才能使中国在战后继续团结。""我们认为全中国只有民主制度、民主作风,目前才能胜敌,将来才能建立一个很好的和平的国内关系与国际关系。"[①]

在人们看来,中国共产党所倡导的民主,必定是苏联式的民主,其实,这完全是一种误解。在抗战胜利前夕,中国共产党人对于西方资产阶级民主,也不是采取一概否定、完全排斥的态度,甚至提出了美国是"资本主义世界最典型的民主国","与社会主义的苏联成为民主世界的双璧。"认为"民主的美国已经有了它的同伴,孙中山的事业已经有了它的继承者,这就是中国共产党和其他民主的势力。我们共产党人现在所进行的工作乃是华盛顿、杰斐逊、林肯等早已在美国进行过的工作,它一定会得到而且已经得到民主

---

① 《会见中外记者西北参观团的讲话》(1944 年 6 月 24 日),《毛泽东文集》第三卷,人民出版社 1996 年版,第 168、170 页。

美国的同情。"①这样的文字不完全是宣传的需要。因为对于当时的中国来说,欧美式的资产阶级民主制度,相对国民党的一党专政和蒋介石的个人独裁,也是一种进步。

1945年7月,黄炎培等六名国民参政员访问延安。有一次,黄炎培对毛泽东说,在这里看到事事有组织,人人有训练,一派蓬勃的现象,觉得你们实行的政策是切实有效的。但我也考虑一个问题,就是在我六十多年的经历中,曾耳闻目睹不少团体和朝代总是在创业之初,雄心勃勃,艰苦奋斗,待到成功之后就逐渐松懈腐化,难免"人亡政息"、"求荣取辱"的败局,历朝历代都无法跳出"其兴也勃焉,其亡也忽焉"的历史周期率,希望中共诸君找出一条新路,来跳出这个周期率的支配。毛泽东回答说:"我们已经找到新路,我们能跳出这个周期率。这条新路,就是民主。只有让人民来监督政府,政府才不敢松懈。只有人人起来负责,才不会人亡政息。"②在此之前,蒋介石也就民主问题发表过看法。他在1944年6月14日对黄炎培等人说:"各方民主潮流之高涨,是抗战七八年来一种收获,唯不宜藉此攻击政府,除此一点外,民主潮流越高越好。"③这不难看出国共领导人在民主问题上的高下之分。联想到我国社会主义建设的曲折和苏联东欧社会主义的失败,应该说,毛泽东当时对这个问题的认识是很深刻的。

那时,中国共产党不但重视民主的宣传,并将之作为批判国民党一党专政和蒋介石独裁统治的重要武器,而且在根据地的实际政治生活中,也是较好地发扬了民主、重视民主政治建设的。除了实行"三三制"原则外,还采取多种措施保证广大人民的民主权利。例如各抗日根据地实行广泛的普选制,在1940年晋西北根据地的村选中,一般村庄参加选举的村民达到80%以上,甚至高达95%以上。为了便于不识字或老弱病残的选民参选,各根据地还创造了诸如"划圈圈"、"点豆子"和由选举委员会派人背选举箱上门等办法。有亲历者回忆:"适合群众文化水平低的投票方法很有创造性。有的是在每个候选人名字下放一小盆,赞成谁就在谁的盆里放一颗豆子。

---

① 《祝美国国庆日——自由民主的伟大节日》,《解放日报》1944年7月4日;《胡乔木文集》第1卷,人民出版社2012年版,第130、133页。
② 黄炎培:《八十年来》,文史资料出版社1982年版,第148—149页。
③ 《黄炎培日记》第8册,华文出版社2008年版,第277页。

有的在候选人面前放一小篮,赞成谁就在谁的小篮里放一支筷子。有的在候选人名字下放一张大纸,赞成谁就用点燃的香烟头在那人的名字下烧一个小孔。"①这样的情况,在此前的中国历史上从来没有发生过,凡是经历这种看似简陋却参与广泛的民主选举的群众,一种当家作主人的感觉必定油然而生。"翻身"、"解放"这样的词汇,出现在解放区那些根本不识字的农民口中,除了由于实行减租减息和土地改革提高了他们的经济地位外,还与这种几乎是原生态的民主选举提高了他们的政治地位有着密切的联系,农民从自身政治、经济地位的变化中体会到了"翻身"与"解放"的含义。

1948 年 1 月,毛泽东在《关于目前党的政策的几个重要问题》的党内文件中,对政权问题作了进一步的论述:"新民主主义的政权是工人阶级领导的人民大众的反帝反封建的政权。所谓人民大众,是包括工人阶级、农民阶级、城市小资产阶级、被帝国主义和国民党反动政权及其所代表的官僚资产阶级(大资产阶级)和地主阶级所压迫和损害的民族资产阶级,而以工人、农民(兵士主要是穿军服的农民)和其他劳动人民为主体。这个人民大众组成自己的国家(中华人民共和国)并建立代表国家的政府(中华人民共和国的中央政府),工人阶级经过自己的先锋队中国共产党实现对于人民大众的国家及其政府的领导。这个人民共和国及其政府所要反对的敌人,是外国帝国主义、本国国民党反动派及其所代表的官僚资产阶级和地主阶级。""中华人民共和国的权力机关是各级人民代表大会及其选出的各级政府。"②这就非常明确地指出了新民主主义政权的阶级性质和领导阶级,指明了"人民大众"的范围和共产党在政权中地位,也指明了这个政权所要反对的敌人和政权组织形式等一系列重大问题。

1949 年 6 月,在新中国成立前夕,毛泽东又将他关于新民主主义政权建设思想发展为人民民主专政的理论,并公开发表了《论人民民主专政》一文,就人民民主专政的历史必然性、人民民主专政的任务、民主与专政的关系、各个阶级在人民民主政权中的地位、人民民主专政与无产阶级专政的异同点等作了深入的论述。

---

① 《胡绩伟自述》第 1 卷,卓越文化出版社 2006 年版,第 306 页。
② 《毛泽东选集》第四卷,人民出版社 1991 年版,第 1272 页。

关于新民主主义的经济，毛泽东在《新民主主义论》中提出了两个重要的主张：一是将"中大银行、大工业、大商业，归这个共和国的国家所有"，"在无产阶级领导下的新民主主义共和国的国营经济是社会主义的性质，是整个国民经济的领导力量，但这个共和国并不没收其他资本主义的私有财产，并不禁止'不能操纵国民生计'的资本主义生产的发展"。二是"采取某种必要的方法，没收地主的土地，分配给无地和少地的农民，实行中山先生'耕者有其田'的口号，扫除农村中的封建关系，把土地变为农民的私产。农村的富农经济，也是容许其存在的。""在这个阶段上，一般地还不是建立社会主义的农业，但在'耕者有其田'的基础上所发展起来的各种合作经济，也具有社会主义的因素。"①

1947年12月，毛泽东根据国内形势的变化和各种经济成分对中国社会的作用，完整地提出了新民主主义的三大经济纲领，这就是"没收封建阶级的土地归农民所有，没收蒋介石、宋子文、孔祥熙、陈立夫为首的垄断资本归新民主主义的国家所有，保护民族工商业"。在1949年3月的中共七届二中全会上，毛泽东采纳了刘少奇、张闻天等人的意见，提出新民主主义社会中将是国营经济、合作社经济、国家资本主义经济、个体经济和私人资本主义经济五种经济成分并存。会后，毛泽东进一步提出了公私兼顾、劳资两利、城乡互助、内外交流（简称"四面八方"）的新民主主义经济政策。

关于新民主主义的经济，毛泽东还提出了利用外资和发展资本主义两个重要观点。他在中共七大所作的《论联合政府》报告中，有一段专门论述吸引外资的话："为着发展工业，需要大批资本。从什么地方来呢？不外两方面：主要地依靠中国人民自己积累资本，同时借助于外援。在服从中国法令、有益中国经济的条件之下，外国投资是我们所欢迎的。"可惜在1953年出版《毛泽东选集》第三卷时，把这段话删去了。在这个报告中，毛泽东多次讲到发展资本主义的问题。他说："有些人不了解共产党人为什么不但不怕资本主义，反而在一定的条件下提倡它的发展。我们的回答是这样简单：拿资本主义的某种发展去代替外国帝国主义和本国封建主义的压迫，不但是一个进步，而且是一个不可避免的过程。它不但有利于资产阶级，同时

① 《毛泽东选集》第二卷，人民出版社1991年版，第678页。

也有利于无产阶级,或者说更有利于无产阶级。现在的中国是多了一个外国的帝国主义和一个本国的封建主义,而不是多了一个本国的资本主义,相反地,我们的资本主义是太少了。"①类似这样的话,在毛泽东当时的著作中能找出许多。

按照毛泽东当时的设想,在新民主主义社会,城市允许私人资本主义存在和发展,农村允许富农经济存在和发展,也就是说,城乡都允许资本主义存在和发展。其主要的着眼点,就在于中国生产力水平低下,当城乡资本主义对中国生产力发展还有积极作用的时候,就不应当将之作为社会主义的对立物而加以消灭。这样一来,共产党人就面临着一个如何看待剥削的问题。

对此,张闻天、刘少奇有过不少精辟的论述。1942 年 10 月,张闻天在对晋西北和陕北农村进行社会调查的基础上,写出了《发展新式资本主义》一文,其中指出:"有些农民出身的干部,体贴农民疾苦,这是对的。但把改善农民生活完全放在合理分配别人的财富上,则是不对的。应主要从发展生产、增加社会财富来求民生之改善,才是比较妥当的。""欧美各国资本主义发达,工人生活比今天中国小地主好得多,可见落后国家的地主,日子过的不如先进国家的工人。在新民主主义政权下,只要资本主义发展了,工人生活一定会改善。"②1949 年 4 月 24 日,刘少奇在天津市干部会议上作报告,指出:"资本主义的剥削制度今天还不能完全废除。有人说:'有人来剥削比没人剥削好','没人来剥削,我们就失业了,失业还不如有业'。今天工人痛苦,不是资本主义发展才受痛苦,而是资本主义不发展才受痛苦,在中国目前条件下,私人资本主义经济的若干发展是进步的,对于国民经济是有利的,对于中国有是利的,对于工人也是有利的。"③4 月 25 日,刘少奇在天津工商业家座谈会上谈到资本家的剥削问题时说:"封建剥削除去之后,资本主义剥削是有进步性的。今天不是工厂开得太多,剥削的工人太多,而是太少了。你们有本事多开工厂多剥削一些工人,对国家人民都有利,大家

① 《毛泽东选集》第三卷,人民出版社 1991 年版,第 1060 页。
② 《发展新式资本主义》(1942 年 10 月 7 日),《张闻天晋陕调查文集》,中共党史出版社 1994 年版,第 324 页。
③ 《刘少奇论新中国经济建设》,中央文献出版社 1993 年版,第 90 页。

赞成。你们当前与工人有很多共同利益,资产阶级在历史上是有功劳的。马克思恩格斯在《共产党宣言》里就说过,近一百年中,资本主义将生产力空前提高,比有史以来几千年生产力还多。今天中国资本主义是在年轻时代,正是发挥它的历史作用、积极作用的时候,应赶紧努力,不要错过。"①4月28日,在天津职工代表大会的讲话中刘少奇又说:"中国共产党有这力量,可以随时随地将资本家的剥削废除掉,但是却不能这样做,因为其他国家的资本主义都发达了几百年了,而我们才只几十年,所以在新民主主义的经济下,在劳资两利的条件下,还让资本家存在和发展几十年,这样做,对工人阶级的好处多,坏处少。因为他在历史上还有一定的进步性。即是它比小农经济、小手工业经济都进步。"②刘少奇关于剥削问题的这些论述,即使在今天看来,也是有启发意义的。共产党人最终是要消灭剥削,实现共同富裕的。但在消灭剥削的条件成熟之前,还应允许剥削,这就是历史发展的辩证法。

当然,新民主主义社会允许资本主义存在和发展,并不是要在中国实现资本主义的前途,而是通过发展资本主义壮大新民主主义的物质基础,并为实现由新民主主义向社会主义的过渡创造条件。

在新民主主义革命时期,中国共产党提倡的新文化,是新民主主义的文化。这种新文化,用一句话来说,就是无产阶级领导的人民大众的反帝反封建的文化。这种新民主主义文化区别于旧民主主义文化的地方,首先和主要的在于它是由无产阶级领导的,是以无产阶级的科学思想体系——马克思主义亦即共产主义的思想体系为指导的。当然,以无产阶级的文化思想作指导,并不是要求把用共产主义的立场和方法去观察问题、研究学问、处理工作、训练干部,与中国民主革命阶段上整个国民教育和国民文化的方针不加区别地等同起来。在这个阶段,"中国新的国民文化的内容,既不是资产阶级的文化专制主义,又不是单纯的无产阶级的社会主义,而是以无产阶级社会主义文化思想为领导的人民大众反帝反封建的新民主主义"。③

---

① 《刘少奇论新中国经济建设》,中央文献出版社1993年版,第107页。

② 人民出版社资料室:《中国赫鲁晓夫刘少奇修正主义言论集(1945.8—1957.12)》,1967年9月编印,第257页。

③ 《毛泽东选集》第二卷,人民出版社1991年版,第706页。

新民主主义的文化又是民族的科学的大众的文化。所谓"民族的文化"，就是从这种新文化的内容来讲，它是反对帝国主义压迫，主张中华民族的尊严和独立的。这是一种反帝、反抗民族压迫，主张民族独立和解放，提倡民族自信心的文化。所谓"科学的文化"，"它是反对一切封建思想和迷信思想，主张实事求是，主张客观真理，主张理论和实践一致的"①。这是一种反对武断、迷信、愚昧、无知，拥护科学真理，把真理当作自己实践的指南，提倡科学与科学的思想，养成科学的生活与科学的工作方法的文化。所谓"大众的文化"，是指这种文化"应为全民族中百分之九十以上的工农劳苦民众服务，并逐渐成为他们的文化"。② 这是一种"反对拥护少数特权者压迫剥削大多数人、愚弄欺骗大多数人、使大多数人永远陷于黑暗与痛苦的贵族的特权者的文化，而主张代表大多数人民利益的、大众的、平民的文化，主张文化为大众所有，主张文化普及于大众又提高大众"。新民主主义的文化也是民主的文化。它是反封建、反专制、反独裁、反压迫人民自由的思想习惯与制度，主张民主自由，主张民主政治、民主生活与民主作风的文化。③

四、新民主主义向社会主义的过渡

新民主主义社会无疑是带有过渡性质的社会形态。那么，如何实现新民主主义社会向社会主义社会的过渡呢？毛泽东曾这样说过："没有一个新民主主义的联合统一的国家，没有新民主主义的国家经济的发展，没有私人资本主义经济和合作社经济的发展，没有民族的科学的大众的文化即新民主主义文化的发展，没有几万万人民的个性的解放和个性的发展，一句话，没有一个由共产党领导的新式的资产阶级性质的彻底的民主革命，要想

---

① 《毛泽东选集》第二卷，人民出版社 1991 年版，第 707 页。
② 《毛泽东选集》第二卷，人民出版社 1991 年版，第 708 页。
③ 《邓小平文选》第一卷，人民出版社 1994 年版，第 24 页。

在殖民地半殖民地半封建的废墟上建立起社会主义社会来,那只是完全的空想。"①这段话集中概括了新民主主义向社会主义过渡所应当具备的基本条件。这就是说,只有经过新民主主义社会在政治、经济、文化全面而充分的发展,而且根据中国人民的需要和意愿,才能实现这种过渡。

到了1948年秋,中国革命的胜利已是指日可待,中国人民盼望已久的新民主主义的新中国很快将变成现实。在这年9月的中共中央政治会议上,中共领导人对何时转入社会主义进行了讨论。刘少奇在发言时提出,不能过早地采取社会主义,毛泽东插话说:"到底何时开始全线进攻?也许全国胜利后还要十五年。"②当天为会议做结论时,毛泽东又说:"关于完成新民主主义到社会主义的过渡的准备,苏联是会帮助我们的,首先帮助我们发展经济。我国在经济上完成民族独立,还要一二十年时间。我们要努力发展经济,由发展新民主主义经济过渡到社会主义。"③在1949年1月的政治局会议上,毛泽东又表示,不要急于追求社会主义化,合作社不可能很快发展,大概要准备十几年工夫。这是中共领导人对新民主主义转入社会主义最早提出的具体时间表。

1949年7月4日,毛泽东在中央团校第一期毕业典礼上又讲:20年后,我们工业发展到一定程度,看情况即转入社会主义。④ 1949年6月至8月,刘少奇代表中共中央访问苏联,其间在给斯大林的报告中说:"从现在起到实行一般民族资本的国有化,还需要经过许多步骤,需要一段相当长的时间。这一段时间到底需要多久?这要看国际的和国内的各种条件来决定,我们估计或者需要十年到十五年。"⑤

这是一个内部掌握而没有向社会公布的时间表,因此在1949年中国人民政治协商会议讨论《共同纲领》时,有人提出,既然承认新民主主义是一个过渡性质的阶段,一定要向社会主义过渡,因此在《共同纲领》中就应该

---

① 《毛泽东选集》第四卷,人民出版社1991年版,第1060页。
② 《刘少奇论新中国经济建设》,中央文献出版社1993年版,第7页。
③ 《毛泽东文集》第五卷,人民出版社1996年版,第146页。
④ 中共中央文献研究室:《毛泽东年谱(1893—1976)》(下卷),中央文献出版社1993年版,第525页。
⑤ 《建国以来刘少奇文稿》第一册,中央文献出版社2005年版,第7页。

把这个前途写出来。经过讨论,最后没有采纳这种意见,理由是"应该经过解释、宣传,特别是实践来证明给全国人民看。只有全国人民在自己的实践中认识到这是唯一的最好的前途,才会真正承认它,并愿意全心全意为它而奋斗"①。

直到 1951 年,中共领导人还一直坚持需要一二十年的新民主主义建设阶段才能转入社会主义的思想。这年 5 月,刘少奇在全国宣传工作会议上说:"现在就有人讲社会主义,我说这是讲早了,至少是早讲了十年。当然,作为理论和理想,我们做宣传工作还要讲,而作为实践的问题,十年建设之内社会主义是讲不到。十年以后建设得很好,那时我们看情况,就可以提一提这个问题:社会主义什么时候搞呀? 但是还要看实际情况才能答复这个问题。十年以后可能采取某一些相当的社会主义步骤;也可能那时还不能采取这种步骤,还要再等几年。"②同年 7 月,刘少奇在给马列学院第一班学员做报告时,也认为向社会主义过渡"少则十年,多则十五年,二十年恐怕不要"③。

中共领导人之所以认为需要一二十年的新民主主义建设阶段,才能采取社会主义步骤,其着眼点就在于只有经过一个比较长的新民主主义建设阶段,在为向社会主义过渡准备充分条件后,才能考虑这个问题。这本来是符合中国实际的。但从 1952 年开始,随着过渡时期总路线的酝酿和提出,这个设想被提前放弃了。

毛泽东等中共领导人是什么时候开始考虑可以结束新民主主义社会呢? 据薄一波回忆,1952 年下半年开始,毛泽东就考虑向社会主义过渡的问题。1952 年 9 月 24 日,他在中共中央书记处会议上提出:"十年到十五年基本上完成社会主义,不是十年以后才过渡到社会主义。"从这时到 1953 年上半年,毛泽东一直思考向社会主义过渡的问题。

所谓向社会主义过渡,就是将私有制改造成为公有制,其中关键是将私人资本主义工商业改造为国营企业,将个体农业和个体手工业进行集体化

---

① 周恩来:《人民政协共同纲领起草的特点》(1949 年 9 月 22 日),中共中央文献研究室:《建国以来重要文献选编》第 1 册,中央文献出版社 1992 年版,第 16—17 页。
② 《刘少奇论新中国经济建设》,中央文献出版社 1993 年版,第 182 页。
③ 《刘少奇论新中国经济建设》,中央文献出版社 1993 年版,第 209 页。

改造。这时,毛泽东认为,经过三年多的时间,已经具备了对其进行改造的条件。

1952 年 10 月,刘少奇率中共代表团出席苏共十九大。其间,他受毛泽东的委托,于 10 月 20 日在莫斯科给斯大林写了一封长信。信中对我国过渡到社会主义所需的时间和能够实现的条件,进行了估算和分析:中国现在的工业生产总值(不包括手工业),国营企业已占 67.3%,私人企业只占 32.7%。在苏联帮助中国执行第一个五年计划之后,工业中国营经济的比重将会有更大的增加,私人资本主义经济的比重则会缩小到 20% 以下。十年后,私人工业会缩小到 10% 以下,国营工业将占 90% 以上。私人工业在比重上虽将缩小,但它们在绝对数上还会有些发展。因此,这时候多数资本家还会觉得满意,并与政府合作。他们的企业大体都要依赖国家供给原料、收购和推销成品及银行贷款等,并纳入国家计划之内,而不能独立经营。到那时,将征收资本家的工厂归国家所有。设想多数情况下采取的方式是,劝告资本家把工厂献给国家,国家保留资本家消费的财产,分配能工作的资本家以工作,保障他们的生活。有特殊情形者,国家还可以付给他们一部分代价。

刘少奇还谈到了在农村进行社会主义改造的有利条件:参加互助合作的农民已占 40%,而在老解放区这个比例已高达 80%,已建立了几千个组织较好的以土地入股的农业生产合作社和几个集体农场;富农阶级原本不占重要比重,老解放区的旧式富农已经消灭,虽然新富农近年有所发展,但由于采取禁止党员雇工的政策,新富农不会有大的发展,而新解放区虽然保持富农经济,但在农民的斗争中富农经济已受到很大削弱,估计今后也不会有大发展。因此,互助合作运动是今后中国农村经济发展的主要方式。①

中共中央的这个想法,得到了斯大林的赞同。10 月 24 日,斯大林接见中共代表团,并且说:"我觉得你们的想法是对的。当我们掌握政权以后,过渡到社会主义去应该采取逐步的办法。你们对中国资产阶级所采取的态度是正确的。"

斯大林对中共中央关于过渡到社会主义的设想表示赞同,坚定了毛泽

---

① 《建国以来刘少奇文稿》第 4 册,中央文献出版社 2005 年版,第 525—529 页。

东加快由新民主主义向社会主义过渡的信心。经过半年多的酝酿,1953 年
6 月 15 日,毛泽东在中央政治局会议上,正式提出过渡时期总路线。会议
期间,他在一个讲话提纲中写道:"总路线是照耀一切工作的灯塔。""党的
任务是在十年至十五年或者更多一些时间内,基本上完成国家工业化和社
会主义的改造。""所谓社会主义改造的部分:(一)农业;(二)手工业;(三)
资本主义企业。"①两个月后,他对这个总路线作了完整表述:"从中华人民
共和国成立,到社会主义改造基本完成,这是一个过渡时期。党在这个过渡
时期的总路线和总任务,是要在一个相当长的时期内,基本上实现国家工业
化和对农业、手工业、资本主义工商业的社会主义改造。这条总路线,应是
照耀我们各项工作的灯塔,各项工作离开它,就要犯右倾或'左'倾的
错误。"②

按照中共领导人原来的设想,是要经过一个比较长(一二十年)的新民
主主义阶段之后,才采取向社会主义过渡的步骤,但实际上,从新中国成立
到过渡时期总路线提出、大规模的社会主义改造启动,完整意义上的新民主
主义社会只存续了三四年的时间,其中的原因自然很复杂,但如下几个因素
是探讨这个问题时不能忽视的。

第一,苏联模式或斯大林模式的影响。苏联模式或斯大林模式是后人
的总结,在社会主义改造问题上,中国是有自己的特点的,并非照搬苏联模
式,但由于时代条件的限制,也不可避免地受这种模式的影响。当时,毛泽
东等领导人曾测算过苏联进行社会主义改造的时间。按《联共(布)党史简
明教程》的介绍,1925 年年底苏联国民经济恢复时期结束,从 1926 年开始
国家的社会主义工业化建设,到 1933 年年底取得决定性胜利,共花了 8 年
时间。按斯大林 1936 年 11 月 25 日所作的关于苏联宪法草案的报告所讲
的情况,苏联 1924 年开始社会主义改造,到 1936 年资本主义在国民经济所
有部门中被完全消灭,时间则为 13 年。这期间,苏联工业总产值中社会主
义与资本主义成分所占的比重发生了很大变化:1923 年至 1924 年公有制
占 76.3%,1935 年增长到 99.96%;在工农业总产值中工业所占的比重也发

---

① 《建国以来毛泽东文稿》第 4 册,中央文献出版社 1990 年版,第 251 页。
② 《建国以来毛泽东文稿》第 4 册,中央文献出版社 1990 年版,第 301 页。

生了很大变化,1924年至1925年工业占32.4%,1933年增长到70.4%。这些材料表明,苏联从农业国变成工业国,社会主义改造从开始到完成,用了10年或稍多一些时间。那么,中国设想用10年到15年过渡到社会主义,还算是打了一点机动时间的。在新中国成立之初,中国人心目中的社会主义,其实就是苏式的社会主义。因为苏联实行的是无产阶级专政和计划经济,不允许资本主义经济存在,曾开展大规模的农业集体化,所以我们也将人民民主专政改称为无产阶级专政,也建立计划经济体制,执政不久后也即开始对农业和资本主义工商业进行社会主义改造,以建立纯而又纯的公有制经济。对于中国人来说,社会主义谁也没搞过,而苏联已经搞了几十年了,虽然现在人们知道它存在许多的问题,它的体制有许多弊端,但那时并没有暴露出来。当时所知道的基本上是它阳光灿烂的一面,至于它的阴暗面,是在苏联解体后才彻底看清楚的。所以那时中国人曾自豪地说,苏联的今天就是中国的明天,因而在许多问题上都以苏联为榜样也就不足为怪了。

第二,对农村可能出现的两极分化的过早担心。新中国成立时,广大的老解放区已完成了土地改革。到1952年年底,新解放区的土改也基本完成。土地改革后,在农业生产恢复发展和农民生活得到改善的同时,一些新的情况和问题也随之出现了,其中最为人们所担心的就是出现了两极分化苗头。由于我国广大农村处于分散的小农经济状态,生产力水平低下,农民抗拒自然灾害的能力十分脆弱,农村的社会保障和社会救济体系尚未建立,虽然经过土地改革,以乡或村为单位每个农民获得了数量大体相同的土地,但每户农民的劳动能力、经营水平和农业技术各不相同,所以其收入水平也必然会有差异,也就不可避免地造成贫富的悬殊。这又势必出现富者买地贫者卖地的现象,导致农村的阶级关系出现新的分化。农村开始出现少量的新富农,这也不避免地将产生雇工剥削,于是人们不得不思考这样一个问题:将会有一部分富裕中农富农化,出现新富农(富农在当时被视为农村的资产阶级),对此允许其发展还是限制其发展,是土地改革后面临的新问题。对于土改后农村出现的少量的两极分化过度担心,是中共领导人决定提前在农村进行所有制改造的一个重要原因。实际上,当时农村两极分化的现象并不严重,尽管一部分农民有走互助合作道路的积极性,但更多的农民是想在刚刚分到的土地上好好经营一番。农业合作化虽然取得了很大成绩,但它对我国农业生产所产生的负面影响也不能低估。

第三,对私人资本主义经济负面作用的过度害怕。新中国成立前,各根据地可以视作新民主主义共和国的雏形,或者说是局部的新民主主义社会。但是,毛泽东在延安时期关于发展资本主义的有关论述,主要是出于理论分析,因为当时根据地基本上没有资本主义。但是,理论上对资本主义的分析,与现实中对资本主义采取什么样的政策,毕竟是有所不同的。现实中的东西要复杂得多。当年毛泽东认为要发展资本主义,主要考虑到的是其积极作用。可是进城之后,当与现实中的资本主义打交道时,就常常遇到理性与感性的矛盾。在1950年调整工商业后,少数不法资本家违法犯罪活动日趋猖狂,将其唯利是图、损人利己、贪得无厌的本性暴露无遗。因此,中共中央决定开展在国家公职人员中"三反"运动的同时,在资本家中开展"五反"运动。打击资本家的"五毒"行为是非常必要非常及时的,但是否可以这样说,"五反"运动使党内相当多的人对资本主义原有的一点理论上的好感也不存在了。而"五反"运动之后,资产阶级受到了严重打击,在事实上已经不能像过去那样生存了,资本主义在当时的生存发展空间已变得十分狭小,资本家自己也感到前途渺茫,请求国家"计划"他。1951年7月,刘少奇给马列学院的学员作报告,在谈到消灭资本主义的问题时说,消灭的时间与方式要看当时的情况和资产阶级的态度来决定,资产阶级的态度恶劣可能逼使我们要早一些,方式要激烈一些。资本家的"五毒"行为,似乎说明了资本家的态度恶劣。反正资本主义迟早要消灭的。现在,资本主义有这么多的毛病,资本家自己也有了改造的要求,因此,趁此机会将之消灭,也就顺理成章了。

第四,全国人民对社会主义急切向往。新中国成立后,一直没有放松对社会主义优越性和社会主义美好前景的宣传,全国人民已经以一种十分迫切的心情,等待社会主义的早日到来。这里举一个例子。为了学习苏联集体农庄的经验,1952年5月至8月,中共中央派出了以农业劳动模范为主的中国农民代表团,对苏联进行了3个半月的参观访问。代表团回国后,对苏联农业集体化的好处作了广泛的介绍。河北饶阳"耿长锁农业生产合作社"社长耿长锁说:"集体农民的生活真是令人羡慕。他们吃的是面包、肉、牛奶,星期天穿的不是哔叽就是绸子,睡的是钢丝床,房子里有自来水、电灯、收音机,柜橱桌椅齐备。每个集体农场都有俱乐部、图书馆、无线电转播站、电影场。集体农民一面工作一面唱歌。那里没有人剥削人的现象,大家都很快乐。这种生活只有集体化才能得来。看了之后,真使人羡慕。我们一定要努力争取这种生活在中国实现。这先要农民大伙认识这种好处,携起手来干。"①山东省农业劳动模范吕鸿宾等人说:"过去听说过苏联农民生活很幸福,但不知道是什么样子,这次可亲眼看到了。"②在当时人们的心目中,一旦实现了社会主义,大家就会过上吃喝穿用不必愁的好日子,又有谁不希望社会主义早日到来呢!在一定意义上讲,提前结束新民主主义社会,也是当年广大人民群众的强烈愿意。

以毛泽东为代表的中国共产党人,在构建新民主主义社会蓝图的时候,明确将这个社会定位于中国这样一个原本经济文化十分落后的半殖民地半封建国家,过渡到社会主义的所必须经过的一个特殊社会发展阶段,这就决定了这种社会形态的过渡性和短期性。当时人们认为,新民主主义作为一种过渡性质的社会形态,它既有社会主义的因素,同时也有资本主义的因素,因而无产阶级与资产阶级的矛盾构成了新民主主义社会的主要矛盾,新民主主义社会也就可能有两种发展前途,一种是过渡到社会主义,一种是滑入资本主义。既然如此,以实现社会主义为奋斗目标的中国共产党人,在认为基本条件已经成熟的情况下,比预定的时间提前实现向社会主义过渡也就不难理解了。

1954年2月10日,中共七届四中全会通过决议,正式批准了中共中央政治局提出的过渡时期的总路线。9月,第一届全国人大第一次会议在北京召开。会议通过的《中华人民共和国宪法》,把这条总路线作为国家在过渡时期的总任务写入总纲,它反映了亿万人民群众为建设一个伟大的社会主义国家而奋斗的强烈愿望。

过渡时期总路线提出以后,在全党和全国人民中进行了广泛深入的宣传和教育工作,在党内迅速统一了认识,也得到全国人民的拥护,大规模的

① 《农业集体化的好处说不完——中国农民劳动模范谈访苏观感》,《人民日报》1952年8月21日。

② 《苏联农民的道路就是我国农民的道路——中国农民代表参观团团员谈访苏观感》,《人民日报》1952年9月10日。

社会主义改造由此开始。1956 年 9 月，在中国共产党第八次全国代表大会上，刘少奇代表中共中央正式宣布："改变生产资料私有制为社会主义公有制这个极其复杂和困难的历史任务，现在在我国已经基本上完成了。我国社会主义和资本主义谁战胜谁的问题，现在已经解决了。"①这就意味着，从 1953 年过渡时期总路线提出算起，仅用了 3 年的时间，就完成了新民主主义向社会主义的过渡。

---

① 《刘少奇选集》下卷，人民出版社 1985 年版，第 218—219 页。

毛泽东为什么要发动延安整风

在中央苏区几起几落的人生经历,使毛泽东对教条主义尤为反感。不论是刘安恭,还是宁都会议上"反毛反得最厉害"的任弼时,以及开展反"罗明路线"的博古、张闻天等人,都有在莫斯科学习的经历,在毛泽东看来,他们身上都有教条主义。

在后来的整风中,王明成为教条主义的标本,成为整风运动的众矢之的,但在毛泽东准备发动这场运动之时,他眼中教条主义的代表人物更多的恐怕还是张闻天。

对于延安整风的研究,成果已是相当丰富了①。毛泽东为什么要发动这场整风运动,普遍的看法是为了解决党内长期存在、危害严重的教条主义问题,提高全党特别是党的高级干部运用马克思主义的水平。近来也有学者认为"毛泽东发动整风运动的根本目的是彻底肃清国际派在中共的影响,打击和争取以周恩来为代表的'经验主义'者的力量,用自己的思想改造中央,进而确立毛个人在中共党内的绝对统治地位"②。不过,

① 这方面代表性的著述有高新民、张树军的《延安整风实录》(浙江人民出版社 2000 年出版)、杨奎松的《毛泽东与莫斯科的恩恩怨怨》(江西人民出版社 1999 年出版)、高华的《红太阳是怎样升起的——延安整风运动的来龙去脉》(香港中文大学出版社 2000 年出版)、何方的《党史笔记——从遵义会议到延安整风》(香港利文出版社 2005 年出版)等。

② 高华:《红太阳是怎样升起的——延安整风运动的来龙去脉》,香港中文大学出版社 2000 年版,第 635 页。

对此亦有学者并不认同,理由是这一时期共产国际和中共内部都一致支持毛泽东的领导,王明并不对毛泽东的领导地位构成严重威胁。① 那么,毛泽东究竟为什么要发动延安整风呢? 笔者拟在学界已有研究的基础上,再作简要探讨。

一、毛泽东对教条主义深恶痛绝

延安整风的主要矛头是党内长期存在的教条主义,这是毋庸置疑的。那么,毛泽东为什么对教条主义深恶痛绝? 最根本的原因,是教条主义曾给中国革命造成了严重的危害,突出的表现就是第五次反"围剿"失败,红军不得不进行战略转移,即长征。毛泽东一再说,教条主义使苏区与红军损失了百分之九十,白区损失了百分之百,其中包括他亲手创建的中央苏区不复存在,近十万之众的中央红军长征到达陕北后仅剩数千人,这自然使他对教条主义不会有什么好感。对于这一点,无须多作解释。

毛泽东反感教条主义,除了上述因素外,也与他曾经受到教条主义者的排挤与打击的个人经历,有着密切的关系。

那些后来被认为犯了教条主义错误的人,有一个共同的特点,就是他们不但年轻,较为系统地学习过马克思主义理论,而且是在革命已经成功的苏联学习,觉得自己取得了马克思主义的"真经",掌握了马克思主义的真谛,学到了怎么搞革命的真本事,因而难免自我感觉良好,对毛泽东这样自学成才的马克思主义者,到底掌握了多少马克思主义有些怀疑。因为在他们看来,"山沟里面产生不了马克思主义"。确实,毛泽东自从接受马克思主义投身革命之后,长期从事实际工作,坐下来静心阅读学习马克思主义著作的时间很少,不像那些留苏学生,一参加革命就到莫斯科系统学习理论,可以将大部头的马列著作熟读。可以想象,当时毛泽东所读的马列著作不会很多,掌握的马列词句自然也少,因而在一些从莫斯科回来的人看来,毛泽东

① 李东朗:《延安整风四题之我见》,《党史研究与教学》2008 年第 1 期。

充其量不过是有一点实践经验。这就决定了一旦从莫斯科回来的留苏学生进入中共领导中枢,掌握中共领导权力后,就会与毛泽东这种对"本本"并不看重的干部发生摩擦与冲突。

1931 年 1 月的中共六届四中全会,被认为是王明"左"倾教条主义在党内取得统治地位的标志性事件。这次全会一结束,中共中央政治局就决定派任弼时、余飞去中央苏区传达四中全会精神,2 月 6 日的政治局会议又决定加派王稼祥去中央苏区"加强理论指导工作"①。3 月 4 日,中共中央政治局常委会议最终决定,由任弼时、王稼祥、顾作霖组织中央代表团赴中央苏区。

中央代表团抵达中央苏区后,一开始与毛泽东还相安无事,毛泽东还一度(这年 10 月)取代项英代理中共苏区中央局书记,但不久双方之间便产生了严重的分歧。

1931 年 11 月 1 日至 5 日,在中央代表团的主持下,中央苏区党组织在瑞金叶坪召开第一次代表大会,即中共历史上有名的赣南会议。会议的中心内容是贯彻这年 8 月 30 日临时中央给苏区中央局并红一方面军临时总前委的指示信。会议在讨论过程中,就根据地、土地革命路线和军事等问题上展开了争论。毛泽东坚持认为,中央革命根据地从实践中形成的一整套路线和方针是正确的,是符合根据地实际情况的。② 但是,中央代表团却根据中共中央 8 月 30 日来信,强调中央苏区还存在许多严重的错误和缺点,其表现就是"缺乏明确的阶级路线与充分的群众工作"③。按照这个基调,会议通过的由中央代表团起草的相关决议案中,对中央苏区的工作进行多方面的批评和指责。会议通过的几个决议案都强调,要"集中火力反对党内目前的主要危险右倾","在实际工作当中,要与一切立三路线影响和党

---

① 中共中央文献研究室:《任弼时年谱》,中央文献出版社 2004 年版,第 163 页。
② 中共中央文献研究室:《毛泽东传(1893—1949)》,中央文献出版社 1996 年版,第 270 页。
③ 《中央给苏区中央局并红军总前委的指示信——关于中央苏区存在的问题及今后的中心任务》(1931 年 8 月 30 日),中央档案馆:《中共中央文件选集》第 7 册,中共中央党校出版社 1991 年版,第 357 页。

内主要危险——右倾机会主义作最残酷的斗争"①。

这次会议还根据中共临时中央的指示,设立了中华苏维埃共和国中央革命军事委员会,取消红一方面军总司令和总政委、总前委书记的名义,毛泽东所担任的总政委、总前委书记之职自然被免除。11 月 25 日,中央革命军事委员会(简称"中革军委")正式成立,朱德为主席,王稼祥、彭德怀为副主席,毛泽东仅为十五人组成的委员之一,只能以中华苏维埃共和国临时中央政府主席身份随一方面军总部行动。赣南会议可以说是毛泽东在中央苏区受排挤、打击的开始。

更为严重的是,1932 年 10 月,中共苏区中央局在宁都的小源村召开的全体会议上,"批评了泽东同志过去向赣东发展路线与不尊重党领导机关与组织观念的错误,批评到前方同志对革命胜利估计不足,特别指示〔出〕泽东同志等待观念的错误,批评到总政治部对有政治问题的人采取了组织上自由主义与组织观念的错误,开展了中央局从未有过的反倾向的斗争。"会议"最后批准毛同志暂时请病假,必要时到前方。"②宁都会议结束后,留在宁都的中央局成员继续开会,研究毛泽东的去留问题,最后作出决定:毛泽东回后方主持临时中央政府工作,红一方面军总政委(1932 年 8 月 8 日,中革军委任命毛泽东担任此职)由周恩来代理。自此,毛泽东失去了对红军的指挥权,实际已处于"靠边站"的境地。

宁都会议之后,毛泽东到长汀休养,但他在中央苏区仍有较高的威望,中共临时中央认为他仍是贯彻"正确路线"的障碍。1933 年 2 月,博古为首的中共临时中央刚进入中央苏区,就开展了所谓反"罗明路线"的斗争,其用意无疑是希望通过此举肃清毛泽东的影响。据当时在反"罗明路线"中比较活跃的李维汉后来回忆说:"反'罗明路线',无论在福建还是在江西,矛头都是指向毛泽东的正确路线的。"③博古自己也说:"苏区反对罗明路线,实际是反对毛主席在苏区的正确路线和作风。这个斗争扩大到整个中

---

① 《党的建设问题决议案》(1931 年 11 月),中央档案馆:《中共中央文件选集》第 7 册,中共中央党校出版社 1991 年版,第 483 页。

② 《苏区中央局宁都会议经过简报》(1932 年 10 月 21 日),中央档案馆:《中共中央文件选集》第 8 册,中共中央党校出版社 1991 年版,第 520—531 页。

③ 李维汉:《回忆与研究》上,中共党史资料出版社 1986 年版,第 337 页。

央苏区和周围的各个苏区,有福建的罗明路线、江西的罗明路线、闽赣的罗明路线、湘赣的罗明路线,等等。"①

1934年1月,中共六届五中全会在瑞金召开。会前,博古本想把毛泽东的中华苏维埃共和国临时中央政府人民委员主席(政府总理)和中共中央政治局候补委员两个职务一并拿掉,但由于早在中共临时中央进入中央苏区之前,共产国际驻中国代表提出的中共中央政治局十三名委员的名单中,已将毛泽东列为第十号,所以这次会议毛泽东虽然没有参加,但还是补选为政治局委员。然而,在这年1月下旬召开的第二次全国苏维埃代表大会(简称"二苏大")上,毛泽东虽然继续保留着临时中央政府中央执行委员会主席的虚位,但他的人民委员会主席职务则被张闻天所取代。这就使得毛泽东不但在党和军队中失去了发言权,就是政府中的那一点发言权,也被博古等人给剥夺了,"实际上毛泽东已被架空了"②。

毛泽东原本对党内存在的本本主义就相当的厌恶。当然,他在1930年5月写《调查工作》(即《反对本本主义》)这篇文章的时候,王明尚是全国总工会宣传部《劳动三日刊》的编辑,博古则在全国总工会宣传部编辑《劳动报》,而张闻天仍在莫斯科工作,因而他在文章中所批评的"许多巡视员,许多游击队的领导者,许多新接任的工作干部,喜欢一到就宣布政见,看到一点表面,一个枝节,就指手画脚地说这也不对,那也错误"③,显然不是王明、博古、张闻天等人,很大程度上是指一年前来红四军工作的刘安恭。因为刘的到来曾导致红四军内部在党与红军的关系问题(即红四军前委与军委是何种关系,要不要设军委这一机构)上发生了激烈的争论,并导致1929年7月的中共红四军七大毛泽东未能当选为前委书记。但是,不论是刘安恭,还是宁都会议上"反毛反得最厉害的是任弼时"④,以及开展反"罗明路线"的博古、张闻天等人,都有在莫斯科学习的经历,在毛泽东看来,他们身上都有教条主义。中央苏区几起几落的这种人生经历,使毛泽东对教条主义尤为

---

① 秦邦宪:《在中国共产党第七次全国代表大会上的发言》(节录)(1945年5月3日)。中共中央党史资料征集委员会、中央档案馆:《遵义会议文献》,人民出版社2009年版,第113页。

② 李维汉:《回忆与研究》上,中共党史资料出版社1986年版,第339页。

③ 《毛泽东选集》第一卷,人民出版社1991年版,第110页。

④ 张培森:《杨尚昆1986年谈张闻天与毛泽东》,《炎黄春秋》2009年第3期。

反感。

1941 年 5 月 19 日,毛泽东在延安高级干部会议上作《改造我们的学习》的报告,曾给教条主义者画像,说他们是"墙上芦苇,头重脚轻根底浅;山间竹笋,嘴尖皮厚腹中空",并且说:"对于没有科学态度的人,对于只知背诵教条的人,对于向马列主义开玩笑的人,你们看,像不像? 如果有人真正想诊治自己的毛病的话,我劝他把这副对子记下来;或者再勇敢一点,把它贴在自己房子里的墙壁上。"①

在 1941 年 7 月中央研究院(其前身为马列学院)的成立大会上,毛泽东以《实事求是》为题作了讲话,说犯有教条主义、主观主义而又不知悔改的人,自以为很聪明,其实比猪还蠢。猪走路碰到了南墙,还知回过头来,另找新的路子走,可是那些人碰得头破血流还不知回头,不是比猪还笨吗!②

1942 年 2 月 1 日,毛泽东在中央党校开学典礼上所作的《整顿学风党风文风》(新中国成立后收入《毛泽东选集》时改题为《整顿党的作风》)的演说中又说:"那些将马列主义当宗教教条看待的人,就是这种蒙昧无知的人。对于这种人,应该老实对他说,你的教条没有什么用处,说句不客气的话,实在比屎还没有用。我们看,狗屎可以肥田,人屎可以喂狗。教条呢,既不能肥田,又不能肥狗,有什么用处呢?"③其内心对教条主义的鄙视跃然纸上,所以他决心通过整风的方式彻底解决教条主义的问题也就不难理解了。当然,这段话在新中国成立后编辑《毛泽东选集》时被删除了。

二、毛泽东当时心目中教条主义的代表人物

中共六届六中全会上,毛泽东在《论新阶段》的政治报告中,不但提出

---

① 毛泽东:《改造我们的学习》(1941 年 5 月 19 日),解放社编:《整风文献(订正本)》,新华书店山东总分店 1950 年版,第 72 页。

② 参见蔡天心、林树青:《"实事求是"——回忆毛泽东同志在中央研究院成立大会上的讲话》,《延安中央研究院回忆录》,湖南人民出版社 1984 年版,第 36 页。

③ 解放社编:《整风文献(订正本)》,新华书店山东总分店 1950 年版,第 23 页。

了马克思主义中国化的命题，而且特地强调学习马克思主义的重要性，向全党发出了开展马克思主义学习运动的号召。为了统管全党的干部教育并推动学习运动的发展，1939 年 2 月，中共中央设立干部教育部，以洛甫（张闻天）为部长，罗迈（李维汉）为副部长。在中央干部教育部的领导下，延安的干部教育取得了很大成绩，初步建立和健全了干部理论学习制度，形成了全党重视马克思主义理论学习的风气，但"这两年的学习运动也有缺点，主要是存在理论脱离实际的倾向"①。1941 年 12 月，中共中央作出《关于延安干部学校的决定》，指出："目前延安干部学校的基本缺点，在于理论与实际、所学与所用的脱节，存在着主观主义与教条主义的严重的毛病。这种毛病，主要表现在使学生学习一大堆马列主义的抽象原则，而不注意或几乎不注意领会其实质及如何应用于具体的中国环境。"②

对于这种情况，毛泽东很不满意。1941 年 8 月 27 日，中共中央召开政治局会议讨论党内教育方针等问题，他在发言中说，我党干部的理论水平比内战时期是提高了，现在干部中多读了些理论书籍，但对于理论运用到中国革命实际上还不够，对中国及世界的政治、军事、经济、文化缺乏研究和分析。我们还没有各种问题的专家，对于许多实际的问题不能下笔。延安的学校是一种概论学校，缺乏实际政策的教育。过去我们只教理论，没有教会如何运用理论，就像只教斧头本身，没有教会如何使用斧头去做桌子。延安研究哲学是空洞的研究，不研究中国革命的内容与形式，不研究中国革命的本质与现象。③

毛泽东对这两年的干部教育不满，除了干部理论学习中仍存在理论脱离实际的倾向之外，在某种程度上也是对主管这项工作的张闻天不满。用时任干部教育部副部长李维汉的话说，"他的教条主义思想比较严重"④。李维汉在其回忆录中没有讲明张闻天的教条主义思想有何具体表现，而他1943 年 3 月 16 日发表在《解放日报》的《要清算干部教育中的教条主义》一

---

① 《胡乔木回忆毛泽东》，人民出版社 1994 年版，第 190 页。
② 中央档案馆：《中共中央文件选集》第 13 册，中共中央党校出版社 1991 年版，第 257 页。
③ 中共中央文献研究室：《毛泽东年谱（1893—1949）》中卷，人民出版社、中央文献出版社 1993 年版，第 324 页。
④ 李维汉：《回忆与研究》上，中共党史资料出版社 1986 年版，第 444 页。

文,曾认为在过去几年的干部教育中,首先是领导干部教育的负责人员,没有深刻地研究中共六届六中全会反教条主义的指示,没有把它当作检查教育工作与清算自己思想的武器去使用。因此,六中全会后干部教育工作"教条主义的作风占了相当的统治地位,它差不多浸透了教育方针、教育计划、教学方法、教育材料以及教育领导等各方面",造成了"两耳不闻校外事,一心只读马列书"的风气。而且在教学上学马列主义理论时,"对于马列主义理论的历史环境不加考查,不区别马列主义的字句和实质,不求领会它的实质,不是学习他们观察问题与解决问题的立场与方法,而是记诵他们的文字与教条,大家'读死书,死读书,读书死'"。李维汉的这些文字,虽然写作于延安整风发动之后清算教条主义之时,难免上纲上线有些过高,但从中也不难窥见当时毛泽东对于延安干部教育的看法。

1941年5月19日,毛泽东在延安高级干部会议上作《改造我们的学习》的报告,不但对"许多马列主义的学者也是言必称希腊"提出了严厉批评,而且对干部教育中的教条主义不满也作了充分表露。他说:"在学校的教育中,在在职干部的教育中,教哲学的不引导学生研究中国革命的逻辑,教经济学的不引导学生研究中国经济的特点,教政治学的不引导学生研究中国革命的策略,教军事学的不引导学生研究适合中国特点的战略和战术,诸如此类,其结果,谬种流传,误人子弟。在延安学了,到富县就不能应用。经济学教授不能解释边币和法币,当然学生也不能解释。十七八岁的娃娃,教他们啃《资本论》,啃《反杜林论》(这一句话新中国成立后公开出版《毛泽东选集》时删去了)。这样一来,就在许多学生中造成了一种反常心理,对中国问题反而无兴趣,对党的指示反而不重视,他们一心向往的,就是他们从先生那里学来的据说是万古不变的教条。"①因此,有必要对这种教条主义的学习态度来一个彻底的改造。

教条主义虽然是一个时期党内较为普遍存在的现象,并不只表现在哪个人或哪群人身上,但在毛泽东眼里,教条主义无疑是具体的,有具体的目标与对象。在后来的整风中,王明成为反教条主义的头号目标,成为整风运动的众矢之的,但在毛泽东准备发动这场整风运动之时,他眼中教条主义的

---

① 解放社编:《整风文献(订正本)》,新华书店山东总分店1950年版,第69—70页。

代表人物更多的恐怕还是张闻天。

1931年2月张闻天从苏联回国后，即就任中共中央宣传部长，1931年5月，原中共中央政治局兼中央常委会主席向忠发(中共六大通过的党章规定中央不设总书记，但习惯上仍称向为总书记)被捕叛变，而王明要去共产国际工作，周恩来要到中央苏区担任苏区中央局书记，经共产国际批准，1931年9月成立中共临时中央政治局，以博古为总负责人，张闻天等为临时中央政治局常委。

1933年1月张闻天进入中央苏区，即参加了博古组织的所谓反"罗明路线"的斗争，随后分管政府工作。"由于较多地接触与了解实际情况，张闻天在理论与实践的冲突中逐渐觉察了错误"，并提出了一些比较正确的理论观点和方针政策。① 特别是1934年1月下旬召开的第二次全国苏维埃代表大会(简称"二苏大")上，博古采取"一箭双雕"之策，一方面将张闻天从中共临时中央排挤出去；另一方面又在政府中架空了毛泽东。但也正因为如此，使毛泽东和张闻天有了更多的接触，也有了更多的共同语言，他们共同合作在遵义会议上改变了中共中央的领导格局，形成了著名的"毛洛体制"，即毛泽东成为军事上的主要领导人，张闻天成为党的工作的主要领导人。

在遵义会议至中共六届六中全会前的这段时间里，毛、洛之间的合作是成功的，这体现在取得了与张国焘分裂主义斗争的胜利，使中共实现了从国共对抗到国共合作的转变，共同抵制了抗战初期王明在统一战线上的右倾主张。但是，他们之间在个人性格、工作方式、教育背景等方面又有明显的差异。据曾长期在毛泽东身边工作的胡乔木回忆，即便是"毛洛体制"刚刚形成的长征时期，他们之间就有了一些矛盾。张闻天曾下令，所有人都要几点钟起床，到时候吹号。毛泽东习惯于在夜里工作，早上起不了床，就发脾气说，哪里来的新兵？朱总司令也没有禁止过我！还有一次，毛泽东在会上交给张一份文件。张闻天说，这事会上不谈。毛泽东将文件扔到地上，认为开会不能讨论问题。而且毛泽东"讲话海阔天空，一讲可以讲很多，讲了很多道理。张闻天则喜欢刻板的工作方式，开会要有准备，有议程，按事先计

---

① 程中原：《张闻天传》，当代中国出版社1993年版，第158页。

划进行。列宁下过命令，开会发言不能超过五分钟，一位工程师发言长了，被他制止。张闻天也学了这种办法"。毛泽东非常不习惯这种开会方法，经常在会上转移话题。①

杨尚昆也认为，毛泽东与张闻天之间的分歧，"恐怕是从长征后期就开始了"。遵义会议之后，毛泽东根据国民党军的部署与调动情况，指挥中央红军四渡赤水。著名的《长征组歌》中便有这样两句歌词："毛主席用兵真如神，四渡赤水出奇兵。"可是，当时的红军指战员怎能想到这是"出奇兵"呢？因为部队围绕赤水河来回兜圈子，整天走路，不但十分疲劳，而且减员严重。"在这种打圈圈情况下，很多人就跟洛甫反映说，这样不打仗又死那么多人，是不行的。对这种打法洛甫也不了解。彭德怀也不了解，因此也跟他讲，其实毛对彭不了解是最不高兴的。这里还有王稼祥军事方面对毛有意见，他又不跟毛直接讲，就跟洛甫讲，洛甫就跟毛讲，毛就发脾气。"林彪也给中革军委写信，建议毛泽东、朱德、周恩来随军主持大计，由彭德怀任前敌指挥，迅速北进与红四方面军会合。1935 年 5 月 12 日，中共中央政治局在四川会理城郊召开扩大会议（即会理会议），对林彪写信一事提出批评，但在会议过程中有人说张闻天到过彭德怀所在的红三军团司令部，同彭作过交谈。其实张并没有到过红三军团，当然也不存在张与彭联合起来反对毛泽东的问题。杨尚昆认为，"这根本是个冤枉，毛主席却一直深信不疑。我以为毛同张的疙瘩那个时候就结下了"②。

杨尚昆还认为，引起毛泽东对张闻天最不满的，是张反对毛泽东同江青结婚。当时，党内不赞成毛、江结合的人很多，"洛甫那个态度很坚决的，不赞成他同江青结婚。以后不是经常毛主席开会就骂么，说我无非是吃喝嫖赌，孙中山能够，为什么我不能够？我看他最忌恨的是这件事。那时真正是中央的同志写信给他表示的就是洛甫。"③本来，婚姻属于个人的私事，但毛泽东是党的领袖，而江青在上海的时候又曾有不少绯闻，党内有人为此反对也很自然。张闻天是原则性很强的人，既然党内有很多的不赞成之声，他认为确有必须提醒毛泽东，但毛泽东是个性很强的人，认为张竟然管到他家里

① 萧扬：《胡乔木谈毛泽东与张闻天》，《炎黄春秋》2011 年第 8 期。
② 张培森：《杨尚昆 1986 年谈张闻天与毛泽东》，《炎黄春秋》2009 年第 3 期。
③ 张培森：《杨尚昆 1986 年谈张闻天与毛泽东》，《炎黄春秋》2009 年第 3 期。

的事,对张此举很不高兴。

今天看来,毛泽东发动延安整风的根本目的,当然是要从根本上解决党内长期存在的教条主义问题,从而真正做到将马克思主义与中国的具体实际结合起来。而在党内高级干部中,在毛泽东看来,身上教条主义特征比较明显的,无疑是 1931 年 1 月中共六届四中全会之后进入中央领导层,且有留苏经历的王明、博古、张闻天等人。王明虽然是党内集教条主义之大成者,但由于 1931 年 11 月他就到了莫斯科工作,没有像博古、张闻天等人那样与毛泽东发生过直接的冲突,所以毛泽东在酝酿延安整风之初,应当说并没有将王明作为教条主义的主要对象。博古虽然自王明离开上海后被指定为中共中央临时负总责,成为中共中央事实上的总书记,但自遵义会议之后,在党内已不负重要责任,抗战爆发后任中共中央长江局委员兼组织部长、中共中央南方局常委兼组织部长,1941 年 1 月任中共中央党报委员会主任兼解放日报社和新华通讯社社长。毛泽东当时所批评并下决心要解决的教条主义,固然是党内一个时期以内比较普遍的现象,但其矛头所指无疑也涉及具体的个人,张闻天恐怕就是当时毛泽东心目中教条主义的主要代表人物。至于延安整风正式启动后,王明成为教条主义的标本,则是后来的事情。

1940 年 12 月 4 日,中共中央政治局召开会议,讨论当前形势,毛泽东在发言中特地讲到了党的历史问题,认为遵义会议决议只说是军事上的错误,没有说是路线上的错误,实际上是路线上的错误,所以遵义会议决议须有些修改。在苏维埃运动后期土地革命潮流低落了,但民族革命潮流高涨起来。在过去这两个时期的"联合一切"、"打倒一切"的东西,的确不是马列主义,当时主持的人认为是马列主义,实际上这都是绝对主义。① 毛泽东讲完之后,一些人表示赞同毛泽东的意见,张闻天则在会上表示:在苏维埃运动后期虽然因反对立三路线不彻底又犯了"左"的错误,但当时还是进行了艰苦的斗争的,还是为马列主义而奋斗的,路线上并没有错。故而这个问题的讨论并没有深入下去。同年 12 月 25 日,毛泽东为中共中央起草《中央

---

① 中共中央文献研究室:《毛泽东年谱(1893—1949)》中卷,人民出版社、中央文献出版社 1993 年版,第 235 页。

关于时局与政策的指示》。同一天，中共中央政治局召开会议，讨论毛泽东起草的这个文件。会上仍有人不同意提苏维埃运动后期的错误是路线错误，认为只是策略错误。"这种认识分歧引起了政治局内一次激烈的争论。"①在这种情况下，毛泽东"只好妥协，没有讲这一时期是路线错误"②。

虽然在这个问题上毛泽东作了"妥协"，但此事在一定程度也坚定了他要解决苏维埃运动后期路线错误，对历史上教条主义的危害进行彻底清算的决心。1941年5月19日，毛泽东在延安高级干部会议作《改造我们的学习》的演讲，用胡乔木的话说，"用语之辛辣，讽刺之深刻，情绪之激动，都是许多同志在此以前从未感受过的"③。杨尚昆则说："毛主席说了很多挖苦的话，什么'言必称希腊'，中国的实际一点不懂，没有调查研究，等等。实际上是指的洛甫，我们都听得出来。"④

三、毛泽东认为必须解决什么是
　　理论家的问题

在当时中共的重要干部中，相当多的人在莫斯科学习或工作过，像毛泽东这样没有喝过洋墨水、啃过洋面包，土生土长的很少。不同的成长背景，难免使双方之间产生某种隔膜。

毛泽东认为，虽然那些从国外回来的留学生们读了不少马列主义的书本，但实践经验很少，对中国的情况不熟悉，仅靠会背"本本"解决不了什么问题。1930年5月，当时中共六届四中全会尚未召开，王明在党内仅仅充当一般干部，与毛泽东还没有发生直接关系，所谓王明教条主义在党内还没有地位，但毛泽东对于"本本主义"的不屑，已经充分表达出来。他在《调查工作》一文中不但强调调查研究的重要，提出"中国革命斗争的胜利要靠中

---

① 高新民、张树军：《延安整风实录》，浙江人民出版社2000年版，第62、63页。
② 《胡乔木回忆毛泽东》，人民出版社1994年版，第191页。
③ 《胡乔木回忆毛泽东》，人民出版社1994年版，第192页。
④ 张培森：《杨尚昆1986年谈张闻天与毛泽东》，《炎黄春秋》2009年第3期。

国同志了解中国情况"，而且明确表示："读过马克思主义'本本'的许多人，成了革命叛徒，那些不识字的工人常常能够很好地掌握马克思主义，马克思主义的'本本'是要学习的，但是必须同我国的实际情况相结合。"①虽然这里他所强调的是马克思主义与中国实际相结合的重要性，但从中也不难看出他对那些"本本主义"者内心是何等的瞧不起。

延安整风启动之时，毛泽东在党内的政治领袖地位已经确立。在1938年扩大的中共六届六中全会上，王明表示："全党必须团结统一，我们党一定能统一团结在中央和毛同志的周围（领袖作用，譬如北辰而众星拱之）。"②1939年春，王明从重庆参加国民参政会回延安到抗大总校作报告，有人递条子问："为什么参政会我方七参政员只有毛泽东同志不出席？"王明回答说："你们下过象棋没有？两边的将帅是不能见面的，一见面不是就要将起军来了。"这个比喻不一定恰当，但说明王明确实承认了毛泽东的领袖地位。③ 张闻天也在六中全会上说："中央的极高的威信，中央主要领导者毛泽东同志的极高威信。"④张甚至提出将总书记（或称负总责）一职让给毛泽东，但毛泽东当时没有同意。尽管如此，自此之后，张"即把政治局会议地点，移到杨家岭毛泽东同志住处开。我只在形式上当主席，一切重大问题均毛主席决定"。此后的张闻天"实际上只负责宣传部和干部教育部的工作"⑤。可见，抗战爆发之后从莫斯科回来的王明，虽然在1937年12月的中共中央政治局会议上一时颇为风光，但经过一段时间的实践之后他的那一套主张已经没有多大的市场，加之王稼祥在六届六中全会传达了共产国际关于中共领导机关要"以毛泽东为首"的指示，王明在党内的影响力自然无法同毛泽东比拟，此后他虽然仍是中共中央书记处书记，但主要只负责统一战线工作和妇女工作。所以，毛泽东发动延安整风之时，张、王对毛泽东的政治领袖地位已不构成挑战，双方之间自然也不存在所谓权力之争

---

① 《毛泽东选集》第一卷，人民出版社1991年版，第111—112页。

② 《王明言论选辑》，人民出版社1982年版，第639页。

③ 参见《何方谈史忆人——纪念张闻天及其他师友》，世界知识出版社2010年版，第26页。

④ 洛甫：《关于抗日民族统一战线的与党的组织问题》（1938年10月15日），中央档案馆：《中共中央文件选集》第11册，中共中央党校出版社1991年版，第722页。

⑤ 转引自程中原：《张闻天传》，当代中国出版社1993年版，第427页。

的问题。

　　毛泽东始终未离开过国内，而且长期从事实际工作，也没有太多的时间专心去学习理论，要说所掌握的马克思主义"本本"，自然远逊于那些留苏学生。进入延安之后，环境相对安定，毛泽东阅读了大量的马列著作，而且写下了许多重要的理论文章，如抗战爆发前后所写的《中国革命战争的战略问题》、《实践论》、《矛盾论》，抗战爆发后所写的《抗日游击战争的战略问题》、《论持久战》、《新民主主义论》。尽管如此，到延安整风即将启动时，对毛泽东是中共党内杰出的军事家、政治家已获得普遍的认同，而毛泽东同样是杰出的理论家的地位似乎还没有树立。在延安的许多干部心目中，只有马列的书是理论，"毛泽东的文章虽好，却没有认识到这就是我们党发展了的马克思主义理论"[1]。毛泽东的《新民主主义论》发表之后，连一向攻击共产党没有自己理论的国民党理论家叶青也不得不表示，自从读到《新民主主义论》，"我对于毛泽东，从此遂把他作共产党理论家看待了"[2]。可是，当时负责中央宣传工作的张闻天，"只把毛泽东同志的著作列入临时的策略教育和时事教育内，只当做中央的一般性文件看待"[3]。张闻天这种态度，显然是毛泽东所不满意的。

　　毛泽东的理论著作一时未被看重，但王明、张闻天等人在党内特别是在理论上仍有很大的影响。在延安的许多干部看来，党内有马列主义理论水平的还是王明、张闻天这样的人，他们仍是重要的理论领袖。在延安马列学院，兼任院长的张闻天把自己编著的《中国革命基本问题》与《中国现代革命运动史》合称《中国问题》，定为学习的必修课。1938年年底，王明从重庆回到延安后，"频繁地出席了各种会议，作了很多报告和讲演，发表很多文章，显得十分活跃"[4]。王明不但能背诵许多马列著作中的词句，而且颇有口才，"当时他的一些观点还并非完全没有市场，有人听了他口若悬河的演

---

① 邓力群：《我对延安马列学院的回忆与看法》，吴介民主编：《延安马列学院回忆录》，中国社会科学出版社1991年版，第23页。

② 叶青：《毛泽东思想批判》，帕米尔书店1974年9月第3版，第5页。

③ 杨奎松：《毛泽东与莫斯科的恩恩怨怨》，江西人民出版社1999年版，第119页。

④ 周国全、郭德宏：《王明传》，安徽人民出版社1989年版，第362页。

毛泽东为什么要发动延安整风

185

讲之后,还受到迷惑,认为他了不起,理论有一套"①。1940年3月,王明将其1931年写的、集中反映他的观点的《为中共更加布尔什维克化而斗争》一书,在延安印了第三版,并且在三版序言中写道:"我们党近几年来有很大的发展,成千累万的新干部新党员,对我们党的历史发展中的许多事实,还不十分明了。本书所记载着的事实,是中国共产党发展史中的一个相当重要的阶段,因此,许多人要求了解这些历史事实,尤其在延安各学校学习党的建设和中共历史时,尤其需要这种材料的帮助。"王明这本小册子的出版,在毛泽东看来,"这是一个挑战性的行动",于是,"应该怎样看待党的历史上的路线是非这个问题,便更迫切在摆到中共中央面前"②。同月下旬,中共中央政治局举行会议,听取从莫斯科回来的周恩来、任弼时的汇报。当周传达共产国际执行委员会书记曼努伊尔斯基说张闻天是中共的理论家时,毛泽东当即反驳:什么理论家,背了几麻袋教条回来。③ 这也促使毛泽东思考什么是真正的理论和真正的理论家。

1942年2月1日,毛泽东在中央党校的开学典礼上作《整顿学风党风文风》的报告,重点讲到了什么是理论和理论家的问题。他说:"我们读了许多马列主义的书籍,能不能就算是有了理论家呢? 也不能的。因为马列主义是马恩列斯他们根据实际创造出来的理论,从历史实际和革命实际中抽出来的总结论。我们如果仅仅读了它,但是没有根据它来研究中国的历史实际和革命实际,没有创造出合乎中国实际需要的自己特殊的理论,我们就不能妄称为马克思主义的理论家。""如果我们只知道背诵马克思主义的经济学或哲学,从第一章到第十章都背得烂熟了,但是完全不能应用,这样是不是就算得一个马克思主义的理论家呢? 大概不能算,这样的'理论家'实在还是少一点好。"④他还说:"空洞的理论是没有用的,不正确的,应该抛弃的。好谈这种空洞理论的人,应该伸出一个指头向他刮脸皮。马列主义

---

① 邓力群:《我对延安马列学院的回忆与看法》,吴介民主编:《延安马列学院回忆录》,中国社会科学出版社1991年版,第12页。

② 中共中央文献研究室:《毛泽东传(1893—1949)》,中央文献出版社1996年版,第626页。

③ 刘英:《在历史的激流中——刘英回忆录》,中共党史出版社1992年版,第127页。

④ 解放社编:《整风文献(订正本)》,新华书店山东总分店1950年版,第13—14页。

是从客观实际产生出来又在客观实际中获得了证明的最正确最科学最革命的真理,但是读马列主义的人却把它看成是死的教条,这样就阻碍了理论的发展,害了自己,也害了同志。"①

在毛泽东看来,虽然王明、张闻天这些人言必称马列,写文章动辄引经据典,但对中国实际缺乏了解,结果理论不能与实际联系起来,所以他们掌握的不是真正的马克思主义理论,更不是真正的马克思主义理论家,但党内相当多的人却没有认识到其危害性,仍把他们看成是理论权威。所以,要解决理论与实际相脱离的问题,树立理论联系实际的学风,就必须认识到教条主义者的真面目,把教条主义者从理论家的神坛上拉下来。这恐怕是毛泽东发动延安整风一个很重要的因素。

四、皖南事变促使毛泽东下决心开展整风

教条主义者"言必称希腊",一方面,是这些人"对于自己的历史一点不懂,或懂得甚少,不以为耻,反以为荣","有些人对于自己的东西既无知识,于是剩下了希腊和外国故事,也是可怜得很,从外国故纸堆中抽象地搬来的"②。另一方面,"希腊"即共产国际是中共的上级,而苏联又是第一个建立社会主义的国家,因而共产国际、苏联在中共干部中有很高的威望与很大的影响力,王明、张闻天、博古等都是在共产国际的帮助下走上领导岗位的。所以,要解决党内存在的教条主义问题,就必须打破对共产国际的迷信,而1941 年发生的皖南事变,成为毛泽东反思中共同共产国际关系的一个重要关键点。

1940 年秋起,国民党不断制造反共摩擦事件。这年 10 月上旬,黄克诚率领的八路军第五纵队取得黄桥战斗的胜利,歼灭国民党军韩德勤部一万一千余人。10 月 19 日,何应钦、白崇禧以国民政府军事委员会正、副参谋

① 解放社编:《整风文献(订正本)》,新华书店山东总分店 1950 年版,第 19 页。
② 《改造我们的学习》(1941 年 5 月 19 日),解放社编:《整风文献(订正本)》,新华书店山东总分店 1950 年版,第 19 页。

总长的名义,强令八路军、新四军限于电到一个月内,全部撤至黄河以北地区。毛泽东据此认为,"国民党愿意替日本担负镇压中国民族革命的责任,以求交换日本对国民党的让步",蒋介石有投降的可能,必须做好应对最黑暗局面的准备。① 他在 10 月 29 日致周恩来、彭德怀等人的电报中说,蒋介石一方面准备加入英美同盟,一方面也准备加入德意日同盟,但无论哪一种局面,国共间的严重斗争是不可避免的,蒋介石驱逐八路军、新四军于老黄河以北而封锁之,这一计划是有了决心的。11 月 1 日,毛泽东为中共中央书记处起草的复周恩来等人电报中又说,"此次决裂即有和大资产阶级永久决裂之可能",并提出了政治上进攻军事上防御和政治军事上同时进攻两个方案。② 11 月 7 日,毛泽东致电共产国际负责人季米特洛夫和曼努伊尔斯基,提出"留下我们的大部分部队(约 35 万人)在各个抗日根据地与日本部队作战,拿出部分辅助部队和突击部队(约 15 万人)打击在河南、甘肃省的敌围剿军后方,即,彻底粉碎蒋介石的这次围剿,争取使政治局面向好的方面转变"。电报同时表示:"虽然我们现在在准备必要的军事措施,但最后的决心还没有作出",要求共产国际就此"尽快作出指示"③。

然而,斯大林出于避免苏联东西两线作战的考虑,认为必须让蒋介石能够拖住日本,国共关系不能破裂。共产国际在经过斯大林同意后,复电中共中央说,中国目前的局势"至少不能像你们认为那样:蒋介石已彻底决定向日本投降。相反,有材料指出,尽管他通常摇摆不定,但还没有下决心走这条路"。因为受各种因素的制约,蒋介石不想在政治上葬送自己,因而中国的抗战"恰恰现在有特别良好的前景,尽管存在一些内部困难"。共产国际要求中共暂时实行拖延的方针,尽量争取更多的时间,"特别重要的是,你们无论如何不能首先对围剿军发动攻势,不能给蒋介石以口实在人民面前把你们说成是抗战统一的破坏者,并利用你们的行动来为他想同日本人缔

---

① 中共中央文献研究室:《毛泽东年谱(1893—1949)》中卷,人民出版社、中央文献出版社 1993 年版,第 215 页。

② 同上书,第 216、217 页。

③ 中共中央党史研究室第一编研部译:《共产国际、联共(布)与中国革命档案资料丛书》第 19 卷,中共党史出版社 2012 年版,第 98—99 页。

结妥协性和约的企图作辩解。"①

11月30日,毛泽东致电季米特洛夫,表示中共准备作出一些不大的让步,同时准备实力,在以后政治条件成熟时再打到国民党后方去,但这"目前只是准备性的,需要等待国际和国内政治条件的"②,实际上放弃了集中一部分精兵深入河南、甘肃国民党统治区的设想。随后,中共中央和毛泽东对形势的估计发生了改变,在12月4日的中共中央政治局会议上,毛泽东作出了"去年反摩擦战争取得了很大的胜利,创立了华中各处根据地,我军扩大到50万人。有了上一次的经验,所以蒋介石这一次不敢大举'剿共'。此外还有外部原因,就是日汪协定,英、美援华,苏联的政策等使蒋不易投降"的判断。12月25日,毛泽东致电周恩来说,蒋介石内外情况只能取攻势防御,只要蒋不投降,大举进攻是不可能的,始终不过是大吹小打而已。③

然而,蒋介石此次并非是大吹小打,而是大吹大打。1941年1月4日,震惊中外的皖南事变发生,至14日,新四军皖南部队包括其军部在内九千余人,仅有二千余人突围,其余大部壮烈牺牲,一部被俘。

皖南事变发生后,中共中央和毛泽东决定对蒋介石"在政治上军事上即准备作全面大反攻"。1月13日,毛泽东同朱德、王稼祥致电刘少奇、陈毅、彭德怀等人,同意刘少奇、陈毅12日提出由朱瑞、罗荣桓指挥八路军部队包围国民党军山东的沈鸿烈部,由刘少奇、陈毅指挥新四军部队包围苏北的国民党军韩德勤部,如果皖南新四军被蒋介石消灭,则将沈、韩两部全部消灭,彻底解决华中问题。④ 同一天,中共中央书记处致电季米特洛夫:"我们准备在政治上和军事上给予蒋介石所实行的这种广泛的进攻以有力的反攻。"1月29日,毛泽东又致电季米特洛夫,提出中共"必须准备全面抗击蒋介石。今后要么是他作出让步,要么是同他彻底决裂"。在2月1日给季米特洛夫的电报中,毛泽东再次提出"蒋介石已经准备在全国范围内消灭一

---

① 中共中央党史研究室第一编研部译:《共产国际、联共(布)与中国革命档案资料丛书》第19卷,中共党史出版社2012年版,第102—103页。
② 中共中央党史研究室第一编研部译:《共产国际、联共(布)与中国革命档案资料丛书》第19卷,中共党史出版社2012年版,第110—111页。
③ 中共中央文献研究室:《毛泽东年谱(1893—1949)》中卷,人民出版社、中央文献出版社1993年版,第235页,第246页。
④ 同上书,第254—255页。

切进步抗日力量"，因此，同蒋介石的"破裂已经是不可避免的了"。但共产国际却不同意中共此举。2月4日，季米特洛夫电告毛泽东："破裂不是不可避免的。你们不应把方针建立在破裂上，相反，要依靠主张维护统一战线的民众，竭尽共产党和我们军队的一切努力来避免内战的爆发。请重新考虑一下你们在这个问题上的立场，并将你们的想法和建议告诉我们。"①电报措辞颇为严厉，全是上级命令下级的口吻。

蒋介石制造皖南事变后，遭到全国人民的一致反对，中共采取一系列的措施对蒋介石进行政治上和宣传上的反击，揭露皖南事变的真相和国民党顽固派反共的真面目，国民党内部也有很多人不赞成蒋介石打内战。苏联驻华大使潘友新会见蒋介石，认为中国内战意味着灭亡；苏联驻华大使馆武官兼蒋介石军事总顾问崔可夫也向何应钦、白崇禧暗示，如果内战可能导致苏联方面停止援助。英、美等也对蒋介石发动反共高潮不满。蒋介石意识到自己的处境已经很孤立，不能一意孤行彻底破裂国共关系。这年3月6日，蒋在国民参政会第二届一次大会第六次全体会议上发言时不得不表示"以后亦决无'剿共'的军事，这是本人可负责声明而向贵会保证的"。至此，皖南事变导致的国内紧张形势终于缓和。

皖南事变发生后，使毛泽东开始重新检讨中共与共产国际的关系，认为皖南事变产生的后果，很大程度是听信了共产国际的指示造成的，对共产国际的话不能全听，中共必须真正独立自主，这也使毛泽东进一步认为在党内肃清教条主义的必要。

在皖南事变中，新四军遭受重大损失，作为新四军主要负责人的项英自然有重大责任。项英15岁便在武汉当工人，1922年即入党，是中共最早的工人党员之一。项英没有在莫斯科学习的经历，按理来说他与"言必称希腊"的教条主义挂不上钩，但他在中共六届四中全会之后，曾一度紧跟中共临时中央。据有人回忆："四中全会后，王明统治了党中央，派任弼时等同志来江西，对项英同志进行打击。于是，项英就被王明路线俘虏了。"②所

---

① 中共中央党史研究室第一编研部译：《共产国际、联共（布）与中国革命档案资料丛书》第19卷，中共党史出版社2012年版，第116—117、129、132、133页。

② 郭化若：《回忆第一次反"围剿"期间的有关史实》，《回忆中央苏区》，江西人民出版社1986年版，第140页。

以,当临时中央领导人主张夺取中心城市,以取得"一省数省的首先胜利"之时,项英曾多次发表文章以示积极拥护。在 1932 年 10 月的宁都会议上,项英也是主张解除毛泽东兵权者之一。

项英坚持了艰苦卓绝的南方三年游击战争,但在抗战之初,又曾一度受王明的影响,对蒋介石的反共没有保持高度的警惕。在 1937 年十二月会议上,项英接受了王明"一切服从统一战线,一切经过统一战线"观点,甚至到 1938 年 10 月在皖南新四军军部传达中共六届六中全会精神时,他仍然表示:"一切工作的发展,都要经过统一战线,反过来,工作就不能发展"①。

皖南事变发生后,毛泽东认为,此次事件之所以造成如此严重的后果,与项英的主观主义有很大的关系。1941 年 1 月 15 日,中共中央政治局召开会议,研究皖南事变的善后问题。毛泽东在总结皖南事变的教训时说:项英过去的路线是错误的,不执行独立自主政策,没有反摩擦斗争的思想准备。过去我们认为是个别错误,但现在错误的东西扩大起来,便成了路线错误。抗战以来一部分领导同志的机会主义,只知片面的联合而不要斗争。有些同志没有把普遍真理的马列主义与中国革命的具体实际联系起来,项英同志便没有了解中国革命的实际。耐人寻味的是,尽管在苏维埃运动后期和抗战初期的错误路线的内容很不相同,但是这两个时期的错误项英都有份。"左"和右看似两个极端,但像项英同志这样由"左"转到右,则说明"两极相通"。非"左"即右都根源于一个思想方法,即不了解中国具体实际或不能揭示中国革命的客观规律的主观主义。② 因此,毛泽东认为,必须下决心解决党内的教条主义问题。

---

① 王辅一:《项英传》,中共党史出版社 1995 年版,第 335 页。
② 《胡乔木回忆毛泽东》,人民出版社 1994 年版,第 192 页。

毛泽东怎样发动延安整风

　　1941 年 9 月召开的中共中央政治局会议,成为整风运动启动的标志性事件。在九月会议上,王明先是指责他人检讨错误不彻底,继而又说要向中央揭穿一个秘密,他说,博古、张闻天当年领导的中央是不合法的。

　　王明揭露出这个"秘密",显然是为把博、张二人彻底搞臭搞倒,企图使博古、张闻天等人不但背上犯了路线错误的责任,而且还存在"篡位"和假传圣旨的问题。然而,王明此举实有落井下石之嫌。结果弄巧成拙,引火烧身,这恐怕是他始料不及的。

延安整风是中国革命历史上的一个重大历史事件,它对于中国共产党完全实现思想的统一,完成马克思主义的中国化起了巨大作用。对于这一问题的研究,已经有相当数量的著述发表或出版,笔者不打算对整风运动进行全面述说和评价,仅就这场运动是如何发动起来的做点介绍。

一、中共中央作出增加党性的决定
和毛泽东编"党书"

皖南事变发生后,中共中央政治局多次召开会议,研究事变后的局势与对策,总结其中的历史教训。中共中央认为,皖南事变之所以造成如此严重的后果,一个重要的原因,是项英"犯了右倾机会主义错误的。他不认识统一战线中国共产党的独立性斗争性,他对于国民党的反共政策从来就没有领导过斗争,精神上早已作了国民党的俘虏,并使皖南部队失去精神准备。"作为政治部主任的袁国平,在此问题上"是完全和项英一致的"。"三年以来,项英、袁国平对于中央的指示,一贯的阳奉阴违,一切迁就国民党","其所领导的党政军内部情况,很少向中央作报告,完全自成风气。对于中央的不尊重,三年中已发展至极不正常的程度。""因此加重了全党特别是军队中干部与党员的党性教育与党性学习,决不可轻视这个绝大的问题。"①

1941 年 3 月 26 日,中共中央政治局召开会议,专题讨论增强党性问题。毛泽东在讲话中说,自遵义会议后党内思想斗争少了,干部政策向失之宽的方向去了。对干部的错误要正面批评,不要姑息。我们党的组织原则是团结全党,但同时必须进行斗争,斗争是为了团结。又说,项英、袁国平的错误,中央也要负责。因 1937 年 12 月会议是有些错误的,当时对形势估计不足,没有迅速地布置工作;其次对国共关系忽视了斗争性,因此边区也失掉了些地方,直到张国焘逃跑后才解决,对全国的影响也很大。会议决定由王稼祥起草关于党性问题的决定。②

同年 7 月 1 日,中共中央政治局通过王稼祥等人起草的《中共中央关于

---

① 《中央关于项袁错误的决定》(1941 年 1 月),中共中央书记处:《六大以来——党内秘密文件》下,人民出版社 1980 年版,第 237—238 页。

② 中共中央文献研究室:《毛泽东年谱(1893—1949)》中卷,人民出版社、中央文献出版社 1993 年版,第 285 页。

增强党性的决定》。这个决定认为,长期分散的独立活动的游击战争的环境,加之党内小生产者及知识分子的成分占据很大的比重,因此容易产生某些党员的"个人主义"、"英雄主义"、"无组织的状态"、"独立主义"与"反集中的分散主义"等违反党性的倾向。《决定》指出,为了纠正上述违反党性的倾向,必须采取以下办法:一是应当在党内更加强调全党的统一性、集中性和服从中央领导的重要性。不允许任何党员与任何地方党部,有标新立异、自成系统及对全国性问题任意对外发表主张的现象。二是更严格的检查一切决议决定之执行,坚决肃清阳奉阴违的两面性的现象。三是即时发现,即时纠正,不纵容错误继续发展。四是在全党加强纪律的教育,严格遵守个人服从组织,少数服从多数,下级服从上级,全党服从中央的基本原则。无论是普通党员和干部党员,都必须如此。五是用自我批评的武器和加强学习的方法,来改造自己使适合于党与革命的需要。六是从中央委员以至每个党部的负责领导者,都必须参加支部组织,过一定的党的组织生活,虚心听取党员群众对于自己的批评,增强自己党性的锻炼。①

对于中共中央为何要作出这样一个决定,1942年7月14日任弼时在中共中央党校作报告时,专门就此作了解释。他说,之所以把党性锻炼当作单独的问题提出来,首先,是"我们的党今天是处在与民族敌人进行残酷斗争的环境,是处在同日本战争的环境","党已经成为中国政治生活当中一个重要的决定因素"。因此,"党比任何时候更加需要内部的统一团结,更加需要思想一致、行动一致,更加需要巩固我们自己,防止敌人利用各种机会和间隙来破坏我们党的团结。"其次,在抗战以来和几年的统一战线当中,党有了迅速的扩大,新成分涌进,加之处在比较分散的长期的游击战争的环境中,又是处在半殖民地半封建的小农经济为主的社会里,党内容易产生不正确的思想。再次,"在抗日战争当中,某些党部的同志对中央采取不尊重的态度,也可以说是采取对立的态度,没有根据中央的政策、方针进行日常的工作。有的时候有些重大的问题,带有全国性的问题,不先经过中央的同意和批准,就做了。也有个别党部,或者个别干部,对于带有全国性的

---

① 中央档案馆:《中共中央文件选集》第13册,中共中央党校出版社1991年版,第144—147页。

政治问题随便地发表自己的意见,或者依据自己的估计决定党的政策。"①
任弼时的上述解释,实际上已将中共中央出台这个决定的原因解释得十分
清楚了。在后来的整风运动中,《中共中央关于增强党性的决定》成为干部
整风学习的必读文件之一。

中共中央曾计划在 1941 年下半年召开第七次全国代表大会,并确定此
次大会的一项重要议题就是总结中共六大以来的历史经验。1940 年 3 月,
周恩来、任弼时自莫斯科返回延安。中共中央决定任弼时留在延安,参加中
共中央书记处的工作,协助中共中央和毛泽东筹备召开七大,并具体负责督
促于 1940 年 10 月底印出准备的各种材料,其中包括六大以来党的历史
文献。

但是,六大以来党的文献的收集工作并不顺利,到这年 10 月份,相关材
料还没有找齐。10 月 16 日,中共中央政治局召开会议,决定收集材料的工
作由陈云、王明、王稼祥、张闻天、邓发等人分头负责,其中陈云负责组织问
题和青年问题的材料,王明负责妇女问题的材料,张闻天负责宣传问题的材
料,邓发负责职工问题的材料。10 月 21 日,政治局常委会作出决定:有关
材料限于 11 月底完成。

由于上述负责收集材料的人员,都是中共中央政治局委员,他们"工作
很多,根本没有精力去收集历史资料,上述分工实际上不太可行"②。于是,
中共中央不久又决定六大以来历史文献的收集工作改由中央秘书处承担,
由毛泽东负责督促与审核。毛泽东接手这项工作后进行得比较顺利。据胡
乔木回忆,当时收集资料的途径,一是中共中央从中央苏区带到延安的资
料,由于当时的战争环境,能带到延安的资料很少,因而这些资料只是"很
小很小的一部分";二是毛泽东自己保存的一些材料,如湘赣边界各县第二
次代表大会决议,毛泽东给林彪的信(即后来收入《毛泽东选集》的《星星之
火,可以燎原》),不过这部分的数量也很有限;三是从党的报刊中查找,由
于当时党报党刊主要在上海等地,在延安查找这些报刊不易,加之一些重要

① 《为什么要作出增加党性的决定》(1942 年 7 月 14 日),《任弼时选集》,人民出版社
1987 年版,第 238—241 页。
② 《胡乔木回忆毛泽东》,人民出版社 1994 年版,第 175 页

的文件在报刊上登载的不多,所以这条途径找到的资料也很有限;四是国民党在三十年代曾编纂了一套《赤匪反动文件汇编》,收集了中共历史上大量的文件资料,这成了收集六大以来历史文献的主要途径,但考虑到国民党可能对这些文件进行篡改,因而由毛泽东亲自对这些材料进行审核。1933年年初,中共临时中央从上海迁到中央苏区后,曾在上海设立一个秘密存放文件的地点即"秘密文库",中共中央曾电告中共南方局,希望上海的中共地下组织从文库中找出一些文件。后来上海地下党找到了一些文件,不过并没有用上。①

毛泽东负责六大以来文献资料收集之初,并没有打算将这些材料编成一本书。在审核这些历史资料的过程中,他"深切在感受到主观主义、教条主义对我党领导机关的严重危害。这种危害通过领导机关下发的一系列决定、命令、指示等流毒到全党,在党内形成了一条比以往各次'左'倾错误路线更完备的新的'左'倾路线,就是这条路线几乎断送了中国革命的前程"。但这种情况并没有为全党所充分认识,即使一些党的高级干部,也不承认历史上曾经有过这样一条路线。在这种情况下,毛泽东觉得,如果不解决这个问题,七大是难以成功召开的。因此,他认为有必要在高级干部中开展一个学习与研究党的历史的活动,以提高高级干部的路线觉悟,统一全党的思想。② 在1941年八、九月间召开的一次会议上,毛泽东建议将他正在审核的为七大准备的六大以来的历史文献汇编成册,供高级干部学习和研究中共党史使用,会议同意了毛泽东的这个建议。③ 这次会议后,毛泽东开始进行此书的分类编辑工作,他将这些文献资料分成政治问题、组织问题、军事问题、锄奸问题、职工运动、青年运动、妇女运动、宣传教育等八个专题,每一专题内的文献资料,不论其代表的路线正确与否,均按时间顺序排列。1941年年底,这本文献资料汇集以《六大以来——党内秘密文件》为名,由新华印刷厂印刷出版。

---

① 《胡乔木回忆毛泽东》,人民出版社1994年版,第177页。
② 《胡乔木回忆毛泽东》,人民出版社1994年版,第176页。
③ 关于中共中央决定编辑此书的时间,一说是1941年上半年,见裴淑英:《关于〈六大以来〉一书的若干情况》,载《党的文献》1989年第1期。从下文毛泽东1943年10月在中共中央政治局会议上的讲话内容看,决定编辑该书的时间在1941年上半年的可能性更大些。

《六大以来》分为上下两册,上册主要内容是关于政治问题,其他内容收入下册,共收集了1928年中共六大到1941年11月期间中共重要历史文献共557篇,其中包括会议纪要、决议、通告、电报、指示、党报社论、党的领导人文章与信件等,共约280万字。在编辑这本书的过程中,毛泽东曾挑选了一些重要的有代表性的文件86篇,以活页的形式发给在延安的高级干部,供其学习与研究,在1941年年底,这些文章被合订成《六大以来》选集本。所以,《六大以来》实际上有汇集和选集两个版本。当时,该书的汇集本印刷了500套,只发给中共中央各部机关、各中央局、中央军委及各军区等大单位,不发给个人;而选集本印刷了一千余册,既发给单位,也发给个人,当然,只限于高级干部。该书的分发手续十分严格,每本书逐一编号,凡收到此书者必须经过认真登记,并且保证不准遗失转让,如本人离开工作岗位须交给接任者并报告中共中央,如果此书万一遗失,必须立即报告,否则不但将取消此书阅读资格,而且还要交党务委员会会议处理。

毛泽东编辑《六大以来》的一个重要目的,"主要是把两条路线点明,从四中全会开始产生了党内的第三次'左'倾错误路线"①。因此,书中不仅收录了若干实践证明比较正确的历史文献资料,也收入了这一历史阶段大量反映"左"右倾错误的文献资料。《六大以来》的编辑出版,对于延安整风的发动起到了极为重要的作用。胡乔木回忆说:"当时没有人提出过四中全会后的中央存在着一条'左'倾路线。现在把这些文件编出来,说那时中央一些领导人存在主观主义、教条主义就有了可靠的根据。有的人就哑口无言了。""从《六大以来》,引起整风运动对党的历史的学习、对党的历史决议的起草。《六大以来》成了党整风的基本武器。"②毛泽东自己也在1943年10月的中共中央政治局会议上说:"抗战初期的右倾投降主义,六届六中全会在政治路线上是克服了,但未作结论,组织问题也没有说,目的是希望犯错误的同志慢慢觉悟。到了一九四一年五月,我作《改造我们的学习》的报告,毫无影响。六月后编了党书(即《六大以来》——引者注),党书一出,许多同志解除武装,才可能召开一九四一年九月会议,大家才承认十年

---

① 《胡乔木回忆毛泽东》,人民出版社1994年版,第49页。

② 《胡乔木回忆毛泽东》,人民出版社1994年版,第48页。

毛泽东怎样发动延安整风

内战后期中央领导的错误是路线错误。"①

二、1941 年九月政治局会议成为
整风运动启动的标志

　　如果说上述工作都是延安整风的准备,那么,1941 年 9 月至 10 月召开的扩大的中共中央政治局会议,可以说是启动整风运动的一个标志性事件。这次政治局会议召开的具体时间是 9 月 10 日至 10 月 22 日,会议的主题是讨论党的历史特别是土地革命战争时期的路线问题。前文提及,毛泽东在接手编"党书"的过程中,阅读大量的中共历史文献,进一步意识到苏维埃运动后期,中共临时中央及其领导人不单是犯了"左"倾错误的问题,而是形成一条系统的错误路线,在这个问题上如果全党特别是党内领导层不能取得共识,就不能从根本上认识到主观主义特别是教条主义的危险并加以彻底肃清。这是毛泽东下决心在这次会议上重点讨论苏维埃运动后期路线问题的重要原因。

　　在 9 月 10 日的会议上,毛泽东作了关于反对主观主义和宗派主义的报告。毛泽东说:"过去我们的党很长时期为主观主义所统治,立三路线和苏维埃运动后期的'左'倾机会主义都是主观主义。苏维埃运动后期的主观主义表现更严重,它的形态更完备,统治时间更长久,结果更悲惨。这是因为这些主观主义者自称为'国际路线',穿上马克思主义的外衣,是假马克思主义。""遵义会议,实际上变更了一条政治路线。过去的路线在遵义会议后,在政治上、军事上、组织上都不能起作用了,但在思想上主观主义的遗毒仍然存在。""六中全会对主观主义作了斗争,但有一部分同志还存在着主观主义,主要表现在延安的各种工作中,在延安的学校中、文化人中,都有主观主义、教条主义。这种主观主义同实事求是的马克思主义是相对抗

---

① 中共中央文献研究室:《毛泽东年谱(1893—1949)》中卷,人民出版社、中央文献出版社 1993 年版,第 469 页。

的。""现在,延安的学风存在主观主义,党风存在宗派主义。"毛泽东在讲话中列举了克服这些不正之风方法,并且强调:"打倒两个主义,把人留下来。反对主观主义和宗派主义,把犯了错误的干部健全地保留下来。"①

听毛泽东的报告之后,首先发言的是张闻天。他说:毛主席的报告,对党的路线的彻底转变有极大的意义。过去我们对苏维埃运动后期的错误没有清算,这是欠的老账,现在必须偿还。犹如现在做了领导工作而过去没有做过下层工作的,也要补课。张闻天又说:反对主观主义,要作彻底的清算,不要掩盖,不要怕揭发自己的错误,不要怕自己的癞痢头给人家看。过去国际把我们一批没有做过实际工作的干部提到中央机关来,是一个很大的损失。过去没有做实际工作,缺乏实际经验,现在要补课。过去的老帐,必须要还。②

接着发言的是博古。他说:1932 年至 1935 年的错误,我是主要的负责人。遵义会议时,我是公开反对的。后来我自己也想到,遵义会议前不仅是军事上的错误,要揭发过去的错误必须从思想方法上、从整个路线上来检讨。我过去只学了一些理论,拿了一套公式、教条来反对人家。四中全会上我与稼祥、王明等反对立三路线的教条主义,也是站在"左"的观点上反的,是洋教条反对土教条。当时我们完全没有实际经验,在莫斯科学的是德波林主义的哲学教条,又搬运了一些苏联社会主义建设的教条和西欧党的经验到中国来,过去许多党的决议是照抄国际的。在西安事变后开始感觉这个时期的错误是政治错误。到重庆后译校《联共党史》才对思想方法上的主观主义错误有些感觉。这次学习会检查过去的错误,感到十分严重和沉痛。现在我有勇气研究自己过去的错误,希望在大家的帮助下逐渐克服。③

在这天会议上发言的还有王稼祥、王明等人。王稼祥检讨说:"我实际工作经验也很少,同样在莫斯科学了一些理论,虽也学了一些列宁、斯大林的理论,但学得多的是德波林、布哈林的机械论。学了这些东西害多益少。

---

① 《反对主观主义和宗派主义》(1941 年 9 月 10 日),《毛泽东文集》第二卷,人民出版社 1993 年版,第 372—373、375 页。

② 《缺乏实际工作经验要补课》(1941 年 9 月),《张闻天文集》第三卷,中共党史出版社 1994 年版,第 162 页。

③ 《胡乔木回忆毛泽东》,人民出版社 1994 年版,第 196 页。

我回国后便参加了四中全会反立三路线斗争,当时不过是主观主义反主观主义,教条主义反教条主义。""我们的主观主义的来源是由于自己经验不够和教条主义所致。"①

王明说:"毛主席报告对 1932 年至 1935 年的错误说是路线问题,今天又有洛甫、博古的讲话,现在我都同意了。反主观主义与教条主义对我有很大好处。1930 年反立三路线我写了《为中共更加布尔什维克化而斗争》的小册子,我在莫时看了很多中国报纸,对博、洛在中央苏区时对毛的关系是不同意的;对五中全会认为是苏维埃与殖民地两条道路的决战是不同意的。我在国际十三次全会上发言开始说了要反对日本帝国主义,十四次全会上便提出了反日本帝国主义的全部办法。"王明认为自己的缺点主要是没有很好研究中国问题,不了解蒋介石是(能)抗日的,所以表示要从头做起向下学习。②

从王明这段话可以看出,他并没有认为苏维埃运动后期的路线错误与他多大的直接关系。一方面,当时将这条错误路线的形成时间界定为 1932 年,而这时王明已离开国内到共产国际工作,他不是中共临时中央的直接负责人。另一方面,他认为自己对这条路线错误还有所纠正。王明在这里讲他不同意博古、张闻天对毛泽东的态度,不同意中共六届五中全会关于苏维埃与殖民地两条道路的决战,大体上还是符合实情的。

9 月 11 日,会议继续举行,这天发言的有朱德、陈云等人。朱德在谈到第二次国内革命战争时期主观主义在红军作战中的种种表现时指出:到 1933 年以后,李德不经过军委,直接指挥部队乱打。随便组织新部队,这种新部队不能打仗,过去所谓扩大百万红军,到长征时大多数在路上散掉了。长征是一种搬家式的长征,在李德领导下,只是沿途逃跑,不敢打湖南军队。在分析主观主义的来源时,朱德指出:党的领导机关中,许多青年学生同志,对中国社会不满,要求什么都要干得彻底,而对于实际工作,什么也不懂。一些有教条主义思想的人拿着马列主义做招牌,随便批评人家,常常用革命

---

① 徐则浩:《王稼祥传》,当代中国出版社 2006 年版,第 231 页。
② 转引自章学新:《推动延安整风的关键性会议——真诚革命者的反躬自省和王明的透过、倒算》,《党的文献》1997 年第 6 期。

的词句来打击人家。①

陈云在发言中说,1927年至1937年这十年的白区工作,主观主义占统治地位。四中全会后的中央主要负责人多数是从莫斯科回来的,他们用马列主义的金字招牌压服实际工作者。白区工作的主观主义直到刘少奇来白区工作后才开始转变。现在检查起来,刘少奇是代表了过去十年白区工作的正确路线。主观主义主要表现在上层,中央里的所谓"理论家"、"实际家",主观主义表现更严重。②

在9月12日的会议上,任弼时、彭真等作了发言,王明作了会上的第二次发言。

任弼时在上发言说:二十年党的历史说明,根本问题是思想方法问题,即如何使理论与实际真正联系的问题。真正的理论家,那就是能理论与实际联系起来,能从经验中找出发展的规律而灵活的运用,是善于以理论为武器,根据具体的客观事实正确的决定斗争政策,而不是空谈死背教条公式。六届四中全会后,1932年1月到遵义会议时期,是更完备的主观主义、宗派主义思想占统治时期,造成更严重的路线错误和严重的恶果。占据领导地位的主观教条主义者,以更高明些的教条击败了不高明的教条主义、宗派主义者;他们更肆无忌惮地发挥其小资产阶级空想革命的主观主义,同时又以宗派主义来保持他那主观主义的空想革命的进行;他们没有实际革命斗争的经验,并不真正愿意与群众实际生活接触;否认过去的革命斗争经验,以宗派主义组织路线打击不合于自己的异己者;他们规定一些东西要人家执行,而自己并不一定遵守和执行,甚至在最危急时而悲观而动摇。③

彭真发言说,反主观主义的斗争不只是从今天开始,今天反主观主义的斗争是在中央领导机关开始决战。华北来的一些干部,有一种悲观失望表现,认为许多理论学不进去,有些人只学了些名词和教条。现在延安学校教马列主义概论,教外国的东西,而不教中国的农民问题与民族问

---

① 中共中央文献研究室:《朱德年谱》(新编本)中,中央文献出版社2006年版,第1077页。

② 中共中央文献研究室:《陈云年谱》上卷,中央文献出版社2000年版,第326—327页。

③ 中共中央文献研究室:《任弼时年谱》,中央文献出版社2004年版,第407—408页。

题。六届四中全会后,白区工作完全失败,苏区工作大部分失败。这是主观主义的严重恶果。遵义会议决议,在苏区党代会时华北代表没有看到。我过去对中央同志是尊重的,但过去有这样大的错误,中央没有作结论,我是不舒服的。这次反主观主义的斗争,是为了纠正路线的错误,而不是打击人。①

在 9 月 12 日的会议上,王明也作了发言,但他不检讨自己,却抓住李维汉说过的一句话大做文章。李维汉在发言中表示,经过检查后,思想上放下包袱,觉得"轻松愉快"。李维汉在中共六大后虽然不是政治局成员,但在李立三主持中共中央工作和苏维埃运动后期,都曾担任过重要的职务,"两个时期的错误,他都较为积极地贯彻过。在会上不少同志对他批评较重,说他检讨不好,有的同志用词还尖刻"②。李维汉的这句话,无非是表达自己在经过检查后的心情,王明却指责他"不诚恳"、"不彻底",说:"1932 年至 1935 年的主观主义危害很大,罗迈认为轻松愉快,是没有法子纠正的","如认为自己可以马虎过去,这是不能改正错误的"③。

发言的最后,王明说要向中央揭穿一个秘密。他说,博古、张闻天当年领导的中央是不合法的。因为 1931 年秋他与周恩来离开上海时,虽然推荐博古、张闻天等组成上海临时中央政治局,但当时已经说明,由于博古他们不是中央委员,更不是政治局委员,将来到政治局委员多的地方要将权力交出来。没想到博古、张闻天他们到中央苏区后却不提此事,竟领导起那些真正的政治局委员来了。④

自从中共六届四中全会特别是 1931 年 9 月中共临时中央成立以来,毛泽东与其在一系列的问题上存在分歧,而临时中央为贯彻自己的那一套东西,不但对毛泽东加以批评与指责,而且还采取了一系列的组织措施。如宁都会议解除毛泽东对红军的指挥权,使他从此开始了长达两年多年间的"靠边站";1933 年临时中央刚搬到中央苏区,就以指桑骂槐的方式反所谓

----

① 中央党校彭真传记编写组:《克服主观主义是决定党的生死问题》,《人民日报》2000 年 5 月 2 日。

② 《胡乔木回忆毛泽东》,人民出版社 1994 年版,第 196 页。

③ 转引自章学新:《推动延安整风的关键性会议——真诚革命者的反躬自省和王明的透过、倒算》,《党的文献》1997 年第 6 期。

④ 杨奎松:《毛泽东与莫斯科的恩恩怨怨》,江西人民出版社 1999 年版,第 129 页。

"罗明路线";在 1934 年 1 月第二次全国苏维埃代表大会(简称"二苏大")上,只保留了他临时中央政府执行委员会主席的虚位,而人民委员会主席一职则被张闻天所取代,实际上处于赋闲状态。毛泽东所说的苏维埃运动后期的路线错误问题,博古、张闻天无疑是主要责任人。可是,在博古、张闻天已经在会议上检讨了自己的错误,承担了相应责任的情况下,王明揭露出的这个"秘密",显然是为把博、张二人彻底搞臭搞倒。然而,王明这样做,或许是为了使会议将主要矛头进一步对向博、张等人,但却使人们看到其为人的不可取。博古早已离开中央领导岗位,张闻天这时名义上还在主持会议,但经过中共六届六中全会之后毛泽东的领袖地位已完全确立,且他均已诚恳地检讨自己的错误,王明此举实有落井下石之嫌。这是后来王明逐渐失去人们同情而遭孤立的一个重要原因。

9 月 29 日,政治局会议继续举行。在这天的会议上,张闻天、博古等人再次检讨自己在苏维埃运动后期的错误,同时也指出,王明并非他自己所说的那样正确,他与错误路线也是有关联的。

张闻天在发言中指出:这次会议精神极好,对自己极有帮助。必须把自己个人问题弄清楚,才能更好讨论。我个人的主观主义、教条主义极严重,理论与实际脱离,过去没有深刻了解到。自己虽是对这个问题说得、写得都很多,但了解并不清楚。原因是行动方面夸夸其谈,粗枝大叶漫画式、一般的了解问题,而不是很具体清楚了解后再提出问题,所以得出的结论是主观的。真正自己动手做得不够,因而不能深刻了解和处理问题,在实际工作上纠正理论与实际脱离的错误也不可能。

对于中央苏区的工作,张闻天说:同意毛主席的估计,当时路线是错误的。政治方面是"左"倾机会主义,策略是盲动的。军事方面是冒险主义(打大的中心城市、单纯防御等)。组织上是宗派主义,不相信老干部,否定过去一切经验,推翻旧的领导,与意气相投者结合,这必然会发展到乱打击干部。思想上是主观主义与教条主义,不研究历史与具体现实情况。这些错误在第五次反"围剿"中发展到最高峰,使党受到很严重的损失。我是主要的负责者之一,应当承认错误。特别在宣传错误政策上我应负更多的责任。我们的错误路线不破产,毛主席的正确路线便不能显示出来。但应该说没有当时来中国的外国人的支持,我们的错误不会这样有力的发展。①

关于王明 9 月 12 日发言所讲到的"篡位"问题。张闻天说,当时路线的错误,临时中央到苏区后也确有篡位问题,但王明当时在国际不打电报来纠正也是不对的。况且五中全会的名单也是国际批准的,这些事情王明当时为什么不起作用。②

博古检讨说:1932 年至 1935 年,是整个路线的错误,表现在对中国革命的性质、动力、土地革命与民族革命相结合,以及革命发展不平衡性和长期性等方面都有不正确的理解,不能正确估计形势,过分估计敌人的动摇和崩溃,夸大革命的主观力量,把个别事物视为普遍现象。每次决议,总说形势比以前高涨,步步高升,以教条掩盖革命力量的真实发展,因此斗争第一,虽败犹荣,人为地强制地提高斗争要求;军事上冒险,对下级和群众强迫命令,对中间阶级不讲策略,看成是掩护国民党的反革命;组织上排挤打击不同意见的人,搞宗派成见。总之,不懂得从事物的内在联系及其总和去认识中国革命的客观现实。主观主义是认识上的唯心论,方法上的机械论,轻视中国革命本身的经验,而把马列主义的词句和苏联的经验当作教条搬用。

博古的发言说明了王明和这条错误路线的直接关系。博古认为,错误路线从 1931 年 9 月 20 日中央发出的《由于工农红军冲破第三次"围剿"及革命危机逐渐成熟而产生的党的紧急任务》这个文件起"大致即萌芽","已初具面貌",因为文件中已经提出了要夺取大城市,一省数省首先胜利;提出了和反革命"决战",说"目前中心的中心是反革命与革命的决死斗争";否认中国革命的不平衡性,说"急速发展的革命运动正在使不平衡逐渐走向平衡"。博古说:这是四中全会后"第一个全般(盘)性的重要决议",是王明赴莫斯科临行之前主持制定的。九一八事变发生后,中央决定周恩来进江西苏区,王明则要求去莫斯科,所以,20 日前后,在王明主持下解决了几件事:经远东局批准,成立了以博古为首的临时政治局;通过了上述决议和关于九一八事变的决议。博古又说明:共产国际对这条路线"有些助上(长),否则没有那样的气和劲。国际代表没有纠正,而是批准",王明在共

---

① 《缺乏实际工作经验要补课》(1941 年 9 月),《张闻天文集》第三卷,中共党史出版社 1994 年版,第 162—163 页。

② 杨奎松:《毛泽东与莫斯科的恩恩怨怨》,江西人民出版社 1999 年版,第 128 页。

产国际第十三次全会上的讲话，"也没有纠正，有些是助长"①。

康生发言说，王明在莫斯科其实与当时国内博古中央也犯着差不多同样的错误，他在个别策略上有对的地方，但基本思想与博古相一致，这是应该承认的。王明从莫斯科回到延安后，不听劝告留在延安，非驻武汉不可，以及在武汉时期所犯的错误，都是主观主义和宗派主义的表现。②康生还说，他过去在白区政策上与刘少奇有分歧，今天看起来刘少奇是对的，他当时反对刘少奇，一是由于自己的主观；二是听了国际说刘少奇是机会主义；三是受了1931年12月的中央告同志书（即《中央委员会为目前时局告同志书》——引者注）的影响，把刘少奇看成机会主义者。主观主义的错误路线把白区工作弄光了。如果那时中央是刘少奇负责，情况将是另一样。③

邓发说，对于当时的错误，博古的确要负第一位的责任，李维汉、张闻天其次，但这些错误政策莫斯科是否也批准了呢？在夸大红军力量、断言党的路线正确等问题上，王明不是也同意了吗？④

王明9月12日的发言，原本企图使博古、张闻天等人不但背上犯了路线错误的责任，而且还存在"篡位"和假传圣旨的问题，不料弄巧成拙引火烧身，这恐怕是他始料不及的。

9月26日，中共中央书记处会议决定成立高级学习组。同一天，中共中央发出经毛泽东修改的《关于高级学习组的决定》。文件规定高级学习组"成分以中央、各中央局、中央分局、区党委或省委之委员，八路军新四军各主要负责人，各高级机关某些职员，各高级学校某些教员为范围"；"以理论与实践统一为方法，第一期为半年，研究马恩列斯的思想方法论与我党二十年历史两个题目，然后再研究马恩列斯与中国革命的其他问题，以这克服错误思想（主观主义及形式主义），发展革命理论的目的"；"高级学习组设组长、副组长及学习秘书各一人。学习组之下分设若干学习小组，由小组长负责。延安及各地高级学习组统归中央学习组（以中央委员为范围，毛泽

---

① 转引自章学新：《推动延安整风的关键性会议——真诚革命者的反躬自省和王明的透过、倒算》，《党的文献》1997年第6期。

② 杨奎松：《毛泽东与莫斯科的恩恩怨怨》，江西人民出版社1999年版，第129页。

③ 《胡乔木回忆毛泽东》，人民出版社1994年版，第198页。

④ 杨奎松：《毛泽东与莫斯科的恩恩怨怨》，江西人民出版社1999年版，第129页。

东为组长,王稼祥为副组长)管理指导,按时指定材料,总结经验,解答问题"①。

这年 11 月 4 日,毛泽东和王稼祥向各地高级学习组发出关于学习内容的通知,规定"第一步均以列宁主义的政治理论与我党六大以来的政治实践",为中央学习组及各地高级研究组学习研究范围,"现今在本年内,先将季米特洛夫在国际七次大会报告及列宁《左派幼稚病》二书,与六大以来八十三个文件,通读一遍。这种通读的目的在于获得初步概念,以便在明春可进到深入研究阶段。"②高级学习组的成立和相关学习活动的开展,意味着"从 1941 年冬季开始,全国各地党的高级干部的整风学习运动普遍发动起来了"③。

三、王明利用季米特洛夫电报做
文章结果却适得其反

这年 7 月,联共(布)中央通知中共中央,日本正从本土把一批完整的部队单位运到了中国大陆,集中在中苏边境,建议八路军设法切断通往北平、张家口、包头的铁路交通,突破日本部队向这些地点的集结。苏联还通过其驻华武官崔可夫向中共中央提出,八路军应大规模出击,配合国民党军队在中条山一带的作战。7 月 15 日,中共中央就中共准备以何种行动援苏问题,致电周恩来要他答复崔可夫并转告苏方:中国党决心在现在条件下,以最大可能帮助苏联红军的胜利,而在以情报和破路牵制敌人方面,八路军已开始行动,但对将来日军可能的大规模行动,因"敌我军事技术装备悬殊太远,我人力、物力、地区、弹药日益困难","我们在军事上的配合作用恐不

---

① 中央档案馆:《中共中央文件选集》第 13 册,中共中央党校出版社 1991 年版,第205—206 页。

② 中央档案馆:《中共中央文件选集》第 13 册,中共中央党校出版社 1991 年版,第 211 页。

③ 《胡乔木回忆毛泽东》,人民出版社 1994 年版,第 204 页。

很大。假若不顾一切牺牲来动作,有使我们被打塌,不能长期坚持根据地的可能,这不管在那一方面都是不利的"。因此,中共只能"采取巩固敌后根据地,实行广泛的游击战争与日寇熬时间的长期斗争的方针,而不采孤注一掷的方针"①。

对于中共中央的这个答复,苏方甚是不满,10月上旬,通过季米特洛夫致电中共,一共提出了十五个问题加以责备,特别要求中共中央回答,在法西斯德国继续进攻苏联的情况下,中国党究竟采取什么措施在中国战场上积极从军事上打击日本,从而使德国在东方的同盟国日本不可能开辟第二战场进攻苏联?

接到季米特洛夫的电报后,毛泽东将来电交给王明看并商量如何答复。10月7日,毛泽东同王稼祥、任弼时找王明共同商量复电季米特洛夫的问题。王明说:我党已处于孤立,与日蒋两面战争,无同盟者,国共对立。原因何在? 党的方针太左,新民主主义论左。新民主主义是将来实行的,现在不行,吓着了蒋介石。反帝、反封建和搞社会主义是三个阶段,目前只能反帝,对日一面作战,避免同蒋摩擦;我们与蒋的关系应是大同小异,以国民党为主,我党跟从之。我党的黄金时代是抗战之初的武汉时期,1937年12月会议前和1938年10月六届六中全会以后,这两头的政策皆是错误的。②

在此之前,毛泽东曾同王明谈过两次话。第一次是王明9月12日发言之后,毛泽东希望向王明具体了解博古等人的所谓"篡位"问题,同时也婉转地提出希望他能正视在抗战初期所犯的错误。③ 第二次是9月29日的会议之后,据王明在10月8日的发言,毛泽东与他主要谈了如下四个问题:(一)统一战线下的独立自主问题;(二)《论持久战》问题;(三)对武汉时期形势估计问题;(四)长江局与中央关系问题。④

9月29日会议上,张闻天、博古、康生、邓发等人发言,已说明王明对苏

---

① 周文琪、褚良如:《特殊而复杂的课题——共产国际、苏联和中国共产党关系编年史》,湖北人民出版社1993年版,第387页。

② 《胡乔木回忆毛泽东》,人民出版社1994年版,第199—200页。

③ 杨奎松:《毛泽东与莫斯科的恩恩怨怨》,江西人民出版社1999年版,第130页。

④ 中央档案馆党史资料研究室:《延安整风中的王明——兼驳王明的〈中共五十年〉》,《党史通讯》1984年第7期。

维埃运动后期的路线错误并非没有责任,按理说王明应当主动检讨自己的错误。可是,看了季米特洛夫的电报之后,王明错误地估计了形势,认为国产国际已对中共中央和毛泽东严重不满,结果非但没有检讨自己,反而对毛泽东大加指责。

10月8日,中共中央书记处召开会议,王明在会上作了长篇讲话。关于国共关系问题,王明说,最近国际来电,要我们考虑如何改善国共关系,我认为目前国际提出这个问题是有原因的,我们与国民党的关系弄得更好些是有必要的,而且是可能的;现在中央军与地方实力派同我们关系都不好,各小党派除救国会、第三党与我们关系较好外,其他党派与我们关系也不好。我们应与地方实力派关系弄得更好些;我党虽在国共摩擦斗争中仍能执行统战政策,仍然拥护蒋介石,但在军事摩擦中对地方实力派消灭过分,对地主搞得太过火,这是妨碍统一战线的。关于新民主主义政权问题,王明说,中国革命的政权是各阶级联合的政权,目前需要工农、小资产阶级、资产阶级及地主各阶级联合的政权,毛著《新民主主义论》中只说工农、小资产阶级与民族资产阶级联合的政权,只说要联合中产阶级,未说要联合大资产阶级。在《新民主主义论》说到经济政策时,说不要大地主大资产阶级,这是缺点。关于统一战线问题,王明说,有些地方执行政策是"左"了,有些斗争是可以避免的;现在要与国民党关系弄好;今后阶级斗争要采用新的方式,使党不站在斗争的前线,而使广大群众出面,党居于仲裁地位,可有回旋余地。①

王明为何在这种情况下,对中共中央方针政策采取全盘否定的态度,关键在于他相信共产国际对中共必定有所动作。他事后曾对博古说,他这样做,是因为"那边的方式我是知道的,先提问题,后来就有文章的"②。但王明这一次是完全打错算盘了。其一,此时苏德战争已经爆发,苏联在开战之初连遭失利,斯大林已经自顾不暇,不可能过多关注中共的事务。其二,王

---

① 中央档案馆党史资料研究室:《延安整风中的王明——兼驳王明的〈中共五十年〉》,《党史通讯》1984年第7期;《胡乔木回忆毛泽东》,人民出版社1994年版,第200页;中共中央文献研究室:《任弼时年谱》,中央文献出版社2004年版,第409—410页。周国全、郭德宏:《王明传》,安徽人民出版社1989年版,第388—389页。

② 杨奎松:《毛泽东与莫斯科的恩恩怨怨》,江西人民出版社1999年版,第131页。

明是米夫一手扶上台的,米夫早在1937年苏联的肃反运动中被整肃,王明在莫斯科已没有靠山。其三,经过中共六届六中全会,毛泽东在全党的领袖地位已经稳固,王明的那一套主张在党内已没有市场。其四,王明对张闻天、博古的态度,使与会者包括原属教条主义阵营的人,对其为人与作风难免产生反感。

本来,毛泽东在提出苏维埃运动后期的路线错误时,并没有将主要矛头指向王明,只是在同王明第一次谈话时"委婉地提到了希望王明能够正视他在抗战初期所犯错误的问题",并且谈话的态度"是商量的"①。现在既然王明自己跳了出来,毛泽东也就决心将王明在抗战初期的问题提出一并加以解决。

王明讲完后,毛泽东说,最近和王明谈过几次,但还没有谈通。王明今天说的有些问题和昨晚不同,作了一些修改。昨晚他说,当前我们要和大资产阶级弄好关系,说《边区施政纲领》和《新民主主义论》只要民族资产阶级,不好;而要与蒋介石弄好关系。批评我们的方针是错的,太"左"了。恰恰相反,我们认为王明的观点太右了。对大资产阶级,对蒋介石只是让步是弄不好的。蒋介石对我们采取一打一拉的策略,我们要依靠无产阶级的自觉性,不能上他们的当。所以,我曾多次说到陈独秀的右倾机会主义造成大革命失败的历史教训,来教育同志,而王明没有一次说到陈独秀主义的错误。②

谈到武汉时期的问题时,毛泽东说:王明同志在武汉时期的许多错误,我们是等待了他许久,等待他慢慢的了解。直到现在还没有向国际报告过。最近我和王明同志谈过几次,但还没有谈通,现在又提出对目前时局的原则问题,我们大家来讨论是好的。王明同志在武汉时期的工作,我和他谈过在下面几个问题上有错误:(一)对形势估计问题——主要表现乐观;(二)国共关系问题——忽视在统战下的独立性与斗争性;(三)军事策略问题——王明助长了反对洛川会议的独立自主的山地游击战的方针;(四)组织问题——长江局与中央的关系是极不正常的,常用个人名义打通电给中央与

<hr />

① 杨奎松:《毛泽东与莫斯科的恩恩怨怨》,江西人民出版社1999年版,第130页。
② 中共中央文献研究室:《任弼时传》,中央文献出版社、人民出版社1993年版,第473页。

前总,有些是带有指示性的电报;不得到中央同意,用中央名义发表了许多文件。这些都是极不对的。现在王明同志谈了他的看法,大家可以讨论。"①

王明在党内并没有多深的资历,之所以从一个普通干部一跃而进入中央领导层,靠的是共产国际对他的重用。随着米夫的失势,王明在共产国际眼中已不那么重要了,他自己恐怕不会不知道这一点,可季米特洛夫的电报又使他产生了幻想,以为共产国际会重新重用他。然而,王明的这个幻想被这天会议上王稼祥和任弼时的发言打破了。

王稼祥发言说:与斯大林谈话时,我与王明都参加了。当王明问到中国革命战略阶段时,斯大林答复说,现在主要的是打日本,过去这些东西现在不要谈。当谈到军事工业时,斯大林说,没有大炮是很困难的,苏联愿给予帮助。谈到政权问题时,斯大林说,将来你们军队到了那里,政权也会是你们的。谈到战略问题时,斯大林说,打日本不要打头,这实际上便是要打游击战。季米特洛夫谈话时,我与王明、康生都参加了。季米特洛夫对王明说:你回中国去要与中国同志关系弄好,你与国内同志不熟悉,就是他们推你当总书记,你也不要担任。对于中国共产党的路线,我的印象是共产国际没有说过不正确的话。②

任弼时发言说:"我与恩来在莫时,季米特洛夫与我们谈话说到王明一些缺点,要我们告毛泽东帮助王明改正,我们回来只对毛说过,对王明也没有说,因为感觉不好对他说。有一次毛找王明、洛甫、康生、陈云和我谈过话,批评过王明一些缺点。后来他担任边区工作,开始实际工作的调查研究,我感觉他有进步,但前次政治局会议,王发言批评别人无党性,对自己缺乏批评精神。前几次毛与王谈武汉时期的错误,王还不愿接受。昨晚谈话更提出新的原则问题。今天书记处会上我不得不把季米特洛夫对我说的问题谈出来,帮助王明来了解问题。"任弼时说:"首先是曼努伊尔斯基问我三点,我只记得下两点:第一问,王明是否有企图把自己(的)意见当作中央的意见。第二问,王明是否想团结一部分人在自己的周围。而季米特洛夫的

---

① 中央档案馆党史资料研究室:《延安整风中的王明——兼驳王明的〈中共五十年〉》,载《党史通讯》1984 年第 7 期;《胡乔木回忆毛泽东》,人民出版社 1994 年版,第 201—202 页。

② 徐则浩:《王稼祥传》,当代中国出版社 2006 年版,第 182—183 页。

评语是'王明缺乏工作经验','王明有些滑头的样子',据共产国际的干部反映,有一次出去参观,米夫介绍王明为中国党的总书记,王明居然默认(张闻天插话说,《救国时报》宣传王明为英明领袖)。根据国际说的这些话,和王明回国后的情形,王确有'钦差大臣'的味道。王的主要问题便是个人突出,自以为是,对国共关系问题有原则上的错误,特别是忽视反对陈独秀右倾机会主义的复活。"①

这次书记处会议对王明是一个沉重打击。听完了众人的发言,王明这才发现局势对自己已完全不利,只得辩解说:我认为在1937年12月政治局会议上的讲话与六届六中全会的路线是一致的,"一切经过统一战线"的口号,有些同志了解与我了解不同,我的了解不是一切经过统一战线便是一切经过蒋介石;在长江局工作时总的路线是对的,只是个别问题有错误,但就是这些错误也是客观上形成的,或是由别人负责造成的。个别缺点是强调斗争性不够,不准在《新华日报》上发《论持久战》,在组织上形成半独立自主,原因是在国外单独发表文件做惯了。他还对毛泽东说:你是党的领袖,我的话不对,做结论的权在你。②

会议结束的时候,毛泽东提出,准备在政治局会议上开展讨论。王明提议检查中央政治路线,我们要提前讨论一次。关于苏维埃运动后期错误问题,停止讨论。希望王明对六中全会以前武汉时期的错误和对目前政治问题的意见,在政治局会议上说明。③

可是,没等下次政治局会议召开,王明终于招架不住了。"8日会议的结果,特别是王稼祥和任弼时讲述的季米特洛夫等国际领导人对他的不信任态度,不能不使他如坠深渊,心理上受到相当大的刺激。惶惶不安一天之

　　① 中共中央文献研究室:《任弼时传》,中央文献出版社、人民出版社1993年版,第474页。
　　② 中央档案馆党史资料研究室:《延安整风中的王明——兼驳王明的〈中共五十年〉》;中共中央文献研究室:《任弼时年谱》,中央文献出版社2004年版,第409—410页;中共中央文献研究室:《毛泽东年谱(1893—1949)》中卷,人民出版社、中央文献出版社1993年版,第331页。
　　③ 《胡乔木回忆毛泽东》,人民出版社1994年版,第201页。

后,王明竟因过于紧张使心脏挺不住突发休克病倒了。"①这样一来,原定12日举行的政治局会议只得延期。

10月13日,中共中央书记处召开工作会议,任弼时报告了王明的情况:王明因病,医生要他休息三个月。他提出不参加书记处工作会议,只参加政治局会议;关于武汉时期的错误,他同意毛泽东10月8日在书记处工作会议上的结论;关于对日前时局的意见,请政治局同志到他住室去谈,以后由政治局讨论,他病好了再看记录。②

由于王明生病不能到会,毛泽东宣布:王明生病,关于武汉时期工作只好停止讨论。关于王明在武汉时期工作中的错误,就以10月8日书记处工作会议的意见作为定论。对他说明,他在武汉时期的工作,路线是对的,但个别问题上的错误是有的,我们就是这些意见。如他还有什么意见,等他病好后随时都可以谈。以上意见委托弼时向他说明。③

这次会议决定:(一)组织清算党的过去历史委员会,毛泽东、王稼祥、任弼时、康生、彭真参加,以毛泽东为主任,由王稼祥起草文件;(二)组织审查过去被打击干部委员会,陈云、高岗、谭政、陈正人、彭真参加,以陈云为首。

10月22日,中共中央政治局再次召开扩大会议。这天的会议王明"因病请假"没有参加,毛泽东也未再作报告。至此,九月政治局会议结束。此次政治局会议对于延安整风产生了极大影响。在这个会议上,除了王明外,当年中共临时中央的几位主要成员,都检讨了自己的错误,并且承认苏维埃运动后期确实犯了路线错误,这就为整风运动的发动消除了可能的思想阻力,统一了领导层对这个问题的认识。王明虽然拒绝承认错误,但他在会上的所作所为,实际上使其已成为孤家寡人。这些都为整风运动的发动创造了有利条件,后来毛泽东说:"一九四一年九月会议是一个关键,否则我是

---

① 杨奎松:《毛泽东与莫斯科的恩恩怨怨》,江西人民出版社1999年版,第133—134页。

② 中共中央文献研究室:《任弼时年谱》,中央文献出版社2004年版,第411页。

③ 中共中央文献研究室:《毛泽东年谱(1893—1949)》中卷,人民出版社、中央文献出版社1993年版,第332页。

不敢到党校去作整风报告的,我的《农村调查》等书也不能出版,整风也整不成。"①

　　1942年2月1日,毛泽东在中共中央党校开学典礼上,作了《整顿学风党风文风》的报告(即《毛泽东选集》的《整顿党的作风》)。2月8日,他在中共中央宣传部召开的干部会议上,又作了《反对党八股》的演说。这两个报告的中心内容,就是提出要反对主观主义以整顿学风、反对宗派主义以整顿党风、反对党八股以整顿文风,同时提出整风运动要采取"惩前毖后,治病救人"的方法。这两个报告实际上是毛泽东公开发出了全党整风的号召。以此为标志,延安整风运动由党的高级干部发展到全党。

---

　　①　中共中央文献研究室:《毛泽东年谱(1893—1949)》中卷,人民出版社、中央文献出版社1993年版,第469页。

毛泽东对夺取全国政权的科学预计

抗战胜利后,中共中央对时局也曾作出过乐观的估计,开始做参加联合政府的准备,甚至计划将中央机关迁到江苏的淮阴。

全面内战爆发之后,毛泽东等中共领导人多次对中共战胜蒋介石所需的时间作出预计。1948 年 3 月,毛泽东曾说:同蒋介石的这场战争,可能要打六十个月。前三十个月是我们"爬坡"到顶点;在后三十个月叫做"传檄而定"。

1946 年全面内战爆发之后,从兵力对比上,国民党远远超过中国共产党,但毛泽东等中共领导人基于国共人心的向背,明确提出蒋介石是能够战胜的,并多次对中共战胜蒋介石所需的时间作出预计。

一、"我们是能够战胜蒋介石的"

1945 年抗战胜利前后,中国共产党鉴于当时的形势与国共力量的对比,曾提出建立民主联合政府的主张。在这年 3 月召开的中共六届七中全会上,毛泽东在讲到联合政府问题时说:"联合政府有三种可能性:一种是坏的我们不希望的可能性,即要我们交出军队去做官。军队我们当然是不交的,但政府还是独裁的,我们做官不做呢?我们不要宣传去做,也不要拒绝,要准备这种可能性。其坏处是在独裁政府做官,不过这是可以向群众解释的(为了委曲求全,而这个政府我们是不赞成的),但也有好处,可以做宣传工作。第二种可能性,也是以蒋介石为首,形式是民主,承认解放区,实质仍是蒋介石的独裁政府。第三种可能性,是以我们为中心,在我们有一百五十万军队、一亿五千万人民时,在蒋介石的力量更加缩小、削弱,无联合可能时,就要如此做,这是中国政治发展的基本趋势和规律,我们要建设的国家就是这样一个国家。"①

在1945年4月召开的中共七大上,毛泽东将其所作的政治报告取名为《论联合政府》,可见当时中共对这一问题的重视。毛泽东在报告中设想,建立联合政府应分两步:"第一个步骤,目前时期,经过各党各派和无党无派代表人物的协议,成立临时的联合政府;第二个步骤,将来时期,经过自由的无拘束的选举,召开国民大会,成立正式的联合政府。"②显然,当时中共主张建立的联合政府,用毛泽东的话说,中共还只具有"参股"的性质,也就是使中共就全国性政权而言,从在野党(在局部地区是执政党)转变为执政党之一。同时考虑到蒋介石坚持其一党专政和个人独裁的一贯立场,及其对联合政府的反对态度,中共还一度有过成立解放区联合委员会,自己另起炉灶成立政府的想法。

中共七大不久,抗战胜利,形势发生重大变化,中共放弃了成立解放区联合委员会的设想,而是致力于推动联合政府的成立,而这样的政府能否建立,从根本上讲取决于蒋介石及国民党的态度。当时,中共方面对于建立联合政府是抱有诚意的,毛泽东冒着极大的风险赴重庆与蒋介石谈判,积极推动政治协商会议的召开,并在国共谈判中作了许多重大让步。一时间,国共关系出现了缓和的迹象,中共中央对时局也曾作出过乐观的估计,开始做参加联合政府的准备。1946年1月28日,中共中央书记处会议曾商定由毛泽东、林伯渠、董必武、吴玉章、范铭枢(时任山东省参议会参议长)、刘少

① 《对〈论联合政府〉的说明》(1945年3月31日),《毛泽东文集》第三卷,人民出版社1996年版,第277页。

② 《论联合政府》(1945年4月24日),《毛泽东选集》第三卷,人民出版社1991年版,第1068—1069页。

毛泽东对夺取全国政权的科学预计

奇、张闻天、周恩来等八人参加政府。2月6日的政治局会议又决定上述八人将出任国府委员,周恩来、林伯渠、董必武、王若飞参加行政院,分任副院长和部长。

在这段时间,中共甚至计划将中央机关迁到江苏的淮阴,其中一个考虑是中共领导人参加联合政府后往来南京开会方便。1946年1月27日,在重庆参加政治协商会议的周恩来返回延安,于第二天向中共中央政治局报告关于停战、三人小组(即由国民党代表张治中、共产党代表周恩来、美国代表马歇尔组成的最高军事小组会议,研究国共军队的整编统编问题)、政协等情况,并提出将来我党参加政府时,中央要考虑搬迁问题。① 2月2日,刘少奇在中共中央书记处讨论实施政协协议问题时说,华中我们应该保留,也可能党中央将来搬去。同一天,中共中央致电陈毅,指出:"必须巩固华中现有地区,因中央机关将来可能迁淮阴办公"②。3月4日,马歇尔、张治中、周恩来从重庆飞抵延安,在中共中央举行的欢迎晚会上,张治中对毛泽东说:"和平实现了,政府改组了,中共中央就应该搬到南京去,您也应该住到南京去。"毛泽东回答说:"我们将来当然要到南京去,不过听说南京热得很,我怕热,希望常住在淮阴,开会就到南京。"③

但是,中共期待的联合政府并没有建立,因为蒋介石从骨子里是要坚持其个人独裁统治和国民党一党专政的。共产党所信仰的主义不但与他的根本理念不符,而中共的存在本身就是对他个人独裁的威胁,至于与中共建立联合政府,不但将是对他独裁统治的限制,而且联合政府亦是对国民党一党专政的否定。蒋是靠抓军队起家的,对武力的作用十分迷信,认为共产党问题只能靠战争的方式解决。他当时对于用武力解决共产党问题也颇有信心。因为经过八年抗战,国民党军队不但数量庞大,而且经过抗战的磨练战斗力有了很大提高,在美国的帮助之下部队装备也有了很大的改进,抗战的胜利又增添了他在全国的威望。所有这些,使蒋介石认为,以战争的方式解

---

① 中共中央文献研究室:《周恩来年谱(1898—1949)》,中央文献出版社、人民出版社1989年版,第640—641页。

② 中共中央文献研究室:《毛泽东年谱(1893—1949)》下卷,人民出版社、中央文献出版社1993年版,第56页。

③ 《张治中回忆录》,文史资料出版社1985年版,第750页。

决共产党问题是有把握的,从而决定以全面内战来回应中共的联合政府主张。

当时,从实力对比上,国民党要比共产党强大得多。国民党军队不但数量上远远超过共产党军队(国民党总兵力达430万人,人民解放军为120万人),而且有空军,有海军,有大量的重武器和特种兵,而共产党海空军根本没有,重武器也不多,因而蒋介石认为可以速战速决,很快解决共产党问题。1946年7月,在决意发动内战之际,蒋介石和他的参谋总长陈诚说,"两个月内消灭苏北中共军,五个月内在军事上解决整个中共"(在同年12月26日的国民大会代表招待会上陈诚改口称:"下届国民大会明年十二月开会前,国军将肃清共军。"到1948年1月1日,蒋介石发表元旦广播,宣称将在一年内消灭共军主力)。可是,蒋介石低估了对手的能力,此时的中共军队虽然数量与装备都不如国民党军队,但与抗战之初相比有了质的飞跃。更重要的是,经过抗战的锻炼,中国共产党已经真正成熟起来。中共虽然不希望战争的发生,但并不惧怕战争。为此,毛泽东公开宣布:"帝国主义和一切反动派都是纸老虎"。他认为蒋介石集团藐视强大,实则外强中干,完全是可以打败的。1946年7月20日,即全面内战爆发后的第二个月,毛泽东就明确提出:"蒋介石虽有美国援助,但是人心不顺,士气不高,经济困难。我们虽无外国援助,但是人心归向,士气高涨,经济亦有办法。因此我们是能够战胜蒋介石的。全党对此应当有充分的信心。"[1]

全面内战爆发之初,毛泽东制定了不计较一城一地得失、以歼灭敌人有生力量为目标的战略方针,而国民党凭借其在人力物力上的优势,一度占领中共控制的一部分解放区。1946年10月,国民党军队占领晋察冀解放区首府张家口,蒋介石为其"胜利"冲昏头脑,悍然决定召开由国民党一党把持的所谓"国民大会"。这个"国民大会"的召开,等于是蒋介石彻底堵死了由各党各派与其共建联合政府之路,不但为中共所坚决反对,也遭到了中国民主同盟等中间党派的拒绝。到这时,通过改组国民党一党把持的国民政府为各党各派共同参加的联合政府已彻底行不通,中共也就决心通过打倒

① 《以自卫战争粉碎蒋介石的进攻》(1946年7月20日),《毛泽东选集》第四卷,人民出版社1991年版,第1187页。

毛泽东对夺取全国政权的科学预计

国民党来建立由自己领导的全国政权。当然,这个全国政权虽然是中共领导的,但并非为中共所独占,而是包括各民主党派与无党派民主人士在内的联合政府。

二、"同蒋介石的这场战争,可能要打六十个月"

1947 年 7 月,以晋冀鲁豫野战军强渡黄河千里挺进大别山为标志,人民解放军由战略防御转入战略进攻,战争形势日渐朝着有利于中共的方向发展。在这种情况下,毛泽东以其战略家的眼光开始预计战争的进程,并首次作出了五年解决国共战争问题的估计。1947 年 7 月 21 日至 23 日,中共中央在陕北靖边县的小河村召开扩大会议,毛泽东在分析形势时提出:对蒋介石的斗争,计划用五年(从 1946 年 7 月算起)解决,看过去这一年的作战成绩是有可能的。说五年,用不着讲出来,还是讲准备长期奋斗,五年到十年甚至十五年。不像蒋介石那样,先说几个月消灭我们,不能实现又说再过几个月,到了现在又说战争才开始。① 这是中共领导人第一次明确提出用五年或者更长的时间打倒蒋介石。

虽然毛泽东估计有可能五年打倒蒋介石,但他并不认为中共此时已具备建立全国性政权的条件。这年 6 月 25 日,国民党政府最高法院发布"平字第一九○六号训令",宣布"通缉"毛泽东。6 月 30 日,国民党中常会及中央政治委员会召开联席会议,通过《关于中国共产党叛乱问题案》,说中共"武装叛乱,割据地方,破坏和平统一,危害国家民族","亟应明令剿办,戡平内乱"。7 月 4 日,南京政府通过蒋介石提出的《厉行全国总动员戡平共匪叛乱方案》。7 月 10 日,林彪打电报给毛泽东:"在国民党下令通缉毛主席,通过全国总动员之后,估计不久会有所谓讨伐令下来,在这种情况下,是否可以请中央考虑建立以我党为中心的联合中央政府问题。"毛泽东在 7

---

① 中共中央文献研究室:《毛泽东年谱(1893—1949)》下卷,人民出版社、中央文献出版社 1993 年版,第 207 页;《胡乔木回忆毛泽东》,人民出版社 1994 年版,第 497 页。

月 25 日复电称:"建立民主联合政府的时机尚未成熟,在第二年作战再歼敌一百个旅左右,攻占中长、北宁大部,平绥、同蒲全部,并向长江流域发展,全国人民更加同情我党之时,可以考虑此问题。"①此举毫无疑问是正确的。一旦那样的联合政府建立,不但要建立庞大的政府机构,而且要用大量的人力物力来保卫这个机构,就连中共中央本身恐怕也不能像转战陕北时那样行动自如。

虽然毛泽东不同意当下就组建民主联合政府,但中共自从全面内战爆发之后,一直没有放弃"联合政府"这面旗帜。1947 年 8 月 1 日,新华社发表《人民解放军二十周年》的社论,指出:"在消灭一切进犯军的过程当中及其以后,就当然能够成立民主的联合政府,就当然要惩办以蒋介石为首的战争罪犯,没收官僚资本,取消特务机关,废除卖国条约"。9 月 14 日,《人民日报》也发表文章,号召"把解放的旗帜插到全中国! 把民主的联合政府在全国范围内建立起来"②。

基于形势的变化,也基于鼓舞全国人民同国民党反动派斗争的信心,1947 年 10 月 10 日,也就是南京政府的国庆日这一天,中共中央公布《中国人民解放军宣言》(即"双十宣言"),第一次明确提出"打倒蒋介石,解放全中国"的口号,并且公开号召:"联合工农兵学商各被压迫阶级、各人民团体、各民主党派、各少数民族、各地华侨和其他爱国分子,组成民族统一战线,打倒蒋介石独裁政府,成立民主联合政府。"中共正式向全国人民发出建立排除国民党反动派在外的民主联合政府的号召。显然,中共此时所提的联合政府,与抗战后期倡导的联合政府已有了质的区别,中共在这个联合政府中不再是"参股"而是"控股"了,即在联合政府中将居于领导地位。

中共中央在"双十宣言"中虽然发出了成立民主联合政府的号召,但这只是一个中共与各民主党派共同奋斗的目标。1947 年 12 月,中共中央在陕北米脂县的杨家沟召开扩大会议(史称"十二月会议"),毛泽东在向会议提交的书面报告《目前形势和我们的任务》中提出:"中国人民的革命战争,现在已经达到了一个转折点。这即是中国人民解放军已经打退了美国走狗

① 中共中央文献研究室:《毛泽东年谱(1893—1949)》下卷,人民出版社、中央文献出版社 1993 年版,第 209 页。
② 《人民解放军大举反攻》,《人民日报》1947 年 9 月 14 日。

蒋介石的数百万反动军队的进攻,并使自己转入了进攻。""现在,战争主要地已经不是在解放区内进行,而是在国民党统治区内进行了,人民解放军的主力已经打到国民党统治区域里去了。中国人民解放军已经在中国这一块土地上扭转了美国帝国主义及其走狗蒋介石匪帮的反革命车轮,使之走向覆灭的道路,推进了自己的革命车轮,使之走向胜利的道路。这是一个历史的转折点。这是蒋介石的二十年反革命统治由发展到消灭的转折点。这是一百多年以来帝国主义在中国的统治由发展到消灭的转折点。"①毛泽东在会议的讲话中还说,从现在到明年一年内,国内形势还会有很大变化,有利于我们。革命的长征已经到了高潮,将来还会更高。高潮主要表现在战争的胜利,但战争仍是长期的,这样大的国内敌人和美帝国主义,不会甘心于失败的。战争还要准备四五年,也可能还要长些。②

虽然毛泽东在十二月会议上讲道:"1947 年 10 月,人民解放军发表宣言,其中说:'联合工农兵学商各被压迫阶级、各人民团体、各民主党派、各少数民族、各地华侨及其他爱国分子,组成民族统一战线,打倒蒋介石独裁政府,成立民主联合政府'这就是人民解放军的、也是中国共产党的最基本的政治纲领。"但并不等于这样的联合政府可以很快建立起来。在十二月会议上,又有人提出成立民主联合政府的问题,毛泽东仍认为条件不成熟。会议作出的一系列决定中,有这样两项内容:一、中国革命战争应该力争不间断地发展到完全胜利,应该不让敌人用缓兵之计(和谈)获得休整的时间然后再来打人民。二、组织革命的中央政府的时机目前尚未成熟,须待我军取得更大胜利,然后考虑此问题,颁布宪法更是将来的问题。③ 这说明,毛泽东一方面科学地预见中国革命的高潮将迅速到来,中国共产党即将迎来执政全国的局面;另一方面对于建立全国性的政权又是持十分谨慎的态度。

1948 年 3 月 21 日,毛泽东在《关于情况的通报》中进一步提出:"本年内,我们不准备成立中央人民政府,因为时机还未成熟。在本年蒋介石的伪国大开会选举蒋介石当了总统,他的威信更加破产之后,在我们取得更大胜

① 《目前形势和我们的任务》(1947 年 12 月 25 日),《毛泽东选集》第四卷,人民出版社 1991 年版,第 1243—1244 页。

② 《胡乔木回忆毛泽东》,人民出版社 1994 年版,第 512 页。

③ 《胡乔木回忆毛泽东》,人民出版社 1994 年版,第 511 页。

利,扩大更多地方,并且最好在取得一二个头等大城市之后,在东北、华北、山东、苏北、河南、湖北、安徽等区连成一片之后,便有完全的必要成立中央人民政府。其时机大约在一九四九年。"①

虽然中共中央并不打算在 1948 年成立中央人民政府,但随着战争形势的日益向前发展,中共还是开始了执政全国的准备工作。1948 年 3 月,毛泽东离开陕北前往晋察冀与中央工委会合途经山西临县三交镇时,曾说:同蒋介石的这场战争,可能要打六十个月,六十个月者,五年也。这六十个月又可分为两个三十个月,前三十是我们"爬坡"到顶点,也就是打到我们占优势;在后三十个月,叫做"传檄而定",那时候,我们是"下坡",有的时候不用打仗,喊一声,敌人就投降了。② 同一月,刘少奇在中央工委会议上也指出:目前的形势是准备和争取全国的胜利,不应只在口头上、思想上、精神上来准备,而且要在组织上、政策上、干部上、机构上、具体办法上来准备。③ 4月 30 日,中共中央发布纪念"五一"劳动节的口号,其中最引人注目的是发出了"各民主党派、各人民团体、各社会贤达迅速召开政治协商会议,讨论并实现召集人民代表大会,成立民主联合政府"的号召。中共的这一号召立即得到了全国各民主党派、各民主人士和海外华侨的拥护。此后,在国民党统治区和香港等地的民主人士,陆续北上进入解放区。

三、"已经完全有把握地在全国范围内战胜国民党"

到 1948 年 6 月底,经过两年的作战,人民解放军的总兵力,已由原来的127 万人发展到 280 万人,同国民党军总兵力的对比,已从战争开始时的一比三点三七,变为一比一点三,并且士气高涨,武器装备也得到极大改善,已

① 《关于情况的通报》(1948 年 3 月 21 日),《毛泽东选集》第四卷,人民出版社 1991 年版,第 1299 页。
② 《杨尚昆回忆录》,中央文献出版社 2001 年版,第 259 页。
③ 中共中央文献研究室:《刘少奇年谱》,中央文献出版社 1996 年版,第 142 页。

经具备攻坚作战能力。全国解放区的面积已达到 135.5 万平方公里,占全国面积的 24.5%;人口 1.68 亿,占全国人口的 37%,在广大的老区、半老区已经完成了土地改革。为此,中共中央和毛泽东判断,再过三年左右就可从根本上打倒蒋介石了。7 月 18 日,中共中央在《关于揭破敌人的和平阴谋的指示》中指出:"依据过去两年的作战成绩,加上今后的更大努力,执行正确的军事政治经济文化各项政策,大约再打三年左右,就可以从根本上消灭中国的反动势力,在全国范围内建立人民民主共和国,我们自己及全国人民,就可以永远过和平自由幸福的生活了。"①

这个指示是中共中央对内宣布建立新中国的时间表。同年 7 月 30 日,新华社发表《人民解放战争两周年的总结和第三年的任务》的社论,则公开宣布再过三、四年即可解放全中国。社论说:"中国人民虽然已经在广大的地区内,彻底消灭了反动势力,但是反动势力仍然在另外的广大地区内存在,而且他们在美国帝国主义援助之下,仍然还有他们一定的力量,并继续压迫那里的人民,因此,中国人民的革命只能是逐步地胜利,敌人的阵地只能一个一个地被夺取,反动势力只能是一部分一部分地被消灭,因此,中国人民还必须准备继续作几年的艰苦奋斗,至少还要准备拿三、四年时间去作这种艰苦斗争,才能最后解放全中国,并在民主基础上统一全中国。"②

1948 年 9 月 8 日至 13 日,中共中央在西柏坡召开政治局会议(即九月会议)。毛泽东在分析国际国内形势后指出:"我们的战略方针是打倒国民党,战略任务是军队向前进,生产长一寸,加强纪律性,由游击战争过渡到正规战争,建军五百万,歼敌正规军五百个旅,五年左右根本上打倒国民党。"③这里所说的五年左右打倒国民党,是从 1946 年全面内战爆发后算起的,预计到 1951 年中便可以消灭国民党军主力的任务。对于这一问题,毛泽东在为会议作结论时又补充说,所谓蒋政权就是表现在他的军队上,我们一时打不到江南去也不要紧,蒋的力量 80% 在江北,消灭了他的力量,也就

① 中共中央档案馆:《中共中央文件选集》第 17 册,中共中央党校出版社 1992 年版,第 253 页。

② 《人民解放战争两周年的总结和第三年的任务》,《人民日报》1948 年 8 月 1 日。

③ 《在中共中央政治局会议上的报告和结论》(1948 年 9 月),《毛泽东文集》第五卷,人民出版社 1996 年版,第 133 页。

算把他打倒了。① 在这次会议上,毛泽东还讲到了成立中央政府的问题。他说:"中央政府的问题,十二月会议只是想到了它,这次会议就必须作为议事日程来讨论。""政协今年下半年或明年上半年要开一次会,现在开始准备。战争第四年将要成立中央政府。这个政府叫做什么名字,或叫临时中央政府,或叫中国人民解放委员会,其性质都是临时性的中央政府。究竟叫什么,到那时再定。"②

此次会议通过了《中共中央政治局九月会议基本决议》,其中第三项内容为:"建立无产阶级领导的,以工农联盟为基础的人民民主专政,打倒帝国主义、封建主义和官僚资本主义的反动专政,建立民主集中制的各级人民代表会议制度,召开各民主党派、人民团体及无党派人士的代表人物的政治协商会议,成立中华人民民主共和国临时中央政府。"组建中央人民政府正式提到了中国共产党的议事日程。

1948 年 9 月 22 日,中共中央军委致电中原、西北和华东野战军负责人:"此次中央会议根据战争第一第二两年歼敌正规军一百八十九个旅,歼敌正规军非正规军及特种部队二百七十余万人之经验,认为五年歼敌正规军五百个旅左右,歼敌正规军非正规军及特种部队七百万人左右,在大约五年左右的时间内从根本上打倒国民党是有充分可能性的。我军已由两年前的一百二十余万人发展到了现在的二百八十万人。如果能从今后三年的作战中或更多一些时间的作战中增加二百二十万人,便可达到建军五百万之目的,这样不但可以从根本上打倒国民党,而且能够全部地完全地打倒国民党,并使我们能够统治全中国。"电文指出,要达这一目标,其关键在于每年歼敌正规军 100 旅左右。战争第三年要求全军共歼敌正规军 160 个旅左右。为此,中央军委将歼敌的具体任务分配各野战军,要求东北野战军及华北野战军第二第三两兵团担负 36 个旅(7 月份保北歼敌 1 个旅在内),华东野战军 40 个旅(7 月份歼敌 7 个旅在内),中原野战军 14 个旅(7 月歼敌两个旅在内),西北野战军担负 12 个旅(8 月歼敌一个半旅在内),华北野战军

① 《胡乔木回忆毛泽东》,人民出版社 1994 年版,第 530 页。
② 《在中共中央政治局会议上的报告和结论》(1948 年 9 月),《毛泽东文集》第五卷,人民出版社 1996 年版,第 136—137 页。

第一兵团担负 14 个旅(7 月歼敌 8 个旅在内)。中央军委认为,"如能完成这一任务,即可开辟第四年大举南进的道路。"①对各野战军如此明确地提出歼敌任务,显然是建立在各野战军已经准备了充分的作战实力基础上的。

同年 10 月 10 日,毛泽东为中共中央起草《中共中央关于九月会议的通知》,将这次会议的基本情况和决定向全党通报,并且指出:"根据过去两年作战的成绩和整个敌我形势,认为建设五百万人民解放军,在大约五年左右的时间内(从一九四六年七月算起)歼敌正规军共五百个旅(师)左右(平均每年一百个旅左右),歼敌正规军、非正规军和特种部队共七百五十万人左右(平均每年一百五十万人左右),从根本上打倒国民党的反动统治,是有充分可能性的。""现在,我们正在组织国民党区域的这些党派和团体的代表人物来解放区,准备在一九四九年召集中国一切民主党派、人民团体和无党派民主人士的代表们开会,成立中华人民共和国临时中央政府。"②

形势的发展比人们的预料还要快。1948 年 9 月 12 日,东北野战军发动规模巨大的辽沈战役,并且进展顺利。10 月 15 日,攻占锦州,歼敌 10 万余人;10 月 19 日,长春国民党守军 4.7 万人投诚;10 月 28 日,全歼敌廖耀湘兵团 10 万余人,取得了全歼东北国民党军的决定性胜利。10 月 31 日,辽沈战役尚未结束,毛泽东就在致林彪、罗荣桓等人的电报中提出:"中央九月会议规定五年左右建军五百万,歼敌正规军五百个旅,根本上打倒国民党的任务,因为战争迅速发展,可能提早一年完成。此点你们应有精神准备,从而加速组织准备,并以此种精神教育干部"③。11 月 2 日,辽沈战役结束,此役共死敌 47 万人,使东北全境获得解放。更为重要的是,辽沈战役的胜利使中国的军事形势发生了重大变化,人民解放军不但在质量上早已占有优势,而且在数量上现在也已经占有优势。到这时,国民党的全部军队包括陆海空军、正规军非正规军、作战部队和后勤机关在内,只有 290 万人左右的人数。人民解放军则增至 300 余万人。

---

① 《军委关于实现五年左右推翻国民党的反动统治和各野战军歼敌任务的指示》(1948 年 9 月 22 日)。

② 《中共中央关于九月会议的通知》(1948 年 10 月 10 日),《毛泽东选集》第四卷,人民出版社 1991 年版,第 1345、1347 页。

③ 《东北华北部队准备协力夺取平津地区》(1948 年 10 月 31 日),《毛泽东文集》第五卷,人民出版社 1996 年版,第 183 页。

11月11日,毛泽东以十分兴奋的心情致电东北野战军司令员林彪、政治委员罗荣桓、参谋长刘亚楼、政治部主任谭政及各中央局、各野战军前委:"九月上旬(济南战役前)中央政治局会议时所作的五年左右建军五百万,歼敌五百个正规师,根本上打倒国民党的估计及任务,因为九、十两月的伟大胜利,已经显得是落后了。这一任务的完成,大概只需再有一年左右的时间即可达到了。即是说,国民党已不可能再动员三百万人,我军已不需要再以三年时间(从今年七月算起)歼敌三百个正规师才能达到根本上打倒国民党之目的。我军大约再以一年左右的时间,再歼其一百个师左右,即可能达成这一目的。"①

11月14日,新华社发表毛泽东撰写的关于中国军事形势的评论,指出:人民解放军不但在质量上早已占有优势,而且在数量上现在也已经占有优势。这是中国革命的成功和中国和平的实现已经迫近的标志。现在,国民党全军包括它的陆海空军正规军非正规军作战部队和后勤机关都在内,只有290万左右的人数。人民解放军则增至300余万人。这种情况,就使国民党军在数量上长期占有的优势,急速地转入了劣势。"这样,就使我们原来预计的战争进程,大为缩短。原来预计,从一九四六年七月起,大约需要五年左右时间,便可能从根本上打倒国民党反动政府。现在看来,只需从现时起,再有一年左右的时间,就可能将国民党反动政府从根本上打倒了。至于在全国一切地方消灭反动势力,完成人民解放,则尚需较多的时间。敌人是正在迅速崩溃中,但尚需共产党人、人民解放军和全国各界人民团结一致,加紧努力,才能最后地完全地消灭反动势力,在全国范围内建立统一的民主的人民共和国。"②

基于再过一年即可从根本上打倒国民党反动政府的估计,召开新的政治协商会议、组建中央人民政府提到了议事日程。1948年12月30日,新华社发表毛泽东所写的《将革命进行到底》的新年献词,明确提出:"1949年将要召集没有反动分子参加的以完成人民革命任务为目标的政治协商会议,宣告中华人民共和国的成立,并组成共和国的中央政府。这个政府将是

① 《再有一年左右即可从根本上打倒国民党》(1948年11月11日),《毛泽东文集》第五卷,人民出版社1996年版,第193—194页。
② 《中共中央负责人评论中国军事形势》,《人民日报》1948年11月16日。

一个在中国共产党领导之下的、有各民主党派各人民团体的适当的代表人物参加的民主联合政府。"①1949 年 1 月 6 日至 8 日,中共中央政治局再次在西柏坡召开会议,讨论形势与任务问题。会议通过的《目前形势和党在1949 年的任务》的决议中指出:"整个国民党在长江以北的战略上的战线已经崩溃,国民党在其统治区域内是处在极大的混乱和崩溃的状态中。我们已经完全有把握地在全国范围内战胜国民党。一九四九年和一九五〇年将是中国革命在全国范围内胜利的两年。"②毛泽东在会上提出了中共新的一年里的十七项任务,包括要开中共七届二中全会;准备召开政治协商会议,成立中央政府,宣告中华人民共和国成立。1 月 8 日,他在会上作结论时说:"如果完成了全国革命的任务,这是铲地基,花了三十年。但是起房子,这个任务要几十年工夫。"③于是,中共加紧了"起房子"即执政全国的准备工作。随后召开的中共七届二中全会和筹备新政协,就是其中的重要准备。

---

① 《将革命进行到底》(1948 年 12 月 30 日),《毛泽东选集》第四卷,人民出版社 1991年版,第 1379 页。

② 中央档案馆:《中共中央文件选集》第 18 册,中共中央党校出版社 1992 年版,第 16页。

③ 中共中央文献研究室:《毛泽东传(1893—1949)》,中央文献出版社 1996 年版,第908 页。

毛泽东与农业合作化运动

> 毛泽东严厉批评邓子恢等人"右倾",认为他们对合作化运动的领导"象一个小脚女人,东摇西摆地在那里走路",对合作化运动有"过多的评头品足,不适当的埋怨,无穷的忧虑,数不尽的清规和戒律",是一种右倾错误的指导方针。随后各地纷纷检查"右倾保守思想",批判"小脚女人",对农业合作化运动作出重新部署,农业合作社于是迅猛发展起来。

20 世纪 50 年代中期进行的农业合作化运动,是社会主义改造的重要组成部分。毛泽东"对农业合作化事业给予了特别的关心,投入格外多的精神,自始至终具体指导着这场农村的巨大社会变革的进展"[①]。笔者不打算对毛泽东如何指导农业合作化运动进行全面探讨,仅就其中的几个问题作一点简要的分析。

---

① 中共中央文献研究室:《毛泽东传(1949—1976)》上,中央文献出版社 2003 年版,第 343 页。

一、毛泽东与刘少奇对于山西农业合作社问题的不同看法

　　1951 年 2 月,中共山西省第二次代表会议在太原召开。大会强调,要按照"组织起来与提高技术相结合"的方针,新区发展互助组,老区提高互助组并引导它走向更高一级的形式。同年 3 月 5 日,中共山西省委向中共中央华北局和中共中央报告说,随着老区农业生产的恢复和发展,很多农民,特别是富裕中农认为单干比互助更有利、更自由,所以互助组织发生了涣散的情形。为了解决这一问题,山西省委于 1950 年提出了"组织起来与提高技术相结合"的方针,使组织起来比单干对农民更有利一些。这样做是有作用的,但互助组涣散的趋势并未完全扭转。另一方面,也有不少互助组比战争时期有了新的发展,而且相当巩固,即不少互助组织有了公共财产,建立了公积金制度,产生了按劳分配的一些因素。因此,在老区农村,继续改良生产技术、推广新式农具是很重要的,同时,必须稳健地但是积极地提高互助组,引导它走向更高级一些的形式。报告为此提出:"为了达到这一目的,我们决定一方面把现有的公营农场、新式农具站办好,以影响农民。一方面推广已有的好经验,并在长治区各县,每县试办几个农业合作社——采取按土地、按劳力两个分配标准,征集公积金,积累公共财产。随着生产的发展,逐步提高按劳分配的比重。"①

　　按照中共山西省委试办农业合作社的精神,1951 年 3 月下旬,中共长治地委召开全区互助组代表会议,集中讨论试办农业生产合作社问题,同时讨论如何巩固提高互助组以及爱国丰产竞赛问题。会议进行中,就有 25 个互助组的代表要求试办合作社。经长治地委研究,决定在武乡、平顺、壶关、屯留、襄垣、长治、黎城等七县中,选择有较好的互助组基础的窑上、东监漳、

---

　　① 《中共山西省委书记赖若愚关于省第二次党代会议主要内容向华北局并毛主席的报告》(1951 年 3 月 5 日),山西省史志研究院编:《山西农业合作化》,山西人民出版社 2001 年版,第 63 页。

西监漳、枣烟、川底、翠谷、东坡、长畛、南天河、王家庄等 10 个村庄试办合作社。会议结束时,长治地委把调查研究的情况及办合作社的决定,向山西省委作了汇报。山西省委批准了长治地委的决定。随后,在长治地委和各县委所派干部的帮助下,通过传达全区互助组代表会议精神,村党支部内部酝酿,先动员党团员和积极分子,再动员全体互助组成员,自愿报名,党支部审查批准的程序,这 10 个农业合作社很快建立起来。

1951 年 4 月 17 日,中共山西省委召开常委扩大会议,讨论并通过了给中共中央和中共中央华北局的报告——《把老区互助组织提高一步》。报告认为,随着农村经济的恢复和发展,农民的自发力量也有了发展,但它"不是向着我们所要求的现代化和集体化的方向发展,而是向着富农的方向发展。这是互助组发生涣散现象的最根本的原因"。如果这个问题不引起注意,就会产生两个结果,"一个是使互助组涣散解体;一个是使互助组变成富农的'庄园'"。这就是山西省委认为把老区互助组织提高一步的必要性所在。那么,把老区互助组提高一步有没有可能性呢?报告接着说,现在老区也有不少互助组织产生了新的因素。这里的"新的因素",指是的先进互助组内已经有了"公共积累"和"按劳分配"成分。因此,老区劳动互助的发展,已到了一个转折点,"使得互助组必须提高,否则就要后退,必须在互助组织内部,扶植与增强新的因素,以逐步战胜农民自发的趋势,积极地稳健地提高农业生产互助组织,引导它走向更高级一些的形式。"这里所说的"更高级一些的形式",主要是指农业生产合作社。报告同时认为,如何增强新的因素,战胜农民的自发因素,最根本的是两条,其一,征集公积金,增强公共积累。山西省委强调:"增强公共积累,按成员享用,这一原则在互助组见诸实施,它虽然没有根本改变了私有基础,但对私有基础是一个否定的因素。对于私有基础,不应该是巩固的方针,而应当是逐步地动摇它、削弱它,直到否定它,所以公积金应该是出组不带。"其二,应当按劳力、土地两个分配标准,按土地分配的比例不能大于按劳力分配的比例,并随着生产的发展,逐步地加大按劳分配的比重。

5 月 4 日,华北局正式就山西省委的报告作了批复并报告了中共中央。华北局在批复中说:"用积累公积金和按劳分配方法来逐步动摇、削弱私有基础直到否定私有基础,是和党的新民主主义时期的政策及共同纲领的精神不相符合的,因而是错误的。""目前你省在相当数量的地区的互助组需要提高和巩固,但提高与巩固互助组的主要问题,是如何充实互助组的生产内容,以满足农民进一步发展生产的要求,而不是逐渐动摇私有的问题。这一点必须从原则上彻底搞清楚。""农业生产合作社,全省只能试办几个作为研究、展览和教育农民之用。即便试办,也要出于群众自愿,不能强迫试办,更不宜推广。"①

刘少奇在接到华北局批转的山西省委报告和听取华北局负责人的汇报后,也不同意山西省委的观点,连续几次对山西省委提出要组织农业合作社进行批评。

5月7日,在全国宣传工作会议上,刘少奇作了《十年准备,三年建设》的报告。其中说:"有的同志现在就想从实际上提出社会主义改造的问题。他们在农村里边提。山西省委提出要组织农业合作社,这种合作社也是初步的,十家、八家、三十家、二十家。苏联叫共耕社,把农民的土地、牲畜、耕具集中起来,大家使用。当然,这种共耕社是社会主义性质的。可是单用这一种农业合作社、互助组的办法,使我们中国的农业直接走到社会主义是不可能的。""如果相信这个理论,就是幻想的社会主义,就是空想的社会主义,也叫空想的农业社会主义,它是实现不了的。我们中国的党内有很多的农业社会主义思想,这种思想要纠正。因为仅仅依靠农村的条件不能搞社会主义,农业社会化要依靠工业。"②

6月3日,刘少奇在同华北局负责人薄一波、刘澜涛及山西省委书记(当时有第一书记)陶鲁笳谈话时,进一步提出:在农业生产上,不能发动农民搞生产合作社,只能搞互助组。现在是三年准备十年建设,十三年或十五年之后,才可能考虑到社会主义问题。将来实行社会主义,不是先从农村,而是先从城市,即先工业国有化,然后才是农业集体化。刘少奇还说,在新民主主义阶段,不可轻易地动摇、削弱和否定农民的个体所有制。不要怕农民冒富,只有80%的农户发展到三马一车一犁的富裕程度后,才能由他们

---

① 《华北局复山西省委〈把老区互助组织提高一步〉的意见》(1951年5月4日),黄道霞等主编:《建国以来农业合作化史料汇编》,中共党史出版社1992年版,第42页。

② "三年准备,十年建设"(1951年5月7日),《刘少奇论新中国经济建设》,中央文献出版社1993年版,第183页。

自愿地走农业合作化的道路。农业集体化要等机器,不要机器不妥当。农业集体化必须以国家工业化使农业能用机器耕种和土地国有为条件。刘少奇明确表示:"普遍发展农业合作社是错误的,现在搞合作社,富农反对,中农动摇,贫农要求,供给制干部热心。凡办事要重多数,少数人拥护的事是不能推广的。现在试办合作社,只能起到培养干部、积累经验、教育农民的作用,不能起别的作用。企图由此直接转变到集体农庄是错误的,它本身没有前途。将来实行集体农庄,它是要被取消的。"①

针对这些批评,山西省委不得不于 6 月 19 日向华北局检讨说:"目前阶段提出对私有基础不应该是巩固的方针,而应当是逐步地动摇它、削弱它,直到否定它,确是错误的。"同时申辩说,省委并没有把老区的互助组织普遍地提高到农业合作社或在农业合作社的基础上,实行集体化的想法。4 月 17 日的报告中所提的转折点的意思是互助组不提高就要涣散,不进则退,而不是要转到社会主义和农业合作社。②

然而,刘少奇对山西省委的批评并没有就此结束。7 月 3 日,他在批示山西省委的报告时,写下了这样一段批语:"在土地改革以后的农村中,在经济发展中,农民的自发势力和阶级分化已开始表现出来了。党内已经有一些同志对这种自发势力和阶级分化表示害怕,并且企图去加以阻止或避免。他们幻想用劳动互助组和供销合作社的办法达到阻止或避免此种趋势的目的。已有人提出了这样的意见:应该逐步地动摇、削弱直到否定私有基础,把农业生产互助组织提高到农业生产合作社,以此作为新的因素,去'战胜农民的自发因素'。这是一种错误的、危险的、空想的农业社会主义思想。山西省委的这个文件,就是表现这种思想的一个例子,特印发各负责同志一阅。"③

7 月 5 日,刘少奇在中南海的春耦斋给马列学院第一班学员作了题为

① 陶鲁笳:《毛主席支持山西省委试办初级社》,山西省史志研究院编:《山西农业合作化》,山西人民出版社 2001 年版,第 643—644 页。

② 《中共山西省委关于对于 4 月 17 日把老区的互助组织提高一步文件向华北局的检查报告》(1951 年 6 月 19 日),山西省史志研究院编:《山西农业合作化》,山西人民出版社 2001 年版,第 68 页。

③ 《刘少奇对山西省委〈把老区互助组织提高一步〉的批语》(1951 年 7 月 3 日),黄道霞等主编:《建国以来农业合作化史料汇编》,中共党史出版社 1992 年版,第 42 页。

《中国共产党今后的历史任务》的报告。报告中,刘少奇再次对山西省委作了批评。他认为,山西省委对农民的自发力量害怕,企图在互助组内逐步动摇、削弱直到否定农民的私有财产,走向集体化,是不可能的。破坏私有财产,是"左"的冒险倾向。集体农庄是新的东西,要重新组织,不能由互助组、供销合作社发展到集体农庄。现在的互助组是建立在私有基础上的,破坏了私有基础就破坏了互助组。所以,由"互助组发展到集体农庄"这样的提法是不对的。

7月25日,华北局向中共中央作了《关于互助组问题的报告》,再次表示不能同意山西省委的意见。《报告》说:"山西省委提出在互助组内对私有财产不是巩固,而是逐渐动摇、削弱直到否定的方针,是错误的,是根本违反在私有基础上自愿等价原则的。这就要直接破坏目前的互助组。富农已经开始发展,但这并不可怕,到将来适当时期可予以限制,如实行农业累进税等;但现在即提出以限制富农的政策来阻止和避免农村阶级分化,不但不可能,而且对发展农业生产是有妨碍的,所以也是不对的。上述错误思想的实质,是一种空想的农业社会主义思想。"①

这场围绕山西农业合作化问题的争论,持续了三四个月的时间。这年8月,毛泽东在了解到双方的意见分歧后,找刘少奇、薄一波和刘澜涛谈话,他明确表示,不同意刘少奇和华北局在这个问题上的意见,而是支持山西省委的意见。毛泽东对互助组不能生长为农业合作社的观点和现阶段不能动摇私有基础的观点作了批评。毛泽东说:既然西方资本主义在其发展过程中有一个工场手工业阶段,尚未采用蒸气动力机械、而依靠工场分工以形成新生产力的阶段,则中国的合作社,依靠统一经营形成新生产力,去动摇私有基础,也是可行的。他又说,党的七届二中全会已有明确规定,要搞半社会主义性质的合作社经济。可是有些同志忘记了,好像是新闻,其实是旧闻。

那么,毛泽东为什么明确表示支持中共山西省委的意见,而不赞同刘少奇及华北局的观点呢?

---

① 《华北局关于互助组织问题的报告》(1951年7月25日),黄道霞等主编:《建国以来农业合作化史料汇编》,中共党史出版社1992年版,第39页。

首先,将农民"组织起来"、建立合作社是毛泽东一以贯之的观点。1943 年 10 月,毛泽东在西北高干会议上专门提到了合作社问题。次年 2 月,他在《群众》第 9 卷第 3、4 期合刊上发表《论合作社》一文,将这次讲话的主要观点公开发表了出来。在讲话中,毛泽东对陕甘宁边区已经产生的经常组织在集体劳动的变工队、扎工队这种劳动互助作了高度的赞扬,认为这是边区在发展生产力上的一个革命,指出:土地革命是第一个革命,"但是,如果不进行从个体劳动转到集体劳动的第二个生产关系为基础的劳动互助组织即农民的生产合作社即生产方式的改革,则生产力还不能进一步发展。将个体经济为基础的劳动互助组织即农民的农业生产合作社加以发展,生产就可以大大提高,增加一倍或一倍以上。如果全边区的劳动力都组织在集体互助的劳动组织之中,全边区一千四百万亩耕地的收获就会增加一倍以上。这种方法将来可推行到全国,在中国的经济史上也要大书特书的。这样的改革,生产工具根本没有变化,但人与人之间的生产关系变化了。从土地改革到发展劳动互助组织两次变化,这是生产制度上的革命。"[①]

1943 年 11 月,毛泽东在陕甘宁边区劳动英雄大会上,发表了题为《组织起来》的演讲,其中对中国未来农村的经济社会发展前景,作了这样的描绘:"在农民群众方面,几千年来都是个体经济,一家一户就是一个生产单位,这种分散的个体生产,就是封建统治的经济基础,而使农民自己陷于永远的穷苦。克服这种状况的唯一办法,就是逐渐地集体化;而达到集体化的唯一道路,依据列宁所说,就是经过合作社。在边区,我们现在已经组织了许多的农民合作社,不过这些在目前还是一种初级形式的合作社,还要经过若干发展阶段,才会在将来发展为苏联式的被称为集体农庄的那种合作社。我们的经济是新民主主义的,我们的合作社目前还是建立在个体经济基础上(私有财产基础上)的集体劳动组织。"[②]

在 1949 年 1 月召开的中共中央政治局会议上,在讲到新中国的经济建设方针时,毛泽东说,一方面,决不可认为新民主主义经济不是计划经济的

① 《切实执行十大政策》(1943 年 10 月 14 日),《毛泽东文集》第三卷,人民出版社 1993 年版,第 70—71 页。

② 《毛泽东选集》第三卷,人民出版社 1991 年版,第 931 页。

和向社会主义发展的，而完全是资本主义世界，要在国营经济领导下，使全部经济向社会主义经济发展，防止右倾。另一方面，我们必须谨慎，不要急于追求社会主义化。合作社必须发展，但合作社不可能很快发展，大概要准备十几年工夫，因为中国文化落后，要长期地稳健地进行。凡是有害的，加以限制；凡无害的，加以利用。如果希望搞社会主义，太快了，会翻跟斗。①

同年3月，在决定新中国大政方针的中共七届二中全会上，毛泽东在所作的报告中，论述了党在当前七个方面的重要任务及其基本政策。其中，毛泽东指出："中国还有大约百分之九十左右的分散的个体的农业经济和手工业经济，这是落后的，这是和古代没有多大区别的，我们还有百分之九十左右的经济生活停留在古代……在今天，在今后一个相当长的时期内，我们的农业和手工业，就其基本形态说来，还是和还将是分散的和个体的，即是说，同古代近似的。谁要是忽视或轻视了这一点，谁就要犯'左'倾机会主义的错误。"②毛泽东同时认为，占国民经济总产值百分之九十的分散的个体的农业经济和手工业经济，是可能和必须谨慎地、逐步地而又积极地引导它们向着现代化和集体化的方向发展，任其自流的观点是错误的。必须组织生产的、消费的和信用的合作社，和中央、省、市、县、区的合作社领导机关。这种合作社是以私有制为基础，在无产阶级领导的国家政权管理之下的劳动人民群众的集体经济组织。他指出：单有国营经济而没有合作社经济，我们就不可能领导劳动人民的个体经济逐步地走向集体化，就不可能由新民主主义发展到将来的社会主义，就不可能巩固无产阶级在国家政权中的领导权。谁要是忽视或轻视了这一点，谁也就要犯极大的错误。

6月30日，毛泽东公开发表了著名的《论人民民主专政》一文。如果说，在此前，国际国内一些人对中国共产党未来的方针政策，还有一些疑惑与不甚明了的话，那么，这篇文章则向全中国和全世界宣告了中国共产党人即将建立的人民共和国的施政方针，可以说这是中国共产党人在革命胜利前夕的政治宣言。对于农业和农民问题，毛泽东写道："严重的问题是教育农民。农民的经济是分散的，根据苏联的经验，需要很长的时间和细心的工

----

① 《毛泽东文集》第五卷，人民出版社1996年版，第236页。
② 《毛泽东选集》第四卷，人民出版社1991年版，第1430—1431页。

作,才能做到农业社会化。没有农业社会化,就没有全部的巩固的社会主义。农业社会化的步骤,必须和以国有企业为主体的强大的工业的发展相适应。"①

其次,毛泽东认为尽早建立农业合作社有利于避免农村可能出现的两极分化。还在解放战争时期,解放区就进行了轰轰烈烈的土地改革。1950年6月,中央人民政府又通过了《中华人民共和国土地改革法》,启动了广大新解放区的土地改革。土地改革的目的是变革地主阶级的土地所有制为农民土地所有制,所以不是消灭土地私有制。不论是《中国人民政治协商会议共同纲领》还是《中华人民共和国土地改革法》,都明确规定土地改革后的农民具有土地所有权,可以进行土地的自由买卖。正因为如此,土地改革之后农村出现新的阶级分化是不可避免的。对于这个问题,1948年7月新华社信箱《关于农业社会主义的问答》中明确指出:"土地改革之后,农村中的经济竞争,不可避免地会有新的发展,并使农民之间不可避免地会有新的阶级分化,而绝不能永远保持平均的小农经济。"《问答》进而指出:"农民在分得土地后,是作为小的私有主而存在的,他们的生产条件不可能完全相等,尤其不可能保持不变。有些农民,因为生产条件比较有利,又努力生产,善于经营,他们的经济就可能发展,而逐渐地富裕起来,其中有小部分就有可能进行剥削,而成为新的富农。而另外有些农民,因为生产条件比较不利,或者不努力生产,或者不善于经营,或者遇到某些不可抗拒的打击,他们的经济就不能发展,而逐渐地穷困下来,其中有一部分就不能不受人剥削而变为新的贫农或雇农。这种竞争与新的阶级分化,即在新民主主义的社会里,也是不可避免的,而且是被允许的,不是可怕的。因为在一定的历史条之下,只有允许这种竞争,才能发动广大农民的生产积极性,把农业经济广大地发展起来,所以这种私有制经济基础上的竞争,有其一定的进步性。"②

由此可以看出,中国共产党人对土地改革后农村可能出现的阶级分化和富农经济的一定程度的发展,是早有预见和充分认识的。容忍农村新的阶级分化和富农剥削,并不是一个感情好恶的问题。这样做的目的,在于调

---

① 《毛泽东选集》第四卷,人民出版社1991年版,第1477页。

② 《中共中央文件选集》第17册,中共中央党校出版社1992年版,第660页。

动农民的生产积极性,在于发展农业经济。然而,共产党人又是以消灭私有制、消灭剥削、实现共同富裕为奋斗目标的,所以,时常出现究竟应当限制剥削、消灭剥削还是在一定限度内容许剥削存在的矛盾。从理性的角度考虑,土地改革之后一定范围的剥削应当容许,一定程度的农村阶级分化不必急于改变,但从情感上来说,允许剥削和容忍阶级分化又与自己的根本宗旨相背离。在这种理性与情感的冲突中,往往后者会占上风。

1949 年 12 月,中共中央东北局和东北人民政府联合召开农村工作座谈会。参加座谈的一些县委书记、县长反映,土地改革后,东北农村经济发展的趋势是:除一部分及少数灾情严重的地区外,一般群众的经济普遍开始上升,绝大多数农民的生活已经超过了他们刚刚完成土改之时的情况,最普遍的是粮食都有增多,生产所必需的牲畜大车衣物房子也均有增加,其中一小部分除了添车买马之外,有的已开始雇用长工,并发生了"单干情绪高,发财没用处"的苦闷。一部分人保持原状。另有一小部分人因为缺乏劳动力或因疾病灾害,或因缺乏生产资料与马力,或者好吃懒做,经济不仅没有上升,反而下降了,他们中的一部分人,已经向前一部分人出卖土地,或出租土地,开始借贷,开始去做雇工了。

对于这个问题,时任东北局书记的高岗明确表示:"我们农村经济发展的方向,是使绝大多数农民上升为丰衣足食的农民。而要做到这点,则又必须使绝大多数农民'由个体逐步地向集体方面发展'。组织起来发展生产,乃是我们农村生产领导的基本方向。"党员雇工应说服他不雇工,多买车马参加互助组;党员不参加变工组是不对的,必须带头实现党在农村中组织起来提高生产的方针。但这些问题应主要采取教育的方法解决,非在必要时,不采用组织手段。高岗还在会上宣布了对变工互助组加以帮助的五种办法:农贷除水利、防疫、农业建设之外应全部贷给好的但生产上比较有困难的变工组;新式农具,应首先贷给变工组,或变工组自购时给予优待;各种优良品种及国家可能的对农业的扶助,一切变工组应有优先权;劳模的奖励基本上应奖励好的变工组;各级领导机关应研究如何克服目前变工组存在的毛病,提出胜过单干的有效办法。[①] 高岗提出的帮助互助组的五种办法,其

---

① 高岗:《农村工作问题》,《东北日报》1950 年 1 月 4 日。

实就是对单干的五条歧视措施。"他实质上主张土改后立即起步向社会主义过渡,无须有一个新民主主义阶段。"①

12月31日,东北局组织部就党员参加变工组的问题作出了《农村支部工作指示》,其中说:"应当教育党员,积极参加变工组,大量在合作社入股,搞好变工组与合作社,是农村党员的根本任务。"《指示》还对某些党员只想个人发财,不管多数群众贫困,甚至想剥削别人的富农思想进行批评。②1950年1月4日,东北局机关报《东北日报》发表了高岗的讲话,东北局还以综合报告的形式,将高岗讲话的主要内容报告了中共中央。东北局组织部也将《农村支部工作指示》报请中共中央组织部批复。

1月23日,中共中央组织部副部长安子文,为批复东北局组织部《农村支部工作指示》请示刘少奇。刘少奇就东北的插犋换工和富农问题谈了自己的意见。刘少奇说:"东北土改后农村经济开始向上发展了。有三匹马一副犁一挂大车的农民,不是富农,而是中农","现在的东北,应该使这种中农得到大量的发展。""现在有百分之七十的农户参加变工互助,将来会缩小,这是好现象,证明经济发展了,农民成为中农的更多了,他能够单干了,这也是应有的现象。百分之七十的农户有了三匹马,将来才好搞集体农庄。因此现在既要宣传与说明变工互助的好处,但又要允许他单干。""富农雇人多,买了马,不要限制他,现在要让他发展,没有坏处,这不是自流。将来我们对富农的办法,让他发展到一定的程度,将来再来予以限制,三五年之后再予以限制,用国家颁布劳动法,把雇农组织起来,提高雇农的待遇,征土地税,多累进一些,多加公粮等办法,予以限制。""现在限制单干是过早的,现在能够单干是很好的,也不可认为反对单干的农民便是集体主义,因为他还无力单干,是不能去单干的贫农。""现在的农民党员,是可以单干的。我们的党规党法上允许党员单干而且也允许雇人,认为党员便不能有剥削,是一种教条主义的思想。但能单干与应该单干是两回事,我们允许党

① 薄一波:《若干重大决策与事件的回顾》上卷,中共中央党校出版社1991年版,第196—197页。

② 金冲及主编:《刘少奇传》下,中央文献出版社1998年版,第699页。

员单干,并不是我们鼓励他们去单干。"①

根据刘少奇的意见,中共中央组织部正式答复东北局。复信中说:"党员雇工与否、参加变工与否,就有完全的自由,党组织不得强制,其党籍亦不得因此而停止或开除。""在今天农村个体经济基础上,农村资本主义的一定限度的发展是不可避免的,一部分党员向富农发展,并不是可怕的事情,党员变成富农怎么办的提法,是过早的,因而也是错误的。"据高岗说,他收到刘少奇的谈话记录后,在北京面交了毛泽东,毛泽东批给陈伯达看,对刘少奇谈话的不满,形于颜色。"后来,这个谈话记录就成为高岗反对少奇同志的重要借口。"②

至于毛泽东为什么对刘少奇的谈话不满,不满在什么地方,从现在公布的材料来看没有具体的内容,主要恐怕在于究竟应该怎样对待富农经济和什么时候实现新民主主义向社会主义过渡,毛泽东有不同的看法。

全国解放时,根据当时的形势,毛泽东认为现时所面临的主要敌人是帝国主义、封建主义和国民党反动派的残余,当前阶段的中心任务,是为实现国家财政经济的基本好转而斗争,为此必须处理好国内各阶级、政党和民族等各方面的关系,以便孤立和打击主要的敌人,不能四面出击,树敌太多,造成全国紧张的局面。因此,在城市,应争取民族资产阶级不反对新生的人民政权;在农村,应保存富农经济,集中打击封建地主阶级,争取富农不反对土地改革。

在保存富农经济上,毛泽东和刘少奇之间就没有分歧。然而,富农经济如何保存、保存多长时间,两人看法有所不同。富农经济在当时被视为农村的资本主义,而对资本主义的方针,中共七届二中全会已明确为利用和限制并存。对此,党内也是没有分歧的。但是,同是利用和限制,其着重点应放在哪里,作为利用与限制依据的"是否有利于国计民生"的判断,党内的看法并不完全相同。刘少奇是将保存富农经济作为一种较长时期的政策而看待的,看作是新民主主义社会的应有之义,着重强调对它的利用;而毛泽东

---

① 《东北的插犋换工与富农问题》(1950年1月23日),《刘少奇论新中国经济建设》,中央文献出版社1993年版,第152—155页。

② 薄一波:《若干重大决策与事件的回顾》上卷,中共中央党校出版社1991年版,第198页。

则是将保存富农经济视为一种暂时的策略方针,并将之作为不要四面出击策略的组成部分,着重强调对其加以限制。

刘少奇和毛泽东在富农经济上的这种差异,又与他们对待新民主主义社会的不同认识有关。新民主主义社会虽然是一个过渡时期,但刘少奇认为它是一个比较长的过程,"采取社会主义步骤,少则十年,多则十五年,二十年恐怕不要"。① 他还说:只有我们的国家做到了自给自足,变成了一个比现在富足的国家,才可以考虑到社会主义去的问题。现在就讲社会主义,讲早了,至少讲早了 10 年。社会主义作为一种理论和理想,在宣传工作中可以讲,但作为实践问题,10 年之内社会主义是讲不到的,到 10 年之后,建设得很好,我们看情况,那时就可以提这个问题,社会主义什么时候搞呀,还要看实际情况才能答复这个问题。10 年之后就可以采取某些社会主义的步骤,也可能 10 年之后还不能采取这种步骤,还要再等几年。② 只有工业大大发展了,农业也有了大的发展;国营经济的领导作用加强了,成为绝对的领导;管理经济工作的干部成熟了,管理干部和技术干部数量也多了;工人和农民的联盟更巩固了,"这时,我们才采取步骤进入社会主义。"③既然需要 10 年至 15 年的时间才能采取社会主义步骤,因此,在现阶段就要"为巩固新民主主义制度而斗争"。在新民主主义阶段的中心任务,就不是向资本主义发动全线进攻,而是要以经济建设为中心。他认为,只要第三次世界大战不爆发,经济建设的任务就不变。二十年甚至三十年不爆发战争,我们的任务就一直是经济建设,要把中国工业化。④ 因此,不能过早地动摇、削弱直到否定私有制,过早地采取社会主义步骤,不要怕农民冒富,不要过分担心农村的阶级分化,党员也可以当富农。

1951 年关于山西农业合作化问题的争论,实际上是 1950 年东北富农

---

① 《春耦斋讲话》(1951 年 7 月 5 日),《刘少奇论新中国经济建设》,中央文献出版社 1993 年版,第 209 页。

② 《三年准备,十年建设》(1951 年 5 月 7 日),《刘少奇论新中国经济建设》,中央文献出版社 1993 年版,第 182 页。

③ 《春耦斋讲话》(1951 年 7 月 5 日),《刘少奇论新中国经济建设》,中央文献出版社 1993 年版,第 210 页。

④ 《在东北局干部会议上的讲话》(1949 年 8 月 28 日),人民出版社资料室:《中国赫鲁晓夫刘少奇修正主义言论集(1945.8—1957.12)》,1967 年 9 月编印,第 325 页。

问题争论的继续。刘少奇和华北局不同意山西发展农业合作社,其根本的依据,还是基于由新民主主义向社会主义过渡,需要一个比较长的阶段的认识,这也是刘少奇所一再强调的只有在经过 10 至 15 年生产发展后,才可以采取社会主义的步骤。因此,现阶段动摇、削弱和否定私有财产是不正确的,富农经济还应允许其发展,对农民富裕起来不要害怕,一定的阶级分化是不可避免的,互助组不能过渡到集体农场,只有先机械化和土地国有化,才能搞合作化。因此,现在还不具备农业集体化的条件,不要急于建立农业生产合作社。

土改后的中国农村,存在着阶级分化的可能性,但可能性与现实性之间是有距离的。当时,土地买卖和雇工剥削虽然已有发生,但并不是很严重。一部分农民进城当工人、做生意等,离开了农村,土地改革后分到的土地无人耕种便出卖或出租,这是社会分工发展的结果,不是两极分化。在当时中国的生产力水平下,资本主义式的富农,是很难形成的。即使偶有出现,也可以如同刘少奇所说的,通过税收等手段加以限制。担心农民两极分化,对农村可能出现的剥削疑虑重重,忧心忡忡,出发点无疑是好的。问题是两极分化并没有一些人担心的那么严重。

"农业社会主义"这个概念是毛泽东提出来的,实际上指的就是农民平均主义思想。建国初期,在东北富农问题和山西农业合作社问题上的争论中,刘少奇对农业社会主义思想作了较多的批评,这是十分必要的。中国农民的平均主义有深厚的社会基础和广泛的影响。不但历史上的农民英雄们以此作为揭竿而起的旗帜,就是资产阶级的思想家们也把农民的均贫富思想与西方资产阶级政治理念糅合起来,作为改造中国社会的武器。康有为在《大同书》中对他理想中的大同社会的描述,就是一个例子。新中国成立前夕,毛泽东提出要警惕农业社会主义,体现了他的远见卓识。农民的平均主义思想,在反抗封建统治的时候有其合理性,但它产生的基础是小农经济,不但与社会化的大生产格格不入,而且也与社会主义的要求相背离。这种平均主义思想,简言之,就是要富大家一起富,要穷大家一块穷,不能有先富后富,也不能有你富我穷。其结果只能是大家一起穷而不能共同富裕。如果当年刘少奇所批评的农业社会主义思想全党引起充分重视的话,在后来的农业生产合作社和人民公社中,平均主义"大锅饭"就可能不会有那么严重,中国农业和农村的发展就不会经历那么多的曲折。

关于山西农业合作社问题的争论刚刚结束,经毛泽东倡议,在中共中央政策研究室主任陈伯达的主持下,1951年9月,全国第一次互助合作会议在北京召开。除中共中央西南局因忙于土地改革而没有派人参加外,其余各中央局和山东分局及部分省委有关负责人参加了会议。这次会议的主要议题,是讨论陈伯达起草的《中共中央关于农业生产互助合作的决议(草案)》初稿。决议草案一方面肯定了农民在土地改革基础上发挥出来的个体经济和劳动互助两个方面的积极性,认为"农民的这些生产积极性,乃是迅速恢复和发展国民经济和促进国家工业化的基本因素之一",并且指出:一方面不能忽视和粗暴地挫折农民个体经济的积极性,要巩固地联合中农,让富农经济发展,农民个体经济在一个相当长的时期内还会大量存在;另一方面也认为,要克服很多农民在分散经营中所发生的困难,使广大贫困农民能够迅速地增加生产而走丰衣足食的道路,使国家得到比现在多得多的商品粮和其他工业原料,提高农民的购买力,就必须提倡组织起来,按照自愿和互利的原则,发挥农民劳动互助的积极性。这种劳动互助是建立在个体经济基础上的集体劳动,其发展前途是农业集体化或社会主义化。当然,这个决议草案的基本精神无疑是鼓励和支持互助合作运动向前发展,所以其中特别强调:在群众有比较丰富的经验,又有比较坚强的领导骨干的地区,应当有领导地同时又是有重点地发展土地入股的农业生产合作社;决议草案要求各地的农村党支部,应当按照中共中央提出的根据可能的条件而稳步前进的方针,教育党员积极地参加不同形式的农业互助与合作。

以这个决议草案为标志,我国的农业合作化运动正式起步。1951年上半年,全国农业生产合作社的情况是,华北有97个,西北与华东各有20个,东北约有170个,全国总共有287个。到1952年上半年,全国总共发展到了3000个。所以,过渡时期总路线是1953年提出的,但农业的社会主义改造实际上在这条总路线提出之前已经启动。

二、1955年毛泽东与邓子恢
关于合作化速度的分歧

1953年12月16日,中共中央通过《关于发展农业生产合作社的决议》,强调:"对于改造个体的小农经济,发展农业的互助合作,必须采取积极领导的态度,而不能采取消极放任的态度"。认为农业生产合作社具有"能够解决互助组中所难以解决的一些矛盾,特别是关于共同劳动和分散经营的矛盾,因而给那发展到一定程度的互助运动以一个正当的出路"等优点,"这些优越性和它所起的作用,使它在目前整个互助合作运动中日益显出重要的地位,并日益变成为我们领导互助合作运动继续前进的重要的环节"。因此,"发展互助合作运动以提高农业生产力是今后党领导农村工作的中心。"①随着这个决议的通过和贯彻,农村的互助合作运动由发展互助组转变到重点发展农业生产合作社。

我国的农业合作社在1954年得到了很大的发展,到1955年1月,全国新办的合作社就达38万多个。在合作社的大发展中,不但有相当多的社是在条件不成熟的情况下强迫农民建立的,而且这些社建立后,在分配制度等方面也存在相当严重的不合理现象。加之1954年是全面实行粮食统购统销的第一年,部分地方在粮食征购中征了"过头粮"。这样一来,引起了一些农民的强烈不满,他们对党的农村政策产生怀疑,甚至用大量出卖或屠宰牲畜等方式进行消极抵抗。1955年3月3日,中共中央、国务院在《关于迅速布置粮食购销工作,安定农民生产情绪的紧急指示》中,对这种情况作了高度概括:"目前农村的情况相当紧张,不少地方,农民大量杀猪、宰牛,不热心积肥,不积极准备春耕,生产情绪不高。应该看到,这种情况是严重的,其中固然有少数富农和其他不良分子的抵抗破坏,但从整个说来,它的实质

---

① 《中国共产党中央委员会关于发展农业生产合作社的决议》,《人民日报》1954年1月9日。

上是农民群众,主要是中农群众对于党和政府在农村中若干措施表示不满的一种警告。"①

当时农村的严峻形势,使毛泽东感到农业合作社的发展有必要加以适当控制。大约在这年2月,毛泽东找邓子恢作了一次谈话。他说,5年实现农业合作化的步子太快,有许多农民入社,可以肯定不是自愿的。到1957年入社农户发展到三分之一就可以了,不一定50%。

邓子恢听毛泽东这么一说,甚感惊讶。自1953年主政中央农村工作部后,他曾主持对发展过快的农业合作社进行过一次整顿,结果导致了毛泽东的批评,说他是"言不及义"(即言不及社会主义)。邓子恢对这件事记忆犹新,不敢贸然接受这么低的数字,便说,50%的设想还是适合的,并解释了能够完成的理由。但毛泽东仍不同意,认为粮食征购已到了界限,合作化也要放慢。邓子恢表示,到今年秋后停下来。毛泽东说,干脆现在就停下来,到明年秋后再看,停止一年半。②

此次谈话后没几天,毛泽东又一次听取了中央农村工作部的汇报。当汇报到农业生产合作社发展方针时,毛泽东说:"生产关系要适应生产力发展的要求,否则生产力会起来暴动,当前农民杀猪宰牛就是生产力起来暴动。"③并提出了"停、缩、发"的三字方针。他与邓子恢等人当场议定:浙江、河北两省收缩一些;华东、东北一般要停止发展,其他地区(主要是新区)再适当发展一些。④

3月3日,毛泽东亲自签发了《中共中央、国务院关于迅速布置粮食购销工作,安定农民生产情绪的紧急指示》。这个指示强调指出:"粮食的紧张情况,在一个相当长的时期里是不能完全避免的,粮食紧张的根本原因在于生产不足,而发展生产则是解决粮食问题的决定环节。粮食生产增长一分,粮食紧张的情况就可以缓和一分。因此,农村工作的一切措施,都必须围绕这一环节,都必须有利于生产,有利于发挥农民的积极性,都必须避免

---

① 中共中央文献研究室:《建国以来重要文献选编》第6册,中央文献出版社1993年版,第76页。

② 《邓子恢传》编辑委员会:《邓子恢传》,人民出版社1996年版,第481页。

③ 顾龙生:《毛泽东经济年谱》,中共中央党校出版社1993年版,第346页。

④ 顾龙生:《毛泽东经济年谱》,中共中央党校出版社1993年版,第346页。

对于这种积极性的任何损害。"①

根据毛泽东的指示和农业合作化运动的实际,3月22日,中共中央农村工作部发出了《关于巩固现有合作社的通知》,强调春耕季节已到,全国农业生产合作社已发展到60万个,完成了预定的计划。不论何地均应停止发展新社,全力转向春耕生产和巩固已有社的工作。《通知》指出,在大发展之后,进行整顿巩固工作,社数和户数有合理减少是必要的。有些地方怕数字减少,百分比下降,就不敢贯彻自愿原则,这是不对的,应该改变。

1955年3、4月起,各地广泛开展了整顿农业生产合作社的工作。各地在整社中,普遍推行了包工制,实行牲口折价归社,对土地、劳力分红比例不当的作了调整,将部分不符合条件的合作社转为了互助组。据中共中央农村工作部二处1955年7月26日编印的《农业合作化运动最近的简情》统计,全国农业生产合作社在贯彻"停、收、发"方针后,原有的67万个社中,有65万个巩固下来了。"缩"的情况是:浙江15000个,河北7000个,山东4000个。其他省份无大变动,有的还有所增加。

1955年年初,毛泽东对农村紧张形势的看法与邓子恢等人是一致的,因而也赞成停止合作社的发展。但是,到了5月,他的态度发生了根本性的变化,认为合作社不但不应停止发展,反而应该加快发展。

促使毛泽东改变对农业生产合作社发展速度的原因,一是毛泽东此时感到粮食并非那么紧张。这年春天,正当农村销粮大幅度增加,而缺粮的呼喊声也越来越大的时候,中共中央收到了反映一份山西闻喜县宋店乡粮食统销情况的材料。其中说,这个乡原本要求供应粮食10170斤,经过对统销工作进行整顿后,不仅不要供应,而且还多余6200斤机动粮。有些农户本可以自给自足,看到别人向国家买粮食,自己也跟着喊粮食不够。也有的农户本来有余粮,只因为害怕别人说自己售粮太少或别人前来借粮,故意和别人一起喊缺粮。有的基层干部因为自己多买了粮或包庇亲友多买了粮,明知缺粮是假,也睁一只眼,闭一只眼。另外,由于没有经验,统销办法不规范,也助长了供应不公或宽打窄用。不缺粮而喊缺粮的人中,各阶层都有,

---

① 中共中央文献研究室编:《建国以来重要文献选编》第6册,中央文献出版社1993年版,第77页。

而以富裕中农为多。

类似的材料中共中央还收到不少,由此使毛泽东和中共中央认为,"所谓缺粮,大部分是虚假的,是地主、富农以及富裕中农的叫嚣"①。据此,中共中央、国务院于1955年4月28日作出《关于加紧整顿粮食统销工作的指示》。指示指出,由于许多地方没有结合"三定"(定产、定购、定销)作好粮食统销工作,致使本年3、4月份粮食销量大大超过国家规定的合理标准,而且这种趋势还在发展。不少省份销于农村的粮食,如以每人每日供应一斤计算,等于供应了全省农村人口的70%至80%,好些县份,供应的人数竟等于95%以上。粮食超销的主要原因,是农民对统购统销有疑虑,缺粮的农民在买粮,不缺粮的农民也在买粮;该少买的要多买,该迟买的要早买;已经买了的还要买,使一些真正缺粮的农民反而得不到切实的保证。为此,中共中央、国务院要求,一切粮食销售超过指标的地区,政府机关和党组织必须立即动员起来,进行充分的政治工作和群众工作,使群众明了国家的政策和解决粮食问题的真正出路;要向农民宣布国家对本乡、本区销售粮食指标,对要求供应户逐户进行评议,核发购粮证,把不应供应、可以少供应或推迟供应的,通过民主评议停止或减少供应;对那些过去多买了现在有条件退出的,也要酌情经过说服教育令其退出一部分。这个文件下发后,从5月份开始,粮食销量果然大幅度下降,这更使毛泽东相信原来对农村粮食紧张形势的估计是言过其实了,形势并没有那么紧张。

促使毛泽东改变农业生产合作社发展速度的第二个原因,是他此时认为党内有部分人不愿走社会主义道路,他们对办合作社采取消极态度,这种状况必须改变。这年4月6日至22日,毛泽东离开北京,前往南方视察。此时正是春暖花开时节,毛泽东在视察的途中,看了铁路、公路两旁庄稼的长势,听了一些地方负责人的汇报,对农村的形势作出了新的判断。尤其是中共中央上海局书记柯庆施对他讲了一个情况,说他经过调查,县、区、乡三级干部中,有30%的人反映要"自由"的情绪,不愿意搞社会主义。这使毛泽东立即意识到:这种"不愿意搞社会主义"的人,上上下下都有。中央农

---

① 薄一波:《若干重大决策与事件的回顾》上卷,中共中央党校出版社1991年版,第372页。

村工作部反映部分合作社办不下去,是"发谣风"。这一系列的情况反映到毛泽东的脑子里,"不仅使他改变了对春季农村的形势的看法,而且开始用阶级斗争的观点看待来自各方的对农村形势的估量"①。

4 月下旬,毛泽东回到北京。5 月 1 日,他在天安门城楼上对中共中央副秘书长兼中央书记处第二办公室主任谭震林表示,合作化还可以快一些。② 5 月 5 日晚,邓子恢向毛泽东汇报此间正在召开的第三次全国农村工作会议情况,准备在第二天作总结。毛泽东对邓子恢说:"不要重犯一九五三年大批解散合作社的错误,否则又要作检讨。"③但邓子恢却没有跟上毛泽东认识的变化。在此次谈话后的第二天,即 5 月 6 日,他在第三次全国农村工作会议的总结报告中,仍强调要坚持停止发展、全力巩固的方针。

5 月 9 日,毛泽东约见邓子恢、中央农村工作部副部长廖鲁言以及国务院副总理李先念、粮食部副部长陈国栋。毛泽东说:下半年粮食征购任务原定 900 亿斤,可考虑压到 870 亿斤。这样可以缓和一下,这也是个让步。粮食征购数字减少一点,换来个社会主义,增加农业生产,为农业合作化打基础。今后两三年是农业合作化的紧要关头,必须在三年内,打下合作化的基础。他问邓子恢:1957 年化个 40%,可不可以? 邓子恢说:上次说三分之一,还是三分之一左右为好。毛泽东勉强表示:三分之一也可以。接着又说:农民对社会主义改造是矛盾的,农民是要"自由"的。我们要社会主义。在县区乡干部中,有一批是反映农民这种情绪的。据柯庆施说,有 30%。不仅县区乡干部中有,上面也有。省里有,中央机关干部中也有。还说:"说农民生产情绪消极,那只是少部分。我沿途看见,麦子长得半人深,生产消极吗!"④显然,毛泽东对邓子恢仍坚持原来的发展速度已经有所不满了。

① 薄一波:《若干重大决策与事件的回顾》上卷,中共中央党校出版社 1991 年版,第 372—374 页。

② 杜润生:《忆五十年代初期我与毛泽东主席的几次会面》,《缅怀毛泽东》编辑组:《缅怀毛泽东》下册,中央文献出版社 1993 年版,第 383 页。

③ 《关于农业合作化问题》(1955 年 7 月 31 日),《毛泽东文集》第六卷,人民出版社 1999 年版,第 424—425 页。

④ 转引自中共中央文献研究室:《毛泽东传(1949—1976)》,中央文献出版社 2003 年版,第 375 页。

5月17日，毛泽东在中南海的颐年堂主持召开南方十五省市委书记会议。会上，有的省委书记汇报说，按照中央农村工作部的建议收缩合作社，引起了农村干部和群众的不满。也有人在汇报中埋怨中央农村工作部压制了下面办社的积极性。这些汇报进一步使毛泽东认为，中央农村工作部前一阶段反映的农村情况是不真实的，停止发展农业合作社是不正确的。毛泽东说："合作社问题，也是乱子不少，大体是好的。不强调大体好，那就会犯错误。在合作化的问题上，有种消极情绪，我看必须改变。再不改变，就会犯大错误。对于合作化，一曰停，二曰缩，三曰发。缩有全缩，有半缩，有多缩，有少缩。社员一定要退社，那有什么办法。缩必须按实际情况。片面的缩，势必损伤干部和群众的积极性。后解放区就是要发，不是停，不是缩，基本是发；有的地方也要停。但是一般是发。华北、东北等老解放区里面，也有要发的。譬如山东30%的村子没有社，那里就不是停，不是缩。那里社都没有，停什么？那里就是发。该停者停，该缩者缩，该发者发。"①毛泽东在这里虽然也重申了停、缩、发的方针，但他所强调的已不是停和缩，而是如何发。

会上，一些省委书记重新自报了1956年春耕前大幅度发展合作社的计划，这引起了毛泽东的极大兴趣，也受到了很大鼓舞。经过讨论，毛泽东在会议作结论时，提出了新区各省1955年秋后到1956年秋前农业合作社发展的控制指标：河南7万个、湖北4.5万个、湖南4.5万个、广东4.5万个、广西3.5万个、江西3.5万个、江苏6.5万个。他还说，如果你们自愿，那就拍板，把这个数字定下来。东北、西北、西南、华北，由林枫、马明方、宋任穷、刘澜涛去召开一个会，把精神传达下去，讨论解决。今天在会上定了的，就这样办，大体不会错。但是，发展起来的合作社，要保证90%是可靠的。②

6月14日，刘少奇主持中共中央政治局会议，听取中央农村工作部关于第三次全国农村工作会议情况的汇报。刘少奇提出："建社有很大成绩。要估计到我国和苏联情况不同。苏联农业集体化以后，一两年内减产。我

① 毛泽东：《关于农业合作化问题的讲话》（1955年5月17日），黄道霞等主编：《建国以来农业合作化史料几编》第6册，中共中央党校出版社1992年版，第224页。

② 毛泽东：《关于农业合作化问题的讲话》（1955年5月17日），黄道霞等主编：《建国以来农业合作化史料汇编》第6册，中共党史出版社1992年版，第239页。

国显然不同,社一建立起来,百分之七十五都增产(去年);减产的,整顿后第二年也增产了。对农业合作化事业要有充分的信心,对成绩要有充分的估计。"①会议批准了到 1956 年秋收前农业生产合作社发展到 100 万个(即在已有 65 万个社的基础上增加 35 万个,一年翻半番)的计划。

一年增加 35 万个农业合作社,与年初确定的停止发展、全力巩固的方针相比已经是重大变化,但毛泽东对此仍认为增加的数量太少,至少应当翻一番,达到 130 万个左右,使全国农村二十余万个乡除了少数边疆地区外,每个乡都有一个至几个农业社。6 月 23 日,刚从杭州回到北京的毛泽东,立即约邓子恢谈农业合作社的发展问题。毛泽东提出,1956 年春耕以前合作社发展到 100 万个,同现有的 65 万个比较,只增加了 35 万个,即只增加了半倍多一点,似乎少了一点,可能需要比原来的 65 万个增加一倍左右,即增加到 130 万个左右,基本上做到全国 20 多万个乡都有一到几个社。他问邓子恢:你看怎么样?邓子恢回答说,回去考虑考虑。

从毛泽东处回到中央农村工作部后,邓子恢找农村工作部互助合作处的有关人员进行商量,大家认为还是坚持 100 万个的原计划为好。第二天,邓子恢向毛泽东汇报说,上年度由 11 万个社发展到 65 万个社,已经太多,发生了冒进的问题,还需要做大量的工作才能巩固。下年度由 65 万个社发展到 100 万个社,都要巩固下来,更不容易。如果发展到 130 万个,那就超出了现有办社条件许可的程度,还是维持 100 万个的计划比较好。为此,两人还发生了争论,持续了好几个小时。②

毛泽东是一个极为执著的人,一旦他认准的事情,别人难以改变他的态度。从这一点上讲,这场争论必定很快就会有结果。

7 月 11 日,毛泽东又一次约见了邓子恢,参加约见的还有农村工作部的副部长陈伯达、廖鲁言、刘建勋、陈正人和秘书长杜润生及谭震林。邓子恢汇报了全国农业合作化的基本情况。毛泽东听完汇报后,严厉批评了邓子恢,说邓子恢自以为了解农民,又很固执。邓子恢作了检讨,还说,主席啊,我没有说过"砍"合作社。毛泽东说,你没有说过"砍"合作社,我就放心

---

① 转引自中共中央文献研究室:《毛泽东传(1949—1976)》,中央文献出版社 2003 年版,第 379 页。

② 《邓子恢传》编辑委员会:《邓子恢传》,人民出版社 1996 年版,第 492 页。

了。我的话说得挖苦一些,没有别的意思,就是希望你们今后注意。但是,这次谈话后,邓子恢对于1956年发展合作社要翻一番,仍然放心不下,经过反复考虑,于7月15日又向刘少奇反映,说130万不行,还是100万为好。刘少奇说:"邓老,你们是专家,这个意见我们考虑。"毛泽东对邓子恢坚持己见甚为生气,对中央秘书长邓小平说:"邓子恢的思想很顽固,要用大炮轰!"①

7月18日,毛泽东致信杜润生,要他将第三次全国农村工作会议的各项材料,如报告、各人发言和结论"送我一阅"。根据这些材料和邓子恢几次谈话的内容,他开始着手撰写《关于农业合作化问题》一文,准备"用大炮轰"邓子恢了。

几天后,即7月26日,毛泽东在中南海单独召见了中共山西省委第一书记陶鲁笳,听取关于山西农业合作化情况的汇报。汇报过程中,毛泽东问陶鲁笳:你们初级社在面上铺开了,有没有减产、死牛的情况? 陶鲁笳说,1953年2242个社的粮食总产比1952年增长27.6%,单产增长21.6%,比互助组高21.5%,比单干高39%。1954年全省因灾减产4.8%,而初级社占20%以上的平顺、武乡等20个县的粮食产量比1955年增长3.8%。全省的大牲畜,由1951年的184万头发展到1954年的213万头,年递增率为10%,其中骡马的递增率达到了15%,适应了初级社添新式马车农具的需要。特别是长治专区的1276个老社中,生活水平已经达到或超过富裕中农生产水平的占38%,为进一步过渡到高级农业生产合作社创造了条件。

听了陶鲁笳的汇报,毛泽东十分高兴,并指出合作社一定要注意防止减产和死牛的现象。他还说,苏联在农业集体化过程中粮食大幅度减产、牛大量死亡的教训是很深刻的,它导致了农业生产长期停滞不前,直到现在他们还没有达到十月革命前的最高水平。汇报结束时,毛泽东一再叮嘱要吸取苏联农业集体化的教训,一定要增产,一定要增牛,一定要使中国的合作社比苏联的集体农庄搞得更好。②

---

① 中共中央文献研究室:《毛泽东传(1949—1976)》,中央文献出版社2003年版,第380—381页。

② 陶鲁笳:《毛主席支持山西省委试办初级社》,山西省史志研究院编:《山西农业合作化》,山西人民出版社2001年版,第654页。

同一天,中央农村工作部二处向毛泽东等中央领导人报送了一份农业合作化运动最近情况的简报。其中的主要内容是:(一)今年春耕时全国有67万多个农业合作社,经过几个月的整顿,有增有减,现在约有65万个。(二)各地对巩固和发展合作社的工作均作了布置,采取的主要措施是:集中力量巩固现有社,主要抓端正政策,做好社的生产工作,合理组织劳力,推行包工制;做好互助组工作,为建社建立基础;训练办社干部及准备建社的互助组骨干;抽调干部下乡帮助社的工作。各省的发展计划大体确定后,逐级向下分配任务,并由县区结合实际情况,提出修正意见,然后定案。(三)1955年到1956年度的发展计划是,由现有的65万个社发展到103万个,入社户数由1690余万发展到约2920万户。

7月29日,毛泽东在简报的背后写了许多的批语,其中特别提出要反对右的和"左"的错误观点。他说:"在发展问题上,'不进'与'冒进'。目前不是批评冒进的问题,不是批评'超过了客观可能性'的问题,而是批评不进的问题,而是批评不认识和不去利用'客观可能性'的问题,即不认识和不去利用广大群众由于土地不足、生活贫苦或者生活还不富裕,有一种走社会主义道路的积极性,而我们有些人却不认识和不去利用这种客观存在的可能性。"[①]

为了讨论农业合作化问题,根据邓小平的建议,毛泽东和中共中央决定召开一次各省市自治区党委书记会议。会前,中共中央书记处召集农村工作部的负责人开会,邓小平传达了毛泽东的原话:看来像邓子恢这种思想,他自己转不过来,要用大炮轰,中央决定召开地委书记以上会议,各省市委书记和中央各部部长、副部长都参加。

这时,形势已经很明朗了。此时的邓子恢颇为艰难,如果不跟着毛泽东的思路走,只会招来更严厉的批评;如果承认前一阶段农业合作社的收缩整顿是错误的,就会造成合作社不但不能巩固,而且还会急剧发展,再次出现急躁冒进,使强迫命令重新抬头,影响农业生产。在这种情况下,邓子恢着手写了题为《农业合作化几点意见》的发言稿。

发言稿首先承认自己在4、5月间的全国第三次农村工作会议时,对形

---

① 《建国以来毛泽东文稿》第5册,中央文献出版社1991年版,第229—230页。

势的分析是欠妥的,对合作社所采取的方针是消极的。接着,提出 1955—1956 年度新发展合作社 40 万个,连同原有的 65 万个,共 105 万个,并提出各省在分配或审批下面的计划时,应以现有社增产巩固程度、互助组发展大小、干部强弱、原有基础好坏为条件。发言稿中还讲到了地方党委必须加强对合作社的领导,搞好生产和经营管理,以保证 90% 的社能增产。发言稿写好之后,邓子恢交给毛泽东审阅,但毛泽东收到之后没有作任何表示,实际上把稿子压了下来。

7 月 31 日,省市自治区党委书记会议在北京召开,毛泽东在会上作了《关于农业合作化问题》的报告。报告一开头,就对邓子恢等人的所谓"右倾错误"作了严厉批评:

在全国农村中,新的社会主义群众运动的高潮就要到来。我们的某些同志却像一个小脚女人,东摇西摆地在那里走路,老是埋怨旁人说:走快了,走快了。过多的评头品足,不适当的埋怨,无穷的忧虑,数不尽的清规和戒律,以为这是指导农村中社会主义群众运动的正确方针。

否,这不是正确的方针,这是错误的方针。

目前农村中合作化的社会改革的高潮,有些地方已经到来,全国也即将到来。这是五亿多农村人口的大规模的社会主义的革命运动,带有极其伟大的世界意义。我们应当积极地热情地有计划地去领导这个运动,而不是用各种办法去拉它向后退。[①]

毛泽东在报告中认为,解决农业合作社问题,仍需要三个五年计划的时间,但必须加快农业合作化的速度。其主要理由是:社会主义工业化是不能离开农业合作化而孤立地去进行的;大多数农民有一种走社会主义道路的积极性;党是有能力领导全国人民进到社会主义社会的。报告中,毛泽东将他与邓子恢等人在发展农业合作社问题上的分歧,上升到了"两条路线的

---

① 《关于农业合作化问题》(1955 年 7 月 31 日),《毛泽东文集》第六卷,人民出版社 1999 年版,第 418 页。

分歧"的高度。他批评说："有些同志，从资产阶级、富农、或者具有资本主义自发倾向的富裕中农的立场出发，错误地观察了工农联盟这样一个极端重要的问题。他们认为目前合作化运动的情况很危险，他们劝我们从目前合作化的道路上'赶快下马'。他们向我们提出了警告：'如果不赶快下马，就有破坏工农联盟的危险。'我们认为恰好相反，如果不赶快上马，就有破坏工农联盟的危险。这里看来只有一字之差，一个要下马，一个要上马，却是表现了两条路线的分歧。"①

毛泽东认为，土地革命已经过去，封建所有制已经消灭之后，农村中存在的是富农的资本主义所有制和像汪洋大海一样的个体农民的所有制。在最近几年中间，农村中的资本主义自发势力一天一天地在发展，新富农已经到处出现，许多富裕中农力求把自己变为富农。许多贫农，则因为生产资料不足，仍然处于贫困地位，有些人欠了债，有些人出卖土地，或者出租土地。这种情况如果让它发展下去，农村中两极分化的现象必然一天一天地严重起来。在这种情况之下，工人和农民的同盟就不能继续巩固下去。要解决这个问题，只能在逐步地实现社会主义工业化和逐步地实现对于手工业、对于资本主义工商业的社会主义改造的同时，逐步地实现对于整个农业的社会主义的改造，即实行合作化，在农村中消灭富农经济制度和个体经济制度，使全体农村人民共同富裕起来。

当然，毛泽东的这个报告，对我国农业合作化的历史和基本方针的许多论述还是正确的，例如：毛泽东指出，要下决心解散的合作社，只是那些全体社员或几乎全体社员都坚决不愿意干下去的合作社。如果一个合作社中只有一部分人坚决不愿意干，那就让这一部分人退出去，而留下大部分人继续干。如果有大部分人坚决不愿意干，只有一小部分人愿意干，那就让大部分人退出去，而将小部分人留下继续干。这样解释自愿互利原则，就能避免整顿合作社时一哄而散情况的出现。毛泽东还认为，要坚持自愿、互利原则，改善经营管理，提高耕作技术，增加生产资料，这是巩固合作社和保证增产的几个必不可少的条件。这些都是几年来我国互助合作运动的经验总结，

---

① 《关于农业合作的化问题》(1955 年 7 月 31 日)，《毛泽东文集》第六卷，人民出版社1999 年版，第 436—437 页。

对保证农业合作化运动的健康发展是有积极意义的。

但是，这个报告的主旨却在于严厉批评邓子恢等人的"右倾"，认为他们对合作化运动的领导是"像一个小脚女人，东摇西摆地在那里走路"，对合作化运动有"过多的评头品足，不适当的埋怨，无穷的忧虑，数不尽的清规和戒律"，是一种右倾错误的指导方针。甚至"老是站在资产阶级、富农、或者具有资本主义自发倾向的富裕中农的立场上替较少的人打主意，而没有站在工人阶级的立场上替整个国家和全体人民打主意"。这样，"就把工作中关于合作化发展速度这类正常的党内争论，夸大成为两条路线的分歧，使多年来形成的比较健康的党内民主生活开始出现不正常现象"①。

毛泽东作完报告后，由邓子恢发言。会议前准备的发言稿已经用不上的，因为发言稿不像是个检讨，何况稿子还压在毛泽东那里，邓子恢只得作即席发言，表示拥护毛泽东的批评。邓子恢在发言中不得不承认，前一段时间对情况的分析不全面，对"停、缩、发"的方针消极对待，采取的是小发展而不是大发展的态度。之所以出现这样的缺点，主要是对占农村人口60%以上的老贫农和下中农的合作化积极性估计不足，对党在农民中的领导作用估计不足，对几年来互助合作运动的发展和示范作用估计不足，对运动所产生的缺点则估计过分。邓子恢说，经过主席的帮助，我今天才了解到这一点，今后应力求避免再犯。②

8月1日，在省市自治区党委书记会议结束时，毛泽东说：和子恢同志的争论已经解决了。4月间，中央有一个意见，子恢一个意见。农村工作部没有执行中央的意见。5月17日以前，说新区发展的合作社糟得很，这次会议上大家说很好。现在证明新区能发展，今冬明春可大发展。准备工作加巩固工作不会冒险，准备工作的第一项就是批评错误思想。集体主义比分散主义、个人决断好，应该服从这条纪律，各部门不能乱发命令。

毛泽东对邓子恢的这个批评，显然是言过其实的。对农业合作社采取停止发展、全力巩固的方针，是经过中共中央书记处会议同意的，并非是中央农村工作部擅自作出的决定，何况毛泽东在年初也明确提出从现在起就

<hr>

① 胡绳主编：《中国共产党的七十年》，中共党史出版社1991年版，第379页。
② 《邓子恢传》编辑委员会：《邓子恢传》，人民出版社1996年版，第498页。

干脆停止合作社的发展,所以不能说是"中央一个意见,子恢一个意见"。实际上,当时,毛泽东和中共中央与中央农村工作部都是同样的意见,这就是停止发展、全力巩固。

8月3日,毛泽东约邓子恢谈话。他问邓子恢:你土地改革时那样坚决,不担心中农害怕,为什么这一次就不坚决了? 邓子恢回答说:农业合作化和土地改革不一样。土地改革在土地分配时实行"中间不动两头平",中农的土地一般不动,涉及不到经济利益问题。农业合作化则不同,关系到中农的土地、牲口、农具,也关系到他们的生产水平和收入水平。农业生产合作社是贫农、中农的经济联盟,就是贫农的土地、劳力和中农的土地、牲口、农具的结合,没有中农参加不行。合则两利,不合则两伤,但中农有看大势、算利害的特点,所以要半妥协,急了不行,急了他们不来。合作化的问题中很重要的是要解决中农入社的问题。①

8月26日,毛泽东在青海省委关于在畜牧业生产中互助组织形式的问题给中共中央的请示报告中,写下了这样一段批语:

小平、尚昆同志:
　　请电话通知中央农村工作部:在目前几个月内,各省市区党委关于农业合作化问题的电报,由中央直接拟电答复;并告批发此类来报的同志,不要批上"请农村工作部办"字样。但对其他来报,例如青海省委关于畜牧问题的请示电报,仍应批交"农村工作部办"。②

这样一来,中央农村工作部和邓子恢暂时"靠边站"了。

毛泽东《关于农业合作化问题》的报告,一直传达到了农村党支部,各地纷纷检查"右倾保守思想",批判"小脚女人",修改原订的农业合作社发展规划,对农业合作化运动作出重新部署,农业合作社于是迅猛发展起来。

为了进一步批判农业合作化运动中的"右倾机会主义思想",重新规划农业合作化的发展速度,加速农业社会主义改造高潮的到来,中共中央决定

---

① 《邓子恢传》编辑委员会:《邓子恢传》,人民出版社1996年版,第498—499页。
② 《建国以来毛泽东文稿》第5册,中央文献出版社1991年版,第324页。

召开扩大的七届六中全会。

10月4日,扩大的七届六中全会在北京举行。出席这次会议的有中央委员38人和候补中央委员25人。上海局书记,北京市委、天津市委和上海市委书记,各省委、各自治区党委和各地委的书记,以及中共中央各部委和中央国家机关各部门党组的负责人等388人列席了这次会议。会上,中央农村工作部的领导人邓子恢、廖鲁言、杜润生检讨自己的"右倾错误"。

邓子恢在发言中从五个方面作了检讨。一是检讨了1953年春至1955年春"先后犯了两次原则性的错误"。二是分析了提出"错误方针"的原因。邓子恢说,这主要是由于自己在思想上的右倾。这种右倾思想,首先在对于广大农民走社会主义道路的积极性估计不足,反映到思想上的正是占人口20%到30%的富裕中农对社会主义改造的动摇抵触情绪。其次是对党在农民中的领导作用估计不足。正是由于这些错误估计,也就对于即将到来的农村中的全国性的社会主义革命大高潮,不可能也不敢作出正确的估计。三是承认了自己"长期存在"着"两个机械论"。他在发言中说,这"两个机械论"首先是不适当地简单地过分强调土改可以较大胆迅速,而合作化则必须谨慎小心,必须慢慢来,因而始终不敢提放手发动群众的口号。其次是过分强调"发展容易巩固难","建社容易办社难",在困难面前退缩,而不是鼓起勇气去克服困难。四是剖析产生"右倾思想"的根源。邓子恢对自己作了上纲上线的自我批评,说自己的错误思想,其本质是资本主义思想隐藏在脑子里作怪,模糊了社会主义思想。五是检讨自己"犯了组织纪律的错误"。主要表现是对浙江合作社收缩的方针,未请示中共中央,就擅自对该省农村工作部发出电报;对毛泽东5月初提出的不要重犯1953年解散合作社的错误的警告未引起警惕;对6月间中央政治局否定中央农村工作部代中央起草的关于合作化运动的指示,思想上有抵触;7月中旬毛泽东提出严正批评后,思想上也未完全想通。直到7月31日毛泽东作了《关于农业合作化问题》的指示后,才转变过来。

会议最后一天,毛泽东作了题为《农业合作化的一场辩论和当前的阶级斗争》的结论。结论共讲了五个问题。

第一个问题,是关于农业合作化与资本主义工商业改造的关系。毛泽东为此明确提出了让资本主义绝种的问题。他认为,只有在农业彻底实行社会主义改造的过程中,工人阶级同农民的联盟在新的基础上,即社会主义的基础上逐步地巩固下来,才能彻底地割断城市资产阶级与农民的联系,才能彻底地把资产阶级孤立起来,也才能彻底改造资本主义工商业。他指出:"我们对农业实行社会主义改造的目的,是要在农村这个最广阔的土地上根绝资本主义的来源。"由此可见,毛泽东决定加速农业合作化的一个重要原因,就是要使资本主义在中国早日"绝种",也就是要尽早消灭资本主义,从而从根本上解决社会主义与资本主义谁战胜谁的问题。

第二个问题,关于合作化问题上争论的总结。毛泽东将前一阶段与邓子恢等在合作化速度上的分歧,概括为十三个问题,并逐一作了批驳。这十三个问题分别是:(一)大发展好还是小发展好;(二)晚解放区能不能发展,山区、落后乡、灾区能不能发展;(三)少数民族地区能不能办社;(四)没有资金,没有大车,没有牛,没有富裕中农参加,能不能办社;(五)"办社容易巩固难";(六)没有农业机器能不能办社;(七)办得坏的社是不是都要解散;(八)所谓"如不赶快下马,就要破坏工农联盟";(九)所谓"耕牛死亡,罪在合作社";(十)所谓"农村紧张根本由于合作社办得太多了";(十一)"合作社只有三年优越性";(十二)应不应当在最近一个时期办一些高级社;(十三)所谓"木帆船、兽力车不能办合作社"。毛泽东说:"根据大家的讨论,我们解决了这许多问题,这是这次中央全会的重大收获。"

第三个问题,关于全面规划,加强领导。毛泽东提出,全面规划应当包括合作社的规划,农业生产的规划和全部的经济规划。他认为,从乡村合作社到省一级都要制订规划。合作社的规划,要分别不同地区规定发展的速度。多数地区要在1958年春基本完成半社会主义的合作化,也就是70%至80%的农村人口加入半社会主义的合作社。在讲到加强领导时,毛泽东要求省、地、县、区、乡五级主要干部,首先是书记、副书记,在今后五个月之内,务必钻到合作社问题里面去,熟悉合作社的各种问题。他还讲到了加强领导的具体方法。

第四个问题,关于思想斗争。毛泽东在会议的结论中对邓子恢和中央农村工作部作了点名的批评。他说:"中央农村工作部的一部分同志,首先是邓子恢同志犯了错误,性质属于右倾的错误,属于经验主义性质的错误。"毛泽东不点名地说邓子恢到了1953年还是言不及社会主义,好"四大自由"(即雇工自由、土地租佃买卖自由、借贷自由、贸易自由)之小惠,喜欢闹分散主义和闹独立性。

第五,关于农业合作化的具体政策。毛泽东提出,合作化运动中对待富裕中农必须小心,务必好好解决,不能把富裕中农当成富农看待,他们在合作社中的领导地位不要一阵风将其拉下来。要向党支部和群众讲清楚,将中农分为下中农和上中农,不是重新划分阶级。此外,毛泽东还讲到了地主富农入社、办高级社的条件和办多少高级社、勤俭办社、什么是"左"右倾等问题。

中共七届六中全会后,伴随着对"小脚女人"即右倾保守思想的批判,农业合作化运动的速度进一步加快。1956年4月30日,《人民日报》向全世界宣布:中国农村基本上实现了初级农业合作化。到这时,全国农业生产合作社共有100.8万个,入社农户10668万户,占全国农户总数的90%。其中,除湖南、四川、云南三省入社农户在总农户数的70%以上不到80%以外,其余的省、市都在80%以上,并且有15个省、市达到了90%以上。与1954年相比,农业生产合作社增加了3倍,入社农户增加了4倍。在农业合作化运动大发展的同时,很多农业社进行了合并,由小社并成大社。到1956年3月底,农业社总数比1955年年底减少了81.6万个,但入社的农户增加了3122万户,平均每社由40户增加到98户,其中初级社平均50户。毫无疑问,在合作社的大发展中,"要求过急,工作过粗,改变过快,形式也过于单一"等问题也随之产生了。

1981年3月,中共中央办公厅批转了中共国家农委党组《关于为邓子恢同志平反问题的请示报告》。报告中说,1955年6月中旬以后,党内就农业合作化的进度问题发生了争论,邓子恢主张还是按中央原定的计划为好。但这些意见在7月的省市书记会议和10月扩大的中央全会上逐条受到批驳,指责是"右倾和经验主义"和"右倾机会主义"的错误。"实际上,邓子恢同志的意见是对的,当时对他的这种批判,曾导致以后合作化运动高级社化和人民公社等急躁冒进的错误。"①

---

① 《关于为邓子恢同志平反问题的请示报告》(1980年12月8日),黄道霞等主编:《建国以来农业合作化史料汇编》,中共党史出版社1992年版,第891页。

三、《中国农村的社会主义高潮》一书再评价

1955 年下半年,通过对所谓"小脚女人"即右倾保守思想的批判,我国的农业合作化运动迅速进入高潮。毛泽东曾在一篇文章的按语中这样写道:"一九五五年,在中国,正是社会主义和资本主义决胜负的一年。这一决战,是首先经过中国共产党中央召集的五月、七月和十月三次会议表现出来的。一九五五年上半年是那样的乌烟瘴气,阴霾满天。一九五五年下半年却完全变了样,成了另外一种气候,几千户的农民群众行动起来,响应党中央的号召,实行合作化。"①

这里所说的三次会议是指 5 月 17 日的 15 省、自治区党委书记会议,7 月 31 日的省、市、自治区党委书记会议和 10 月的扩大的中共七届六中全会。可以说,没有这三次会议的发动,我国农业社会主义改造的高潮不会那么快到来。然而,促使这个高潮到来并迅猛发展的,还有一本由毛泽东亲自编辑的书——《中国农村的社会主义高潮》。我国农业合作化高潮基本上是靠这三个会议加一本书发动的。

为什么要编《中国农村的社会主义高潮》这本书,毛泽东在该书的序言中对此作了这样解释:"目前,在这个问题上(按:指农业合作化)的主要缺点,是在很多的地方,党的领导没有赶上去,他们没有把整个运动的领导拿到自己的手里来,没有一省一县一区一乡的完整的规划,只是零敲碎打地在那里做,他们缺乏一种主动的积极的高兴的欢迎的全力以赴的精神。这样,就发生了一个很大的问题,下面运动很广,上面注意不足,当然要闹出一些乱子来。我们看了这些乱子,不是去加强领导和加强计划性,而是消极地企图停止运动的前进,或者赶快'砍掉'一些合作社。这样做,当然是不对的,必然要闹出更多的乱子来。""读者从这些材料,可以看出全国合作化运动的规模、方向和发展的前景。这些材料告诉我们,运动是健康的。出乱子的

---

① 《建国以来毛泽东文稿》第 5 册,中央文献出版社 1991 年版,第 522 页。

地方都是党委没有好好去指导。一待党委根据中央的方针跑上去做了适当的指导,那里的问题就立即解决了。这些材料很有说服力,它们可以使那些对于这个运动现在还是采取消极态度的人们积极起来,它们可以使那些到现在还不知道怎样办合作社的人们找到办合作社的方法,它们更可以使那些动不动喜欢'砍掉'合作社的人们闭口无言。"①这两段话,已经将他要编辑这本书的动机和目的讲得十分清楚了。

《中国农村的社会主义高潮》毛泽东编辑了两次。一次是1955年9月,一次是同年12月。

9月开始编辑时,书名为《怎样办合作社》。毛泽东在中共七届六中全会上所作的结论中,对这本书的情况和材料来源作了说明。他说:"我用了十一天工夫关了门,看了一百二十几篇报告。先请廖鲁言同志同农村工作部的同志,他们看了一千几百篇,选了一百二十篇。然后我对这一百二十篇搞了十一天,包括改文章、写按语在内。"他还说,许多报告是从各种刊物上挑选出来的,"因为这些刊物是零零碎碎发下去的,它不是集中比较好的典型。现在农村刊物又叫党内刊物,秘密不外传,其实毫无秘密。这些刊物有什么秘密呀!现在我们的书准备公开出版,由人民出版社出,民主人士也要卖他一本。"毛泽东还建议每个省、自治区用一年或半年也编一本书,每个县搞一篇,使得各县的经验能够交流,这对迅速推广合作化运动有好处。

毛泽东为编辑这本书耗费了很多的心血。他将编辑这本书当作是建国后的第一次调查。1961年3月,中共中央在广州召开工作会议,他在会上回忆编辑这本书的情况时说:解放后11年,我做了两次调查。一次是为农业合作化的问题,看过一百几十篇材料,每省有几篇,出了一本书,叫做农村社会主义高潮。每篇都看,有些看过几遍,研究他们为什么搞得好,比如讲河北的建明社,那也是研究。又一次是十大关系,那是经过两个半月和34个部门讨论。每天一个部或两天一个部,听他们的报告,跟他们讨论,然后得出十大关系的结论。②

《怎样办合作社》一书编辑好了之后,印出了若干样本,发给了中共七

---

① 《建国以来毛泽东文稿》第5册,中央文献出版社1991年版,第397—398页。

② 董边等编:《毛泽东和他的秘书田家英》(增订本),中央文献出版社1996年版,第48页。

届六中全会的与会人员，请其提意见和建议。有人提出，书中有些材料已经过时，需要补充一些材料。会后，大多数省、市、自治区都送来了补充材料，其中不少是反映 1955 年下半年的情况。

毛泽东第一次编辑此书时，正值他的《关于农业合作化问题》的报告传达到农村党支部，各地纷纷开展对"小脚女人"和"右倾思想"的批判，并重新修订合作社发展规划之时。所以在材料选择和所加的按语中，重点是如何帮助人们克服右倾保守思想，使"消极态度的人积极起来"，指导不会办社的干部群众办社，当然更重要的是要通过具体的事例，说明合作社不但能大办，而且能办好，使"砍掉"合作社者"闭口无言"，以推动农业合作化运动高潮的到来。

但是，中共七届六中全会后，党内在发展合作社的问题上已没有不同声音，各地纷纷快马加鞭，大办农业合作社，合作化运动的高潮已经到来了。情况发生了变化，编辑此书的目的自然也有相应的改变。毛泽东在第二次为这本书写的序言中，说明了这种变化。他说："现在提到全党和全国人民面前的问题，已经不是批判在农业的社会主义改造速度方面的右倾保守思想的问题，这个问题已经解决了。""但是现在的问题，还是右倾保守思想在许多方面作怪，使许多方面的工作不能适应客观情况的发展。现在的问题是经过努力本来可以做到的事情，却有很多人认为做不到。因此，不断地批判那些确实存在的右倾保守思想，就有完全的必要了。"①

这就是说，毛泽东第二次编辑这本书，固然希望就此进一步把农业合作化运动的高潮引向深入，但更主要的，还是想通过对农业合作化过程中"右倾思想"的批判，解决工业、商业、交通运输、教育科学文化各项事业中他认为也存在的"右倾保守"问题，由农业的社会主义高潮带动各项建设事业发展的高潮。从 1955 年夏批判所谓"小脚女人"、中共七届六中全会明确提出让资本主义"绝种"起，毛泽东在确立社会主义制度和进行社会主义建设问题上急于求成的倾向明显表露出来。而农业合作化运动高潮的迅速到来，又使他相信，早日完成社会主义改造和加快工业化的速度是能够实现的，关键的问题是克服各种"右倾保守思想"。

---

① 《建国以来毛泽东文稿》第 5 册，中央文献出版社 1991 年版，第 486—487 页。

根据情况的变化，毛泽东在第二次编辑《中国农村的社会主义高潮》时，将原有的121篇材料删去30篇，留下91篇，从新收到的材料中选出了85篇，共计176篇，约90万字。

毛泽东是在极为认真地编辑《中国农村的社会主义高潮》。据协助他编辑此书的逄先知回忆："毛泽东编《高潮》时，是那样认真地精选材料，认真地修改文字。有的材料文字太差，毛泽东改得密密麻麻，像老师改作文一样。毛泽东还对大部分材料重新拟了题目，把一些冗长、累赘、使人看了头痛的标题，改得鲜明、生动、有力，而又突出了文章的主题思想，引人注目。例如，有一篇材料原题是《天津市东郊区詹庄子乡民生、民强农业生产合作社如何发动妇女参加田间生产》，共33个字，毛泽东改为《妇女走上了劳动战线》，只用9个字，简单明了，又抓住了主题，读者一看就有印象。又如，有一篇材料原题为《大泉山怎样由荒凉的土地成为绿树成荫、花果满山？》，毛泽东改为《看！大泉山变了样》，多么吸引人！类似的情况很多，在此仅举二例。"①

12月20日，毛泽东看完《高潮》的最后一批稿件后，给田家英写了一封短信："书名叫作《五亿农民的方向》如何？如果用这个名称，那就要把补选的那篇《五亿农民的方向》放在第一篇的位置，请酌定。"②田家英没有改书名，出版时仍名为《中国农村的社会主义高潮》。

1956年1月，《中国农村的社会主义高潮》由人民出版社正式出版。此前，毛泽东曾决定在书出版时发一条消息。这时田家英拿着拟好的稿子送给他，他略略地笑起来，说："这个消息没有用了，已经过时了。"毛泽东还对田家英说，他很高兴，1949年全国解放时都没有这样高兴。③

《中国农村的社会主义高潮》出版时，报纸、电台都没有发消息，但它的重要思想却迅速传遍了全中国，成为农业合作化运动的强劲推动力。

《中国农村的社会主义高潮》选编了176个合作化运动的典型经验，按

---

① 董边等编：《毛泽东和他的秘书田家英》（增订本），中央文献出版社1996年版，第49页。

② 《建国以来毛泽东文稿》第5册，中央文献出版社1991年版，第393页。

③ 董边等编：《毛泽东和他的秘书田家英》（增订本），中央文献出版社1996年版，第50页。

照书末所附的索引,这些典型经验共分为47类。具体是:

(一)一个地方实现农业合作化的过程;(二)共产党的乡村支部对于农业合作化运动的领导;(三)树立贫农在合作社领导机关内的优势;(四)农业生产合作社的政治工作;(五)农业生产合作社的保卫工作;(六)民族杂居地区的农业生产合作社;(七)工业薄弱地区的农业生产合作社;(八)办社的辅导工作;(九)整顿农业生产合作社;(十)落后于群众的右倾错误;(十一)一个地方以农业生产合作化为中心的全面规划;(十二)农业生产合作社的土地报酬与自留地;(十三)处理社员私有的牲畜;(十四)处理社员私有的林木;(十五)农业生产合作社的长期的生产规划;(十六)制订年度生产计划;(十七)兴修水利和保持水土、开发荒山;(十八)组织社员外出开垦荒地;(十九)发展以农业生产为中心的多部门经济;(二十)改进农业技术;(二十一)划分劳动组织和实行包工制;(二十二)制订工作定额和报酬标准、实行按件记酬制;(二十三)劳动竞赛和检查评比;(二十四)发动妇女参加生产和建立农忙托儿所;(二十五)农业生产合作社内的青年工作;(二十六)解决农业生产合作社劳动力剩余的问题;(二十七)建立饲养和使用耕畜的制度;(二十八)多养猪和养好猪的经验;(二十九)公有农具的管理;(三十)大量积肥的办法;(三十一)解决全社生产和社员个人生产的矛盾;(三十二)抗御灾荒的斗争;(三十三)筹集生产资金;(三十四)勤俭办社;(三十五)改进财务管理;(三十六)农业生产合作社的会计工作;(三十七)夏季预分与年终分配;(三十八)组织社员学习文化;(三十九)合作社主任和管理委员会进行领导的经验;(四十)帮助贫苦社员解决困难;(四十一)互助合作网;(四十二)互助组;(四十三)农业生产合作社团结互助组和单干农民;(四十四)农业生产合作社和供销合作社的结合合同;(四十五)制订农业生产合作社章程;(四十六)畜牧业生产合作社;(四十七)办高级社和大社的经验。

由此可以看出,这都是一些如何办农业合作社的具体经验。即使是不会办社的人,看这本书,也能找到办社的具体方法。这也是毛泽东编辑出版这本书的用意之一。

《中国农村的社会主义高潮》(以下简称《高潮》)对我国农业合作化运动的影响,不仅在于其中的176篇文章为人们提供了具体的办社模式,更重要的是毛泽东为这些材料写下的大量按语,成为各地进行农业合作化的指导思想。

毛泽东在《高潮》一书中总共写了104条按语。这些按语是他农业合作化思想的重要体现。其中不少按语是有其积极意义的,也是经得起实践检验的。例如:

——以是否增产和增产多少作为检验合作社的标准。《高潮》中的《只花了一个多月时间就使全村合作化》一文,介绍了河北省邢台县东川村1952年只花了一个月,就使全村实现了合作化的经过。合作化后,该村又通过实行包工包产,使粮食产量年年增长,社员收入逐年增加。毛泽东在这篇文章的按语中指出:"一切合作社,都要以是否增产和增产的程度,作为检验自己是否健全的主要标准。"①以是否增产和增产多少作为检验合作社工作好坏的主要标准,无疑是十分正确的。

——关于勤俭办社的思想。毛泽东为介绍河北省遵化县王国藩合作社事迹的《勤俭办社》一文,写下了这样一段按语中:"勤俭经营应当是全国一切农业生产合作社的方针,不,应当是一切经济事业的方针。勤俭办工厂,勤俭办商店,勤俭办一切国营事业和合作事业,勤俭办一切其他事业,什么事情都应当执行勤俭的原则。这就是节约的原则,节约是社会主义经济的基本原则之一。中国是一个大国,但是现在还很穷,要使中国富起来,需要几十年时间。几十年以后也需要执行勤俭的原则,但是特别要提倡勤俭,特别要注意节约的,是在目前这几十年内,是在目前这几个五年计划的时期内。"②艰苦奋斗、勤俭办一切事情,不论过去与现在,都是重要的指导意义的。

——政治工作是一切经济工作的生命线,做思想政治工作要耐心细致,以理服人。毛泽东在为《严重的教训》一文所写的按语中说:"提倡以集体利益和个人利益相结合的原则为一切言论行动的标准的社会主义精神,是使分散的小农经济逐步地过渡到大规模合作化经济的思想的和政治的保证。这一工作是艰巨的,必须根据农民的生活经验,很具体很细致地去做,

---

① 《建国以来毛泽东文稿》第5册,中央文献出版社1991年版,第493页。
② 《建国以来毛泽东文稿》第5册,中央文献出版社1991年版,第491页。

不能采用粗暴的态度和简单的方法。"在《西乡县杨河坝乡党支部正确地领导了那里的互助合作》一文的按语中,他又说:"劳动人民中的缺点或者错误,是能够经过适当的政治工作使他们加以克服或者改正的。"①

——合作社要开展多种经营。他在《多余劳动力找到了出路》一文的按语中指出:"人民群众有无限的创造力。他们可以组织起来,向一切可以发挥自己力量的地方和部门进军,向生产的深度和广度进军,替自己创造日益增多的福利事业。"在《诸翟乡把大批兼营小商贩的农民吸引到农业合作中来》一文的按语中,更是明确指出:"发展多种经营,剩余劳动力就有出路了。"②

——合作社应该兴修水利。毛泽东在《应当使每人有一亩水地》一文的按语中说:"兴修水利是保证农业增产的大事,小型水利是各县各区各乡各合作社都可以办的,十分需要定出一个若干年内,分期实行,除了遇到不可抗拒的特大的水旱灾荒以外,保证遇旱有水,遇涝排水的规划。这是完全可以做到的。"③

此外,毛泽东在《中国农村的社会主义高潮》的按语中,还就青年、妇女、扫盲、推广新的农业技术、改进领导方法和工作方法等方面,提出了若干有价值的观点。

但是,也应该看到,毛泽东编辑出版这本书的根本目的,是要通过对"右倾保守思想"的批判,促进农业合作化高潮的到来,并以此带动其他各项事业的大发展。这本书的编辑出版,固然使业已走向高潮的农业合作化运动,最终以排山倒海之势而席卷全国农村,但它同时也给这场运动带来了重大的负面影响,合作化运动中出现的要求过急、工作过粗、改变过快和形式过于单一等问题,都与这部书的编辑出版有着内在的关联。

第一,它加大了对"右倾保守思想"的批判,人为地制造了农业合作化的高潮,使自愿互利原则难以真正贯彻。

虽然在该书的序言中毛泽东曾明确表示:农业社会主义改造方面的右倾保守思想的问题已经得到了解决,但书中的按语中,还是对所谓"右倾保

---

① 《建国以来毛泽东文稿》第5册,中央文献出版社1991年版,第497、544页。
② 《建国以来毛泽东文稿》第5册,中央文献出版社1991年版,第513、524页。
③ 《建国以来毛泽东文稿》第5册,中央文献出版社1991年版,第498—499页。

守思想"作了更为严厉的指责和批评。他在书稿第一篇文章《书记动手,全党办社》的按语中说:"自己不懂,怕人问,就'绕开社走'的人,现在各地还有不少。"他还说,那种主张"坚决收缩",下令大批地解散合作社的做法,也是"绕开社走"的另一种表现,不过他们不是消极地避开,而是索性一刀"砍掉"多少个合作社,采取十分消极的态度罢了。

他还在按语中向人们提出这样一个问题:"为什么这个地方可以这样做,别的地方就不可以这样做呢? 如果说不可以,你们的理由在什么地方呢? 我看只有一条理由,就是怕麻烦,或者爽直一点,叫做右倾机会主义。因此就是'绕开社走',就是书记不动手,全党不办社,就是从不懂到不懂,从少数人到少数人,从区干部到区干部。要不然,就是手里拿着刀,见了找麻烦的合作社就给它一砍。只要有了这样一条理由,那就什么事也做不成了。"①

毛泽东在《这个乡两年就合作化了》这篇文章的按语中写道:"群众中蕴藏了一种极大的社会主义的积极性。那些在革命时期还只会按照常规走路的人们,对于这种积极性一概看不见。他们是瞎子,他们面前出现的只是一片黑暗。他们有时简直要闹到颠倒是非、混淆黑白的程度。"②

《机会主义的邪气垮下去,社会主义的正气升上来》一文的按语说:"几乎带普遍性地在许多地方存在着的、阻碍广大的贫农和下中农群众走合作化道路的、党内的右倾机会主义分子,同社会上的资本主义势力相呼应着。""有些人虽然顶着共产主义者的称号,却对于现在要做的社会主义事业表现很少兴趣。他们不但不支持热情的群众,反而向群众的头上泼冷水。"③

从这些按语中可以看出,毛泽东对邓子恢等人的批评,由"小脚女人"的指责,发展到了"右倾机会主义"的批判,把党内在合作社发展速度问题上的分歧,上升为两条路线的斗争,甚至说这些人是"顶着共产主义者的称号",却与"社会上的资本主义势力相呼应"。这样一来,党内党外谁也不敢在合作化的速度上提出不同意见,各级干部更是只能一味地想方设法加速

① 《建国以来毛泽东文稿》第5册,中央文献出版社1991年版,第489页。
② 《建国以来毛泽东文稿》第5册,中央文献出版社1991年版,第514页。
③ 《建国以来毛泽东文稿》第5册,中央文献出版社1991年版,第522页。

合作化进程,违背群众自愿原则,强迫群众入社的现象也就难免发生。

以土地入股分红为特征的初级农业合作社,是有其优越性的。例如,它能发挥集体的力量,能克服个体农民耕畜、农具不足的矛盾,能使土地统一经营、劳力统一使用,便于开展多种经营、进行副业生产。同时,由于土地分红,也可使一部分缺少劳力的农民得到基本的生活保障,而避免他们出卖或出租土地。这也是一些地方农民自发办起农业合作社的原因。如果这些优越性发挥得好,加上正确的引导,是会有越来越多的农民加入到合作社中来的。这也充分说明农业合作化运动起步之初确定的自愿互利原则和稳步前进方针是完全正确的。

毛泽东在编辑《高潮》的过程中,认为农民群众"蕴藏着一种极大的社会主义积极性",这显然是过高地估计了农民的合作化要求。过渡时期总路线公布后,各级组织和各种媒体对社会主义的优越性及未来的幸福生活作了大量的宣传,广大农民对社会主义毫无疑问是向往的,但向往社会主义并不等于愿意立即实行社会主义。同时,也应该看到,这时距完成土地改革的时间还不长,尤其是广大的新区,土改完成还只有三年多一点的时间,农民正打算在分得的土地上好好经营一番,要求他们带上土地、牲畜,参加合作社,对那些生产条件比较差、生活较困难的农民来说确有这方面的要求,而对于相当多的各方面条件较好的农民特别是富裕中农并不十分自愿。由于过高地估计了农民走集体化道路的积极性,又主观地认为"右倾机会主义"者压制了这种积极性,现在需要把这种积极性释放出来。这种对农民集体化积极性人为地拔高的做法,其结果是人为地制造了农业合作化加速又加速。在1955年上半年以前,农业合作社虽然有了很大的发展,但基本上还处在试办和积累经验阶段。1955年下半年,农业合作化运动迅速进入高潮,毛泽东对所谓"右倾保守思想"或"右倾机会主义"的批判,是直接的动因。

第二,毛泽东在《高潮》一书的按语中对高级社的赞誉和大社优越性的肯定,加速了半社会主义的初级农业合作社向社会主义性质的高级农业生产合作社的转变,并导致了一批超大规模农业合作社的产生。

按照预定的设想,我国的农业集体化必须经过互助组——初级社——高级社这三个互相衔接的步骤,半社会主义性质的初级社必须稳定在一个较长的时间里,只有群众的觉悟提高了,生产力有了较大发展,农业机械化有了一定基础,才能将初级社转变为高级社。1955年以前,虽然在一些地方办了若干集体农庄,作为试点,但已建立的合作社基本上是土地入股分红的初级社。毛泽东在编辑《高潮》这本书时,有意识地选用了多篇高级社的材料,并对其中的6篇加了按语。

他在《白盆窑农业生产合作社是怎么样办成高级社的》一文的按语中说:"这是两个由互助组直接进入高级形式、没有经过初级形式的合作社。有些条件适合的地方可以这样做。白盆窑的情况,使人看了高兴。其中的有些经验,初级社也可以吸取。"①

浙江省慈溪县岐山乡五洞闸村1952年春14户农民直接创办了全省第一个高级社,到1955年11月,这个社扩大到188户,生产连年发展,并带动了全乡实现合作化。《高潮》一书收进了这个社的材料,并取名为《高级社利益最大,而且并不难办》。这篇文章的按语说:"看完这一篇,使人高兴。希望大家细心一遍。希望一切条件成熟了的初级社,将这一篇向社员们读一读,并且加以讨论,以便动员他们高兴地并社升级。这个浙江省慈溪县五洞闸合作社的了不起的事例,应当使之传遍全国。五洞闸合作社所在的这个乡——慈溪县岐山乡,有百分之九十二的农户加入了八个高级社,谁说高级社那么难办呢?"②

这里,毛泽东讲到了两个重要的观点,一是不经过初级社的过渡也可以直接办高级社;二是高级社不难办。在这种思想指导下,1956年年初我国农村在基本实现初级合作化时,又在极短的时间里实现了初级社到高级社的转变,有不少的高级社就是从互助组直接过渡而来的,有的甚至连互助组这个阶段都没有经过。

江苏省新海连市(由新安镇、海州、连云港三个市组成)朝阳乡朝阳农业合作社,有578户,1568个劳动力,是一个名副其实的大社。新海连市委1955年9月对这个社的经验进行了总结,写成了《新海连市朝阳乡朝阳大社的发展和巩固》一文,毛泽东在编辑这篇文章时,将题目改为《大社的优

① 《建国以来毛泽东文稿》第5册,中央文献出版社1991年版,第502页。

② 《建国以来毛泽东文稿》第5册,中央文献出版社1991年版,第516—517页。

越性》，并在按语中说："现在办的半社会主义的合作社，为了易于办成，为了使干部和群众迅速取得经验，二、三十户的小社为多。但是小社人少地少资金少，不能进行大规模的经营，不能使用机器。这种小社仍然束缚生产力的发展，不能停留太久，应当逐步合并。有些地方可以一乡为一个社，少数地方可以几乡为一个社，当然会有很多地方一乡有几个社的。不但平原地区可以办大社，山区也可以办大社。"[①]在这种"社越大，优越性越大"的思想指导下，合作社的规模越来越大，结果给合作社生产经营带来很大的困难，并且直接导致了后来"一大二公"的农村人民公社的建立。

第三，毛泽东在《高潮》一书中，进一步发展了他的农村阶级政策思想，将富裕中农视为农村走资本主义道路的代表，导致农民不敢致富、不愿致富。

对于农村的阶级政策，1954年12月中共中央批发的《中央农村工作部关于第四次互助合作会议的报告》提出："依靠贫农（包括全部原来是贫农的新中农在内，这样的贫农占农村人口总数的百分之五十到七十），巩固地团结中农，发展互助合作，由逐步地限制到最后消灭富农剥削。"[②]1955年春，邓子恢"建议浙江采取收缩方针，主要是鉴于中农和贫农的关系紧张。他所以不赞成合作社大发展，也主要是鉴于当时中农对加入合作社持怀疑、动摇的态度"。邓子恢认为，"没有中农加入的'贫农'社，生产资料少，不易搞好；强迫中农入社，同样也搞不好生产。合作社要办好，就要依靠贫农与中农的团结"。所以中农既是依靠对象，也是团结对象。[③]

毛泽东没有认同邓子恢的这个观点，认为不能笼统地说中农是既依靠又团结的对象，而是要对中农划分阶层。他在7月31日《关于农业合作化问题》的报告和9月7日对中共福建省委报告的批语中，按照对合作化的态度和富裕程度，将中农划分为新中农、老中农、新下中农、老下中农、中中农、新上中农、老上中农等阶层，并明确提出不能把新中农中间已经上升为富裕中农（即新上中农）的那部分人作为依靠对象。在编辑《高潮》一书时，毛泽

---

① 《建国以来毛泽东文稿》第5册，中央文献出版社1991年版，第515—516页。
② 《建国以来重要文献选编》第5册，中央文献出版社1991年版，第730页。
③ 薄一波：《若干重大决策与事件的回顾》上卷，中共中央党校出版社1991年版，第353页。

东进一步发展了这种观点。他在《谁说鸡毛不能上天》一文的按语中说,中国的富农经济很弱,但富裕和比较富裕的中农的力量却是相当强大的,他们占农村人口的20%至30%。"在中国的农村中,两条道路的斗争的一个重要方面,是通过贫农和下中农同富裕中农实行和平竞赛表现出来的。""富裕中农的后面站着地主和富农,他们是有时公开地有时秘密地支持富裕中农的","在合作社的这面站着共产党"①。在《长沙县高山乡武塘农业生产合作社是怎样从中农占优势转变为贫农占优势的》一文的按语中则认为,富裕的和比较富裕的新老中农中的上中农(即富裕中农),与老中农中的下中农政治态度是不相同的,后者在政治上有较高的觉悟,对过去的困苦生活能比较容易地回忆起来,比较容易接受社会主义改造。这样的阶层划分,把富裕中农划分到了地主富农一边,实际上是谁最穷就把谁当作依靠力量,似乎越穷越容易接受社会主义,谁富裕了就是企图走资本主义道路,而富裕中农则成了农村中企图走资本主义道路的代表,于是在社会上产生了越穷越光荣的错觉。由此导致了在一个相当长的时间里农民不敢致富,并且造成了社会舆论不但不鼓励农民致富,而且还将农民致富的愿望同所谓企图走资本主义道路等同起来,严重挫伤了农民劳动致富的积极性。

---

① 《建国以来毛泽东文稿》第5册,中央文献出版社1991年版,第525页。

毛泽东与"双百"方针

　　关于"双百"方针，毛泽东说得很清楚，是"艺术方面的百花齐放"，"学术方面的百家争鸣"。可是，1957 年的整风运动中，却将"百家争鸣"变成了向执政党的工作和执政党的干部提意见，学术"争鸣"变成政治"争鸣"，从而偏离了"百家争鸣"的本意。

　　在反右派运动的准备阶段，为了"引蛇而洞"，"百家争鸣"作为一种策略还在使用；到了正式反右之后，"百花齐放"就变成了一枝独秀，"百家争鸣"也就变成了一家独鸣。

　　1956 年是我国进入社会主义的第一年，也是中共第一代中央领导集体思想极为活跃的一年。为了探索出一条适合本国国情的社会主义建设道路，他们提出了许多开创性的设想。旨在繁荣我国文学艺术和推进学术研究的"百花齐放，百家争鸣"方针，就是毛泽东在此时明确提出的。

一、"双百"方针的提出

　　建国后头几年，中国不但在经济建设领域，就是在意识形态甚至在自然科学方面，都是全方位向苏联学习的。在学习的过程中难免出现教条主义

的倾向,有时甚至教条到滑稽可笑的地步。时任中宣部部长的陆定一在一篇回忆文章中曾讲了这样一件事:

> 有一位老同志,也是很好的同志,战争中间担任军队的卫生部长,战争后做中央人民政府卫生部的副部长。他知道了苏联的巴甫洛夫学说之后,要改造中国的医学,对我说:"中医是封建医,西医(以细胞病理学者微尔啸的学说为主导)是资本主义医,巴甫洛夫是社会主义医。"我想,在这样的认识指导之下,当然就应该反对中医和西医,取消一切现在的医院,靠巴甫洛夫的药(只有一种药,就是把兴奋剂和抑制剂混合起来,叫"巴甫洛夫液")来包医百病。①

当时人们对苏联盲目崇拜的态度由此可见一斑。

苏联的"巴甫洛夫液"自然未能成为主宰中国医药界的神药,因为这位老同志提出的观点实在过于荒谬。但是,在生物界,却完全是苏联的"米丘林学派"(实际上是李森科学派)一边倒,而摩尔根学派却一直受到排挤和压制。

李森科是苏联一位政治化的生物学家。他在政治家的支持下,经过政治斗争的方式,采取一系列的手段,在苏联排挤和打击真正符合科学原理的摩尔根学派,给摩尔根学派扣上了"资产阶级"、"反动"、"唯心主义"、"形而上学"、"伪科学"等帽子,禁止在课堂上讲授摩尔根遗传学,封闭摩尔根学派学者的试验室,解除他们的行政和学术职务。李森科自称属于"米丘林学派"(米丘林是苏联著名的生物学家,李森科不过是打着他的招牌而已),标榜自己是"无产阶级的"、"辩证唯物主义的"、"科学的"和"联系实际的",并长期独霸着苏联生物界的领导地位。

在我国,生物学的学术思想原本是从西方引进的,生物学界特别是遗传学领域的学者,不少人曾在欧美留过学,有的人甚至在摩尔根的实验室里学习和研究过,直接或间接地成为摩尔根的弟子。建国后,在全面学习苏联的过程中,李森科学派的那一套理论也就自然地在中国生物界取得了统治地

---

① 陆定一:《"百花齐放,百家争鸣"的历史回顾》,《光明日报》1986 年 5 月 7 日。

位。建国之初,北京农业大学的一位负责人,为了推行李森科的那一套理论,竟然停开了摩尔根遗传学,校内的摩尔根学派的教授被迫改教其他课程。有一位从事群体遗传学研究的教授,因为不同意批判摩尔根遗传学,愤而离开学校,经香港去了美国,造成了很不好的国际影响。虽然这位负责人受到了毛泽东的批评,并调离了农业大学,但摩尔根学派的处境并未有所改观。在1952年的知识分子思想改造中,摩尔根学派的学者大多受到了批判。此后,摩尔根学派的遗传学课程基本被停止,以摩尔根理论为指导的研究工作也被迫中断。

对于这种状况,生物学界有许多学者很不满意。1955年,我国著名的植物分类学家、中国科学院植物研究所研究员胡先骕,出版了《植物分类学简编》一书,对李森科提出了公开的批评。胡先骕说:"李森科关于生物种的新见解,在初发表时由于政治力量的支持,一时颇为风行。""这场争论在近代生物学史上十分重要;中国科学工作者,尤其是植物分类工作者必须有深刻的认识,才不致被引入迷途。"这本书出版后,一位在高等教育部工作的苏联专家曾为此提出"严重抗议",指责说"这是对苏联在政治上的污蔑"。北京农业大学的六位教师,联名写信给高等教育出版社,认为该书犯了严重的政治错误。1955年10月,中国科学院和中华全国自然科学专业委员会共同举办"纪念米丘林诞辰100周年"活动,在中共中央宣传部的直接干预下,对胡先骕的"错误"进行了公开批判。

应当说,毛泽东在学习苏联的问题上,是反对全盘照抄苏联的做法的。长期以来,他对苏共、斯大林以老子党自居甚至为反感,以致在中国革命胜利前夕,斯大林还一度怀疑他是中国式的铁托。1956年2月苏共二十大赫鲁晓夫的秘密报告把斯大林的盖子揭开之后,毛泽东更是坚信不能盲目对待苏联的经验。他在这年3月召开的一次中共中央政治局会议上说,赫鲁晓夫的报告至少可以指出两点,一是揭开了盖子,一是捅了娄子。说它揭了盖子,就是讲,这个秘密报告表明,苏联、苏共、斯大林并不是一切正确的,这就破除了迷信。说它捅了娄子,就是讲,赫鲁晓夫做的这个秘密报告,无论在内容上或方法上,都有严重错误。[①] 过了几天,毛泽东又说,赫鲁晓夫这

---

① 吴冷西:《忆毛主席》,新华出版社1995年版,第4—5页。

次破除了那种认为苏联、苏共、斯大林一切都是正确的迷信,有利于反对教条主义。不要再搬苏联的那一套了,应该用自己的头脑思索了。①

在此之前,毛泽东曾在不同的场合提出过要"百花齐放"和"百家争鸣"。1950年11月至12月,全国戏曲工作会议在北京召开,会上发生了以京剧还是以地方剧为主的争论。1951年4月,中国戏曲研究院在北京成立,著名京剧表演艺术家梅兰芳任院长。毛泽东亲笔为中国戏曲研究院题词祝贺:"百花齐放,推陈出新"。毛泽东在1956年4月28日的中共中央政治局扩大会议上曾说:"百花齐放"是群众中间提出来的,不晓得是谁提出来的。当时康生插话说:是周扬提出来的。毛泽东接着说:有人要我写字,我就写了"百花齐放,推陈出新"。1951年5月,政务院发布《关于戏曲改革工作的指示》,根据毛泽东提出的"百花齐放,推陈出新"的方针,提出:"中国戏曲种类极为丰富,应普遍地加以采用、改造与发展,鼓励各种戏曲形式的自由竞赛,促成戏曲艺术的百花齐放。"这样,京剧与地方剧谁主谁次的问题顺利得到解决。

"百家争鸣"最初是毛泽东就中国历史问题的研究而提出的。1953年8月,中共中央批准成立中国历史问题研究、中国文字改革研究和中国语文教学研究三个委员会。中国历史问题研究委员会主任陈伯达向毛泽东请示历史研究工作的方针,毛泽东说要"百家争鸣"。1956年4月28日,陈伯达在中共中央政治局扩大会议上的发言中,曾讲到了这个问题。他说:中央组织了历史研究委员会、文字改革委员会,要我参加委员会的工作。这个委员会我也没有好好搞,一直到现在还没有向中央报账。不过有一个问题回去传达了。当时请问过主席,说到学术界的路线和方针问题,主席提了一个"百家争鸣"。

毛泽东之所以作出这样的表态,是因为当时郭沫若和范文澜这两位受中共领导人器重的大历史学家,在中国历史的分期上有不同看法,分别提出了春秋战国封建说和西周封建说。郭沫若主张中国奴隶社会和封建社会的分期标志在春秋战国时代,范文澜认为中国封建社会始于西周。郭和范都是中国公认的马克思主义史学家,虽然毛泽东本人在历史分期问题上更倾

---

① 吴冷西:《忆毛主席》,新华出版社1995年版,第7页。

向于郭沫若一些,但他确实不好做出谁是谁非的结论,便认为解决历史问题还是自由争鸣为好。

又据历史学家黎澍回忆,1956年以前,毛泽东还两次讲过历史研究要"百家争鸣"。一次是1952年或者1953年,中共中央宣传部约请翦伯赞、邵循正、胡华合写一本《中国历史概要》,请示毛泽东如何解决一些有争议的问题,如中国古代史的分期问题等。毛泽东回答说:"把稿子印发给全国历史学家讨论,实行百家争鸣。"另一次是1955年9月或10月,陆定一向毛泽东请示关于中共党史编写问题的意见,毛泽东也回答说:"百家争鸣"。①

虽然在此之前,毛泽东已明确提出要实行"百家争鸣"的方针,但它所涉及的领域仅是历史研究。这大概与毛泽东对中国的历史十分熟悉有关,他熟读过许多中国古代的典籍,对历史很有研究,说他是一位历史学家是不算为过的。正因为如此,他也深感历史研究"百家争鸣"的必要。

至于毛泽东和中共中央提出在科学研究的各个领域都可以开展"百家争鸣",那是在1956年2月。在这个月毛泽东主持召开的一次会议上,陆定一汇报了当时学术界的情况,并谈到学术研究中存在着抬高某一学派压制另一学派的倾向。在这个会议上,中共中央决定在科学工作中采取"百家争鸣"的方针。对于这次会议的情况,陆定一在他的回忆文章中谈得十分简略,相关的档案材料也未见公布。不过,说毛泽东和中共中央此时作出科学研究应当开展"百家争鸣"的决定,大致是有依据的。因为同年一月发生的另一件事,可以与此互为印证。

这年2月1日,中共中央宣传部给中共中央写了一个报告,说他们接到广州中山大学的反映,有一位在中国讲学的苏联学者,在访问孙中山的故居时,向陪同人员谈起,他对毛泽东的《新民主主义论》中关于孙中山先生世界观的论点有不同的看法。中宣部认为,这"有损于我党负责同志的威信",请示中共中央是否有必要将此事向苏联方面反映。2月19日,毛泽东批示说:"我认为这种自由谈论,不应当去禁止。这是对学术思想的不同意见,什么人都可以谈论,无所谓损害威信。因此,不要向尤金(按:尤金时任

---

① 黎澍:《毛泽东与"百家争鸣"》,转引自文严:《"双百"方针提出和贯彻的历史考察》,《党的文献》1990年第3期。

苏联驻华大使)谈此事。如果国内对此类学术问题和任何领导人有不同意见,也不应加以禁止。如果企图禁止,那是完全错误的。"①

4月25日,中共中央政治局召开扩大会议,毛泽东在会上发表了著名的《论十大关系》的讲话。讲话的核心是如何"以苏为鉴",走中国自己的社会主义建设道路的问题。讲话明确提出:"我们的方针是,一切民族、一切国家的长处都要学,政治、经济、科学、技术、文学、艺术的一切真正好的东西都要学。但是,必须有分析有批判地学,不能盲目地学,不能一切照抄,机械搬用。他们的短处、缺点,当然不要学。"他还对那种盲目学习苏联的做法作了批评:"有些人对任何事物都不加分析,完全以'风'为准。今天刮北风,他是北风派,明天刮西风,他是西风派,后来又刮北风,他又是北风派。自己毫无主见,往往由一个极端走到另一个极端。"②

这次政治局扩大会议原本计划讨论农业合作化问题,毛泽东作了这个讲话后,会议的主题自然发生了变化,就转而讨论讲话的内容。

4月28日,毛泽东在会上作了总结讲话,他第一次明确地宣布要实行"百花齐放、百家争鸣"的方针,指出:"艺术问题上的百花齐放,学术问题上的百家争鸣,我看应该成为我们的方针。'百花齐放'是群众中间提出来的,不晓得是谁提出来的。人们要我题词,我就写了'百花齐放,推陈出新'。'百家争鸣',这是两千年以前就有的事,春秋战国时代,百家争鸣。讲学术,这种学术也可以讲,那种学术也可以讲,不要拿一种学术压倒一切。你讲的如果是真理,信的人势必就会越来越多。"③

5月2日,毛泽东在最高国务会议第七次会议上作总结讲话时,再次重申了这个方针。他说:

> 我们在中共中央召集的各省、市委书记会议(按:即4月25日至28日的政治局扩大会议)上还谈到了这一点,就是百花齐放,百家争鸣。在艺术方面的百花齐放的方针,在学术方面的百家争鸣的方针,是有必要的。这个问题曾经谈过。百花齐放是文艺界提出的,后来有人

---

① 《毛泽东文集》第七卷,人民出版社1999年版,第9页。
② 《毛泽东文集》第七卷,人民出版社1999年版,第41—42页。
③ 《毛泽东文集》第七卷,人民出版社1999年版,第54—55页。

要我写几个字,我就写了"百花齐放,推陈出新"。现在春天来了嘛,一百种花都让它开放,不要只让几种花开放,还有几种花不让它开放,这就叫百花齐放。百家争鸣,是说春秋战国时代,二千年以前那个时候,有许多学派,诸子百家大家自由争论,现在我们也需要这个。在大的范围内,让杜威来争鸣好不好?那不好嘛。让胡适来争鸣好不好呢?也不好。那么说胡适要回来可以不可以呢?只要他愿意回来,是可以回来的,让我们批评过他以后再回来,就批评不着他了嘛,批评已经过去了嘛。只有反革命议论不让发表,这是人民民主专政。香港报纸、台湾报纸在北京出版是不是许可,应该不许可,不许可有好处。在中华人民共和国宪法范围之内,各种学术思想,正确的、错误的,让他们去说,不去干涉他们。李森科、非李森科,我们也搞不清,有那么多的学说,那么多的自然科学,就是社会科学,这一派,那一派,让他们去说,在刊物上、报纸上可以说各种意见。①

一个星期后,即 5 月 9 日,国务院第二办公室副主任钱俊瑞在全国先进生产者代表会议上的讲话中,第一次把中共中央将在学术方面贯彻"百家争鸣"的方针透露了出来。他说:"在学术性和技术性的问题上,我们不要害怕而且应该鼓励形成有独创见解的学派。应该容许对同一学术问题抱有各种不同的见解,并且要开展这些不同见解之间的实事求是的自由的争论,以便在相互争辩中求得学术的不断发展和前进。"5 月 11 日,《人民日报》以《学术方面应该执行百家争鸣的方针,钱俊瑞在全国先进生产者代表会议上讲话》为题,发表了这个讲话的内容。这是中共中央机关报第一次刊登有关"百家争鸣"的消息,实际上向全社会发出了在学术研究上将实行"百家争鸣"的信号。

5 月 26 日,中国科学院和中国文学艺术界联合会,组织了自然科学界、社会科学界、文艺界、医药卫生界的知识分子 1000 余人聚集在中南海的怀仁堂,邀请陆定一就中国共产党对文艺工作和科学工作的政策作一次报告。

---

① 毛泽东:《在艺术的百花齐放的方针,学术方面的百家争鸣的方针,是很有必要的》,《党的文献》1990 年第 3 期。

陆定一利用这一机会,代表中共中央详尽了阐释了"双百"方针。随后,陆定一对报告作了一些修改,于 6 月 7 日送给毛泽东审阅。毛泽东对个别地方作了改动,并在第二天作出批示:"此件很好,可以发表。"6 月 13 日,《人民日报》正式发表了这个报告。

二、"双百"方针提出后的新气象

1956 年 9 月,中共八大在北京召开,刘少奇代表中共中央所作的政治报告中重申:"为了繁荣我国的科学和艺术,使它们为社会主义建设服务,党中央提出了'百花齐放、百家争鸣'的方针。科学上的真理是愈辩愈明的,艺术上的风格是必须兼容并包的。党对于学术性质和艺术性质的问题,不应当依靠行政命令来实现自己的领导,而要提倡自由讨论和自由竞赛来推动科学和艺术的发展。"①

这次大会通过的《关于政治报告的决议》中也强调:"为了保证科学和艺术的繁荣,必须坚持'百花齐放、百家争鸣'的方针。用行政的方法对于科学和艺术实行强制和专断,是错误的。对于封建主义和资本主义的思想,必须继续进行批判。但是,对于中国过去的和外国的一切有益的文化知识,必须加以继承和吸收,并且必须利用现代的科学文化来整理我国优秀的文化遗产,努力创造社会主义的民族的新文化。"②

10 月 20 日,中共中央宣传部邀请党内外科学家和文艺工作者 60 余人举行座谈会。会上,陆定一就如何进一步贯彻"双百"方针,赶上世界先进水平的问题,提出了五点意见。

(一)除了继续进行马克思主义的课程教育外,有准备有步骤地在高等学校高年级逐步开设资产阶级学说课程。唯心主义的、唯物主义的、近代

---

① 中共中央文献研究室编:《建国以来重要文献选编》第 9 册,中央文献出版社 1994 年版,第 78 页。

② 《中国共产党第八次全国代表大会关于政治报告的决议》,《人民日报》1956 年 9 月 28 日。

的、古代的、外国的、中国的,凡是重要的学说,有人教,又有书的,都可以逐步地开课。开课的步骤是:一是请到教员;二是把书编出来或译出来;三是组织教研室,商定提纲和教法,然后开课。不要无准备地一股风开课。开课中,能批判的就批判,不能批判的就介绍。

(二)请各国(包括社会主义国家和资本主义国家)第一流的学者来我国讲学。自然科学和社会科学都可以讲。马克思主义的学者当然要请,唯心主义的或反动的也可以请。不要一下子都请,要分批地请,讲几个月、半年、一年都可以。

(三)尽可能地出席各种国际学术会议,对于想在政治上搞两个中国的国际学术会议就不参加,同时也请中国科学院考虑是否中国也召集一些国际学术会议。

(四)关于讲授马克思主义课程问题,既要讲正面,也要讲反面。社会主义运动经常有两条路线的斗争,只讲正确路线,不讲不正确路线,就没有对比,就不容易了解,就会陷入背诵教条的情况。

(五)讲历史,也要讲正面和反面。不仅要出版孙中山选集和孙中山全集,还要出版蒋介石选集和蒋介石全集。讲太平天国,要讲曾国藩。讲国际问题也要讲希特勒。反动的书,不公开卖,可以放在图书馆里供人研究。

陆定一认为,采取这些办法,可以反对教条主义,刺激学术的发展,使中国能在 12 年左右赶上世界先进水平。

"双百"受到了知识界的广泛欢迎。清华大学教授钱伟长说:"我们科学界所以衷心地欢迎'百家争鸣'这个方针,是因为'百家争鸣'是科学发展的客观规律,是科学发展的必然道路。"[①]北京大学教授傅鹰说:"我们搞科学工作的人,百分之百的赞同'百家争鸣'的学术方针。要科学发展,就应该做到自由论争,'百家争鸣'。不这样,思想就会僵化,科学还哪里会发展。"中国科学院数学所所长华罗庚说:"随着党提出'百家争鸣'的方针,我们学术工作者的责任也大大地加重了。我们学术界必须加紧努力,出现许多的'家'。"[②]

---

① 《科学家、教授谈"百家争鸣"》,《光明日报》1956 年 5 月 25 日。
② 《科学家、教授谈"百家争鸣"》,《光明日报》1956 年 5 月 28 日。

在"双百"方针的鼓舞下,在文艺界,一大批传统剧目被发掘、整理和上演,仅北京市就先后开放了京剧传统剧目20余出,同时收到名老艺人献出和收集的京剧剧目1000多个本子,1060余出戏。在文学创作上,"题材和主题的范围扩大了,体裁和风格多样了。无论是小说、诗歌、散文、戏剧还是电影,数量和品种都显著地增多。特写、抒情诗得到了发展,特别是抒情诗中爱情诗这一枯枝重新开出了花朵。最能反映思想活跃的杂文这片荒芜已久的园地,也开始繁盛起来"①。刘宾雁的特写《在桥梁工地上》、王蒙的小说《组织部新来的年轻人》、陆文夫的小说《小巷深处》等一批思想性和艺术性均属上乘的作品;秦兆阳的《现实主义——广阔的道路》、周勃的《论社会主义时代的现实主义》、陈涌的《关于社会主义的现实主义》、钱谷融的《论"文学是人学"》、巴人的《论人情》、钟惦棐的《电影的锣鼓》等有创建、有思想的理论文章,都是这个时期发表的。为了贯彻"双百"方针,1956年年底,中国作协还作出了一个大胆的决定:从1957年起,文学期刊一律取消"机关"刊物的说法,而以某某社或编委会代替,以示各文学期刊地位平等,没有指导与领导的关系。

　　学术界也空前地活跃起来。据1956年12月21日新华社报道,1956年一年中举行的比较重要的全国性学术会议,据初步统计有50多次,多于过去任何一年。科学工作者提出的学术论文和报告共有2000篇以上,也超过了以往任何一年。

　　这年8月,由中国科学院和高等教育部共同主持,100多名中国的生物学家,在青岛举行的遗传学座谈会,中国遗传学的摩尔根学派和米丘林学派的主要学者都参加了会议,两派学者第一次坐在一起,就几十年来国际上两个遗传学派争论不休的理论问题进行了缜密的探讨,会议各抒己见,两派学者互相了解了情况,打破了长期以来遗传学界米丘林学派一家独鸣的局面,收到了取长补短、共同提高、增强团结的效果。其他如中国地理学会代表大会关于自然地理和经济地理能否组成一个综合性的地理学以及经济地理学的研究对象两个问题的争论,动物学会关于麻雀是不是害鸟的争论,中国自然科学史讨论会关于中国数学史和天文学史方面的争论,语法座谈会关于

---

① 朱寨主编:《中国当代文学思潮史》,人民文学出版社1987年版,第247页。

语法的讨论,电影界关于电影问题的讨论,教育界关于尊师重道的讨论,以及哲学界关于真理的阶级性、真理的标准的讨论,史学界关于中国历史分期的讨论等,都体现了百家争鸣的精神。学术界这种热烈争鸣的局面,是几年来未曾有过的。

根据唯心主义也有资格参与争鸣的精神,北京大学和中国人民大学作出决定,开设唯心主义课程。北京大学请金岳霖教授给四年级的学生和研究生介绍罗素哲学,中国人民大学则从北大请来了贺麟教授和郑昕教授,由他们分别讲授黑格尔哲学和康德哲学。1957年上半年,北大经济系还正式开设了凯恩斯经济学,由著名的经济学家徐毓楠教授主讲。北京政法学院则以"资产阶级国家法的批判"名义,开设相关课程介绍资本主义国家的法律体系。

"双百"的提出,给我国的文学艺术和学术研究带了新的气象。1957年4月,中宣部副部长周扬以《答文汇报记者问》的形式,对"双百"方针提出以来学术界、文艺界的重要收获作了这样的总结:

> 学术界自由讨论的风气浓厚起来了。一年来,关于遗传学,关于中国历史、中国哲学史,关于美学,关于文学艺术中的现实主义等等问题,都展开了不同意见的争辩。学术和文艺刊物大为增多,颇有"雨后春笋"之势。由于提倡"百花齐放、百家争鸣"的方针,由于提倡"向科学进军",去年出版的学术著作比从1950到1955六年内所出版的全部加起来还要多。剧目开放是戏曲界的一件大事。去年全国各地挖掘出了大量的传统剧目,其中不少剧目经过整理加工在舞台上重新取得了生命。文艺创作的取材范围比以前广阔得多了,体裁和风格也更多样化了。尖锐地揭露和批评生活中的消极现象的作品,愈来愈引起了人们的注目。所有这些,基本上都是好的,正常的,健康的现象。这是一种活跃和兴旺的气象。①

---

① 《贯彻百家争鸣方针,充分发挥自由思想,学术研究工作空前活跃》,《人民日报》1957年4月11日。

更重要的是,随着"双百"方针的提出,科学家、艺术家的积极性大大提高,许多人感觉到他们的眼界开阔起来了,思想活泼起来了,心情也舒畅起来了。

三、毛泽东再论"双百"问题

"双百"方针提出来后,在广大知识界获得了一片欢呼声。但是,对于这一政策的看法,在党的干部队伍中,情况就有些不同了,其中有不少人对此心存怀疑、忧虑甚至是反感的。毛泽东曾多次讲过,我看"百花齐放、百家争鸣"在高级干部中赞成的是少数。①

1957 年 1 月 7 日,《人民日报》发表了解放军总政治部文化部负责干部陈其通、陈亚丁、马寒冰、鲁勒的文章《我们对文艺工作的几点意见》。文章讲了三个方面的内容:(一)在过去的一年中,为工农兵服务的文艺方向和社会主义现实主义的创作方法,越来越很少有人提倡了。有些人认为国家已进入社会主义建设的新时期,只需要强调"百花齐放、百家争鸣",为工农兵服务的方向就可以不必强调了。(二)过去的一年中　直在大张旗鼓地反对"公式化、概念化",但真正反映当前重大政治斗争的主题有些作家不敢写了,也很少有人再提倡了,大量的家务事、儿女情、惊险故事等等,代替了描写翻天覆地的社会变革、惊天动地的解放斗争、令人尊敬和效法的英雄人物的足以教育人民和鼓舞人心的小说、戏剧、诗歌,因此,使文学艺术的战斗性减弱了,时代的面貌模糊了,时代的声音低沉了,社会主义建设的光辉在文学艺术这面镜子里光彩暗淡了。(三)自从提出"百花齐放"以后,有许多人只热衷于翻老箱底,热衷于走捷径去改编旧的,甚至有个别人把老祖宗留下的宝贵遗产稍加整理就冠上自己的名字去图名求利。

这篇发表后,立即引起了很大的反响,不少报刊纷纷刊文,或赞成陈其通等人观点,或对其观点表示不同的看法。与此同时,王蒙的小说《组织部

---

① 参见黎之:《文坛风云录》,河南人民出版社 1998 年版,第 70 页。

新来的年轻人》也遭到一些人的批评,被指责为这是一篇"严重歪曲现实"的小说,认为小说"在典型环境的描写上,由于作者过分地'偏激',竟至漫不经心地以我们现实中某些落后现象,堆积成影响这些人物性格的典型环境,而歪曲了现实社会的真实",作者"把我们党的工作、党内斗争生活,描写成一片黑暗、庸俗的现象,从艺术和政治的效果看,它已经超过了批评的范围,而形成了夸大和歪曲"①。

陈其通等人的文章和王蒙小说受到的批判,使本来对时局十分敏感的知识分子产生了乍暖还寒的感觉。费孝通的《知识分子的早春天气》可以说反映出了知识分子的共同心态。费孝通说,在知识分子问题会议之前,老知识分子曾是"笑渐不闻声渐悄,多情却被无情恼",然而"去年1月,周总理关于知识分子问题的报告,象春雷般起了惊蛰作用,接着百家争鸣的和风一吹,知识分子的积极因素应时而动了起来"。"但是对一般老知识分子来说,现在好象还是早春天气。他们的生气正在冒头,但还有一点腼腆,自信力不那么强,顾虑似乎不少。早春天气,未免乍寒乍暖,这原是最难将息的时节。"在费孝通看来,当前"双百"方针的贯彻情况,可以说还是"草色遥看近却无"。他进一步说:"知识分子的早春天气意味着他们的积极性是动起来了,特别表现在提高业务的要求上,但是消极因素还是很多的。他们对百家争鸣还是顾虑重重,不敢鸣,不敢争;至于和实际政治关系比较密切的问题上,大多更是守口如瓶,有点事不关己,高高挂起的神气。"②

对于"双百"方针的贯彻情况,毛泽东一直十分关注。1957年2月16日,他召集中央报刊、作家协会、科学院和青年团的负责人开会,谈文艺思想问题。毛泽东一开头就说:王蒙最近写出了一篇《组织部新来的年轻人》。这篇小说有缺点,需要帮助他。对待起义将领也要帮助,为什么对青年人不采取帮助的态度呢?王蒙写正面人物无力,写反面人物比较生动,原因是生活不丰富,也有观点的原因。有些同志批评王蒙,说他写得不真实,中央附近不该有官僚主义。我认为这个观点不对。我要反过来问,为什么中央附近就不会产生官僚主义呢?中央内部也会产生坏人嘛!用教条主义来批评

① 李希凡:《评〈组织部新来的年轻人〉》,《文汇报》1957年2月9日。
② 费孝通:《知识分子的早春天气》,《人民日报》1957年3月24日。

人家的文章,是没有力量的。

　　毛泽东反复强调对人民内部矛盾要处理好,要团结一切可以团结的力量,对于属于精神世界的问题,属于意识形态领域的斗争,只能用说理的办法和争鸣的办法来解决,决不能用压制的办法来解决。他还讲到了对胡适的批判问题,认为开始批的时候很好,但后来有点片面性了,把胡适的一切全部抹杀掉了,以后要写一两篇文章补救一下。对康有为、梁启超也不能抹杀。他还说:对思想有严重错误的人,有敌对思想的人,也要团结他们,改造他们,只有这样,我们才能贯彻"统筹兼顾,各得其所"。片面地打,不能锻炼出真正好的文学艺术。只允许香花,不允许毒草,这种观念是不对的。

　　这期间,毛泽东花了很大的精力思考如何处理人民内部矛盾的问题。在 1957 年 2 月 27 日召开的最高国务会议第十一次扩大会议上,他发表了《关于正确处理人民内部矛盾问题的讲话》。其中,毛泽东专门讲到了知识分子问题和"百花齐放、百家争鸣"的问题。他再次强调:"百花齐放、百家争鸣的方针,是促进艺术发展和科学进步的方针,是促进我国的社会主义文化繁荣的方针。艺术上不同的形式和风格可以自由发展,科学上不同的学派可以自由争论。利用行政力量,强制推行一种风格,一种学派,禁止另一种风格,另一种学派,我们认为会有害于艺术和科学的发展。艺术和科学中的是非问题,应当通过艺术界科学界的自由讨论去解决,通过艺术和科学的实践去解决,而不应当采取简单的方法去解决。"[1]

　　毛泽东的这个讲话正式发表的时候,是经过多次修改的。本来,在讲话中,还对一些高级干部不赞成"百花齐放、百家争鸣"提出了批评,并明确表示不赞成陈其通等人文章中的观点,说王蒙写了一篇小说批评共产党工作的缺点,部队几位同志就"围剿",说什么北京没有官僚主义,北京怎么就没有官僚主义。这些话,后来正式发表时都删去了。

　　3 月 2 日,在最高国务会议结束的时候,毛泽东又作了讲话。其中再次提到了"百花齐放、百家争鸣"的方针,回答了马克思主义能不能批评的提问,认为马克思主义是不怕批评的,马克思主义如果能够批评倒,能够证明马克思主义不是真理,那么这个东西就不行了,所以不存在马克思主义可不

----

① 《毛泽东文集》第七卷,人民出版社 1999 年版,第 229 页。

可以批评的问题。他还表示赞成出蒋介石的全集,供研究历史的人参考。

为了解决意识形态领域存在的问题,贯彻"双百"方针,统一全党的思想,经毛泽东提议,中共中央决定于这年3月上旬召开全国宣传工作会议。参加会议的知识分子代表同有关方面负责人共800人,其中约有五分之一的人为教育、科学、文艺、新闻出版等方面的党外人士。

3月5日,会议正式召开,首先听毛泽东在第十一次最高国务会议的讲话的录音,然后分组讨论讲话。3月8日,毛泽东邀请茅盾、老舍、巴金、周信芳等文艺界代表进行座谈,听取他们对"双百"方针的意见,同时回答了代表们所关心的问题。

有人问,作家对官僚主义者恨得不得了,能不能把他们的结局写成失败,写成死? 毛泽东说:官僚主义当然应该批评。有个电影叫《荣誉属于谁》,里面有一个铁路局长,是个官僚主义者,可是他的局长还照样当,这样的干部应该撤职。为了治病救人,可以送他去学习。这部电影里那样写这个局长,叫做不彻底,缺乏彻底性,反官僚主义应该彻底。他还说,陈其通等人发表文章,无非是来阻止百花齐放、百家争鸣。我们主张百花齐放,有的人很怕百花,现在百花齐放的环境还没有造成。

对于作家的世界观问题,毛泽东说:要求所有的作家接受马克思主义世界观是不可能的。大多数作家接受马克思主义世界观大概需要几十年才有可能。在还没有接受马克思主义世界观的时间内,只要不搞秘密小团体,可以你写你的,各有各的真实。他又是说:知识分子大概有10%相信马克思主义,也有10%的对马克思主义世界观有抵触,其中有些人对社会主义制度有敌对情绪,去掉两头,剩下中间还有80%左右,是大多数。大多数人是拥护社会主义制度的,但不一定相信马克思主义,用它来指导创作的就更少了。所以,社会主义现实主义也不能强制人家接受。

对于有人提出的文艺要不要目的的问题,毛泽东说:我看,不要目的的文艺作品,也可以出一些吧。出两种,一种要目的的,一种不要目的的,行不行? 总之,对人民的教育是一个长期的过程。解决思想问题,不能用专制、武断、压制的办法,要人服,就要说服,而不能压服。文学艺术家恐怕也要经过一个锻炼的过程,有些人还是不自觉的,没有经过锻炼。

毛泽东还说,苏联十月革命后开头几年还可以唱反调,有些言论自由,以后就只许讲党和政府的好话，不许讲坏话，不能批评，搞个人崇拜。斯大林常常把两种矛盾混淆起来了。我们的文化教育政策不采取他们的办法，我们采取有领导的百花齐放、百家争鸣。现在还没有造成放的环境，还是放得不够，是百花想放而不敢放，是百家想鸣而不敢鸣。

对于代表们所关心的文艺批评，毛泽东说，这也要看到知识分子是两头小、中间大这个基本状况，这就是为什么要采取"百花齐放、百家争鸣"政策的缘故。为什么有人怕放呢？就是没有看到大多数知识分子是要走社会主义道路，希望国家富强、人民生活好、文化提高，要经过他们去教育中国几亿人民。文艺批评问题，这方面的文章我读得不多，读了一点，感觉恰当的批评不多，经过研究的，有分析的，事前跟作家谈过的，真正是对作家有所帮助的，不是骂一顿的，不很多，有些批评粗暴得很。对待这类批评，鲁迅有个办法，就是不理。现在文艺批评可以说有三类：一类是抓到痒处，不是教条的，有帮助的；一类是隔靴搔痒，空空泛泛，从中得不到帮助的，写了等于不写；一类是教条的，粗暴的，一棍子打死人，妨碍文艺批评开展的。

他还特地提到了王蒙，并且说："我看到文艺批评方面围剿王蒙，所以我要开这个宣传工作会议。从批评王蒙这件事情看来，写文章的人也不去调查研究王蒙这个人有多高多大，他就住在北京，要写批评文章，也不跟他商量一下，你批评他，还是为着帮助他嘛！要批评一个人的文章，最好跟被批评人谈一谈，把文章给他看一看，批评的目的，是要帮助被批评的人。"①他又问参加座谈会的电影演员赵丹的安排情况。赵丹和导演孙瑜因为电影《武训传》曾受到批评，毛泽东用轻松的语气对赵丹说："你们两个合作搞的电影《武训传》，曾受到批评，那没有什么，一个作品写得不好，就再写嘛，总该写好它。"②

过了两天，毛泽东又邀请邓拓、金仲华、徐铸成、赵超构等新闻界人士座谈，气氛仍是十分轻松。这次谈话的主题自然是如何办报，他要求把报纸搞得活泼，登些琴棋书画之类，群众来信可以登一些出来，政府和有关的业务部门有不同意见，报馆可以和他们研究商量一下，在报上加以解释，再看结

① 《毛泽东文集》第七卷，人民出版社 1999 年版，第 255 页。
② 《毛泽东文集》第七卷，人民出版社 1999 年版，第 257 页。

果如何。

有人问,鲁迅现在活着会怎么样?毛泽东说,我看鲁迅活着,他敢写也不敢写。在不正常的空气下面,他也会不写的,但更多的可能是会写。现在有些作家不敢写,有两种情况:一种情况,是我们没有为他们创造敢写的环境,他们怕挨整;还有一种情况,就是他们本身唯物论没有学通。是彻底的唯物论者就敢写。关于百家争鸣问题,毛泽东说,这是完全学术性的,在报上争来争去不会有影响。

3月12日,毛泽东在全国宣传工作会议上发表讲话。他用了相当的篇幅讲了知识分子和"双百"方针的问题。在讲到知识分子问题时,毛泽东一方面肯定绝大多数人都是爱国的,愿意为人民服务,为社会主义的国家服务。即使有少数知识分子对于社会主义制度是不那么欢迎、不那么高兴的。他们对社会主义还有怀疑,但是在帝国主义面前,他们还是爱国的。对于我们的国家抱着敌对情绪的知识分子,是极少数。另一方面,他着重讲了知识分子的改造问题。他说:我们的科学技术人员,我们的教授、教员,都在教人民,教学生。因为他们是教育者,是当先生的,他们就有一个先受教育的任务。在这个社会制度大变动的时期,尤其要先受教育。

关于"双百"方针,毛泽东说:百花齐放是一种发展艺术的方法,百家争鸣是一种发展科学的方法。"百花齐放、百家争鸣"这个方针不但是使科学和艺术发展的好方法,而且推而广之,也是我们进行一切工作的好方法。这个方法可以使我们少犯错误。他又说:我们主张放的方针,现在还是放得不够,不是放得过多。不要怕放,不要怕批评,也不要怕毒草。马克思主义是科学真理,不怕批评,它是批评不倒的。共产党、人民政府也是这样,也不怕批评,也批评不倒。

按照毛泽东上述讲话的精神,《人民日报》这年4月10日发表题为《继续放手,贯彻"百花齐放、百家争鸣"的方针》的社论,强调"百花齐放、百家争鸣"并不是一时的、权宜的手段,而是为发展文化和科学所必要的长时期的方针。党的任务是要继续放手,坚持贯彻"百花齐放、百家争鸣"的方针。社论说:到现在为止,党内还有不少同志对于"百花齐放、百家争鸣"的方针实际上是不同意的,因此他们就片面地收集了一些消极的现象,加以渲染和夸大,企图由此来证明这一方针的"危害",由此来"劝告"党赶快改变自己的方针。但是,党不能接受他们的这种"劝告",因为他们的方针并不是马克思主义,而是反马克思主义的教条主义和宗派主义。

四、"双百"方针一度中断的原因

为了克服党内存在的官僚主义、宗派主义和主观主义,中共中央决定进行一次全党范围的整风运动。1957 年 4 月 27 日,中共中央发出《关于整风运动的指示》。《指示》指出,为了适应我们的国家已经从革命时期进入了社会主义建设时期的新形势,为了克服近几年来党内新滋长的脱离群众和脱离实际的官僚主义、宗派主义和主观主义以及特权思想,必须按照"从团结的愿望出发,经过批评和自我批评,在新的基础上达到新的团结"的方针,在全党进行一次普遍的、深入的反官僚主义、反宗派主义和反主观主义的整风运动。以此为发端,整风运动正式启动。

为了搞好此次整风,中共中央认为应该放手鼓励批评,坚决实行"知无不言、言无不尽、言者无罪、闻者足戒、有则改之、无则加勉"的原则,欢迎非党员参加,但必须完全出于自愿,并且允许随时自由退出。根据这一指示的精神,各地实行开门整风,以座谈会等形式邀请党外人士(主要是知识分子)谈问题,讲意见,提建议。在这个过程中,党外人士对改进党和政府的工作,改善干部的工作作风,提出大量中肯的建议和意见,但同时,也出现少量的奇谈怪论甚至是反党反社会主义的言论。在这种情况下,由于领导层错误的判断了当时的形势,把问题估计得过于严重,决定发动一场大规模的反右派运动。5 月中旬,开始进行反右派运动的部署,但采取外松内紧的方式进行,即使用所谓"引蛇出洞"的策略,有意识地让那些"毒草"放出。6 月 8 日,正式宣布反右派运动开始。此后,"百花齐放、百家争鸣"的口号虽然也不时在报刊上出现,但实际上已不可能真正实行。

从 1956 年夏"双百"方针的提出至 1957 年夏反右派运动的启动,这一方针只实行了一年的时间便戛然而止,给历史留下了深深的遗憾。

在一年的时间里,"双百"方针出现如此迥然不同的命运,笔者认为,至少有如下几个原因：

第一，党内对于"双百"方针的贯彻始终有强大有阻力，这种阻力随着形势的变化必然影响党的决策。

1956年年底至1957年年初，有人向中宣部部长陆定一写信，认为"百家争鸣"的方针鼓励了资产阶级思想的反攻，1955年是无产阶级思想向资产阶级思想总攻击的一年，1956年是资产阶级思想反攻的一年。资产阶级思想获得了苏共二十大的援军，取得了不小的胜利。其具体表现是唯心主义解放了。此人认为，陆定一关于"双百"方针的报告，除了鼓励争鸣外，没有能解决唯心主义长期存在对人类的祸害问题，因此思想界很混乱，什么人的主观意见都说是"百家争鸣"。当时，有此种想法人的恐怕不在少数。在1957年1月的省市自治区党委书记会议上，上海的一位负责人说，"百家争鸣"缺了共产党一家；北京的一位负责人也持同样的观点，认为1956年是唯心论抬头，唯物论的鸣声不高，向科学进军后，知识分子开始钻研业务了，但尾巴也翘起来了。①

在那些不赞成"百家争鸣"的人看来，"百家争鸣"中，无产阶级思想即马克思主义只是百家中的一家，而其他九十九家都是非马克思主义的。如果让这九十九比一，"鸣"的结果，很可能是非马克思主义的东西甚至是资产阶级思想占了上风。他们还认为，多年来提倡唯物主义，批判唯心主义，可是，"百家争鸣"一来，唯心主义也获得了"争鸣"的资格，而他们又认为，对于知识分子而言，其世界观本来就是唯心主义的。因此，"百家争鸣"将会使唯心主义呈日益泛滥之势，知识分子的思想改造也将变为一句空话，而且随着各种乱七八糟的东西鸣放出来，局面将不可收拾。正由于持此种想法的人不在少数，因而"双百"方针提出之后一段时间，"百家争鸣"的局面并未真正出现，这也是毛泽东在1957年上半年一再重申要坚持"百家争鸣"的原因。

1957年4月中共中央决定关于开展整风运动后，"百家争鸣"虽然再度受到人们的重视，但"鸣"的重点已不是学术思想问题，而是鼓励党外人士"鸣放"执政党和政府工作中存在的缺点。这种"争鸣"已非学术而是政治

---

① 《杨尚昆日记》上，中央文献出版社2001年版，第252、259页。

了。这样一来,"鸣"的结果是"放"出了大量的"右派"言论。毛泽东决定发动这场运动,无疑与他对形势的判断有关,但那些种种"右派言论"的收集,各方"鸣放"之后严峻形势的反映(而做此项工作者自然不乏有对"双百"方针的反对者),不能不说是造成他对形势判断失误的一个重要原因。于是,人们就自觉不自觉地将"右派言论"的出笼与"百家争鸣"联系起来,认为都是"百家争鸣"闯的祸,所以反右派运动后,"百家争鸣"作为一句口号还在使用,但已是名存实亡。

第二,对"百家争鸣"结果的复杂性估计不足,同时对"百家争鸣"的理解出现偏差。

1956 年大力倡导"双百"方针一个重要的背景,是苏共二十大暴露出苏联体制的许多弊端,其中包括针对文艺和科学工作的种种清规戒律造成的对知识界积极性和创造性的挫伤。中共领导人在试图走出一条与苏联有所不同的社会主义建设道路的探索中,除了在经济建设上提出要走自己的工业化道路外,在思想文化建设一个重要的举措,就是提出在文学艺术上实行"百花齐放",在学术研究上提倡"百家争鸣"。这一政策不但与苏联在斯大林时期对文艺的粗暴干涉和对科学研究随意贴上政治标签相比,是一个巨大的进步,就是与此前片面强调学习苏联,一味强调知识分子的思想改造相比,也是一个不小的变化,其初衷毫无疑问在于繁荣我国的文学艺术,促进我国科学水平的提高,为全面建设社会主义提出精神动力和智力支援。

但是,应该看到,"百花齐放、百家争鸣"这种提法,虽然在建国之初就已出现,但把它作为意识形态的指导方针,是 1956 年五、六月间才正式提出的。而这个方针的提出,党内并没有进行充分的思想酝酿,没有通过深入的学习讨论,因而也没有在党内形成广泛共识。1955 年,在意识形态领域曾开展了声势浩大的批判"胡风反革命集团"的运动,仅过了半年,"双百"方针便提出来了,这不但使相当多的党员、干部一时难以转过弯来,就是因思想改造和各种批判运动而战战兢兢、谨小慎微的知识分子,也对此心存疑虑而不敢大胆"争鸣"。出现这种情况后,由于急于想改变这种局面,到了1957 年四、五月间就变成了千方百计劝导知识分子参与"争鸣",并且将这种"争鸣"转变为动员知识分子参加整风运动的一种方式。笔者认为,此时不论知识分子还是政策的执行者,对"百家争鸣"的理解都出现了偏差。当初这个方针提出的时候,毛泽东说得很清楚,是"艺术方面的百花齐放","学术方面的百家争鸣",这对"百家争鸣"限定的范围是十分具体的。至于在非学术方面之外的领域,事实上是不能"百家争鸣"的,要不要马克思主义作指导,坚持什么样的政治制度,走什么样的社会发展道路,这种的问题在中国从来没有必要进行"百家争鸣"。可是,1957年整风运动之后,却将"百家争鸣"在一定程度上变成了向执政党的工作和执政党的干部提意见,这已经不是学术问题而是政治问题上的"争鸣"了,从而也就偏离了"百家争鸣"的本意。

第三,匈牙利事件的发生与"双百"方针在1957年夏被中止亦存在着内在的关联。

1956年10月,社会主义阵营的匈牙利发生大规模的群众性示威游行,提出反政府的口号,随后又演变为大规模的骚乱和流血冲突,后来由于苏军进驻匈牙利首都布达佩斯事件才得以不息。匈牙利事件发生后,毛泽东甚为震惊,同时也使他产生了一种高度警惕,即如何避免匈牙利事件在中国的重演。当时,毛泽东一方面曾自信地说:"我们的农村政策是正确的,我们的城市政策也是正确的。所以,像匈牙利事件那样的全国性大乱子闹不起来。"但另一方面,他也不能不担心中国会不会出现类似情况的问题,而且要设法避免匈牙利这类事件在中国发生。尤其是在1956年下半年,我国也出现了一些不稳定的现象,城市有少数工人罢工和学生罢课,农村也发生了一些农业合作社的社员闹退社的事件,更是增加了毛泽东的这种担心。1957年1月的省市委书记会议上,毛泽东说:"匈牙利事件的一个好处,就是把我们中国的这些蚂蚁(按:指此时国内少数闹事的人)引出了洞。"他还说:"百花齐放,我看还是要放。有些同志认为,只能放香花,不能放毒草。这种看法,表明他们对'百花齐放、百家争鸣'的方针很不理解。一般说来,反革命的言论当然不让放。但是,它不用反革命的面貌出现,而用革命的面貌出现,那就只好让它放,这样才有利于对它进行鉴别和斗争。"①

由此不难看出,毛泽东此时强调"百花齐放、百家争鸣",与半年前他对

---

① 毛泽东:《在省市自治区党委书记会议上的讲话》(1957年1月),中华人民共和国国家农业委员会办公厅编:《中国农业集体化重要文件汇编(1949—1957)》,中央党校出版社1981年版,第668页。

"双百"方针的提倡,用意上是有所不同的。半年前,他的主旨是繁荣文学艺术和推进学术研究;匈牙利事件后,虽然他仍有同样的用意,但还有一层用意是让那些"毒草"长出来,让"牛鬼蛇神"跳出来。他甚至说:"至于梁漱溟、彭一湖、章乃器那一类人,他们有屁就让他们放,放出来有利,让大家闻一闻,是香的还是臭的,经过讨论,争取多数,使他们孤立起来。他们要闹,就让他们闹够。多行不义必自毙。他们讲的话越错越好,犯的错误越大越好,这样他们就越孤立,就越能从反面教育人民。"①

有人曾提出:"毛主席引蛇出洞的决策,应该是在十月份的波、匈事件以后开始考虑的,而一旦形成,他就亲自执行,全力以赴做'引'的工作。"②不过笔者认为,1956 年 10 月开始的"引"的策略与 1957 年 5 月正式作出的"引蛇出洞"决策,在本质上还是有所不同。此前的"引"更多的是树立对立面,使"香花"与"毒草"进行比较,从而使人们能够辨明什么是"毒草",并最终自觉地与"毒草"划清界限,使"香花"更好地生长。整风运动之前,在毛泽东看来,我们的社会里,虽然存在着"毒草",虽然有一些放毒屁的人,虽然有人不赞成社会主义,但这是少数,通过"双百"方针,让他们跳出来,使人民认清他们的面貌,从而孤立他们。他觉得有那么一些"毒草"并不可怕,到时把它锄掉就是了。1956 年我国的社会主义改造取得了巨大胜利,毛泽东的心情自然是十分兴奋的,他并没有把社会上还存在一些"毒草"看成有多么严重,甚至认为没有什么大不了的,也值不得大惊小怪。不然的话,他就没有必要在 1957 春一再号召并大力提倡"双百"方针。

可是,1957 年 5 月整风开始后,鼓励"大鸣大放"的结果,放出来的"毒草"却大大超过了他的预料,这才使毛泽东感觉到"事情正在起变化",需要来一场大规模的锄"毒草"运动,才能将问题解决。为了将"毒草"除尽,尤其是将那些隐藏较深的"毒草"也除掉,他一面在党内布置反击,一面指示继续"鸣放",届时聚而歼之。如果说,1956 年他是将"百花齐放、百家争鸣"作为一种政策来提倡,1957 年春恐怕此时就有政策与策略并重的意味了,甚至后者更主要一些。至于在作出反右派运动的决策后,继续鼓励"鸣

① 毛泽东:《在省市自治区党委书记会议上的讲话》,1957 年 1 月。
② 段跃编:《乌"昼"啼——1957 年"鸣放"期间杂文小品文选》,中国电影出版社 1998年版,第 8 页。

放"毫无疑问仅是一种策略了。到了这个时候,真正意义上的"双百"方针中止也就并不奇怪了。

第四,对知识分子的变化估计不够,最终导致在反右派运动中将之作为无产阶级的对立面来看待,因而面向知识界的"百家争鸣"也就无法继续贯彻。

在 1956 年 1 月的知识分子问题会议上,周恩来曾代表中共中央宣布:知识分子的面貌已发生根本变化,知识分子已是工人阶级的一部分。但是,在随后中共中央《关于知识分子问题的指示》中,就变成了"劳动人民的一部分"这样的提法。我们知道,在我国的政治用语中,无产阶级与劳动人民层次上是有区别的,无产阶级是国家的领导阶级,而劳动人民从整体上讲不能作为领导阶级。一年后,情况发生了更大的变化,知识分子又变成了"资产阶级知识分子"。反右派运动前,毛泽东一方面不断地强调要坚持"双百"方针;另一方面又一再使用"资产阶级知识分子"这样的提法。1956 年9 月,他在谈到党的历史经验时,这样说:"在整个反对帝国主义和封建主义的历史时期内,我们要争取和团结民族资产阶级,使他们站在人民的方面,反对帝国主义。在反帝反封建的任务基本完成以后,在一定时期还要和他们保持联盟。这样做,有利于对付帝国主义的侵略,有利于发展生产、稳定市场,有利于争取和改造资产阶级知识分子。"[1]1957 年 3 月,毛泽东在与文艺界代表谈话时,又说:"资产阶级和小资产阶级在经济上属于一个范畴。若论出身,小资产阶级出身的人反动起来,也很厉害。资产阶级出身的知识分子,接受了马克思主义,也蛮革命,我也是算在这个范畴之内的。对资产阶级知识分子,不光看出身,我指的是他们接受的是资产阶级学校教育,而资产阶级是按照它的利益来教育人的,有的人后来又接受了马克思主义。"[2]

毛泽东同时认为,全国 500 万知识分子中,比较熟悉马克思主义,并且站稳了脚跟,站稳了无产阶级立场的大概只占百分之十几,大多数知识分子,还是处在一种中间的状态。他在 1957 年 3 月的全国宣传工作会议上的

---

① 《毛泽东文集》第七卷,人民出版社 1999 年版,第 135 页。
② 《毛泽东文集》第七卷,人民出版社 1999 年版,第 252 页。

讲话中,反复强调教育和改造知识分子重要性,说知识分子中的多数人,用无产阶级世界观完全代替资产阶级世界观,还相差很远。有些人读了一些马克思主义的书,自以为有学问了,但是并没有读进去,并没有在头脑里生根,不会应用,阶级感情还是旧的。还有一些人很骄傲,读了几句书,自以为了不起,尾巴翘到天上去了,可是一遇风浪,他们的立场,比起工人和大多数劳动农民来,就显得大不相同。因此,如果认为教人者不需要再受教育了,不需要再学习了,如果认为社会主义改造只是要改造别人,改造地主、资本家,改造个体生产者,不要改造知识分子,那就错误了。①

　　这种估计,不但与知识分子问题会议和《中共中央关于知识分子问题的指示》不一致,而且也不符合知识界的实际情况。由于认为知识分子的世界观还是资产阶级的,他们的政治立场还没有站到无产阶级这一边,因此,需要继续加强对他们的改造。对知识分子的状态的过低估计,必然导致对知识分子的不信任。这样就产生了一种矛盾的现象,一方面认为知识分子仍属改造对象,另一方面又鼓励他们参与"争鸣",这就难免将他们看作是"百家"中的资产阶级成员,在潜意识里认为他们"鸣"出来的东西可能是资产阶级的思想观点。整风运动后"右派言论"的出现,似乎更是印证了原来的判断:知识分子果真没有改造好,果然还是资产阶级知识分子。如果说,在反右派运动的准备阶段,为了"引蛇而洞",让各种"毒草"长出,让"牛鬼蛇神"自动跳出,"百家争鸣"作为一种策略还在使用的话,到了正式反右之后,自然就不能让其出来毒害民众了。因此,"百花齐放"就变成了一枝独秀,"百家争鸣"也就变成了一家独鸣。这种局面,直至中共十一届三中全会才得以改变。

---

① 《毛泽东文集》第七卷,人民出版社 1999 年版,第 271 页。

毛泽东为什么批评反冒进

　　毛泽东在中共中央政治局会议上主张追加 20 亿的基本建设投资，但与会的大多数人不赞成。据胡乔木回忆："会上尤以恩来同志发言最多，认为追加预算将造成物资供应紧张，增加城市人口，更会带来一系列困难等等。毛泽东最后仍坚持自己的意见，就宣布散会。会后，恩来同志又亲自去找毛主席，说我作为总理，从良心上不能同意这个决定。这句话使毛主席非常生气。不久，毛主席就离开了北京。"

　　1957 年年底至 1958 年上半年，毛泽东对 1956 年经济建设中的反冒进进行了尖锐批评。冒进——反冒进——反反冒进表露出来的中共领导人之间采取什么样的经济发展速度的分歧，最终统一到了毛泽东的"大跃进"思想中。毛泽东批评反冒进不仅给我国的经济建设带来深远的不良影响，而且对党内政治生活产生了不可低估的负面作用。

一、1956 年经济建设中的冒进

1955 年下半年，通过对所谓"小脚女人"即右倾保守思想的批判，我国农业和资本主义工商业的社会主义改造进入高潮,原定十五年左右才能完成的社会主义改造任务即将大大提前。在这种情况下,毛泽东认为,不但社会主义改造的速度应当而且可以加快,就是各项建设事业的速度也应当是如此。1955 年 12 月 5 日,中共中央政治局召开有各省、市、自治区和中央党政军各部门负责人参加的座谈会,由刘少奇传达毛泽东关于召开中共八大的指示。刘少奇在讲话提纲中写道:"各方面的潜力还是很大,事业的进行还可以快,事情还可以多办。""(八大)中心思想,反对右倾保守主义,提前完成社会主义建设和改造的计划。""要利用目前世界休战的时期,加快速度来完成我国的总任务。那时不论和战都好办得多。未完成而战困难更多。""一切工作要求办得又多、又快、又好。""以前反盲目冒进,反贪多、贪大、贪快,是对的,但出了毛病,把干部和群众的积极性也反掉了。"①

据薄一波回忆,毛泽东批判经济建设领域的右倾保守思想,也是"事出有因":

一是他感到国务院有些部门设想的长期计划指标偏低了。1955 年夏,国务院在北戴河开会,按照过渡时期总路线总任务的要求,讨论编制十五年(1953—1967 年)远景计划和第二个五年计划轮廓的问题,由各部汇报自己的设想。按照各部的汇报,到 1967 年,全国粮食产量 6000 亿斤,棉花产量 5600 万担,钢产量 1800 万吨,煤炭产量 2.8 亿吨;工农业产值平均年增长速度:"一五"计划 8.6%,"二五"计划 9.9%,"三五"计划 10.1%,15 年平均年增长 9.5%。10 月 5 日,国家计委将有关情况汇总报告中共中央,但毛泽东对这个设想不满意。

二是他对 1955 年国民经济计划执行情况有看法。1955 年原计划基本建设投资 97.9 亿元,比上年增长 31.5%。执行中,经济生活中出现一些新情况,几次调整计划。在调整中,由于不适当地削减了某些非生产性(如校舍和职工宿舍等)建设项目,投资总额调减为 91.7 亿元。到年底,原来安排收支平衡的预算,结余资金 18.1 亿元。钢材、木材、水泥等物资也有较多的结余。又由于没有经验,还不认识保留必要储备的重要性,一度决定钢材出

① 《建国以来刘少奇文稿》第 7 册,中央文献出版社 2008 年版,第 406—408 页。

口,水泥减产,木材和部分器材减价出售。①

对于这件事,周恩来曾一再作自我批评,但毛泽东还是不大满意。事隔两年,毛泽东对此还仍不能释怀,他在1958年2月的中共中央政治会议上说:"1955年12月,八项东西(钢、铁、煤、水泥、铝、铜,还有两项)多得不得了了,以至毫无办法,只好请苏联帮忙。苏联是要订长期合同的,好,订,订了,签了字了,过一个月要毁约。过两个月毁约也好呀!跟人家订长期合同,你强迫人家订,过一个月就毁约。""讲起共产党,又是光荣的,伟大的,什么的,就这样一件事情讲,我看是幼稚的,眼光短浅的"②。

按照毛泽东批评右倾保守思想的精神,1956年元旦,《人民日报》发表题为《为全面地提早完成和超额完成五年计划而奋斗》的社论,明确提出又多、又快、又好、又省的口号。

社论说,农业和资本主义工商业的社会主义改造突破了原来计划的指标向前猛进,这就给予了可能,也提出了要求,使以发展重工业为中心的社会主义工业化的工作提早完成和超额完成五年计划。农业生产的大发展,对交通运输提出了严重的任务,铁路、公路、轮船如果没有相应的发展,大量的农产品就会运不出来,农民所需要的生产资料和生活资料就会运不进去,这就会妨碍农业生产的发展;要求轻工业的加快发展,以便供给农民以更多更好的生活资料;要求商业能够更多更好地推销农产品,并供给农民以数量更多、品种更多、质量更好的工业品和手工业品。而农业、工业、商业的发展,对文化、教育、科学、卫生等工作也提出了要求,要求文化、教育、卫生工作的发展,要求在最短期间扫除全国文盲,要求科学和技术水平的大大提高,在不太长的期间接近和赶上世界先进水平。

社论进而提出,在工业、文教事业的面前,就摆着一个问题:要又多、又快、又好、又省地发展自己的事业。必须又多又快,才能赶上国家和人民的需要;必须要好,要保证质量,反对不合规格的粗制滥造;必须要省,要用较少的钱办较多的事,以便可以积累起来的财力来办好一切应该办而且可

---

① 薄一波:《若干重大决策与事件的回顾》上卷,中共中央党校出版社1991年版,第523—524页。

② 薄一波:《若干重大决策与事件的回顾》上卷,中共中央党校出版社1991年版,第525页。

以办的事情。又多又快，是反对保守主义，又好又省，是反对潦草从事，盲目冒进，铺张浪费。又多、又快、又好、又省，这四条要求是互相结合而不可分的，遵守这四条要求，就能按照社会主义经济的有计划（按比例）发展的法则，来进行全面规划。这样做法，就完全有可能在工业建设和文教建设方面，也提早完成和超额完成第一个五年计划，提早完成社会主义工业化的任务。① 这篇社论中，在社会主义建设问题上急于求成的思想，已经跃然纸上。

如同通过加快农业合作化速度，带动整个社会主义改造高潮的到来一样，为了克服经济建设中存在的右倾保守思想，毛泽东决定通过加快农业生产和农村社会的发展，来解决整个经济建设的速度问题。1955 年 11 月间，他先后在杭州和天津同华东、中南、华北十四个省的省委书记和内蒙古自治区党委书记，就全国农业发展问题交换意见，共同商定加快农业和农村发展的十七条意见（简称"十七条"）。同时，他还在《中国农村的社会主义高潮》第二篇序言中宣布："在三个五年计划完成的时候，即到 1967 年，粮食和许多其他农作物的产量，比较人民共和国成立以前的最高年产量，可能增加 100% 到 200%。文盲可以在较短的时间内（例如七年至八年）加以扫除。许多危害人民最严重的疾病，例如血吸虫病等等，过去人们认为没有办法对付的，现在也有办法对付了。总之，群众已经看见了自己的伟人的前途。"②

1956 年 1 月，毛泽东又在同各省、市、自治区的负责人商量之后，将"十七条"扩充为四十条，形成了《1956 年到 1967 年全国农业发展纲要》，简称"农业四十条"。随后，中共中央邀请在北京的工业、农业、医药卫生、社会科学等各方面的科学家，各民主党派、各人民团体的负责人和文化界、教育界的人士，共 1375 人，分组进行讨论，采纳了一些意见，做了一些修改。1 月 23 日，农业四十条经过中共中央政治局通过，于 1 月 25 日提请最高国务会议讨论通过后以草案的形式公开发表。

《全国农业发展纲要》（以下简称《纲要》）草案的中心，"就是要求在农业合作化的基础上，迅速地、大量地增加农作物的产量，发展农、林、牧、副、

---

① 《为全面地提早完成和超额完成五年计划而奋斗》，《人民日报》1956 年 1 月 1 日。

② 毛泽东：《"中国农村的社会主义高潮"序言》，《人民日报》1956 年 1 月 12 日。

渔等生产事业"。①《纲要》要求在十二年内,把粮食每亩的平均产量,在黄河、秦岭、白龙江以北,由 1955 年的 150 多斤提高到 400 斤,黄河以南、淮河以北地区由 1955 年的 208 斤提高到 500 斤,淮河、秦岭、白龙江以南地区由 1955 年的 400 斤提高到 800 斤,即著名的"四、五、八"。把棉花每亩的平均产量,由 1955 年的全国平均 35 斤皮棉,按照各地情况,分别提高到 60 斤、80 斤和 100 斤皮棉。按照这种亩产量的水平,到 1967 年,全国的粮食总产量将比 1955 年增加一倍半以上,棉花总产量将比 1955 年增加两倍。这个要求显然过高,难以实现,到 1967 年,全国粮食作物每亩平均产量只有 244 斤,棉花的平均产量只有 62 斤。

此外,《纲要》还要求从 1956 年开始,在七年至十二年内,基本上消灭普通的水灾和旱灾;在十二年内,在一切可能的地方,显著地收到水土保持的功效,基本上消灭水土冲刷的灾害;凡是有水源可以利用的地方,从 1956 年开始,在十二年内,基本上做到每一个乡或者几个乡建设起一个小型的水力发电站;大部分地区 90% 的肥料,一部分地区 100% 的肥料,由地方和合作社自己解决;1956 年开始,分别在七年或者十二年内,在一切可能的地方,基本上消灭危害农作物最严重的虫害和病害;从 1956 年开始,分别在七年或者十二年内,在一切可能的地方,基本上消灭危害人民最严重的疾病;从 1956 年开始,分别在五年、七年或者十二年内,在一切可能的地方,基本上消灭老鼠、麻雀、苍蝇、蚊子;从 1956 年开始,按照各地情况,分别在五年或者七年内基本上扫除文盲,扫除文盲的标准是认识 1500 字以上;从 1956 年开始,按照各地情况,分别在七年或者十二年内基本上普及农村广播网;等等。

《全国农业发展纲要(草案)》中上述指标的提出,一方面反映了当时人们迅速改变我国农村落后面貌的强烈愿望;另一方面也反映了人们在社会主义建设问题上急于求成的倾向,纲要中的许多指标事实上在七到十二年的时间里是难以实现的。

从批评农业合作化运动中的"小脚女人"开始,毛泽东就将批判右倾保

---

① 廖鲁言:《关于 1956 年到 1967 年全国农业发展纲要的说明》,《人民日报》1956 年 1 月 26 日。

守思想,作为推进各项工作大发展的重要方式。1956年1月21日,他在中共中央召开的知识分子问题会议上所作的总结中,专门讲到了反右倾保守思想的问题。他说:现在我要讲的是领导方法问题。有两种领导方法:一种是使事业进行得慢一些、差一些的方法,另一种是使事业进行得快一些、好一些的方法。拿最近一年来农业合作化、资本主义工商业改造、知识分子的问题等几件事来看,可以这样,也可以那样,可以迟一些、坏一些,也可以早一些、好一些。我们的领导机关应该促进事业的发展,但也不完全是这样,如农村工作部有一个时期就是农村工作促退部,因为它要砍掉些合作社。各地方、各部门是否也有这种现象呢? 上层建筑不适合经济基础,不能促进经济发展,这就丧失了上层建筑应有的作用。生产力和生产关系,生产关系是基础,上面还有政府,党,各部门,这都是上层建筑,必须起促进生产力发展的作用,如果不促进,就丧失了它的职能。反对右倾保守思想就是为了解决这个问题的,就是为了使上层建筑能够适应基础,促进社会的发展。

　　毛泽东同时也提到,在反对右倾保守思想时,也应该注意不要搞那些没有根据的行不通的事情,认为各部门计划指标也要放在可靠的基础上,本来可以做的不做,是不好的,但无充分根据的行不通的就叫盲目性,就是"左"倾冒险。尽管如此,他认为盲目性当前还不是主要的倾向,在当前主要克服的是右倾保守思想。

　　由于社会主义改造的快速进行和全国农业发展纲要草案四十条的制订,毛泽东感到,在农业工作和对资本主义工商业改造等方面,已经取得了主动,但在知识分子问题上,在工业生产问题上,还没有主动。他在这次讲话中又说:大批机器还要靠外国,大的、小的(精密的),我们都不能制造,只能造中等的,"两头不行,中间可以"。我们吹牛皮吹不起来,工业上没有独立,科学上没有独立,重要的工业装备和精密机器都不能制造。中国应该有大批知识分子,先接近世界水平,过后赶上世界水平。我国地方大,人口多,位置也不错,海岸线很长(就是没有轮船),应该成为世界上第一个文化、科学、技术、工业发达的国家。我们有社会主义制度,再加努力,是能够办到的。否则六亿人口,又是勤劳、勇敢干什么呢? 几十年以后,如还不是世界上第一个大国,是不应该的。现在美国只有十几颗氢弹,一万万吨钢,我看没有什么了不起,中国应该搞它几万万吨钢。中国有个好处,一个是穷,一个是白(无知识),这也有两面性,穷就要革命,知识少是不好的,但好比这张白纸,这一面写过了,就没有什么好文章可做,这一面没有写过,是空白的,就大有文章可做,几十年后,就可以赶上外国。①

1月25日,毛泽东在第六次最高国务会议的讲话中又指出:过去几个月来社会主义改造的速度大大超过了人们的预料,目前我们国家的政治形势已经起了根本的变化。去年夏季以前在农业方面存在的许多困难情况现在已经基本上改变了,许多曾经被认为办不到的事情现在也可以办了。我国的第一个五年计划有可能提前完成或者超额完成。1956年到1967年全国农业发展纲要的任务,就是在这个社会主义改造和社会主义建设的高潮的基础上,给农业生产和农村工作的发展指出一个远景,作为全国农民和农业工作者的奋斗目标。农业以外的各项工作,也都必须迅速赶上,以适应社会主义革命高潮的新形势。我国人民应该有一个远大的规划,要在几十年内,努力改变我国在经济上和科学文化上的落后状况,迅速达到世界上的先进水平。②

从上述讲话中可以看出,毛泽东批判右倾保守思想的目的,在于用这样的方式促进我国建设事业的大发展。在他看来,一旦克服右倾保守思想,原来设想要十几年才能完成的社会主义改造,只用几年的时间就实现了,经济建设中右倾保守思想一旦克服,同样可以实现高速度发展。同时,他感到,现在中国的社会主义制度已经建立起来了,但依然是一穷二白,在工业上、科学技术上远远落后于发达资本主义国家,这种状况如果不尽快改变,并在较短的时间里达到世界先进水平,实在与先进的社会制度不相称。革命战争和社会改造取得的巨大成功,增强了毛泽东的自信,他认为,实现经济社会的快速发展是完全可能的。

随着对右倾保守思想的批判和又多、又快、又好、又省口号的提出,一些地方开始不顾实际可能提出一些过高的指标。例如,这年1月召开的广东省粮食生产会议要求全省1956年的粮食总产量,在1955年的220多亿斤的基础上再增产18.5%,即增产40亿斤,比原订的增产计划提高了12亿

---

① 毛泽东:《在知识分子问题会议上的讲话》,1956年1月2日。
② 《毛泽东文集》第七卷,人民出版社1999年版,第2页。

斤,并把增产 56 亿斤作为争取实现的目标。① 安徽省提出,十二年后,全省粮食每亩平均产量,在淮北平原地区,将由现在的 200 斤提高到 600 斤,淮南丘陵地区将由现在的 280 斤提高到 800 斤,长江两岸将由现在的 600 斤提高到 1400 斤,皖南山区将提高到 900 斤。农民一年生产的粮食够两年吃。全省普通的水旱灾害和地方疾病也都消灭。文盲完全扫除,一部分人还可以受到中等教育。全省建立起 2000 个发电站,农村初步电气化,乡乡有电灯,社社都通电话。农业合作社都有俱乐部、运动场。安徽人民将过着幸福富裕的生活。② 甘肃省提出,1956 年全省粮食要在 1955 年总产量 78亿斤的基础上增加到 103 亿斤,较 1955 年实际产量增加 31.8%;棉花要在1955 年总产量 9.98 万担的基础上增加到 25.2 万担,较 1955 年实际产量增加 152%。③

国务院各部也纷纷修改 1955 年夏季在北戴河汇报时提出的长期计划指标。1956 年 1 月 14 日,由国家计委汇总报告给中共中央、国务院。其中,1967 年粮、棉、钢、煤四大指标修改如下:粮食 9500 亿斤(加上大豆实为1 万亿斤),比 1955 年夏各部门在北戴河汇报时的 6000 亿斤提高 3500 亿斤;棉花 1 亿担,比原汇报的 5600 万担增加 4400 万担;钢 2400 万吨,比原汇报的 1800 万吨增加 600 万吨;原煤 3.3 亿吨,比原汇报的 2.8 亿吨增加5000 万吨。不少原定 1967 年实现的指标,提早五年,改为 1962 年实现。④

2 月 22 日　国家计委向中共中央报送了《关于 1956 年度国民经济计划草案的报告》。《报告》说,1956 年度国民经济计划草案,是在国民经济全面高涨的情况下,根据中共中央关于反对右倾保守主义,计划既要积极又要可靠的指示和提前完成五年计划的精神编制的。1956 年度国民经济计划的主要内容是:(一)工业总产值 535.7 亿元,比上年增长 19.7%,已达到五年计划中 1957 年水平;(二)农业总产值 606.8 亿元,比上年增长 9.3%;粮

---

① 《广东省重新修改了粮食增产计划》,《人民日报》1956 年 2 月 4 日。

② 《未来的"千斤省"——安徽省社会主义建设积极分子大会旁听记》,《人民日报》1956 年 2 月 24 日。

③ 《要改变落后的农业生产面貌——记中共甘肃省第一次区委书记会议》,《人民日报》1956 年 4 月 2 日。

④ 薄一波:《若干重大决策与事件的回顾》上卷,中共中央党校出版社 1991 年版,第 527页。

食 3989 亿斤,增长 8.4%;棉花 3556 万担,增长 17%;(三)基本建设总额 147.35 亿元,增长 70.6%;(四)铁路运输增长 9.9%,内河运输增长 36.2%,海上运输增长 24.2%,汽车运输增长 35.4%;(五)国营、合作社营、公私合营企业和国家机关、文教卫生等部门工作人员总数 1782 万人,比上年增加 82 万人,上述部门工作人员的平均工资计划比 1955 年增长 8.1%;(六)高等学校招生 18.3 万人,在校学生达到 40 万人,增长 39.1%,中等专业学校招生 44.4 万人,在校学生达到 80.1 万人,增长 49.5%。普通高中计划招生 36.6 万人,在校学生达到 79 万人,增长 36.2%。

上述国民经济计划的主要指标的增长幅度,都大大超过了以往年份。3 月,国务院批准了国家计委提出的 1956 年度国民经济计划(草案)。

反右倾保守导致的经济建设中的急躁冒进倾向,最突出的表现是基本建设投资规模一加再加。1955 年 10 月,中共中央批准国家计委提出的 1956 年国民经济计划控制数字:1956 年基本建设投资 112.7 亿元,比 1955 年的预计完成数增长 30.4%,比"一五"计划中规定的 1956 年投资多 12.4%。只过了两个月,这个数字就被大大突破。国家计委 1956 年 1 月 5 日在一份报告中说,各省市、部门要求的投资已达 153 亿元。随后,又增加到 180 亿、200 多亿元,比 1955 年预计完成数增加一倍多。第一个五年计划规定,五年内限额以上基本建设项目 694 个,建成的 455 个;1956 年年初召开的第一次全国基建会议将建设项目追加到 745 个,建成的追加到 477 个;不久又将建设项目追加到 800 个,建成项目追加到 500 多个。① 基本建设规模的扩大,必然导致投资的大幅度增加,造成国家的财政赤字,同时它还会导致钢铁、水泥、煤炭等原材料供不应求,造成国民经济的全面紧张。

二、周恩来主持反冒进

本来,对于在经济建设领域批判右倾保守思想,周恩来等领导人也是赞

---

① 薄一波:《若干重大决策与事件的回顾》上卷,中共中央党校出版社 1991 年版,第 531—532 页。

成的。在 1955 年 12 月刘少奇主持的座谈会上,周恩来说:最近政府在各方面的工作,或多或少存在保守的倾向,反对盲目冒进是对的,但又带来了副作用。今年的生产是保守了,用框子把生产限制了。现在,我们的情况可以用这么一副对联来表示:客观的可能超过了主观的认识,主观的努力落后于客观的需要。① 12 月 8 日,周恩来出席北京市青年纪念一二九运动二十周年和一二一运动十周年大会,在演讲中又表示:毛主席说,检查过去六年的工作,主要的倾向还是保守倾向。当然保守主义倾向的主要责任又在于我们领导。这样,给了我们一个推动,也就使得我们原来设想在三个五年计划内基本完成的工业化,有可能加快这个速度,提前完成。②

1956 年 1 月 14 日的知识分子问题会议上,周恩来代表中共中央作了《关于知识分子问题的报告》,其中也对毛泽东提出的反右倾保守思想作了充分肯定,认为 1955 年取得的农业合作化运动的突飞猛进,资本主义工商业的全行业公私合营迅速发展,发展国民经济的第一个五年计划整个地将要提前和超额完成等"巨大的动人的成就,在一年以前还是不可想象的;如果不展开反对右倾保守思想的斗争,那末这些成就,到现在也还是不可能获得的"③。

但是,作为具体负责经济工作的领导人,周恩来十分清楚一味扩大基本建设规模、追加基本建设投资的后果。因此,一方面他不能不对反右倾保守表示拥护,另一方面又从 1956 年 1 月起,不断呼吁在反右倾保守的同时要注意急躁冒进。1 月 20 日,他在知识分子问题会议上作总结讲话就表示:经济建设中,不要做那些不切实际的事情,要"使我们的计划成为切实可行的实事求是,不是盲目冒进的计划"。"这次,国务院召集的计划和财政会议要解决这个问题"。④

过了 10 天,在全国二届政协二次会议的政治报告中,周恩来又说:"现

① 中共中央文献研究室:《周恩来年谱(1949—1976)》上卷,中央文献出版社 1997 年版,第 524 页。

② 中共中央文献研究室:《周恩来年谱(1949—1976)》上卷,中央文献出版社 1997 年版,第 526 页。

③ 周恩来:《关于知识分子问题》,《人民日报》1956 年 1 月 30 日。

④ 中共中央文献研究室:《周恩来年谱(1949—1976)》上卷,中央文献出版社 1997 年版,第 540 页。

在,摆在全国人民面前的问题,是要把各项建设事业做得又多、又快、又好、又省,以便使各项事业的发展,适应已经变化了的情况,适应国家和人民的需要。我们应该努力去做那些客观上经过努力可以做到的事情,不这样做,就要犯右倾保守的错误;我们也应该注意避免超越现实条件所许可的范围,不勉强去做那些客观上做不到的事情,否则就要犯盲目冒进的错误。"①

2月6日,周恩来召集国家计委主任李富春、财政部长李先念、国家计委副主任张玺、财政部副部长金明开会,研究在计划会议和财政会议上压缩指标的问题。周恩来指出:"反右倾保守,轰轰烈烈,是社会主义的喜事,但也带来一个缺点,不小心谨慎办事,有冒进、急躁倾向。社会主义的积极性要鼓励,不能泼冷水,但各部门搞计划要实事求是,不能超过客观可能,没有根据地乱提计划。各部门专业会议打的计划很大,计委、财政部要压一压。"②

2月8日,在国务院第二十四次全体会议上,周恩来再次强调经济工作要实事求是的问题。他说:"现在有点急躁的苗头,这需要注意。社会主义积极性不可损害,但超过现实可能和没有根据的事,不要乱提,不要乱加快,否则就很危险。""绝不要提出提早完成工业化的口号。冷静地算一算,确实不能提。工业可以加快,但不能工业化提前完成。晚一点宣布建成社会主义社会有什么不好,这还能鞭策我们更好地努力。""各部门订计划,不管是十二年远景计划,还是今明两年的年度计划,都要实事求是。当然反对右倾保守是主要的,对群众的积极性不能泼冷水,但领导者的头脑发热了的,用冷水洗洗,可能会清醒些。各部专业会议提的计划数字都很大,请大家注意实事求是。"③

4月10日,国务院召开常务会议,讨论国家计委《关于1956年基本建设计划安排和要求增加部分投资的补充报告》,周恩来在讲话中指出:"搞计划必须注意实事求是","搞生产就要联系到平衡",并指定国家经委主任

---

① 周恩来:《政治报告》,《人民日报》1956年1月30日。

② 中共中央文献研究室:《周恩来年谱(1949—1976)》上卷,中央文献出版社1997年版,第545页。

③ 《周恩来经济文选》,中央文献出版社1993年版,第251—252页。

薄一波和计委副主任张玺负责平衡工作。① 陈云也认为,计划应该按比例发展,而基建和生产的比例是最重要的,如基建超过了生产就不行。以后订计划应该首先进行物资平衡,再进行财力平衡。②

当周恩来、陈云等意识到冒进问题的严重性时,毛泽东的看法却有所不同。

3月5日,毛泽东听取国务院有关部门汇报手工业工作的情况,并作了一系列指示,其中第一条便说:"个体手工业社会主义改造的速度,我觉得慢了一点。今年一月省市委书记会议的时候,我就说过有点慢。一九五五年底以前只组织了二百万人。今年头两个月就发展三百万人,今年基本上可以搞完,这很好。手工业的总产值,你们设想在三个五年计划期间平均每年增长百分之十点九,似乎低了一点。第一个五年计划定低了,吃了点亏,现在可以不更改,你们要在工作中掌握。"③

1956年4月下旬,毛泽东在中共中央政治局会议上主张追加20亿的基本建设投资,但与会的大多数人不赞成。据胡乔木回忆:"会上尤以恩来同志发言最多,认为追加预算将造成物资供应紧张,增加城市人口,更会带来一系列困难等等。毛泽东最后仍坚持自己的意见,就宣布散会。会后,恩来同志又亲自去找毛主席,说我作为总理,从良心上不能同意这个决定。这句话使毛主席非常生气。不久,毛主席就离开了北京。"④

应当说,当时党内的民主气氛还是比较好的,虽然毛泽东追加基本建设投资的提议为政治局多数人所反对,表现出不高兴,但他并没有固执己见,这就使得反冒进能够得以继续进行。同年5月11日,国务院召开第28次全体会议,周恩来在会上提出:"反保守、右倾,从去年八月开始,已经反了八九个月,不能一直反下去了!"⑤

这年5月,刘少奇主持召开中共中央会议,讨论为6月召开的一届人大

① 《周恩来经济文选》,中央文献出版社1993年版,第253页。
② 金冲及、陈群主编:《陈云传》(下),中央文献出版社2005年版,第1011页。
③ 《毛泽东文集》第七卷,人民出版社1999年版,第11页。
④ 金冲及主编:《周恩来传(1949—1976)》,中央文献出版社1998年版,第269页。
⑤ 中共中央文献研究室:《周恩来年谱(1949—1976)》上卷,中央文献出版社1997年版,第575页。

三次会议起草文件,主要是讨论起草 1956 年国家预算报告问题。会议提出,我国经济发展要实行既反保守、又反冒进,坚持在综合平衡中稳步前进的方针。刘少奇还要求中共中央宣传部就反对"两个主义"问题,代《人民日报》写一篇社论。①

6 月 1 日,中共中央宣传部长陆定一在部分省市委宣传部长座谈会上宣布:"反对右倾保守,现在已高唱入云,有必要再提一个反对急躁冒进。中央要我们写篇社论,把两个主义反一反。"②同一天,周恩来和陈云主持召开国务院常务会议,再次研究压缩 1956 年计划指标和编制 1957 年计划问题。周恩来说:今年的"基本建设投资额,去年夏天在北戴河开会时订得差不多,共一百二十一亿元,比去年已经增长百分之三十二,后来增加到一百七十亿,比去年增加将近百分之九十"。2 月会议压缩后,"三月份下达的基本建设投资是一百四十七亿元,比去年增加百分之六十八。增长这么大的数字不可能完成,因此要好好计算一下"③。

6 月 4 日,刘少奇主持中共中央会议,讨论《关于 1955 年国家决算和 1956 年国家预算的报告(初稿)》,周恩来代表国务院介绍了半年来经济建设急躁冒进带来的种种矛盾和问题,提出要削减财政支出,压缩基本建设投资。根据国务院的意见,这次会议提出了既反保守又反冒进,即在综合平衡中稳步前进的经济建设方针。④

第二天,周恩来主持召开国务院常务会议,讨论 1956 年预算报告草案。会议决定削减预算 5%,投资总额由 147 亿元减少到 140 亿元。周恩来在讲话中指出:"右倾保守应该反对,急躁冒进现在也有了反映。这次人大会上要有两条战线的斗争,既反对保守,也反对冒进。"⑤

6 月 12 日,周恩来和陈云联合主持国务院第三十次全体会议,讨论通过《1955 年国家决算(草案)和 1956 年国家预算(草案)》。周恩来在发言中再次讲到了既反保守又反冒进的问题。他说:从去年反保守到现在,注意

---

① 中共中央文献研究室:《刘少奇年谱》,中央文献出版社 1996 年版,第 368 页。
② 薄一波:《若干重大决策与事件的回顾》上卷,中共中央党校出版社 1991 年版,第 534 页。
③ 薄一波:《若干重大决策与事件的回顾》上卷,中共中央党校出版社 1991 年版,第 535 页。
④ 中共中央文献研究室:《周恩来年谱(1949—1976)》上卷,中央文献出版社 1997 年版,585 页。
⑤ 《周恩来经济文选》,中央文献出版社 1993 年版,第 262 页。

了发掘群众的积极性,所以各方面都出现了高潮。农业、手工业和资本主义工商业的三大改造高潮,推动了工作,迎来了整个社会主义建设高潮。但反保守也带来了一些不实际的主观主义的要求,带来了急躁冒进。去年12月以后冒进就冒了头,因此,现在的情况和去年不同了,已经不是预防而是需要反对冒进了! 如果冒进继续下去,又会脱离实际,脱离群众,脱离今天的需要和可能。不能向群众泼冷水,但也不能把少数积极分子的要求当成群众的要求。今年的收入不能打得太冒,要打在稳妥可靠的基础上。①

三天后,李先念在一届全国人大三次会议上作了《关于1955年国家决算和1956年国家预算的报告》。报告强调:"在当前的生产领导工作中,必须着重全面地执行多、快、好、省和安全的方针,克服片面地强调多和快的缺点。""生产的发展和其他一切事业的发展都必须放在稳妥可靠的基础上。在反对保守主义的时候,必须同时反对急躁冒进的倾向,而这种倾向在过去几个月中,在许多部门和许多地区,都已经发生了。急躁冒进的结果并不能帮助社会主义事业的发展,而只能招致损失。"②1958年1月南宁会议时,这段话成为毛泽东批评反冒进的靶子之一。

同一天,《人民日报》发表社论《读1956年国家预算报告》,认为这年的预算报告一个最值得注意的特点,就是在反对保守主义的同时,提出了反对急躁冒进的口号,并且说,这是总结了过去半年中执行国民经济计划的经验得来的结论,而急躁冒进这种倾向在过去几个月中,在许多部门和许多地区,都已经发生了。社论还列举了急躁冒进倾向的具体表现:许多农业合作社的增产计划过大,而且片面地着重粮棉而忽视副业,生产和非生产的投资都过多,一部分合作社的规模过大,对社员的干涉过多,要求过高,对社员收入的增加和女社员的健康注意不够;许多建设部门的计划过大,超过了材料和设备供应的限度,而准备工作又单纯地偏重了施工力量,并且在工程中片面地要求多和快,而忽视好、省和安全;许多企业在生产过程中片面地追求多和快,忽视好、省和安全。在其他方面,例如商业和文化教育事业的某些方面,也有类似的情形。社论认为,这种急躁冒进的倾向并不符合反保守主

---

① 《周恩来经济文选》,中央文献出版社1993年版,第263—264页。

② 李先念:《关于1955年国家决策和1956年国家预算的报告》,《人民日报》1956年6月16日。

义的正确的要求,因为反保守主义是要求充分利用客观的可能,并不是要求做不可能做的事情,当然,更不是要求做不应该做的事情。因此,反对急躁冒进,也决不是容许保守主义。在实际工作中应正确地进行两条战线的斗争——既反对保守主义,又反对急躁冒进。

6月20日,《人民日报》发表中宣部起草、经刘少奇审改的社论:《要反对保守主义,也要反对急躁情绪》的社论。社论指出,在反对保守主义之后,发生了一种值得严重注意的新情况,这就是最近一个时期中在有些工作中又发生了急躁冒进的偏向,有些事情做得太急了,有些计划定得太高了,没有充分考虑到实际的可能性。社论尖锐地指出:急躁情绪所以成为严重的问题,是因为它不但是存在在下面的干部中,而且首先存在在上面各系统的领导干部中,下面的急躁冒进有很多就是上面逼出来的。全国农业发展纲要四十条一出来,各个系统都不愿别人说自己右倾保守,都争先恐后地用过高的标准向下布置工作,条条下达,而且都要求得很急,各部门都希望自己的工作很快做出成绩来。中央几十个部,每个部一条,层层下达,甚至层层加重,下面就必然受不了。

为什么在反对了右倾保守之后,在有些工作中又发生了盲目冒进的偏向呢? 社论认为,这主要是由于思想方法上的片面性造成的。由于没有运用辩证的方法,没有从事物的复杂的矛盾和联系中去全面地观察问题,只从一个方面、一个角度去看问题,就把许多问题看得太死,太绝对化。又由于缺少深入的调查研究工作,对实际情况了解得不够,心中无数,有盲目性,在这种情况下,处理事情当然就容易偏于一面,发生片面性。在反保守主义之后,特别是中央提出“又多、又快、又好、又省”的方针和发布全国农业发展纲要(草案)之后,在许多人的头脑中就产生了一种片面性,以为既然要反对保守主义,既然方针是“又多、又快、又好、又省”,既然要执行四十条,于是一切工作,不分缓急轻重,也不问客观条件是否可能,一律求多求快,百废俱兴,齐头并进,企图在一个早晨即把一切事情办好。这样由一个极端到另一个极端,当然免不了要犯错误。

这篇社论不但指出了急躁冒进的危害,同时也分析了急躁冒进产生的原因,在当时产生了很大的影响。

不难看出,这篇社论提出的观点与毛泽东当时的主张并不完全一致。

因为社论表面上看，对急躁冒进和右倾保守两种观点都作了批评，但从字里行间不难看出，文章的重心是在强调反冒进。当时，中宣部将起草好后的稿子交给了刘少奇。刘少奇改完后批示："主席审阅后交乔木办"。但毛泽东接到此稿后，批了三个字："不看了"。后来毛泽东曾说，那篇社论写好后曾送给我看，我在清样上写了"不看了"三个字，骂我的东西我为什么要看。①

在1958年1月的南宁会议期间，毛泽东找来了这篇社论，并作了不少批注，认为文中的观点是"庸俗辩证法"、"庸俗马克思主义"。他还在讲话中说，这是一篇反冒进的社论，既要反右倾保守，又要反急躁冒进，好像"有理三扁担，无理扁担三"。实际重点是反冒进的，不是一个指头有了病。这篇社论，我批了"不看"二字，骂我的，为什么要看？那么恐慌，那么动摇。只有一个指头有病，是九与一之比。这篇东西没有弄清这个比例关系，这就是资产阶级的方法。社论针对谁？是针对我的"序言"（即《中国农村的社会主义高潮》的序言——引者注）提出批评。又引用了我在"序言"中讲的一段话，我的文章重点不在此，而在反右倾保守，要引就应引用全文。文章把我撇开，又要利用我。一不麻烦我，二可利用我打别人。② 这当然是后话了。

虽然当时毛泽东对这篇社论的观点乃至整个反冒进的做法，都有所保留，但在此后一段时间，并没有对反冒进加以直接干预，因而随后在"二五"计划的编制过程中，周恩来等人按照反冒进的思想，领导了《关于发展国民经济的第二个五年计划（1958—1962）的建议（草稿）》的起草。7月下旬，建议草稿基本写成。在起草"二五"计划建议的同时，周恩来也组织了计划建议报告的起草。

在这两个文件的初稿中，曾多次提到"多、快、好、省"的问题。对于这个口号，周恩来在最初修改的时候，曾给予了保留，但又在后面加写了"又安全"三个字。但在反冒进的过程中，周恩来感到，自从"多、快、好、省"的口号提出后，人们往往只注重"多"与"快"，而忽视"好"与"省"，变成了片面追求高速度和高指标。经过再三考虑，他把两个稿子中多次出现的"以

---

① 吴冷西：《回忆领袖与战友》，中央文献出版社2006年版，第63页。

② 李锐：《"大跃进"亲历记》，上海远东出版社1996年版，第64—65页。

多、快、好、省的精神"等字句删掉了。在此后的一年多时间里,也没有再提"多、快、好、省"。1957 年年底至 1958 年上半年批评反冒进时,竟成为批评周恩来的一条理由。①

1956 年 9 月,中共八大召开,周恩来代表中共中央作了关于发展国民经济的第二个五年计划的建议的报告。报告强调:"经验还证明,我们在编制年度计划的时候,在有利的情况下,必须注意到当前和以后还存在着某些不利的因素,不要急躁冒进;相反地,在不利的情况下,又必须注意到当前和以后还存在着许多有利的因素,不要裹足不前。这就是说,我们应该对客观情况作全面的分析,同时尽可能地把本年度和下年度的主要指标作统一的安排,以便使每个年度都能够互相衔接和比较均衡地向前发展。"②这实际上重申了在经济建中必须坚持既反保守、又反冒进的方针。

既反保守、又反冒进的经济建设方针,得到了中共八大的认可。大会通过的《关于政治报告的决议》指出:如果对于高速度地发展我国的生产力这种可能性估计不足,或者不努力把这种可能性变为现实性,那就是保守主义的错误。但是,也必须估计到当前的经济上、财政上和技术力量上的客观限制,估计到保持后备力量的必要,而不应当脱离经济发展的正确比例。如果不估计到这些情况而规定一种过高的速度,结果就会反而妨碍经济的发展和计划的完成,那就是冒险主义的错误。党的任务,就是要随时注意防止和纠正右倾保守的或"左"倾冒险的倾向,积极地而又稳妥可靠地推进国民经济的发展。③

由于贯彻了既反保守又反冒进的方针,从而保证了 1956 年国民经济的健康发展。这一年,全国工业总产值达到 1286 亿元,比上年增长 28.2%,超过了一五计划规定的 1957 年水平。钢产量为 447 万吨,比上年增长了 56.8%,煤 1.1 亿吨,比上年增长 12.2%。生铁、钢材、纯碱、水泥等 27 种产品的产量已经达到或者超过一五计划规定 1957 年的水平。粮食产量达到

---

① 金冲及主编:《周恩来传(1949—1976)》,中央文献出版社 1998 年版,第 279 页。
② 周恩来:《关于发展国民经济的第二个五年计划的建议的报告》,《人民日报》1956 年 9 月 19 日。
③ 《中国共产党第八次全国代表大会关于政治报告的决议》,《人民日报》1956 年 9 月 28 日。

了 3855 亿斤,比上年增长了 4.8%,棉花产量为 2890 万吨,比上年下降了 4.8%,基本建设实际投资 148 亿元,比上年增加了 59.1%。

三、毛泽东批评反冒进

1956 年 5 月刘少奇主持中共中央会议,确定既反保守又反冒进的方针时,毛泽东在外地没有在北京。《人民日报》那篇题为《要反对保守主义,也要反对急躁情绪》的社论,他只批了"不看了"三字,这说明他对于周恩来、刘少奇等人主张的反冒进,是有所保留的,但由于中央领导层中赞成反冒进者占多数,他不便对反冒进公开反对。此后一段时间,他的主要精力放在中共八大的筹备上,亲自审改了一系列的重要文件,其中也包括刘少奇的政治报告、周恩来关于"二五"计划建议的报告和邓小平关于修改党章的报告。这些报告都贯彻了既反保守又反冒进的方针,对此他"服从了政治局的大多数,服从了中央已定的决议,赞成这样写,并对这些报告作了较高的评价",对这个方针没有提出异议。①

中共八大前后,社会主义阵营发生了波兰事件和匈牙利事件,这两个事件都与苏联有关,而事件发生后苏共中央及其领导人一时慌了手脚,多次急电中共中央请求帮助。为此,中共中央派出了刘少奇、邓小平等人组成的代表团,前往莫斯科协助苏共中央处理波匈事件,毛泽东本人也在北京对此给予了高度关注。因此,从反冒进提出至 1957 年年初,毛泽东的主要注意力和精力,都放在国际形势的观察和社会主义阵营事务的处理上,没有更多的顾及国内的反冒进问题。尽管如此,毛泽东对于反冒进一事始终有着自己的看法。

1956 年 11 月,中共八届二中全会召开。11 月 10 日,周恩来在会上作了关于 1957 年国民经济计划的报告,其中提出过去设想的远景规划、发展速度是不是可以放慢一点的问题。他说:"经过八大前后的研究,我们觉得

① 石仲泉:《我观周恩来》,中共党史出版社 2008 年版,第 244 页。

可以放慢一点。比如,原来设想钢产量在第三个五年计划的最后一年要达到年产 3000 万吨,肯定地说,照现在这个速度是不可能实现的。八大的建议已经把这个要求改变了。我们设想第三个五年计划的指标定在 2000 万到 2500 万吨上,将来如果执行得好,有可能超过,但是现在不能定到 3000 万吨。因为定到 3000 万吨,其他就都要跟上去。那就会像我们常说的,把两脚悬空了,底下都乱了,不好布局,农业、轻工业也会受影响,结果还得退下来。要达到原来远景规划设想的生产指标,肯定时间要更长一些,有可能要四个五年计划,或者在第四个五年计划期间。""这样一个大国,数量上的增长稍微慢一点,并不妨碍我们实现工业化和建立基本上完整的工业体系。"

报告中,周恩来还提出八大关于"二五"计划数字和全国农业发展纲要四十条两个文件的修改问题。他说:八大建议的数字只是个建议,有某些达不到的指标是不是可以修改? 我觉得是可以的。过去说计划就是法律,这实际上行不通。当然,计划成为废纸也不对。计划不合实际就得修改,实际超过了计划也得承认,计划不能一成不变。建议中有些数字当时觉得是恰当的,现在发现还有矛盾需要解决,那就应该解决,我想这是许可的。

关于全国农业发展纲要四十条问题,周恩来说,(纲要)草案现在执行快一年了,事实证明有些是需要重新研究的,这些并不是不可以修改的。比如扩大耕地面积,要求十二年内开垦 1.4 亿亩显然是有困难的。如果每年开垦 1000 万亩,就要投资 5 亿元。这 5 亿元的投资,明年度无论如何也挤不出来,今后也不是每年都可以挤出来的。

周恩来接着说:"这两个文件经过我们研究以后觉得可以修改。上不去,就不能勉强,否则把别的都破坏了,钱也浪费了,最后还得退下来。凡是不合实际的都可以修改,这样就把我们的思想解脱了,不然自己圈住了自己。"①

周恩来在讲话中还认为,第一个五年计划基本上是正确的,成绩很大,但是错误不少。1953 年小冒了一下,今年就大冒了一下。冒了的,就要收缩一下,使整个国民经济协调发展,不然就站不稳,就会影响我们的货币、物

---

① 《周恩来经济文选》,中央文献出版社 1993 年版,第 339—341 页。

价、劳动工资等各方面。应该认识到，不要使中国也发生"波兹南事件"，几万人或者几十万人站在街上请愿，那问题就大了。①

五天后，毛泽东在会上也作了讲话，并且一开始就讲"上马"与"下马"的辩证法问题。他说："我们对问题要作全面的分析，才能解决得妥当。进还是退，上马还是下马，都要按照辩证法。世界上，上马和下马，进和退，总是有的。哪有上马走一天不下马的道理？我们走路，不是两个脚同时走，总是参差不齐的。第一步，这个脚向前，那个脚在后；第二步，那个脚又向前，这个脚在后。看电影，银幕上那些人净是那么活动，但是拿电影拷贝一看，每一小片都是不动的。《庄子》的《天下篇》说：'飞鸟之景，未尝动也。'世界上就是这样一个辩证法：又动又不动。净是不动没有，净是动也没有。动是绝对的，静是暂时的，有条件的。"②从表面来看，毛泽东是在谈哲学问题，其实用意并不在此。

毛泽东还说，我们的计划经济，又平衡又不平衡。平衡是暂时的，有条件的。暂时建立了平衡，随后就要发生变动。上半年平衡，下半年就不平衡了，今年平衡，到明年又不平衡了；净是平衡，不打破平衡，那是不行的。我们应当告诉干部，告诉广大群众：有进有退，主要的还是进，但不是直线前进，而是波浪式地前进。虽然有下马，总是上马的时候多。我们的各级党委，各部，各级政府，是促进呢？还是促退呢？根本还是促进的。社会总是前进的，前进是个总的趋势，发展是个总的趋势。

毛泽东在上述讲话中，没有直接批评反冒进，但他与周恩来在冒进与反冒进问题上的态度显然有差异。在 1958 年 1 月的南宁会议上，毛泽东说，1956 年 1 月至 11 月反冒进。二中全会我讲了七条，是妥协方案，解决得不彻底。

1957 年 1 月，中共中央召开各省、自治区、直辖市党委书记会议。1 月 18 日，陈云在会上作了《建设规模要和国力相适当》的发言，其中讲到 1956 年的经济建设时，认为成绩是主要的，但也发生了一些缺点错误，这主要表现在财政和信贷方面多支出了近三十亿元，生产资料和生活资料的供应都

---

① 转引自石仲泉：《我观周恩来》，中共党史出版社 2008 年版，第 244 页。

② 毛泽东：《在中国共产党第八届中央委员会第二次全体会议上的讲话》，1956 年 11 月 15 日。

紧张。陈云在讲话中着重提出,建设规模的大小必须和国家的财力物力相适应。像我们这样一个有六亿人口的大国,经济稳定极为重要。建设的规模超过国家财力物力的可能,就是冒了,就会出现经济混乱;两者合适,经济就稳定。当然,如果保守了,妨碍了建设应有的速度也不好。但是,纠正保守比纠正冒进,要容易些。因为物资多了,增加建设是比较容易的;而财力物力不够,把建设规模搞大了,要压缩下来就不那么容易,还会造成严重浪费。他还说,1956 年安排基本建设的时候,只和当年财力物力勉强平衡,既没有瞻前也没有顾后,结果造成基本建设投资猛长,在 1957 年不得不减下来。这是 1956 年计划执行的重要教训之一。①

同一天,毛泽东也在会上作了发言,直接对 1956 年的反冒进作了批评。他说,农业合作化究竟是有希望,还是没有希望? 是合作社好,还是个体经济好? 这个问题也重新提出来了。去年这一年,丰收的地方没有问题,重灾区也没有问题,就是那种灾而不重、收而不丰的合作社发生了问题。这类合作社,工分所值,原先许的愿大了,后头没有那么多,社员收入没有增加,甚至还有减少。于是议论就来了:合作社还好不好,要不要? 这种议论也反映到党内的一些干部中间。有些干部说,合作社没有什么优越性。有些部长到乡下去看了一下,回到北京后,放的空气不妙,说是农民无精打采,不积极耕种了,似乎合作社大有崩溃灭亡之势。又说,前年反右倾,去年反冒进,反冒进的结果又出了个右倾。我说的这个右倾,是指在社会主义革命问题上,主要是在农村社会主义改造问题上的右倾。我们的干部中间刮起了这么一股风,像台风一样,特别值得注意。② 话语之中,不难看出毛泽东对反冒进是不满意的。

1957 年 9 月,扩大的中共八届三中全会在北京召开。会议的最后一天,毛泽东作了《做革命的促进派》讲话。毛泽东在讲话中对反冒进作了措辞较为严厉的批评。他说:

做事情,至少有两种方法:一种,达到目的比较慢一点,比较差一点;一种,达到目的比较快一点,比较好一点。一个是速度问题,一个是质量问题。

---

① 《陈云文选》第三卷,人民出版社 1995 年版,第 49、52、54 页。
② 毛泽东:《在省市自治区党委书记会议上的讲话》,1957 年 1 月。

不要只考虑一种方法，经常要考虑两种方法。比如修铁路，选线路要有几种方案，在几条线路里头选一条。可以有几种方法来比较，至少有两种方法来比较。

去年这一年扫掉了几个东西。一个是扫掉了多、快、好、省。不要多了，不要快了，至于好、省，也附带扫掉了。好、省我看没有哪个人反对，就是一个多、一个快，人家不喜欢，有些同志叫"冒"了。本来，好、省是限制多、快的。好者，就是质量好；省者，就是少用钱；多者，就是多办事；快者，也是多办事。这个口号本身就限制了它自己，因为有好、省，既要质量好，又要少用钱，那个不切实际的多，不切实际的快，就不可能了。去年下半年一股风，把这个口号扫掉了，我还想恢复。有没有可能？请大家研究一下。

还扫掉农业发展纲要四十条。这个"四十条"去年以来不吃香了，现在又"复辟"了。

还扫掉了促进委员会。我曾经谈过，共产党的中央委员会，各级党委会，还有国务院，各级人民委员会，总而言之，"会"多得很，其中主要是党委会，它的性质究竟是促进委员会，还是促退委员会？应当是促进委员会。至于某些东西实在跑得快了，实在跑得不适合，可以有暂时的、局部的促退，就是要让一步，缓一步。但是，我们总的方针，总是要促进的。

毛泽东还讲到如何对待苏联经验及争取比苏联更快的经济建设速度问题。他说，苏联的建设经验是比较完全的。所谓完全，就是包括犯错误。不犯错误，那就不算完全。学习苏联，并不是所有事情都硬搬，教条主义就是硬搬。我们是在批评了教条主义之后来提倡学习苏联的，所以没有危险。在革命这方面，我们是有经验的。在建设这方面，我们刚开始，只有八年。我们建设的成绩是主要的，但不是没有错误。错误将来还要犯，希望少犯一点。我们学习苏联，要包括研究它的错误。研究了它错误的那一方面，就可以少走弯路。我们是不是可以把苏联走过的弯路避开，比苏联搞的速度更要快一点，比苏联的质量更要好一点？应当争取这个可能。

讲话中毛泽东还提出，要通过精耕细作，使中国"变成世界第一个高产的国家"。他说，有的县现在已经是亩产 1000 斤了，半个世纪搞到亩产 2000 斤行不行呀？将来是不是黄河以北亩产 800 斤，淮河以北亩产 1000 斤，淮河以南亩产 2000 斤？到 21 世纪初达到这个指标，还有几十年，也许不要那么多时间。我们靠精耕细作吃饭,人多一点,还是有饭吃。我看一个人平均三亩地太多了,将来只要几分地就尽够吃。①

扩大的八届三中全会通过了《1956年到1967年全面农业发展纲要(修正草案)》,这个修正草案是以1956年1月最高国务会议通过的纲要草案为基础,通过修改、补充后形成的。与原草案相比,基本内容没有太多的变化,但由于已经在全国实现了农业合作化,故而删除了合作化速度的要求,增加了巩固合作社的内容。纲要修正草案在序言中强调:"在农业发展的道路上,困难还是会继续出现的。但是,事在人为。对于我们解放了的人民来说,没有什么困难不能克服。不怕困难,是我们劳动人民本来的伟大性格。"②

10月13日,毛泽东在最高国务会议第十三次会议上的讲话中,专门讲到了修改后的农业发展纲要问题。毛泽东说:经过两年的实践,基本要求还是那个四、五、八,就是粮食亩产黄河以北400斤,淮河以北500斤,淮河以南800斤。十二年要达到这个目标,这是基本之点。整个纲要基本上没有改,只是少数条文改了。有些问题已经解决了,如合作化问题就基本上解决了,相应的条文就作了修改。有些过去没有强调的,如农业机械、化学肥料,现在要大搞,条文上就加以强调了。还有条文的次序有些调动。这个修改过的农业发展纲要草案,经过人大常委和政协常委联席会议讨论以后,要重新公布,拿到全国农村中去讨论。

毛泽东说,发动全体农民讨论这个农业发展纲要很有必要。要鼓起一股劲来。去年下半年今年上半年松了劲,现在整风又把这个劲鼓起来了。农业发展纲要四十条是比较适合中国国情的,不是主观主义的。原来有些主观主义的东西,现在我们把它改掉了。总的说来,实现这个纲要是有希望的。③

10月26日,中共中央发出《关于组织全民讨论"一九五六年到一九六七年全国农业发展纲要(修正草案)"的通知》,要求各级党委就纲要四十条

---

① 毛泽东:《做革命的促进派》,1957年10月9日。

② 《一九五六年到一九六七年全国农业发展纲要(修正草案)》,《人民日报》1957年10月26日。

③ 毛泽东:《坚定地相信群众的大多数》,1957年10月13日。

"在全民中进行一次讨论,即在农村、工厂、机关、学校、部队和街道居民中展开一次大辩论,目的在认识方向,坚定信心,人人努力,改造中国"。同一天,纲要(修正草案)在《人民日报》全文发表。

第二天,《人民日报》发表题为《建设社会主义农村的伟大纲领》的社论。社论肯定纲要是"建设我国社会主义农村的伟大纲领,它给我国五亿农民指出了今后十年的奋斗目标,规定了实现这些目标的基本方法",要求"有关农业和农村的各方面工作在十二年内都按照必要和可能,实现一个巨大的跃进"。这是中共中央第一次通过报刊正式发出"大跃进"的号召。社论要求在开展围绕纲要四十条组织大辩论时,应该集中力量彻底打破粮食产量已经到顶的保守思想,采取必要和适当的措施,能够进一步提高单位面积产量。社论明确提出要肃清"右倾保守思想",认为"在去年秋后刮起一阵邪风,放松甚至放弃了四十条纲要的目标,结果是消极因素上升,右倾思想抬头,农业生产就吃了亏。这是值得我们牢牢记住的教训"。

11月13日,《人民日报》又发表《发动全民讨论四十条纲要,掀起农业生产的新高潮》的社论,对反冒进作了公开的批评。其中说道:"有些人害了右倾保守的毛病,像蜗牛一样爬行得很慢,他们不了解在农业合作化以后,我们就有条件也有必要在生产战线上来一个大的跃进。这是符合于客观规律的。1956年的成绩充分反映了这种跃进式发展的正确性。有右倾保守思想的人,因为不懂得这个道理,不了解合作化以后农民群众的伟大的创造性,所以他们认为农业发展纲要草案是'冒进了'。他们把正确的跃进看成了'冒进'。他们不了解所谓'冒进'是没有实际条件,因而是没有成功可能的盲目行动。而我们在1956年的跃进却完全不是这样,是有很多可以实现的条件,因而取得了巨大的成绩。否则,就无法说明,为什么1956年我国遭受了严重的自然灾害,而粮食产量却超过了大丰收的1955年一百多亿斤。"

这篇社论中关于"跃进"、"大的跃进"的表述,得到了毛泽东的充分肯定。1958年5月26日,毛泽东重看了这篇社论,并随即给正在此间参加中共中央政治局扩大会议的与会人员写了一封信,其中说:

> 重看1957年11月13日人民日报社论,觉得有味,主题明确,气度

从容,分析正确,任务清楚。以"跃进"一词代替"冒进"一词从此篇起。两词是对立的。自从"跃进"这个口号提出以后,反冒进论者闭口无言了,"冒进"可反(冒进即左倾机会主义的代名词),当然可以振振有词。跃进呢?那就不同,不好反了。要反那就立刻把自己抛到一个很不光彩的地位上去了。此文发表时,我们一些人在莫斯科,是国内同志主持的,其功不在禹下。如果要颁发博士头衔的话,我建议第一号博士赠与发明这个伟大口号(即:"跃进")的那一位(或者几位)科学家。①

其实,"跃进"一词过去在报刊上也是经常出现的。1949 年至 1956 年的《人民日报》,这个词每年都有几十篇文章使用,有时甚至偶有"大跃进"的表述。在重要文件中首次使用"跃进"一语,是 1957 年 6 月 26 日周恩来在一届全国人大四次会议上所作的政府工作报告。当时正值反右派运动进入高潮之时,周恩来在报告中批评了认为我国国民经济计划"在 1956 年全面冒进了,在 1957 年又全面冒退了"的观点,指出:"我国 1956 年的计划,是在改造和建设的高潮中拟定的。社会主义革命的基本胜利,大大鼓舞了劳动人民建设社会主义的积极性,他们纷纷要求增加生产,提高工作定额……1956 年的计划就是适应这种情况,采取了跃进的步骤,而且在各方面取得了如前所说的巨大成就。""而 1956 年,伴随着社会主义改造的高潮的到来,我国的社会主义建设有了一个跃进的发展"。② 这也是党和国家领导人第一次明确地用"跃进"一词。当然"大跃进"作为一个特殊的用语,还是这篇社论以后的事情。

12 月 12 日,《人民日报》又发表题为《必须坚持多快好省的建设方针》的社论。这篇社论是毛泽东亲自主持起草的,据他自己讲,社论是他在 11 月访苏前就开始写的,因为没有写完,带到莫斯科去了。"闲来无事江边望",有点闲功夫,就在代表团中间先读一读。回来又经过斟酌,政治局还有一些人看过才发表的。③

---

① 《建国以来毛泽东文稿》第 7 册,中央文献出版社 1992 年版,第 254 页。
② 周恩来:《政府工作报告》,《人民日报》1956 年 6 月 27 日。
③ 中共中央文献研究室:《毛泽东传(1949—1976)》,中央文献出版社 2003 年版,第 766 页。

社论再次对反冒进作了措词严厉的批评,认为又多、又快、又好、又省的发展国民经济的方针,对于我国的社会主义建设事业起了巨大的积极作用。1956年我国国民经济的跃进的发展,证明这个方针是完全正确的、必须的和行之有效的。总的说来,实行"一五"计划的过程中,基本上是按照多快好省的方针进行建设的,但也有少数有保守思想的人实际上在反对这个方针。"在去年秋天以后的一段时间里,在某些部门、某些单位、某些干部中间刮起了一股风,居然把多快好省的方针刮掉了。有的人说,农业发展纲要四十条订得冒进了,行不通;有的人说,1956年的国民经济发展计划全部冒进了,甚至第一个五年计划也冒进了,搞错了;有的人竟说,宁可犯保守的错误,也不要犯冒进的错误,等等。于是,本来应该和可以多办、快办的事情,也少办、慢办甚至不办了。这种做法,对社会主义建设事业当然不能起积极的促进的作用,相反地起了消极的'促退'的作用。"

这篇社论的矛头所指是显而易见的。这实际上将党内对于如何进行社会主义建设的认识分歧公开化,这不但给曾主张反冒进的各级干部以巨大的压力,而且向全社会发出一个信号:凡是主张稳步前进、不赞成冒进的就是右倾保守,搞社会主义只能冒进而不能反冒进,冒进就是跃进,反冒进是保守主义的表现,保守就是右倾,如不改变就会变成右倾机会主义。右倾是人们普遍不敢戴上的帽子,至于右倾机会主义就成为两条路线斗争的另一方了。因而这篇社论的发表,对"大跃进"的发动起到了直接的推动作用。

随后,毛泽东在不同的场合一再对反冒进提出批评,并且措辞一次比一次严厉。在1957年12月的杭州会议上,毛泽东对周恩来的反冒进作了点名批评。1958年1月,毛泽东主持召开为发动"大跃进"作准备的南宁会议。在会上,毛泽东多次讲到反冒进问题,说反冒进使"6亿人泄了气",明确表示"我是反反冒进的"。在同年3月的成都会议上,毛泽东对反冒进又一次作了批评,说反冒进是方针性的错误。并且说,一种是马克思主义的冒进,一种是非马克思主义的反冒进,究竟采取哪一种,应该采取冒进。1958年4月,毛泽东在武汉主持的一次汇报会上说,1956年下半年和1957年来了一个反冒进,搞得人不舒服,是个马鞍形,是两个高潮间的一个低潮,并对"稳妥可靠"的提法提出批评,说我们这样大的国家,稳、慢就会出大祸,快一点,就会好些,"反冒进"是稳妥派反对跃进的口号。我们要用"跃进"代替"冒进",使他们不好反对。

面对毛泽东对反冒进的一系列批评和责难,周恩来等人从维护党的团结、维护毛泽东的威信出发,只得违心地一再作检讨,承认反冒进错了。此时,毛泽东认为批评冒进的目的已经达到,此后,便由批评反冒进转入发动和领导"大跃进"。

四、毛泽东为什么要批评反冒进

毛泽东之所以要批评反冒进,原因是多方面的。总的来说,他的动机正如他自己所说的"我的目的,不是整人",而是希望中国经济能快速发展。通过加快经济建设速度来巩固社会主义制度,是毛泽东批评冒进的最主要的目的。

早在 1954 年 6 月,毛泽东就曾指出:"我们的总目标,是为建设一个伟大的社会主义国家而奋斗。我们是一个六亿人口的大国,要实现社会主义工业化,要实现农业的社会主义化、机械化,要建成一个伟大的社会主义国家,究竟需要多少时间? 现在不讲死,大概是三个五年计划,即十五年左右,可以打下一个基础。到那时,是不是就很伟大了呢? 不一定。我看,我们要建成一个伟大的社会主义国家,大概经过五十年即十个五年计划,就差不多了,就像个样子了,就同现在大不一样了。现在我们能造什么? 能造桌子椅子,能造茶碗茶壶,能种粮食,还能磨成面粉,还能造纸,但是,一辆汽车、一架飞机、一辆坦克、一辆拖拉机都不能造。牛皮不要吹得太大,尾巴不要翘起来。当然,我不是讲,能造一辆,尾巴就可以翘一点,能造十辆,尾巴就可以翘得高一点,随着辆数的增加,尾巴就翘得更高一些。那是不行的。就是到五十年后像个样子了,也要和现在一样谦虚。如果到那时候骄傲了,看人家不起了,那就不好。一百年也不要骄傲。永远也不要翘尾巴。"①虽然这里毛泽东所说的,五十年或在一百年后即使中国强大,已经建成为一个伟大

---

① 《毛泽东文集》第六卷,人民出版社 1999 年版,第 329 页。

的社会主义国家,也要谦虚谨慎不要翘尾巴,但其中所表露出的赶超思想也是很明显的。

1955 年 3 月,在中国共产党全国代表会议上,毛泽东更是明确地提出了追赶发达资本主义国家的问题。他说:"我们现在是处在新的历史时期。一个六万万人口的东方国家进行社会主义革命,要在这个国家里改变历史方向和国家面貌,要在大约三个五年计划期间内使国家基本上工业化,并且要对农业、手工业和资本主义工商业完成社会主义改造,要在大约几十年内追上或赶过世界上最强大的资本主义国家,这是绝不会不遇到困难的,如同我们在民主革命时期所曾经遇到过的许多困难那样,也许还会要遇到比过去更大的困难。但是,同志们,我们共产党人是以不怕困难著名的。我们在战术上必须重视一切困难。对于每一个具体的困难,我们都要采取认真对待的态度,创造必要的条件,讲究对付的方法,一个一个地,一批一批地将它们克服下去。根据我们几十年的经验,我们遇到的每一个困难,果然都被克服下去了。"①不须说,这里的"最强大的资本主义国家",指的就是美国。

1955 年 10 月 29 日,在中共中央召开的一次关于工商业社会主义改造问题座谈会上,毛泽东在讲话中更是明确指出:"我们的目标是要赶上美国,并且要超过美国。"他说:"不是说赶上美国不要一百年吗? 这个看法我也赞成。究竟要几十年,看大家努力,至少是五十年吧,也许七十五年,七十五年就是十五个五年计划。哪一天赶上美国,超过美国,我们才吐一口气。现在我们不像样子嘛,要受人欺负。我们这么大一个国家,吹起来牛皮很大,历史有几千年,地大物博,人口众多,但是一年才生产二百几十万吨钢,现在才开始造汽车,产量还很少,实在不像样子。所以,全国各界,包括工商界、各民主党派在内,都要努力,把我国建设成为一个富强的国家。我们在整个世界上应该有这个职责。世界上四个人中间就有我们一个人,这么不争气,那不行,我们一定要争这一口气。"②

在 1956 年 8 月 30 日中共八大预备会议上,毛泽东在讲话时又表达了同样的意思。他说,中国共产党人有义务把国家建设起来,建成一个伟大的

---

① 《毛泽东文集》第六卷,人民出版社 1999 年版,第 392—393 页。

② 《毛泽东文集》第六卷,人民出版社 1999 年版,第 500 页。

社会主义国家,完全改变过去一百多年落后的那种情况,被人家看不起的那种情况,倒霉的那种情况,赶上世界上最强大的资本主义国家美国。他还说:"美国只有一亿七千万人口,我国人口比它多几倍,资源也丰富,气候条件跟它差不多,赶上是可能的。应不应该赶上呢? 完全应该。"他还分析说,中国现在钢的年产量是四百万吨,相当于美国六十年前的水平,也就是中国比美国落后了六十年。他表示:"假如我们再有五十年、六十年,就完全应该赶过它。这是一种责任。你有那么多人,你有那么一块大地方,资源那么丰富,又听说搞了社会主义,据说是有优越性,结果你搞了五六十年还不能超过美国,你像个什么样子呢? 那就要从地球上开除你的球籍! 所以,超过美国,不仅有可能,而且完全有必要,完全应该。如果不是这样,那我们中华民族就对不起全世界各民族,我们对人类的贡献就不大。"①

1957 年 5 月 4 日,毛泽东在接见来访的缅甸联邦民族院议长萧恢塔时说:我们要好好干五十年,把工业建起来,要有美国那样多的钢铁。② 同年 7 月,在青岛召开的省市委书记会议上,毛泽东再次表示:中国的社会主义现在还未建成,还差十年至十五年的时间。"十年至十五年以后的任务,则是进一步发展生产力,进一步扩大工人阶级知识分子的队伍,准备着逐步地由社会主义过渡到共产主义的必要条件,准备以八个至十个五年计划在经济上赶上并超过美国。"③

1957 年 11 月,毛泽东到莫斯科参加十月革命胜利四十周年庆典及各国共产党和工人党代表会议。会议期间,苏联领导人赫鲁晓夫告诉毛泽东,苏联将在今后 15 年内主要工业产品赶上并超过美国。这给毛泽东以很大的鼓舞,也产生了很大的压力,认为中国也应该急起直追,在社会主义同资本主义的较量中发挥更大的作用。这时,毛泽东在同英国共产党负责人波立特、高兰谈话中了解到,再过 15 年,英国的钢产量可能从现在的 2000 万吨增长到 3000 万吨,而按钢产量每五年翻一番计算,中国再过十五年可达到 4000 万吨。因此,毛泽东认为,作为主要工业产品的钢产量中国赶上或英国是可能的。11 月 18 日,毛泽东在各国共产党和工人党代表会议的讲

---

① 《毛泽东文集》第七卷,人民出版社 1999 年版,第 89 页。
② 转引自顾龙生:《毛泽东经济年谱》,中共中央党校出版社 1993 年版,第 399 页。
③ 《建国以来毛泽东文稿》第 6 册,中央文献出版社 1996 年版,第 550 页。

话中,公开表示,中国今年有了 520 万吨钢,再过 5 年,可以达到 1000 万吨到 1500 万吨;再过 5 年,可以达到 2000 万吨到 2500 万吨;再过 5 年,可以达到 3500 万吨到 4000 万吨。他还说,在 15 年后,在我们阵营中间,苏联超过美国,中国超过英国。这是中国领导人第一次公开宣布十五年钢产量赶上并超过英国。

12 月 2 日,刘少奇在中华全国总工会第八次全国代表会议上,代表中共中央正式宣布:我国工人阶级和我国人民在今后十年到十五年内的基本任务,就是要在优先发展重工业的基础上,实行工农业同时并举的方针,把我国建成为一个具有现代工业、现代农业和现代科学文化的社会主义强国。刘少奇接着强调:"在十五年后,苏联的工农业在最重要的产品的产量方面可能赶上或者超过美国,我们应当争取在同一期间,在钢铁和其他重要工业产品的产量方面赶上或者超过英国。那样,社会主义世界就把帝国主义国家远远地抛在后面。"①刘少奇的这个讲话,第二天即在《人民日报》公开发表,等于向全国人民公开了"超英"的计划。

1958 年元旦,《人民日报》发表题为《乘风破浪》的社论,强调在我国建立一个现代化的工业基础和现代化的农业基础,从现在算起,还要十年到十五年的时间。只有经过十年到十五年的社会生产力的比较充分的发展,我们的社会主义经济制度和政治制度,才算有了自己的比较充分的物质基础(这个基础现在还很不充分),我们的国家(上层建筑)才算充分巩固;社会主义社会才算从根本上建成。我们要在十五年左右的时间内,在钢铁和其他重要工业产品产量方面赶上和超过英国;在这以后,还要进一步发展生产力,准备再用二十年到三十年的时间在经济上赶上并且超过美国,以便逐步地由社会主义社会过渡到共产主义社会。到这时,超英赶美和实现共产主义都有了明确的时间表,"超英赶美"也成为"大跃进"中响遍全国的口号。

中国是一个大国,人口世界第一,国土面积世界第三,被认为地大物博,加以又建立了社会主义制度,可是中国经济文化落后的状况并未随着新制度的建立而根本改变,这使中国领导人认为,如果中国不能在较短的时间里

---

① 《在中国工会第八次全国代表大会上,刘少奇同志代表中共中央致祝词》,《人民日报》1957 年 12 月 3 日。

赶上和超过英美这些发达的资本主义国家,实在不像个样子,就无法体现社会主义制度的优越性。同时,中国领导人又认为,中国有六亿勤劳勇敢的人民,自然资源丰富,又有了先进的社会制度,在不长的时间内超英赶美是可能的。按照中国生产力水平的原有基础,要在如此短的时间内实现超英赶美的目标,显然是按常规无法实现的,必须是前所未有的高速度。在毛泽东看来,搞建设就是要冒一点,如果老是四平八稳,总是那样慢腾腾,就始终无法赶超发达资本主义国家。反冒进挫伤了干部群众快速建设社会主义的积极性,实际上是右倾保守的表现,是与高速度对立的。因此,要在较短的时间内实现赶超目标,就必须进一步克服右倾保守思想,使主张反冒进者的思想认识统一到冒进即跃进上来。

除了强烈的赶超思想外,1957 年的反右派运动也对毛泽东批评反冒进产生了直接影响。

改变中国的贫穷落后面貌,把中国建设成为一个伟大的社会主义强国,一直是中国共产党人孜孜以求的目标,不论是毛泽东,还是周恩来,这一点是共同的。毛泽东作为党和人民的领袖,更为中国经济落后的现状感到焦虑不安,尽管他以诗一般的语言说过,中国一穷二白,一张白纸,可以画最新最美的图画,但在他心里,根本不希望中国老是一穷二白,而是衷心希望画出最新最美的图画来。在毛泽东看来,中国地大人多,应该对人类作出较大的贡献,但这种贡献,在过去一个时期里,太少了。强烈的使命感和责任感,强烈的忧患意识,使他感到必须加快新中国的经济建设速度。

1956 年发生的波兰、匈牙利事件和 1957 年的反右运动,进一步刺激了毛泽东加快中国经济发展的迫切心情。他在《一九五七年夏季的形势》一文中说:"必须懂得,在我国建立一个现代化的工业基础和现代化的农业基础,从现在起,还要十年至十五年。只有经过十年至十五年的社会生产力的比较充分的发展,我们的社会主义的经济制度和政治制度,才算获得了自己的比较充分的物质基础(现在,这个物质基础还很不充分),我们的国家(上层建筑)才算充分巩固,社会主义社会才算从根本上建成了。"①在毛泽东看来,波兰、匈牙利之所以发生反革命事件,右派之所以在这时向共产党和社

---

① 《建国以来毛泽东文稿》第 6 册,中央文献出版社 1996 年版,第 549—550 页。

会主义制度发动进攻,表明社会主义制度还没有巩固。没有巩固的原因,关键在于经济不发达,物质基础不牢固。要发展经济,四平八稳不行,一般速度也不行,唯有较高速度,唯有在相对短的时间里超过英美。如果仍是低速度,形势就会危急,社会主义制度能否巩固就成问题。1957 年 9 月 18 日《人民日报》社论对毛泽东的这种思想作了充分的发挥。社论说:"在经济战线上,在生产资料所有制方面的社会主义革命的胜利,使我们有更好的条件来进行政治战线上和思想战线上的社会主义革命;而政治战线上和思想战线上的社会主义革命的胜利,又将反过来促进和加强经济战线上的社会主义革命,加速现代化的工业基础和现代化的农业基础的建立。目前我国社会主义的物质基础还很不充分,这是右派还敢于进攻和中间派还在动摇的一个客观原因。只有建立了比较充分的物质基础,我们的国家,我们的社会主义经济制度和政治制度,才算充分巩固。争取整个社会主义革命的全面胜利,这是我国人民在整个过渡时期的伟大历史任务,它将还需要经过十年至十五年之久。"①

毛泽东认为,反冒进在先,右派进攻在后,反冒进的人说 1956 年是冒进,右派也说经济建设中的主要危险不是右倾保守,而是冒进,好大喜功,急功近利,因此,反冒进与右派进攻是有联系的。1958 年 3 月,毛泽东在为重印《中国农村的社会主义高潮》一书所写的按语中说:"我们没有预料到一九五六年国际方面会发生那样大的风浪,也没有预料到一九五六年国内方面会发生打击群众积极性的'反冒进'事件。这两件事,都给右派猖狂进攻以相当的影响。"②本来,毛泽东就对右派进攻的形势作了脱离实际的估计,而右派的进攻在他看来同反冒进又有内在联系,所以,他也不可避免地把反冒进的"促退"作用看得十分严重,对提倡反冒进的领导人提出言过其实的批评。

毛泽东批评反冒进表明,从此时起,在他的脑子里,"左"的思想已开始膨胀,开始离开他自己长期倡导的实事求是原则,追求不切实际的高速度。之所以如此,除了上面所分析的中国经济落后会危及社会主义制度的强烈

---

① 《这是政治战线上和思想战线上的社会主义革命》,《人民日报》1957 年 9 月 18 日。
② 《建国以来毛泽东文稿》第 7 册,中央文献出版社 1992 年版,第 139 页。

的忧患意识外,社会主义改造的顺利完成,使他认为经济的高速发展既是必要的,又是可能的。应该说,三大改造虽然不是尽善尽美,也有一些缺点和后遗症,但它在如此短的时间里,在社会基本没有大的震荡的前提下,以和平的方式得以顺利完成,不能不说这是中国共产党的一大杰作和创举,这杰作的总设计师当然是毛泽东。在胜利面前,毛泽东感到中国工业化的规模和速度,科学、教育、文化、卫生等事业的规模和速度,都不能按原来的设想那样做,同样可以加快。同时,三大改造的快速完成,也进一步增进了毛泽东的自信,他不相信"搞工业、农业,比打仗还厉害"。中国经济落后的忧患与中国经济能快速发展的自信相结合,使毛泽东确信,中国经济的超常规发展是可行的,因而1956年的反冒进是错误的,有必要进行反反冒进,通过反反冒进,破除迷信,解放思想,实现超英赶美的目标,使中国真正得到解放。应该说,毛泽东批评反冒进的主观动机是好的,问题在于他过分地追求超越生产力发展水平的高速度,对反冒进作了不切实际的武断批评,并把反冒进同右派的进攻牵强联系,对当时的国际国内形势作了过于严重的估计,认为要迅速巩固刚刚建立的社会主义新制度,只能追求经济建设的高速度。而高速度既是必要的,又是可能的,反反冒进也就十分迫切了。

毛泽东批评反冒进,亦同他思想理论上的一些错误认识有关。这主要体现在关于冒进的性质,怎样对待群众的积极性,如何看待成绩与缺点的关系,以及平衡与不平衡规律的认识问题上。

毛泽东认为,冒进是马克思主义的,不用说,反冒进是非马克思主义,最多也是庸俗马克思主义。在1958年3月的成都会议上,他对冒进与反冒进的性质作了定性,说一种是马克思主义的冒进,一种是非马克思主义的反冒进,应该采取冒进。还说反冒进这个口号打击了群众,以后要提反右倾保守主义,因为反右倾保守可以打掉一些人的官气、暮气、骄气、娇气,打掉一些人的主观主义、官僚主义、宗派主义。实际上,他自己从批评反冒进开始,在采取什么样的经济发展速度上不自觉地陷入主观主义。

毛泽东是一位善于发动群众、调动群众积极性的大师。他一贯主张群众的劲"可鼓而不可泄",他把反冒进提到怎样对待群众路线的高度,认为反冒进给6亿人民泼了冷水,使6亿人民泄了气。当时,社会主义制度建立不久,刚刚翻身的农民、工人,从新旧两种社会制度的对比中,衷心感到共产党和人民政府是为人民服务的,确实表现出非凡的社会主义革命和建设的积极性。冒进与反冒进的分歧,并不在于是否走群众路线,是否保护群众的积极性上,而是选择什么样的经济发展速度适当的问题。毛泽东把反冒进同给群众泼冷水、打击群众积极性等同起来,反冒进也就只能是偃旗息鼓,转而赞同冒进了。冒进不过是反映人民群众中一时过急的情绪,毛泽东批评反冒进是把群众运动绝对化,试图以群众运动的方式来搞经济建设,对群众中出现的急躁情绪没有进行冷静的分析和正确的引导。实践证明,脱离实际、违背客观规律的高速度,表面上体现了群众急切改变中国贫穷落后面貌的要求,顺应了群众的积极性,实际上是对群众积极性的严重损害,从根本上损害了群众的利益。

在中国这样一个人口多、经济文化又很落后的国家进行大规模的经济建设,对经济规律的掌握,并非是轻而易举的,毛泽东当然也不例外。在批评反冒进问题上,他对平衡与不平衡规律的认识就发生了偏差,把哲学上的平衡与不平衡关系硬套在经济建设上,过分强调不平衡是绝对的、无条件的,平衡是相对的,有条件的,反过来认为反冒进没有处理好二者的关系,只强调平衡,结果被平衡束缚住了手脚。他在 1958 年 1 月所写的《工作方法六十条(草案)》中说:"不平衡是普遍的客观规律。从不平衡到平衡,又从平衡到不平衡,循环不已,永远如此,但是每一个循环都进到高的一级,不平衡是经常的,绝对的;平衡是暂时的,相对的。"①毛泽东在批评反冒进中一再强调的不平衡论,只看到不平衡在事物发展中的作用,而没有看到平衡在事物存在和发展中同样是不可缺少的。从一般原理上讲,不平衡是绝对的并没有错,但如果离开平衡而只讲不平衡,就带片面性了。对经济建设中一些规律的不正确认识,毛泽东根本没有意识到自己认识上的误区,自信真理掌握在自己手里,结果不自觉地陷入了主观主义。

毛泽东批评反冒进,造成了十分严重的后果。

其一,批评反冒进成为发动"大跃进"的前奏。对反冒进进行错误批评的南宁会议、成都会议,实际上也是"大跃进"的动员会。在批评反冒进的过程中,毛泽东夸大主观意志和主观努力的作用,把平衡规律人为地划分为

---

① 《建国以来毛泽东文稿》第 7 册,中央文献出版社 1992 年版,第 54 页。

积极的平衡与消极的平衡,到后来,平衡成了反冒进的代名词,连"积极的平衡"也不要了。毛泽东对不平衡的绝对化和对群众热情不能泼冷水的观点相结合,导致了许多部门和地区不断拔高工农业生产的指标,在经济建设中不按客观规律办事的现象,在对反冒进的指责和批评中不断出现。"大跃进"的发生当然有深刻的社会原因,但是,没有毛泽东的冒进与反反冒进,就不会有"大跃进"的发动,这是毫无疑问的。所以,批评反冒进为"大跃进"的发动作了思想准备。

其二,批评反冒进使党内民主遭到破坏,导致毛泽东的家长制作风和"一言堂"局面的形成。这一后果比"大跃进"的后果更为严重。毛泽东对反冒进的批评,是在党内进行的,运用的也是党内批评的形式。在此之前,毛泽东还能听取党内不同意见,还比较注意发挥党内民主,在他提出反保守主义后,周恩来等人还可以针对经济建设中出现的问题,开展反冒进。正是从这时起,毛泽东被社会主义改造的胜利完成所陶醉,开始容不得不同意见了。在批评反冒进的过程中,从言辞上体现出他对反冒进心中是有气的。有气的原因,很大程度上是对负责经济工作的一些领导人不满意。他还批评总有人想把权揽过去,让党委搞点小权。在1958年2月的中共中央政治局扩大会议上,毛泽东曾对国务院的工作提出批评。他说:老在国务院讨论,总拿不出来,千呼万唤不出来。千呼万唤出来了还算好,他就不出来。为什么不出来呢?说没有搞好,等到梳妆打扮一跑出来的时候,我们说不行,时间迟了!我说,这些人是不是有意封锁呢?也不能这样讲,但事实上是一种封锁。你事先不拿出来嘛,你不让我们参与设计过程嘛,你只拿成品嘛。① 显然,毛泽东在反冒进中挟带有个人不满情绪,使被批评的领导人只得赶紧作检讨。这样的检讨,并不等于思想意识中已同毛泽东保持统一,主要是从维护党的团结和毛泽东个人的威望出发,违心作出的。更重要的是,毛泽东对主张反冒进领导人的批评,不是以理服人,而是居高临下,以势压服,使被批评者"欲辩不能,造成党内生活的'一言堂',不利于实事求是地讨论问题"②。党内民主是党的生命,党内民主被破坏,个人崇拜和个专断

---

① 金冲及、陈群主编:《陈云传》(下),中央文献出版社2005年版,第1128页。
② 薄一波:《若干重大决策与事件的回顾》下卷,中共中央党校出版社1993年版,第655页。

就必然会增长。由于缺少党内民主,党内对毛泽东的错误不敢批评,更不能纠正,从而使毛泽东越来越偏离了他自己倡导的实事求是的思想路线,使他的"左"倾思想越来越严重。

毛泽东批评反冒进,意在使我国的经济得到高速发展,从而巩固社会主义制度。反右派运动之后,毛泽东把经济高速发展作为在两个阶级、两条路线斗争中制胜的手段,将之作为阶级斗争的工具。其结果,当经济高速发展受挫的时候,他就很自然地不再注重经济建设在巩固社会主义制度中的作用,转而重视政治斗争,提出要以阶级斗争为纲,使全党的工作重心脱离经济建设这个中心。

"大跃进"中毛泽东相信亩产过万斤吗？

　　1958 年"大跃进"在农业生产上一个突出的特点,就是各地争先恐后大放各种高产"卫星"。其实,当年那些亩产万斤甚至更高的粮食高产"卫星",如同"皇帝的新衣",稍有常识的人都不可能信以为真,只不过是谁也不愿把它揭穿而已。那么,出身于农民并对农村十分熟悉的毛泽东,果真相信亩产万斤吗？

　　1958 年"大跃进"在农业生产上一个突出的特点,就是各地争先恐后大放各种高产"卫星",于是有了亩产七八千斤的小麦,几万斤甚至十几万斤的水稻。那么,农民出身的毛泽东,当时对这类高产"卫星"究竟持什么样的态度,他果真相信那些离谱的高产"卫星"吗？

一、"今年一年就增加了几千亿斤"

　　将虚假的高产典型命名为"卫星",最早见之于报端的,是 1958 年 6 月 8 日的《人民日报》。这天该报报道了河南遂平县卫星农业社第二生产大队,有 5 亩小麦丰产试验田,每亩平均实产 2105 斤的消息。仅过了四天,即 6 月 12 日,《人民日报》又报道说,卫星农业社第一生产大队第二分队,"又有 2 亩 9 分地总产量达到 10238 斤 6 两,平均每亩亩产 3537 斤 7 两 5 钱,比二大队的最高产量每亩多 1425 斤,超过这块地去年每亩亩产 750 斤的三倍多"。《人民日报》在报道此事时,特地使用了"卫星农业社发出第二颗'卫星',二亩九分小麦亩产 3530 斤"的标题。自此,各种高产典型就有了一个特殊的称呼——"放卫星"。

这时正好进入夏收季节,受这两篇报道的影响,各式各样的"卫星"也就开始争相竞放,而且产量越放越大,品种也越放越多。这年登载在《人民日报》上小麦产量最大的"卫星",是青海柴达木盆地赛什克农场第一生产队,亩产 8585 斤;水稻产量最大的"卫星",是广西环江县红旗人民公社,亩产 130434 斤。

受"放卫星"的影响,人们对这年的粮食增产十分乐观,一再声称粮食获得了空前的大丰收。这年 7 月 22 日,国家农业部授权新华社发表 1958 年夏收粮食作物生产公报,声称:"今年夏收粮食作物空前丰收。播种面积五万三千九百余万亩,总产量达到一千零一十亿斤,比 1957 年夏收粮食作物增产四百一十三亿斤,即增长 69%,平均亩产一百八十七斤,比 1957 年增长 70%。"①

主管农业的中共中央书记处书记、中央政治局委员谭震林随后公开撰文称:"夏季丰收证明,我国粮食增产速度不仅可以是百分之十几、百分之几十,而且可以是成倍地增长。""在三年至五年内,全国人民将有足够的口粮、足够的饲料、足够的工业用粮和足够的储备粮。我国人民在粮食、肉类、油脂、食糖、布匹等按人口平均的消费方面,赶上世界上生产水平最高的资本主义国家,已为期不远了。"②

同年 8 月,中共中央政治局在北戴河召开扩大会议。会后新华社发表的新闻稿正式向全世界宣布:1958 年农业生产的大跃进,将使中国粮食作物的总产量达到 6000 亿斤至七千亿斤,比 1957 年增产 60%至 90%,全国每人占有粮食的平均数将达到 1000 斤左右。③ 9 月 30 日,新华社再次发布消

---

① 《东风压倒西风的一个标志——我国小麦总产量超过美国四十多亿斤》,《人民日报》1958 年 7 月 23 日。

② 谭震林:《论我国今年夏季的空前大丰收》,《人民日报》1958 年 8 月 11 日。

③ 《中共中央政治局扩大会议提出今年宏伟目标,为生产一千零七十万吨钢而奋斗》,《人民日报》1958 年 9 月 1 日。

息："小麦、水稻和早秋玉米等夏秋粮食作物已经普遍丰收,不久即将收获的薯类作物和南方晚稻、北方晚秋也呈现一片丰收景象,今年我国粮食获得了全面的大丰收,总产量将达到七千亿斤以上的空前纪录。这比 1957 年的粮食总产量(三千七百亿斤),跃进增产了一倍左右。"①

1958 年 11 月 16 日,谭震林和农业部长廖鲁言向中共中央报送了《关于农业生产和农村人民公社的主要情况、问题和意见》,提出："根据西安、广州、南京、呼和浩特四个分片农业会议的预计,一九五八年粮食总产量是八千五百亿斤。这是经过各省、市、自治区压缩后的数字,压缩的幅度一般是比地、县委报的数字少百分之十到三十。""下面报产,有浮夸虚报的,也有隐瞒产量的。经过省、地、县三级打了些折扣,八千五百亿斤左右是比较可靠的;退一步讲,总不少于七千五百亿斤,可以照此数公布。这比一九五七年的产量三千七百亿斤翻一番,还稍多一点,这是很大的跃进。这一点必须肯定,不能因为少数的虚报浮夸现象以及某些缺点错误而动摇这个总的估计。"②

对于这年粮食大幅度增产,毛泽东也是相信的。1958 年 9 月 8 日,他在最高国务会议第二次讲话中说："今年要争取产钢一千一百万吨,比去年翻一番。明年增加二千万,争取三千万吨。后年再搞两千万,不是五千万吗? 苦战三年,五千万吨钢。那么,全世界除了苏联同美国,我们就是第三位。""第二个五年计划就要接近或赶上美国。再加两年,七年,搞一亿五千万吨,超过美国,变成天下第一。老子天下第一不好,钢铁天下第一有什么不好? 粮食,苦战三年,今年可能是七千到八千亿斤,明年翻一番,就可能是一万五千亿斤。后年就要放低步调了。因为粮食还要找出路。"③

同月,他在湖北视察期间同中共湖北省委第一书记王任重谈话时又说："许多事情看来怪得很,要么就没有,或者很少,要么就很多很多。过去九年粮食增加得很慢,老愁粮食不足,可是今年一年就增加了几千亿斤。今年翻一番,明年还可能翻一番。这样我们的粮食就多得不得了。钢也是这样。

① 《五亿农民高举粮食帅旗,一年实现十年增产指标》,《人民日报》1958 年 10 月 1 日。
② 中共中央文献研究室编:《建国以来重要文献选编》第 11 册,中央文献出版社 1995 年版,第 585—586 页。
③ 《建国以来毛泽东文稿》第 7 册,中央文献出版社 1992 年版,第 394 页。

过去九年搞了几百万吨,今年几个月就可能增加几百万吨。"①

二、毛泽东为何相信粮食能大幅度增产

毛泽东之所以认为1958年粮食产量有大幅度的增加,可以在1957年的基础上翻一番,主要依据来自于如下几点:

第一,通过发动"大跃进",使人民群众释放出了前所未有的积极性和创造性。在发动"大跃进"之初,他多次对此前的反冒进作过严厉批评,认为反冒进泄了六亿中国人民的气,把干部群众搞得灰溜溜的,现在要把干部群众的劲鼓起来。在1958年1月的南宁会议上,他说:不要提反冒进这个名词,这是政治问题。一反就泄了气,六亿人一泄气不得了。在3月的成都会议上,他又说:反冒进是"寻寻觅觅,冷冷清清,凄凄惨惨戚戚";冒进则是"轰轰烈烈、高高兴兴","不尽长江滚滚来"。因此,要通过对反冒进的批评,克服右倾保守思想,把人民群众的干劲鼓起来,使各项事业实现大跃进。在中共八大二次会议上的讲话中,他高兴地说:劳动人民的积极性、创造性,从来是很丰富的。过去在旧制度压抑下,没有解放出来,现在解放了,开始爆发了。

应当说,对于"大跃进",有相当多的干部群众是拥护和支持的。中国一向贫穷落后,人民生活水平很低,现在党的领袖号召大家通过"大跃进"的方式,在极短的时间里改变这种落后状态,赶上并超过英美发达资本主义国家,尽早过上共产主义的幸福生活,并给人们描绘了一幅共产主义社会的美好图景。这样的号召确实激动人心,人们全身心地投入"大跃进",也在相当程度上是主动的。因此,在"大跃进"的特殊背景下,人民群众生产工作的积极性很高,这又进一步促使毛泽东相信发动"大跃进"是正确的,在农业生产包括粮食增产上实现一个大的跃进完全可能。

第二,农田水利建设和积肥运动的开展,为粮食大增产创造了条件。

---

① 王任重:《札记二则》,《七一》1958年第5期。

1957年9月,中共中央和国务院发出《关于在今冬明春大规模开展兴修农田水利和积肥运动的决定》,要求各地鼓动像1955年冬季农业合作化高潮中的那样一股劲头来,反对保守思想,集中大力开展一个大规模的农田水利建设运动和积肥工作。这个指示的发出,标志着农村的"大跃进"正式启动,全国农村迅速投入了大量的劳动力开展农田水利建设和积肥运动,到1958年1月,参加水利建设的农村劳动力即达到了一亿人。

这场空前规模的农田水利建设运动,确实兴修了一部分小型的水利设施,一些大中型的水利工程也开始上马。与此同时,虚报浮夸也开始出现,一些地方对水利建设的成就和作用过分夸大,纷纷声称已经实现了水利化。例如1958年3月,中共河北省徐水县委第一书记在全省四级干部会议上作了《苦战三月改变全县自然面貌》的发言,介绍该县从1957年11月3日开始,经过三个阶段,两个高潮,苦战三个月,就基本上消灭了水灾和旱灾的经验。《人民日报》不但全文发表了这个发言,而且还特地配发了《徐水创造了好经验》的社论,称赞该县已"从一个工作很平常的县一跃而为先进县"。毛泽东对徐水的经验也很欣赏,表示应普遍加以推广。由于声势浩大的农田水利建设和积肥运动的开展,使毛泽东相信农业生产的条件已有了重大改善,为这年粮食大增产提供了保证。

第三,通过深翻土地和密植,能使产量大幅度提高。毛泽东看到山东省莒南县大山农业社通过深翻土地,"不多不少,增产百分之百"的材料后,就要求各地都搞深翻。① 这年3月的成都会议上,他在一位省委书记发言时插话说:应普遍的提倡人工深翻地,一年翻一部分,三、五年翻完,可以保持三年到五年丰收,这是改良土地的基本建设。《人民日报》应该把土壤学宣传一下。在随后召开的中共八大二次会议上,中共河南省长葛县委第一书记吕炳光介绍了该县深翻土地的经验:该县从1954年起,一些农业社搞深翻土地,都取得了增产丰收的效果。为此,去冬今春,长葛在实现水利化的同时,开展了大规模的深翻土地运动,截至4月底,全县33万亩早秋地已深翻了一遍,深度都在1.5尺左右。计划今年把全县112万亩耕地来一个大

---

① 薄一波:《若干重大决策与事件的回顾》下卷,中共中央党校出版社1993年版,第683页。

翻身,争取亩产 800 斤。毛泽东对这个报告很感兴趣。他在讲话中说:感谢河南省长葛县第一书记的发言。这个发言很好,我又看了一遍。一年把112 万亩土地全部深翻一遍,深翻一尺五寸,争取亩产几百斤。这就提出一个新问题,各县是否都能做到? 河南长葛县能做到,别的县难道不行吗? 他还说,深翻土地"这是一大发明。深翻一遍,增产一倍,至少增产百分之几十"。

在此之前,南方一些地方通过推广水稻密植提高了产量,1858 年 3 月的《人民日报》还报道了广东全面推广水稻小科密植的情况,说"在这次插秧技术改革中,各地贯彻了毛主席指示的'放手发动群众,一切经过试验'的精神,普遍通过分别集中乡、社、队的干部,层层试插示范,现场辩论,逐级推广,互相评比,做到从干部到群众,既解决思想问题,又大体懂得技术规格;既实行了早插、密植,又保证了技术质量"。① 毛泽东对广东的水稻密植留下了很深的印象,在中共八大二次会议上,他特地讲到了密植的问题。他说:要合理密植,广东一亩要搞三万蔸,每蔸插三根秧,每根秧发三根苗,结27 万个穗,每穗平均 60 粒,共 1620 万粒,两万粒一斤,一亩 810 斤。亩产800 斤不就算出来了吗? 北方的小麦、玉米、谷子、高粱、大豆等,都可以这样算一算。密植就是充分利用空气和阳光,现在不是反浪费吗? 就应该把对空气和阳光的浪费也反掉。有意思的是,后来一些地方在放粮食高产"卫星"时,就是按照这个办法算出亩产量的。

1958 年 6 月 14 日,毛泽东接见河南登封县应举社社长崔希彦等人。在谈话时,崔希彦告诉他,应举社今年小麦每亩估计有 150 斤,全年计划平均每亩产粮 800 斤。毛泽东说:"你们计划每亩产 800 斤,小麦每亩只能收150 斤,还有 600 多斤,今年是不是有把握实现亩产 800 斤?"崔希彦的回答是:"完全有把握,而且争取超过。"毛泽东进一步问:"都有那些保证增产的有利条件?"崔希彦回答说:第一,我们合作社已经实现水利化;第二,今年积肥大量增加;第三,把低产作物改为高产作物;第四,我们合作社的每一个人干劲都很大;第五,毛主席前不久在《红旗》杂志上向全国人民介绍了我

① 《广东推广水稻小科密植技术,有示范有辩论改革很顺利》,《人民日报》1958 年 3 月28 日。

们的社,今天毛主席又亲自接见我们,给了我们宝贵的指示,我们回去一传达毛主席的指示就会变成我们增产的力量,全体社员的干劲就会更大,产量就会更提高。毛泽东说,好哇!你们这五条都很对呀!他还说,不要很久,全国人民每年就可以平均有粮食 1000 斤,再过一个时间,每人每年要平均有 1500 斤,这样全国人民的生活水平就会大大提高。① 可见,毛泽东认为,通过开展农田水利建设和积肥运动,深翻土地,推广密植,再加上群众冲天的干劲,实现粮食大增产是完全可能的。

1958 年确是新中国成立以来少有的风调雨顺之年,这年粮食也确实获得了较大丰收。据国家统计局后来核实,1958 年全国实产粮食 4000 亿斤,虽然远不及当时正式宣布的 7500 亿斤,但比 1957 年增产了 300 亿斤。如果不是因为搞全民大炼钢铁,在秋收大忙季节抽调大量的农村劳动力去炼钢炼铁,致使已经成熟的庄稼未能及时收回(据估计,当年约有 10% 至 15%的粮食烂在地里),全年的粮食总产量还要更高些。

三、毛泽东是否相信亩产万斤的高产"卫星"

既然毛泽东相信 1958 年粮食产量能大幅度增加,那么,出身于农民并对农村十分熟悉的他,相信那些亩产万斤甚至更多的高产"卫星"吗?

1958 年 8 月上旬,毛泽东视察了河北、河南、山东三省农村。视察中,他对于这年的粮食产量特别关心,几乎是每到一个地方都必询问当地干部的问题。而对这个问题,得到的答案几乎是相同的:这年粮食大增产而且不是一般的增产。从毛泽东一路对于各地粮食产量的询问中,或许有助于我们了解毛泽东关于高产"卫星"的态度。

8 月 4 日,在视察河北省徐水县大寺各庄农业社时,毛泽东问农业社负责人:"今年的麦子收得好吗?"农业社的负责人回答说:"很好!比哪一年

---

① 于民生:《幸福的会见,巨大的鼓舞——记毛主席接见河南封丘县应举农业社社长崔希彦》,《人民日报》1958 年 7 月 1 日。

都强。"并告诉他今年亩产有 754 斤。毛泽东又询问大秋作物的预计产量和全县的总产量有多少。中共徐水县委第一书记张国忠汇报说，今年全县夏秋两季一共计划要拿到 12 亿斤粮食，平均每亩产 2000 斤。毛泽东听后甚是吃惊，说道："要收那么多粮食呀！"又说："你们夏收才拿到九千多万斤粮食呢！秋季要收十一亿斤呀！你们全县三十一万多人口，怎么能吃得完那么多粮食啊？你们粮食多了怎么办啊？"①

8 月 5 日，在视察河北安国县时，毛泽东在路上问安国县长焦国驹：今年每人收多少粮食？焦回答说：按亩产 3000 斤计算，全县 35 万人，人均 4000 斤。毛泽东对此有些将信将疑，问道：是甘薯吧？焦答：主要是甘薯。毛泽东又问：你们打了这么多粮食怎么办，吃多少？焦答：搞点储备，让社员多吃点，人均吃 450 斤。毛泽东说：粮食那么多，每人可以吃到六七百斤，土地也应该有休整时间。②

8 月 6 日，在河南新乡县七里营视察时，又问七里营公社种了多少亩棉花，产量有多少。一个公社干部说："今年七里营种了 10200 亩棉花，保证单产亩产 500 斤，按 2000 斤做工作。"毛泽东听后说："你们的口气很大啊！"③

8 月 7 日，在河南商丘县道口乡中华农业社"七一"试验站，他问中共商丘县委第一书记刘学勤："这块地亩产多少？"回答说计划施肥 30 万斤，亩产 13900 斤。毛泽东听后笑着说："亩产 13000 斤，秋后我再来看。"在返回火车站的路上，毛泽东问刘学勤："你相信那亩产 13000 多斤的试验田吗？"刘学勤说："不相信。"毛泽东说："脑子太热。没有科学根据，不符合实际。"毛泽东又问："你们种了多少亩红薯？过去亩产多少斤？"刘学勤作了回答后，毛泽东说："过去亩产 2000 多斤，今年真能搞到四五千斤，就翻了番，当然很好了。给下面打招呼，不要提万斤口号。"④

8 月 9 日，毛泽东在山东泰安同中共泰安地委和附近几个县的负责人谈话，当谈到粮食问题时，泰安地委副书记李元明汇报说："今年比往年增产，今年小麦亩产 162 斤，总产 8.5 亿斤，较去年增产 36% 多一点。"毛泽东

---

① 康濯：《毛主席到了徐水》，《人民日报》1958 年 8 月 11 日。
② 《焦国驹同志的回忆》，1958 年 8 月 5 日。
③ 林英海主编：《毛泽东在河南》，河南人民出版社 1993 年版，第 156 页。
④ 林英海主编：《毛泽东在河南》，河南人民出版社 1993 年版，第 190 页。

又问:"秋季怎样? 能收多少?"得到的回答是:"计划亩产 600 斤,争取 700 斤,总产量达到 52 亿多斤到 60 亿斤。"毛泽东又问:"去年粮食产量是多少?"李元明回答说:"亩产 230 多斤,总产量 20 亿斤多一点。"听到这两个数字,毛泽东对能否增产那样多有些怀疑,问道:"增产一倍以上到二倍,能达到吗?"李元明很有信心地说:"从目前作物长势看,完全有可能实现这个目标。"毛泽东听后没有再问下去了,只是说了这样一句话:"但愿能实现,这样群众的口粮就能宽余些了。"①

在视察山东历城县北园农业合作社的水稻种植情况时,农业社主任李树诚汇报说,50 亩高额丰产田原计划亩产 2 万斤,现在要争取 4 万斤,过去一亩只产二、三百斤。毛泽东说:"好,你这个人,不干就不干,一干就干大的。"②

8 月 10 日,毛泽东的专列抵达天津,听取了中共河北省委和天津地委的工作汇报。毛泽东问河北全省全年的年景怎样? 省长刘子厚汇报了河北夏收作物的产量和秋收预计产量。毛泽东听后说:"你们说今年夏收多者80 亿斤,少者 60 亿斤,结果拿到 65.5 亿斤,好么。"汇报中,刘子厚提到各地都准备放棉花"卫星",晋县计划搞棉花亩产 5 万斤的试验。毛泽东对此有些不以为然,说道:"这统统是口里讲的,还不是手里有的。"刘子厚又汇报说,新河县的安家庄一亩花生计划产 34800 斤,搞 1 万斤有把握。毛泽东说:"1 万斤也好么。"刘子厚又汇报说,河北今年每人要求收到 1000 斤粮食,明年计划每人 2000 斤。毛泽东问道:"后年呢? 每人搞 5000 斤粮食有什么用处? 每人 5000 斤就不好办了。每人 3000 斤粮食是需要的,多了以后储备有困难。"③在天津期间,毛泽东还视察了东郊区四合庄乡新立村农业社。在一块水稻的试验田旁,问生产队长张恩林:这块水稻亩产多少斤。张恩林说:"计划亩产五万斤。"毛泽东对此持什么态度呢,用《人民日报》记者的话说:"毛主席称赞说:稻子长的很好!"④

---

① 中共山东省委党史研究室:《毛泽东与山东》,《大众日报》2003 年 12 月 23 日。

② 《山东农业合作化》编辑委员会:《山东省农业合作化史料汇集》下,山东人民出版社1989 年版,第 118—119 页。

③ 《河北省委向主席汇报时主席的插话》,1958 年 8 月 10 日。

④ 《毛主席在天津》,《人民日报》1958 年 8 月 16 日。

毛泽东在视察上述各地时,正值北方的秋季农作物长势旺盛的时节。不难设想,当年毛泽东在视察过程时,陪同视察的各级干部让他看到的,自然是生产搞得好的地方,而且所到之处,干部们都满怀信心地告诉他,粮食增产的幅度很大,在当时的情况下,毛泽东得出了粮食将获得大丰收的印象。但是,对于过于离奇的粮食亩产万斤之类的"卫星",他并未从正面作过肯定,基本上是持不置可否的态度,甚至还流露过某种怀疑。

四、毛泽东为什么对高产"卫星"持默许和容忍态度

　　其实,对于当年亩产万斤甚至更高的粮食高产"卫星",如同童话《皇帝的新衣》中所描述的场景,大家明知这样的"卫星"是造假造出的,但却没有人公开来揭穿其真相。根本的原因,在于"大跃进"中流行大辩论,那些对高指标有所怀疑、对"大跃进"有所不满者,被指责为"观潮派"、"秋后算账派",认为插的资产阶级白旗,使用"大辩论"的方式对其进行批判。而那些敢于提出高指标,敢说大话搞虚报浮夸者,则被认为解放了思想,破除了迷信,发扬了敢想敢说敢干的精神,插的是无产阶级的红旗,被树为典型加以表扬。这样一来,不但导致了说大话、假话的浮夸风盛行,而且使各类离奇的高产"卫星"大行其道。

　　有人认为毛泽东是相信亩产万斤的,其中一个重要的原因是受了钱学森文章的影响。河南遂平县卫星农业社放出小麦亩产2105和3530斤两颗"卫星"后,钱学森在6月16日的《中国青年报》上发表了一篇《粮食亩产量会有多少》短文。文章认为,农业生产的最终极限决定于每年单位面积上的太阳光能,如果把这个光能换算农产品,要比现在的丰产量高出很多。把每年射到一亩地上的太阳光能的30%作为植物以利用的部分,而植物利用这些太阳光能把空气里的二氧化碳和水分制造成自己的养料,供给自己发育、生长结实,再把其中的五分之一算是可吃的粮食,那么稻麦每年的亩产量就不仅仅是现在的两千多斤或三千多斤,而是两千多斤的二十多倍。客

观而论,这篇文章对当时放高产"卫星"起到了推波助澜的作用。然而,钱学森的文章虽然论证了高产"卫星"的可能性,但文章说得很清楚,是"如果"这种情况下才可能有几万斤,毛泽东似乎不大可能忽视这个"如果",而相信现在亩产就可达万斤。

1957 年的时候,报刊上已有亩产一两千斤的报道。毛泽东在 1958 年 1 月写作《工作方法六十条》时,还特地提到了这些高产典型:湖北孝感县的联盟农业社,一部分土地每年种一造,亩产 2130 斤;四川仁寿县的前进农业社一部分土地一造亩产 1680 斤;陕西宜君县的清河农业社,这个社在山区,一部分土地亩产 1654 斤;广西百色县的那坡农业社,一部分土地一造亩产量 600 斤。这些高产典型很有可能就已有了虚假成分,不过毛泽东没有表示怀疑,而是提出:"这些单季高产的经验,各地可以研究试行。"①

尽管此前已有了亩产一两千斤的高产典型,但直到 1958 年 6 月河南遂平卫星农业社"放卫星"之前,还没有超过孝感联盟社亩产 2130 斤的报道,更鲜有小麦亩产过千斤之事。而卫星社的"卫星"放出之后,高产"卫星"的涌现一发不可收拾,亩产过万斤的"卫星"比比皆是,更有数万斤十数万斤者。这样的"卫星"实属违背常理,稍有农业常识的人都不可能信以为真,只不过是谁也不愿把其真相揭穿而已。毛泽东的态度其实也是如此。

毛泽东之所以在 1958 年没有对那些高产"卫星"提出质疑和批评,并且默许了这些"卫星"的存在,一个重要的原因,在于他虽然清楚"大跃进"中存在虚报浮夸,但基于对干部群众"大跃进"热情的肯定和保护,而在一定程度上容忍了这种现象。

在这年 3 月的成都会议上,毛泽东说:要跃进,但不要空喊,指标很高,实现不了。(河北)通县原来 150 斤,1956 年提出要在一年内跃进为 800 斤,没有实现,是主观主义。这也无大害处,屁股不要打那样重。现在跃进,有无虚报、空喊不切实际的毛病? 现在不要泼冷水,而是提倡实报、实喊,要有具体措施,保证口号的实现。

在这次会议的讲话中,他又说:河南提出一年实现四、五、八(按:指《全国农业发展纲要》即农业四十条中提出的,到 1967 年,黄河以北、黄河以南

---

① 《建国以来毛泽东文稿》第 7 册,中央文献出版社 1992 年版,第 63 页。

和淮河秦岭以北、淮河秦岭以南三类地区，粮食产量应分别达到 400 斤、500斤和 800 斤），水利化，除四害，消灭文盲，可能有些能做到，即使全部能做到，也不要登报，二年可以做到，也不要登报，内部可以通报。各省不要一阵风，说河南一年，大家都一年；说河南第一，各省都要争个第一，那就不好，总有个第一，"状元三年一个，美人千载难逢"。可以让河南试验一年。如果河南灵了，明年各省再来一个运动，大跃进，岂不是更好？

4 月 6 日，他在武汉会议上的讲话中又表示：生产高潮方面的指标，现在我担心会不会再来一个"反冒进"，今年如果得不到丰收，社会上就会有人说话了，喊"冒进"了。要在党内讲清楚，党内要有精神准备，给地县讲清楚，如果收成不好，计划完不成怎么办？他还说，世界上的事，有真必有假，有利必有弊，不可不信，也不可全信。百分之百相信，就会上当；不相信就会丧失信心。我们对各项工作，各种典型，都要好好检查，核对清楚。

从毛泽东的这一系列讲话中可以看出，其实他对于"大跃进"中的虚报、空喊并非不清楚，但他对这种现象却没有加以制止。他认为，好不容易通过反冒进，调动了干部群众的积极性，激发了他们的生产工作热情，如果因为有些过高的指标，有些虚报浮夸的成分，又来一次 1956 年那样的反冒进，就会压抑他们的积极性和创造性，就会给"大跃进"泼冷水，就会出现如同 1957 年那样的"马鞍型"。在他看来，1957 年群众的生产热情没有 1955年高，建设速度没有那么快，取得的成绩没有那样大，而且还出现了右派向共产党和社会主义进攻，就在于 1956 年搞了一个反冒进，结果泄了六亿人民的气。因此，在"大跃进"已经发动、群众的积极性已经高涨之后，对于虚报浮夸要"打屁股"，但"屁股不要打那样重"，要重打屁股的，倒是那种给群众泼冷水、对"大跃进"不热情甚至消极抵抗的"观潮派"、"秋后算账派"。所以，不论是对各地放出的各种高产"卫星"，还是对粮食产量成倍增加的汇报，他都采取了默许和容忍的态度。

毛泽东是如何发现人民公社问题的

　　建立人民公社时,各地在分配上搞"吃饭不花钱"的供给制,大办公共食堂,实行农民生活集体化,大有共产主义很快到来之势。毛泽东通过调查,发现人民公社存在许多问题。当他了解到有些公社搞集体住宿时很生气,说这种搞法是给国民党对共产党的诬蔑帮忙,这些干部头脑发昏了,怎么共产党不要家庭呢? 他还说:河南提出四年过渡到共产主义,马克思主义"太多"了,搞社会主义没有耐心怎么行?

　　毛泽东曾是在农村建立人民公社的大力倡导者,也是较早觉察到人民公社化运动出了乱子的领导人。1958 年 10 月中旬起,毛泽东通过各种方式开展调查研究,发现人民公社化运动中问题不少,于是从 1958 年 11 月郑州会议开始做各级干部的降温工作。

一、"整天只有老头对老头行吗?"

　　自从毛泽东 1958 年 8 月上旬视察河北、河南、山东,并发出"还是办人民公社好"的号召后,经过北戴河会议中共中央作出《关于在农村建立人民公社问题的决议》，人民公社化运动势不可挡，仅一个多月的时间，全国就基本实现了人民公社化。在建立人民公社的同时，各地在分配上搞"吃饭不花钱"供给制，大办公共食堂，实行农民生活集体化，一些地方还宣布人民公社为全民所有制，甚至进行短时间向共产主义过渡的试点，大有共产主义很快到来之势。

毛泽东对建立人民公社是充分肯定的，但对在如此短的时间里各地一哄而起大办公社，也隐隐约约感到其中存在一些问题。为了解公社化后农村的情况，毛泽东决定再次到河北看一看。10 月 14 日，他来到天津，连续两天同中共河北省委、天津市委负责人谈话。16 日和 17 日，他又将保定地委和徐水、安国、唐县、正定县委的负责人找来了解情况。

在 14 日的谈话中，主要议论的是资产阶级法权问题。在这之前，时任中共上海市委宣传部长的张春桥，在中共上海市委机关刊物《解放》半月刊 1958 年第 6 期上发表《破除资产阶级的法权思想》一文，认为解放之初实行的供给制，本来是一种很好的制度，但不久这种生活制度受到了资产阶级法权思想的攻击，逐渐放弃了。经过几年来的实践，证明了对"供给制"、对"农村作风"和"游击习气"的攻击，实际上是资产阶级为了保护不平等的资产阶级的法权。现在，恢复了供给制，但还不能说已经做得很彻底，资产阶级的法权思想仍在影响着人们。因此，在新的条件下，必须彻底破除资产阶级的法权思想。

毛泽东对这篇文章很欣赏，他不但指示《人民日报》转载了张春桥的文章，而且还亲自为其写"编者按"说："张春桥同志此文，见之于上海《解放》半月刊第六期，现在转载于此，以供同志们讨论。这个问题需要讨论，因为它是当前一个重要的问题。我们认为张文基本上是正确的，但有一些片面性，就是说，对历史过程解释得不完全。但他鲜明地提出了这个问题，引人注意。文章又通俗易懂，很好读。"①之后，全国引发了一场关于破除资产阶级法权的大讨论。

毛泽东在天津的谈话中说，在战争时期，那时叫军事共产主义，我们只有三钱盐、三钱油、一斤半面。没有物资刺激，结果把日本人打败了。现在

---

① 《建国以来毛泽东文稿》第 7 册，中央文献出版社 1992 年版，第 447 页。

大跃进,也不能用物质刺激说明,不是因为提高了粮价、棉价,粮棉才增产的。欧洲一说搞社会主义,都说要出懒汉,实际上是资产阶级、社会民主党驳我们的东西。对于资产阶级法权,应该采取逐步破的方针。人民公社吃饭不要钱,就是破了嘛。过去我们实行供给制,只是一部分人的,在战争时期只是革命干部、解放军实行。现在要在社会上普遍搞,范围就大变了。在谈到人民公社问题时,毛泽东说,湖南搞人民公社,开始有 30% 的人不赞成,公社成立后,有些人通了,还有 10% 的人不赞成。这个运动,不是我们设计的,不是中共中央设计的,是他们(指农民——引者注)自己设计的。农民搞公共食堂,集体吃饭,吃了饭就出发,军事化,一天省下一个半小时。

在 16 日同各县的负责人谈话时,毛泽东一开始就问县委书记们:今年种麦和去年有什么不同?

这时正值各地大放粮食"卫星"之际,于是,安国县委第一书记刘振宗说:安国东风社搞了千亩小麦"天下第一田",火箭社搞了 2 万亩的"宇宙最高峰",都是大面积高产小麦。

毛泽东说:好,明年 6 月上半月去看看。又说:这么多粮,有仓库没有?

刘振宗说:安国明年每人平均拿到 1 万斤粮,每人吃 1 千斤。

毛泽东问:那 9 千斤怎么办?

刘振宗说:一部分支持山区,如阜平、涞源,8500 斤卖给国家。

毛泽东又问:没人要怎么办?

刘振宗说:安国计划 1959 年种一年,拿到每人 1 万斤粮,1960 年土地休息一年,集中力量搞建设、学文化。

毛泽东对安国这个设想很感兴趣,说道:民兵可以体操了,还可以养牲口。安国去年平均亩产 464 斤,徐水去年平均亩产 214 斤,100 亩才搞 2 万斤,日后 1 亩 1 万斤,98 亩就别种了。

谈话中,徐水县委第一书记张国忠汇报了该县幸福院、幼儿园和新村建设的试点规划,当谈到夫妇住一处,小孩住一处,老人住一处时,毛泽东对此不以为然,说:太单调了嘛,也要大中小结合,老人不跟壮丁、小孩结合怎么办? 整天只有老头对老头行吗?

在谈到徐水的全民所有制问题时,毛泽东说:徐水叫全民所有制,你和鞍山有什么不同? 机械化、生产能力不如它,你产品是不是向国家调配? 粮食不要,还要什么东西? 张国忠回答说:还产麻、苇、油料、甜菜、猪、鱼、鸭、鸭蛋、钢铁、纸等。毛泽东说:还是和国家交换,不是调配嘛。鞍钢每人生产16000元,成本6000元,包括每人工资800元,给国家上交10000元。你在徐水讲全民所有制,可以讲,你在全国讲,和鞍钢总是还有差别,还有所不同嘛,贡献不同,和天津的国营工业也有不同,你还有奋斗目标。

在17日的谈话中,毛泽东再次谈到了徐水的全民所有制和供给制问题。他说:徐水还是全县人民的所有制,还不是6亿人口的所有制,徐水实质是集体所有,是扩大了范围的集体所有制。毛泽东还问徐水县委负责人,供给制是可靠的保证,还是比较可靠? 天有不测风云,你遇到大水、大旱、连旱三年怎么办? 遇到瘟疫怎么办? 在谈到徐水的幸福院时,毛泽东说,我就不愿进你的幸福院,幸福要有点分析,幸福之中有不幸福就好。鳏寡孤独可以,但是幸福院作为一个生活单位,缺乏两端,大中小嘛,一天净是老人,看不见青壮年,是不是好?

当然,毛泽东此时对形势的估计还是乐观的,对人民公社和供给制也是充分肯定的。在谈话中,他说,我们过去三钱油、三钱盐、一斤半面,结果把日本打跑了,把美国薪金制打败了,是供给制战胜薪金制。搞供给制是一不死人,二不瘦,三很健康。他又说:过去不晓得以钢为纲,是逐步认识的。没有合作化,没有整风反右不行,不提出大跃进口号也不行。今年找到点路了,不要那么多年。8年来我们达到了535万吨钢,除去原有90万吨,才增长445万吨。今年全民搞钢铁,就可翻一番,达到1070万吨钢,明年可达到2500万吨到3000万吨,1962年可能达到8000万吨到1亿吨,再过2年可达到15000万吨。不要断定什么美国了不起。粮食,今年可达8000亿斤,去年是3700亿斤,翻一番多。苦战三年,基本改变农村面貌,在武昌开会时(指1958年4月毛泽东在武昌召集的华东和中南地区省委书记会议——引者注)我说是否改为初步改变,现在看保守了。他们当时拿了很多证据,看了看,不能叫初步改变,是基本改变,说服我了。

毛泽东还说:社会主义比资本主义好,归根到底还是在大大提高劳动生产率。同样工具,比他生产的多,我们和美国还不是同样的工具,但我们组织起来了,过去是一家,后来社也小,才几百户,搞他一万多户的一个公社,力量就大了。徐水16万户当作一个社来调动,力量就更大了,分工也好分了,搞钢铁,搞森林,搞建筑。他要河北明年集中搞一千万亩高产,亩产万斤。这样一来,中国17亿亩土地,搞2、3亿亩就行,其他15亿亩植树种花。

尽管如此,毛泽东通过此次天津之行,还是感受到在人民公社化运动中,许多人"急急忙忙往前闯",有一大堆的混乱思想,必须引起高度重视。

谈话结束时,毛泽东指示中共河北省委派调查组去了解徐水的情况,然后向他汇报。

在此之前,毛泽东曾派了中央办公厅机要室的18名工作人员到徐水进行劳动,并实地考察徐水"大跃进"和人民公社化的情况。10月18日,中办机要室下放人员将他们在劳动中的所见所闻向毛泽东作了报告。

报告说,一穷二白,干劲冲天,对明天充满希望和信心,是这里群众的显著特点。但在劳动中也看到一些问题,例如,主观主义和强迫命令现象在局部地区依然存在,有些干部在布置生产任务时,都是以简单的命令下达,遇事很少和社员商量,特别在处理劳动不积极、思想落后等问题时,往往采取简单粗暴的工作方法;由于县里布置任务都是又急又多,下面的干部感到压力太大,因此工作中的虚报现象不少;公社化以后,自留地没有了,吃饭也都在食堂吃,个人不再喂养鸡鸭,又没有组织集体饲养,长此下去就会吃不到鸡鸭和鸡蛋;提出的一些口号也值得研究,如"1960年建成社会主义,1963年建成共产主义","到那时候,吃什么有什么,穿什么有什么,要什么有什么"之类,等等。①

看了这个报告后,毛泽东坚定了进一步调查研究的决心。10月19日,他致信陈伯达,要他与张春桥前往河南遂平卫星公社进行为期七至十天的调查,甚至还提出要让中央办公厅为陈伯达等人准备一架专机,将其直接送到郑州。可见当时毛泽东了解人民公社真实情况的心情是何等的迫切。

---

① 《建国以来毛泽东文稿》第7册,中央文献出版社1992年版,第523—524页。

二、"多劳多得还是社会主义原则"

在毛泽东从天津返回北京的第二天,即 10 月 18 日,河北省委立即组织了一个工作组,由省长刘子厚率领,到徐水进行了三天的调查。10 月 21 日下午,刘子厚等人就调查了解到的主要问题,去北京向毛泽东作了汇报。

汇报中,刘子厚说,徐水实际上还是集体所有制,不是全民所有制,但他们已经公布了是全民所有制,究竟如何提法为好? 毛泽东说,徐水实际上是集体所有制,他们说是全民所有,也不一定公开改,马虎下去就是了。交换问题要向两个方面发展,一方面大范围的内部调拨要发展;另一方面社会主义市场、社会主义商业要发展。必须多产经济作物,好交换,国家好供应,不然就没有交换的东西了。徐水的全民所有,不是全国的全民所有,它有两个不同,一是和过去合作社不同,一是和国营工业也不同。

在谈到徐水的供给制问题时,毛泽东说:劳动力多的,恐怕还要补给他一点,使他多得一点,多劳多得还是社会主义原则。对于那些劳力多的,就要多发一点工资,别人发一元,他发一点五元,二元,不行还可三元,使他不锁门,下地多出力。要把劳动力多的积极性调动起来,使他收入多点,工资多点,不要搞平均主义。

对于"共产风"问题,毛泽东说:家具可以不归公,这是一部分生活资料,吃饭集体,衣服、床、桌凳不能集体。私人债务,一风吹,又"共"一次"产"。这是劳动人民内部的劳动所得,把它吹掉不好,群众会说你们不讲信用,说了话不算话。这些私人借贷全吹了,吹了老本了,占有别人的劳动。

在汇报中,刘子厚谈到徐水有假报产量的现象,毛泽东说:要实事求是,把猪都并到一起,就不是实事求是了。初看可以,经不起细看,经不起分析,要告诉县里,叫他们不要搞这一套。又说:对虚报的人要进行教育,进行辩论,不要讲假话,是多少就是多少。

刘子厚等人还谈到,徐水有些干部工作方法粗暴,打人、捆人的现象时有发生。毛泽东对此提出了严肃的批评,指出:有捆人、打人就是还有封建残余嘛,是对敌我界限和人民内部的相互关系没有搞清楚。一捆、二打、三骂、四斗,不是解决人民内部矛盾的方法。

通过这次听取河北省委对徐水情况调查的汇报,使毛泽东认为,对于人民公社出现的问题,有进一步了解的必要。10 月 23 日,他再次致信陈伯达,要调查组花一个星期的时间调查卫星公社及所属的大队和生产队的各项问题,然后找遂平县委的领导座谈,研究全县的各项问题。

10 月 26 日,他又找新华社社长吴冷西和秘书田家英谈话,要他们各带几个助手,分别去河南的修武县和新乡县七里营,进行为期一个星期的调查,了解公社化后的情况。

在同吴和田的谈话中,毛泽东说,中国今年出了两件大事,一是大跃进,一是公社化。其实还有第三件大事,这就是炮打金门。他说,大跃进是他发动的,公社化是他提倡的。这两件大事到 8 月间北戴河会议时达到高潮,但那时心思并没有全花在这两件大事上,很大一部分精力被国际问题吸引去了。

毛泽东说,大跃进和公社化,搞得好可以互相促进,使中国的落后面貌大为改观;搞得不好,也可能变成灾难。你们这次下去,主要是了解公社化后的情况。北戴河会议时我说过公社的优点是一大二公。现在看来,人们的头脑发热,似乎越大越好,越公越好。

谈话中,毛泽东还谈到什么是共产主义的问题。他说,我们共产党人的最终目标是建立共产主义社会,这是没有问题的。现在的问题在于:什么是共产主义社会,并不是人人认识一致,甚至在高级干部中也各说各的,其中有不少胡话。因此,公社化过程中的具体做法,真是八仙过海,各显神通。毛泽东还要吴冷西和田家英下去调查时带两本书,一本是中国人民大学编辑的《马恩列斯论共产主义社会》,一本是斯大林写的《苏联社会主义经济问题》。出发前要把这两本小册子通读一遍,至少把人民大学编的那一本书读一遍,要他们的助手也这么办。毛泽东还特地交代:下去调查时不要各级领导作陪,要找生产队长就只找生产队长,不要公社书记、大队长参加;要找群众谈话就不要找干部参加;要找县委书记也只请他本人来谈,因为人多了谈话就有顾虑。找群众谈话要有各个阶层的人物,尤其要注意中农的态度。还可以找下放干部谈话,他们可能顾虑较少。总之要了解各种人的真实想法。①

这次谈话后,吴冷西和田家英即各率领一个调查组,前往河南修武县和新乡县进行调查。

接着,毛泽东自己也离开北京,到河北的石家庄地区、邯郸地区和河南的新乡地区视察。视察途中,他不断找人谈话,除了询问生产情况,还特别关心社员的生活问题。

10月31日,毛泽东找中共石家庄市委负责人谈话。一开始,他就了解农业生产的情况,询问今年的麦子种得怎样,每亩下了多少种,土地深耕了多少,是否具备搞大面积丰产田的条件,并问有没有5千斤到1万斤的?他又问人民公社搞得怎么样,食堂办起来了没有,群众是一起吃饭还是打回家去吃,是否欢迎吃大锅饭。他边问边说,一个食堂,一个托儿所,这两件要注意搞好,搞不好影响生产,饭吃不好就生产不好,小孩带不好影响后一代。又说,每个公社都要种商品作物,如果只种粮食那就不好,就不能发工资。山区可以种核桃、梨,可以养羊,拿到外面去交换。在谈到吃饭不要钱时,毛泽东用商量的口气说,劳多人少的社员不赞成,他们感到吃亏,发工资是否可多发一些。不然,他就不舒服。一家五口人四个劳力,另一家五口只人一个劳力,这两家就不同了,恐怕要照顾一下劳多的。现在是社会主义,价值法则还是存在的。

11月1日下午,毛泽东来到邯郸,又同中共邯郸地委的领导谈话。毛泽东一开头就问当地干部,群众对大跃进有什么不满意的吗?地委负责人说,群众反映一个是累,一个是吃不好,对此有些意见。毛泽东建议给社员一个月放两天的假,使他们能好好休息一下。毛泽东又问今年的粮食产量是多少,明年计划生产多少,当地干部告诉他,今年亩产202斤,明年计划亩产千斤。毛泽东说,亩产800斤也就好了。

毛泽东还着重谈了带小孩、吃饭和休息的问题,要求把这几件事办好。他说:托儿所一定要比家里好些,才能看到人民公社的优越性,如果和家里差不多,就显示不出优越性。这是一件大事,每个省、专、县都要注意后一代

---

① 吴冷西:《忆毛主席——我亲身经历的若干重大历史事件片断》,新华出版社1995年版,第94—97页。

的问题。对于社员的吃饭问题,毛泽东同样很关心,指示说:一是吃饱,二是吃好,要不吃冷饭,吃热饭,菜里有油有盐,要比在家庭、在小灶吃的好,这样农民才欢迎大锅饭。要把这个当成大事,吃饭就是劳动力。毛泽东还说,现在不是军事化吗?要下个睡觉的命令,至少要睡6个小时。休息好了,劳动力增加了,干活效率会提高。针对组织军事化过程中一些地方发生了强迫命令,甚至干部打人、骂人、捆人,并将辩论作为对社员的一种处罚,毛泽东在谈话中认为,这是没有把敌我矛盾与人民内部矛盾搞清楚。对人民内部不要压服,要从团结出发,经过斗争达到新的基础上的团结,强迫命令是干不下去的,因为这样群众会不服。

当天下午,毛泽东到了新乡,并同中共新乡地委和部分县委的负责人谈话。参加座谈会的有中共河南省委书记处书记史向生、河北省委书记处书记张承先,新乡地委书记耿起昌,安阳市委书记刘东升、原阳县委书记王九书、封丘县委书记韩鸿绪、温县县委书记李树林等人。

毛泽东首先询问了新乡钢铁生产的情况。接着又问种了多少亩麦子,一亩下了多少种,是去年下得多还是今年下得多。当地的干部回答说,去年每亩下种十斤左右,今年都在三十斤左右,还有下了几百斤、上千斤的。毛泽东表示,下得太多了,麦苗会挤不出来。有人回答说,是分层种的,像楼梯一样,麦子在楼梯上站着。听到这里,毛泽东忍不住笑了起来。

毛泽东又问:食堂办得怎么样?社员能不能吃上热饭,有没有菜,有没有油,有没有肉吃。地委负责人都一一作了回答。当问到有没有人民公社发不出工资的时,新乡地委书记耿起昌回答说都能发,毛泽东表示不相信,认为靠不住,并且说,不出经济作物的地方,只产一点粮食,哪里有钱发工资?毛泽东又问有没有信心办好公共食堂,食堂有没有垮台的?耿起昌回答说,没有垮台的,许多妇女办食堂决心很大,把小锅砸了。毛泽东说:这个革命可革得厉害。

接着,毛泽东又问:"你们的幸福院究竟幸福不幸福?有没有不愿意去的?老人在幸福院做活不做活?"史向生回答说:"有人照顾的不去幸福院,没人照顾的才去幸福院,有的老人闲不住,自动地做点轻活。"毛泽东还询问了社员睡觉的情况,再次表示一定要让社员睡够六小时,在这个问题可以搞点强迫命令,这样的强迫命令老百姓会欢迎。

11月6日,前往修武、新乡调查的吴冷西、田家英等人在郑州向毛泽东汇报了调查了解到的情况。在汇报中,吴冷西谈到:修武县委书记虽然说一县一社是全民所有制,但他认为公社和国家的关系不同于国营工厂和国家的关系,公社的产品不能全部由国家调拨,国家也不能供给公社需要的所有生产资料和生活资料。因此,这位县委书记提出:如果公社实行同国营工厂一样的全民所有制,那么,有两个问题他担心不易解决:一是遇到灾年,国家能否跟平年一样拨给公社所需的生产资料和生活资料,二是遇到丰年,国家能否全部收购公社的产品。吴冷西还谈到修武县委书记怀疑他们实行的低标准的供给制能否叫做按需分配。

毛泽东详细询问了县里同国家的经济关系,互相间进行哪些交换。吴冷西汇报说,修武县同国家的经济往来主要有两种,一是纳税,主要是农业税即公粮,工商税不多;二是交换,主要是向国家交售统购的粮、棉、油料等农副产品,和向国家购买生产资料和生活资料,这两种交换都是商品交换,现金结算的。

毛泽东又询问有关供给制所的情况,并详细询问了田家英了解到的七里营公社的十六"包"(即公社包社员的衣、食、住、行、生、老、病、死、学、育、婚、乐、理发、洗澡、缝纫、电费)的具体内容。田家英认为,七里营的十六"包"只能说是平均主义,不能说是"按需分配",更不能说是已经进入共产主义社会。

在调查组汇报的过程中,毛泽东不断插话。在谈到修武一县一社时,毛泽东指出,一县一社恐怕太大了,县委管不了那么多具体的事,而且全县各地生产水平很不平衡,平均分配会损害富队富社的积极性。我们现在还是搞社会主义,还是要按劳分配。凡是有利于发展生产的就干,一切不利于发展生产的就不要干。供给制只能搞公共食堂,而且要加强管理,粗细粮搭配,干稀搭配,农忙农闲不同,要学会勤俭过日子,不能放开肚皮大吃大喝,那样肯定维持不下去。其他只搞些公共福利事业,不要采取"包"的办法,量力而为。延安时期的供给制,是属于战时共产主义的办法,是不得已而为之,不能作为分配方式的榜样,所以全国解放后就改行工资制了。

谈到修武的全民所有制问题时,毛泽东说,修武不同于鞍钢,产品不能调拨,只能进行商品交换,不能称为全民所有制,只能叫做集体所有制,千万不能把两者混同起来。修武县委书记提出的问题，表明他实际上是不赞成搞全民所有制的。县里的产品不能全部调拨给国家，不可能也不必要。他作为一县之长，不能不慎重考虑。尤其是国家对于县，在平常年景也不能完全保证按照县里的需要调给生产资料和生活资料，遇到灾年更加不能保证，这也是明摆着的。他提出的问题使我们想到：如果生产力没有高度发展，像北戴河会议关于人民公社的决议中指出的，产品极为丰富，工业和农业都高度现代化，那么，生产关系上从集体所有制过渡到全民所有制，分配方式从按劳分配过渡到按需分配，是根本不可能的。这两种所有制的接近是一个很长的历史过程。

当调查组汇报到有些公社搞集体住宿时，毛泽东很生气地，明确表示，那种搞法不是给国民党对我们的诬蔑帮了忙吗？凡是这样胡搞的地方我都支持群众起来造反。这些干部头脑发昏了，怎么共产党不要家庭呢？要禁止拆散家庭，还是一家人大、中、小结合为好。

在谈到群众大炼钢铁的干劲很大，地里庄稼没有人收时，毛泽东说，1070 万吨的指标可能闹得天下大乱。从北戴河会议到年底只有 4 个月，几千万人上山，农业可能丰产不丰收，食堂又放开肚皮吃，这怎么得了？这次郑州会议要叫大家冷静下来。①

通过半个多月的调查研究，毛泽东发现，"大跃进"和人民公社化运动中存在大量问题，必须使全党对此高度重视，以便使"大跃进"运动健康发展，使人民公社得以巩固。

三、划清两种所有制的界限

为了解决"大跃进"和人民公社化运动中出现的一些问题，中共中央于1958 年 11 月 2 日至 10 日，在郑州召开有部分中央领导人和省委书记参加

---

① 吴冷西：《忆毛主席——我亲身经历的若干重大历史事件片断》，新华出版社 1995 年版，第 100—103 页。

的会议,史称第一次郑州会议。

郑州会议的开会地点是不固定的,有时在专列上,有时在中共河南省委招待所。毛泽东召集郑州会议,本来是想研究人民公社性质问题。参加会议的人员也是逐渐增多。毛泽东原本打算只让已前往遂平、修武和七里营调查的陈伯达、张春桥、吴冷西、田家英,再请几位省委书记参加。后来,参加会议的人员逐渐增加,议题也比原设想的扩大了。

11月3日下午,毛泽东在专列上召集河北的林铁、河南的吴芝圃、陕西的张德生、甘肃的张仲良、湖北的王任重、山西的陶鲁笳、山东的舒同、安徽的曾希圣、湖南的周小舟等九个省委的第一书记,以及陈伯达等人谈话,主要是听取他们关于人民公社问题的汇报。毛泽东一面提问,一面发表意见。

河南省委第一书记吴芝圃汇报说:"关于交换问题,有些东西是调拨,交换的范围缩小了。"

这时,陈伯达插话说:"现金结算减少了。遂平县现金结算,去年占百分之七十,今年倒过来,非现金结算占百分之七十。"

毛泽东不以为然地说:"现金结算,非现金结算,是一回事嘛!"

陈伯达又说:"是一件事,但不用货币来往了,有性质上的不同,没有货币流通了。"

毛泽东说:"外国资本家每天数钞票,谁去数呀?还不是银行里头算一算账。资本家交换货物,哪一个见现金?我们现在也是这样,就是不数票子。当然,性质不同。我也没有学过货币学。"

安徽省第一书记曾希圣接过话头说:"我们发现这样一个问题,单是生产粮食的地区,货币很少,没有货币流通了。经济作物地区货币多,货币比较容易流通。"

在从北京到郑州的路上,毛泽东同石家庄、邯郸、新乡等地干部谈话时,了解到人民公社工资发放情况,并认为公社必须种植经济作物,否则不可能有钱给社员发工资。所以毛泽东在会上又说:"必须使每个公社,并且使每个生产队,除了生产粮食以外,都要生产商品作物。"他还说:"每一个人民公社除生产粮食以外,必须大量生产经济作物,能够赚钱的,能够交换的,有农业品,有工业品,总之是生产商品。这个问题不提倡,以为人民公社就是个国家,完全都自给,哪有这个事?生产总是分工的。大的分工就是工业、农业。既有分工，搞工业的就不能生产粮食、棉花、油料，他就没有吃的，只好交换。"①

接着，与会人员又谈到家庭问题。吴芝圃反映：有的干部提出，在共产主义实现以前就消灭家庭。在这个问题上，毛泽东明确表示："现在不是消灭家庭，而是废除家长制。"他还特地强调说："废除家长制，肯定不是废除家庭制度。"

会议开始后，有的省委负责人提出，原来的农业发展纲要四十条看来已经过时了，应该搞一个人民公社四十条的文件。毛泽东采纳了这个意见，并让对这个事情很积极的吴芝圃牵头，陈伯达协助起草。下分工业、农业、教育科学文化、公社体制四个小组，分别由王任重、曾希圣、舒同和河南省委书记处书记史向生负责。

这个文件开始叫做《人民公社发展纲要四十条（1958—1967）》，又叫《中国共产主义建设十年规划纲要》。之所以取这样的题目，是起草时有人认为，现在农村正在搞人民公社，城市也很快要建立公社，都在向共产主义过渡，所以还是叫共产主义建设规划好。

11月4日下午，会议在毛泽东的专列上继续举行，主要是听取《人民公社发展纲要四十条》起草情况的汇报。吴芝圃说，议了一个题目，叫"人民公社发展纲要四十条"，第二个题目叫"共产主义建设十年规划纲要"。毛泽东当即插话说，牵涉到共产主义，这个题目就大了。全世界都理解不了，尤其我们苏联同志就不懂了。你看，他们还搞社会主义，你就搞共产主义，并且十年！现在的题目，我看还是社会主义。社会主义里头有共产主义。

这时，会上有人解释说，是十年建成社会主义，向共产主义过渡。毛泽东接过话头说：你说十年就过了，我就不一定相信。看一下嘛，你晓得怎么样？这是个客观的东西，人们的想象是一件事，是否符合客观规律，又是一件事。毛泽东提醒那些头脑发热的高级干部说，苏联搞了四十年的社会主义，还没有宣布进入共产主义，中国才搞几年的社会主义，不要那么急急忙忙地宣布过渡。

---

① 中共中央文献研究室：《毛泽东传（1949—1976）》，中央文献出版社2003年版，第889页。

在汇报时,有人提出,十年内,主要工业产品按人口产量赶上和超过英美,钢产量达到 4 亿吨,机床 1000 万台,煤 40 亿吨,粮食亩产由原定的 400 斤、500 斤、800 斤,分别提高到 4000 斤、5000 斤、8000 斤,叫"新四、五、八",明年就会出现亩产万斤县。向全国人民提出这样一个方向,不是一个人民公社的问题,实际上是全国工农业发展和各项建设发展的问题。毛泽东没有同意这个说法,认为不要发表这样高得吓人的指标。他说:"我看这个文件不要发表,要过了苦战三年之后。"他又问文件起草者:"你这是内部盘子吧,不写在文件上吧!"根据毛泽东的意见,把这个文件后来取名为《十五年社会主义建设纲要四十条(1958—1972)》。

在这天的会上,毛泽东还向与会者推荐读读斯大林的《苏联社会主义经济问题》。这本书他本人也正在读,并结合"大跃进"和人民公社化运动遇到的问题进行思考。他说:"我们研究公社的性质、交换、社会主义向共产主义过渡、集体所有制向全民所有制过渡这些问题,可以参考的材料还是斯大林那本《苏联社会主义经济问题》。我大体看了一下,可以找几十本在这里发一下。我们现在看,跟发表的时候看不同了。发表的时候,我们谁也不想这些问题。""我看,他那个东西是有些问题,但是还很可以值得研究,不要轻易全面否定那个东西。"[1]会上,鉴于要制订一个全国性的建设规划,毛泽东提议上海、广东、黑龙江、四川的第一书记柯庆施、陶铸、欧阳钦、李井泉,以及中央分管农业和工业的谭震林、李富春等也参加会议。

在 11 月 5 日的会议上,毛泽东问新到会的柯庆施等人:"把你们请来,有什么新闻?"

柯庆施反映说,现在城市里有些混乱,抢购商品,提银行存款,购置高档商品,怕废除票子。毛泽东说:"陈伯达就有这个倾向。"他提醒说,纲要里要写这个问题,有个安定人心的问题。与一些人急急忙忙要消灭商品和货币相比,毛泽东在这个问题的认识是比较清醒的。

当时,许多人头脑发热,认为既然一国可以首先实现社会主义,一国也可以首先进入共产主义。在这天的会上,有人再次提出十年内向共产主义

---

① 中共中央文献研究室:《毛泽东传(1949—1976)》,中央文献出版社 2003 年版,第 890 页。

过渡的问题。对此,毛泽东表示:"修武一县一社,它的东西在县的范围可以调拨,但河南省去调就不行,国家调更不行。修武的粮,七里营的棉,是要交换的,不能调拨。不要把修武、徐水、遂平与鞍钢、上钢、上海国棉一厂混同了。"

讲到这里时,有人问毛泽东:"到底是什么所有制?"他说:"总不能说全民所有制,可以说县全民所有制,小全民所有制,大集体所有制。把全民、集体混起来,恐怕不利。好像我们现在差不多了,共产主义已经来了。这么快,太快了!奋斗太容易了!把它们提得过高,跟鞍钢一样,而实际上不是,就不好了。这是客观规律。"①

北戴河会议期间,毛泽东在修改《中共中央关于在农村建立人民公社问题的决议》稿时,曾亲笔加写了这样的话:"由集体所有制向全民所有制过渡,是一个过程,有些地方可能较快,三、四年内就可完成,有些地方,可能较慢,需要五、六年或者更长一些的时间。"②这时,毛泽东也认为这个过渡看来太快了点,甚至认为对此要作点修改才好。

在 11 月 6 日的讲话中,毛泽东又谈到了这个问题。他说,由集体所有制过渡到全民所有制要多长时间?三、四、五、六年,或者更多一点时间,是不是短了?还是长了?有时觉得长了,有时又担心短了,我担心短的时候多。人民公社什么时候能达到像鞍钢一样?能不能把农业变成工厂?产品和积累能够调拨,积累不是全部要调,但必须调动的产品,则必须无条件地调动,才算全民所有制。他又说,从集体所有制到全民所有制,四年是否可以?标准是鞍钢(按每一个工人年均产值计)。鞍钢除 7200 元成本折旧,下余 10800 元,工人所得 800 元,为国家积累 1 万元,要这样的调拨。这种过渡对斯大林是十难万难的,要多少年,未说明期限。这是第一个过渡。第二个过渡,从"按劳取酬"到"各取所需"。现在已开始准备第二个过渡,吃饭不要钱。苏联也吹,只见楼梯响,不见人下来。我们吃饭不要钱,是各取所需的萌芽。凡是可以做的必须逐步去做。这不能不说是共产主义因素。从这里也可以看出,此时的毛泽东一方面担心原来设想的过渡时间过短,另

---

① 中共中央文献研究室:《毛泽东传(1949—1976)》,中央文献出版社 2003 年版,第 891—892 页。

② 《建国以来毛泽东文稿》第 7 册,中央文献出版社 1992 年版,第 360 页。

一方面他对于尽早实现共产主义还是心向往之的。

同一天,他看到中共中央宣传部11月4日编印的《宣教动态》第134期上,刊登了《山东范县提出一九六〇年过渡到共产主义》一文,报道了山东范县人民公社党委第一书记(即县委第一书记)这年10月28日在全县共产主义建设积极分子万人大会上,所作的关于范县三年过渡到共产主义规划报告的摘要。毛泽东阅后,写了一段批语道:"此件很有意思,是一首诗,似乎也是可行的。时间似太促,只三年。也不要紧,三年完不成,顺延也可。"①

可见,这时的毛泽东在思想认识上是矛盾的。一方面,他感到要区分集体所有制民与全民所有制、社会主义与共产主义的界限,不能急急忙忙往前闯,急于实现共产主义;另一方面,他对实现共产主义的时间还是想争取尽可能快一些。毛泽东说范县的共产主义规划是一首诗,其实,他在人民公社问题上又何尝没有诗人的浪漫气质。

不过,毛泽东在会上指示印发范县这个规划,主要还是想通过这个材料来给高级干部们降温。因为他在10月9日的会上讲道:人民公社必须生产适宜于交换的社会主义商品,以便逐步提高每个人的工资。在生产资料方面,必须发展社会主义的商业;并且利用价值法则的形式,在过渡时期内作为经济核算的工具,以利逐步过渡共产主义。我们的国家是个商品生产不发达的国家,现在又很快地进到了社会主义。社会主义的商品生产同商品交换还要发展,这是肯定的。现在有那么一种倾向,就是共产主义越多越好,最好一两年就搞成共产主义。山东省范县说两年进入共产主义,说得神乎其神,我是怀疑的。

在人民公社化运动中,党内有人主张废除货币和商品流通,进行产品调换,在人民公社内部搞非现金结算。1958年9月中旬,一位负责农业工作的领导同志曾起草了一份《关于人民公社的几个问题》的文件,提出人民公社发给社员的工资,一律存入公社,发给存折,不计利息。社员存入公社的劳动报酬所得,除分期支取一定数额的零用钱外,社员的生活需要,由公社统一购买,统一分发,可由社员凭存折到公社门市部选购。无论统一分发或

---

① 《建国以来毛泽东文稿》第7册,中央文献出版社1992年版,第494页。

毛泽东是如何发现人民公社问题的

自行选购,均采取转账办法,实行非现金结算,以减少商品供销环节和货币流通范围。这位领导同志还认为,实行了非现金结算制度,就不以货币为媒介了,产品直接从批发站到了消费者手里,中间环节抹掉了,在公社里,已经不存在商业问题,也就把资本主义自发势力的根拔掉了。这个文件虽然后来未被中共中央和毛泽东采纳,但由安徽省委办公厅发给了省外一些单位,造成了很大影响。

为了澄清党内在商品生产、商品交换、社会主义和共产主义等许多重大问题上的糊涂思想,11月9日,毛泽东致信中央、省、地、县四级党的委员会的委员,号召各级干部读两本书,一本是斯大林的《苏联社会主义经济问题》,一本是《马恩列斯论共产主义社会》,要求用两至三个月的时间,每人每本用心读三遍,随读随想,加以分析,并且"要联系中国社会主义经济革命和经济建设去读这两本书,使自己获得一个清醒的头脑,以利于指导我们伟大的经济工作。现在很多人有一大堆混乱思想,读两本书就有可能给以澄清"。毛泽东在信中还说:"有些号称马克思主义经济学家的同志,在最近几个月内,就是如此。他们在读马克思主义政治经济学的时候是马克思主义者,一临到目前经济实践中某些具体问题,他们的马克思主义就打了折扣了。现在需要读书和辩论,以期对一切同志有益。"①

在11月9日和10日的会议上,毛泽东还就十五年社会主义建设纲要四十条问题和社会主义商品生产问题发表了意见。

在9日的讲话中,毛泽东讲到,社会主义仍必须重视商品生产。他说:"许多人避而不谈商品和商业问题,好像不如此就不是共产主义似的。人民公社必须生产适宜于交换的社会主义商品,以便逐步提高每个人的工资。在生活资料方面,必须发展社会主义的商业;并且利用价值法则的形式,在过渡时期内作为经济核算的工具,以利逐步过渡到共产主义。现在我们的经济学家不喜欢经济学,苏联也是这样,认为谁说到价值法则谁就不名誉似的,表现在雅罗申柯写的一封信上。这些人不赞成商品生产,以为苏联已经是共产主义了,实际上还差得很远。我们搞社会主义只有几年,则差得

---

① 《毛泽东文集》第7卷,人民出版社1999年版,第432页。

更远。"①

自从 8 月初以来，毛泽东多次前往农村视察，就是在来郑州的路上，他还一再找地方干部座谈了解农村情况。每次听汇报，他都问当地的产量，但地方干部总是告诉他粮食获得了大丰收，并且产量是成倍地增长。这让毛泽东感到，一些地方在粮食生产上有夸大其辞的地方，出现了虚报浮夸现象。在这天的讲话中，他特地强调："提倡实事求是，不要谎报，不要把别人的猪报成自己的，不要把三百斤麦子报成四百斤。今年的九千亿斤粮食，最多是七千四百亿斤，把七千四百亿斤当数，其余一千六百亿斤当作谎报，比较妥当。人民是骗不了的。过去的战报，谎报战绩只能欺骗人民，欺骗不了敌人，敌人看了好笑。有真必有假，真真假假搞不清。偃师县原想瞒产，以多报少，也有的以少报多。"②尽管如此，毛泽东对于形势的估计还是过于乐观，这年粮食虚报的产量，比他想象的要多得多，远远超过 1600 亿斤，实际产量只有 4000 亿斤，也就是说虚报的总产量达到 5000 亿斤。

毛泽东再次要求中高级干部读斯大林的《苏联社会主义经济问题》一书，并提出省委常委、地委常委以上干部，都要研究这本书的第一章、第二章、第三章。他强调指出："必须肯定社会主义的商品生产和商品交换还有积极作用。调拨的产品只是一部分，多数产品是通过买卖进行商品交换。""现在有一种偏向，好像共产主义越快越好。实行共产主义是要有步骤的。山东范县提出两年实现共产主义，要派人去调查一下。现在有些人总是想在三五年内搞成共产主义。"③

讲话中，毛泽东还讲到了家庭、破除资产阶级法权、工作方法等问题。对于一度沸沸扬扬的破除资产阶级法权问题，他表示：一部分必须破坏，如等级森严，居高临下，脱离群众，不平等待人，不是靠工作能力吃饭，而是靠资格，靠权力。这些方面，必须天天破除。破了又生，生了又破。又说：资产阶级法权，还有一部分是适当的，不能破除。比如要肯定保留适当的工资制度和待遇的差别，多劳多得，少劳少得。

① 《毛泽东文集》第 7 卷，人民出版社 1999 年版，第 434 页。
② 《毛泽东文集》第 7 卷，人民出版社 1999 年版，第 434—435 页。
③ 《毛泽东文集》第 7 卷，人民出版社 1999 年版，第 436 页。

毛泽东是如何发现人民公社问题的

通过调查了解,毛泽东发现"大跃进"和人民公社化运动中,干部队伍中强迫命令的不良作风在滋长,对此引起了他的警惕。在这天的会议上,他还要求各级干部注意工作方法,认为纲要四十条的中心是要解决实行群众路线的工作方法。不要捆人、打人、骂人、辩论人,罚苦工,动不动"辩你一家伙"。

这期间,毛泽东还对《十五年社会主义建设纲要四十条(1958—1972)》初稿作了多处修改和批示。例如,他为纲要增写了这样的话:"要把为食堂服务的工作,看成是为人民服务的一种崇高的工作","要把托儿所、幼儿园服务的工作,看成是为人民服务的一种崇高工作。""商品流通过程中,价值、价格和货币仍然将起它的积极作用","爱好排场,谎报成绩,表里不一,这一切,都是要不得的",等等。① 应当说,这些观点都是正确的。

但是,也应当看到,此时的毛泽东虽然觉察到了"大跃进"和人民公社化运动中存在问题,但对于其中一些问题的认识仍然是有局限的。例如,他一方面认为农业生产中有虚报浮报现象,另一方面又认为粮食问题总体上已经解决,今后用不着种那么多的地,于是热心地提倡土地"三三制",肯定纲要草稿中提出的到1972年,全国现有的18亿亩耕地,到时只需播种6亿亩左右,其余的12亿亩,一半可以用来休闲和种植绿肥,另一半则可以植树种草。他对土地深耕的丰产作用仍深信不疑,在纲要草稿提出的"从1958年起,所有的耕地每三年轮流深耕一次,深度从一尺到二尺"的地方,还特地加上了"一部分还要更深些,例如四、五、六、七尺"这样的文字。②

11月10日,毛泽东又亲自给与会者讲解斯大林的《苏联社会主义经济问题》,并就商品生产和商品交换发表意见。毛泽东说:"现在仍然是农民问题。有些同志忽然把农民看得很高,以为农民第一,工人第二了,农民甚至比工人阶级还高,是老大哥了。农村在有些方面走在前面,这是现象,不是本质。有人认为中国的无产阶级在农村,工人是小资产阶级。这样看,是不是马克思主义的? 有的同志读马克思主义教科书时是马克思主义者,一碰到实际问题就要打折扣。"③

---

① 《建国以来毛泽东文稿》第7册,中央文献出版社1992年版,第507—508页。
② 《建国以来毛泽东文稿》第7册,中央文献出版社1992年版,第506页。
③ 《毛泽东文集》第七卷,人民出版社1999年版,第436—437页。

针对陈伯达等人提出的否认商品生产、价值规律和商品交换的错误观点，毛泽东指出："现在，我们有些人大有要消灭商品生产之势。他们向往共产主义，一提商品生产就发愁，觉得这是资本主义的东西，没有分清社会主义商品生产和资本主义商品生产的区别，不懂得在社会主义条件下利用商品生产的作用的重要性。这是不承认客观法则的表现，是不认识五亿农民的问题。""在社会主义建设时期，我们有了人民公社以后，商品生产、商品交换更要发展，要有计划地大大发展社会主义的商品生产，例如畜产品、大豆、黄麻、肠衣、果木、皮毛。现在有人倾向不要商业了，至少有几十万人不要商业了。这个观点是错误的，这是违背客观法则的。"他又说："商品生产不能与资本主义混为一谈。为什么怕商品生产？无非是怕资本主义。现在是国家同人民公社做生意，早已排除资本主义，怕商品生产做什么？不要怕，我看要大大发展商品生产。"

　　毛泽东强调劳动、土地及其他生产资料统统是农民的，是人民公社集体所有的，因此产品也是公社所有。必须在产品充分发展之后，才可能使商品流通趋于消失，新中国成立才九年就急着不要商品，这是不现实的。只要存在两种所有制，商品生产和商品交换就是极其必要、极其有用的。他还说："河南提出四年过渡到共产主义，马克思主义'太多'了，不要急于在四年搞成。不要以为四年之后河南的农民就会同郑州的工人一样，这是不可能的。我们搞革命战争用了二十二年，曾经耐心地等得民主革命的胜利。搞社会主义没有耐心怎么行？没有耐心是不行的。"①

　　在这天下午的讲话中，毛泽东再次强调读书的问题。他说，我发了一封信给你们看，我提倡读斯大林这一本书，还读一本马、恩、列、斯论共产主义社会。请你们研究这个东西，因为这是个必须敞开谈的问题，过去没有敞开谈过，不要吞吞吐吐，要敞开来谈。这么多的人要出共产主义，问题就来了，形势逼人了。你们回去组织一下，先从省一级起，然后地一级、县一级搞。请你们当积极分子，你们一定可以找到你们那里的对象，找到那种马克思主义"太多"的人。

　　在第一次郑州会议对"大跃进"和人民公社化运动中的"左"倾错误有

---

① 《毛泽东文集》第七卷，人民出版社 1999 年版，第 437—438、439、440—441 页。

了一定的认识的基础上,中共中央政治局又于 11 月 21 日至 27 日在武昌召开扩大会议,并于同年 11 月 28 日至 12 月 10 日在武昌召开中共八届六中全会。这两次会议强调在破除迷信时不能将科学也破除了,农业社变为人民公社,不等于已经把农村中的集体所有制变成了全民所有制,要在全国农村实现全民所有制,还需要一个相当长的时间;由集体所有制变为全民所有制,并不等于社会主义变成共产主义,由社会主义变为共产主义,比集体所有制变为全民所有制,需要经过更长的时间。企图过早地否定按劳分配的原则而代之以按需分配的原则,企图在条件不成熟的时候勉强进入共产主义,无疑是一个不可能成功的空想。八届六中全会之后,各地开展了人民公社的整顿工作,从而对人民公社化运动中的"左"倾错误作了初步纠正。

毛泽东与人民公社基本核算单位的下放

　　对于农业"六十条",毛泽东倾注了大量的心血,也希望有了这个东西,农村和人民公社的发展就有了规矩,就不至出大的乱子。但是,是否有了"六十条",农村和人民公社就不会再出问题,农民的积极性就能提高,毛泽东也是心中没底。毛泽东认为有了"大包干",就能解决大队内部的平均主义问题,不需要再搞"责任田"一类的包产到户了。

　　1958 年农村建立人民公社后,在所有制和基本核算单位问题上,一直强调"三级所有、队为基础",这里的"三级"指的是公社、生产大队和生产队。作为"基础"即基本核算单位的"队",在 1961 年以前,指的是生产大队而非生产队,也就是说,分配权在生产大队,而组织生产的是生产队,这就使得生产大队内部生产队与生产队之间,存在严重的平均主义问题。在 1961 年的调查研究过程中,毛泽东发现一些地方采取"分配大包干"办法,较好地解决了这个问题,从而下决心将基本核算单位下放到生产队一级。

毛泽东与人民公社基本核算单位的下放

一、"三包一奖"没有解决生产队之间的平均主义

1960 年前后,由于"大跃进"和人民公社化运动及其他方面的原因,我国农村出现了严重的经济困难。为克服困难,中共中央决定调整农村政策。1961 年 3 月,中共中央在广州召开工作会议,讨论并通过了《农村人民公社工作条例(草案)》(简称"农业六十条"草案)。随后,在广泛调查研究的基础上,对条例草案作了重大修改,并于同年 6 月形成了《农村人民公社工作条例(修正草案)》,解决广大农民群众关心的供给制、公共食堂等问题。

"农业六十条"是全党恢复实事求是传统和大兴调查研究之风取得的一个重要成果。"六十条"修正草案公布后,各省、市、自治区分别召开各级干部会议,统一思想认识,有针对性的在广大农村宣传贯彻"六十条",并结合各地的实际制定一些补充规定。在此后二、三个月的时间里,农村的"共产风"基本上得到遏制,党同农民的关系有了改善,农民的生产积极性显著提高,各地的生产普遍有了起色。

但是,"六十条"的贯彻执行在各地也存在一些问题,如对"共产风"的退赔很不彻底,其中退赔到社员手中的,仅占平调数字的 20%—30%;有的地方没有按规定给社员留足自留地,也有的地方没收社员自留地的粮食顶上交任务或顶分配口粮,一部分干部仍认为自留地和自由市场是资本主义,怕其影响集体生产,怕社员搞"自发"(即自发产生资本主义);平均主义的思想仍然存在,在夏收分配中,一些地方对该奖的生产队不敢奖,该罚的不敢罚,有的生产队仍一律按人口平均分配口粮;广大群众对"六十条"既热烈拥护,但又普遍存在"怕变"的心理。①

尤其重要的是,"六十条"草案和修正草案贯彻落实后,虽然社、队规模

---

① 《各地贯彻执行六十条的情况和问题》(1961 年 8 月 24 日),黄道霞等主编:《建国以来农业合作化史料汇编》,中共党史出版社 1992 年版,第 648 页。

有了缩小,但以生产大队为基本核算单位没有改变,大队仍然承担着"统一管理各生产队的生产事业","在全大队范围内统一分配归大队所有的产品和收入"的职能,生产大队对生产实行包工、包产、包成本、超产奖励的"三包一奖"制度,生产队仅仅是一个组织生产的单位,没有生产经营的自主权和劳动产品的处分权,这就使得生产队之间的平均主义问题依然没有从根本上解决。

山东省历城县南郊公社东八里洼大队有 5 个生产队,各队的生产条件基本相同,第一生产队生产好、增产多,超产粮食 18000 斤,第二生产队只超产 4000 斤,结果大队从第一生产队提走超产粮 9000 斤,从第二生产队只提走了 2000 斤。第一生产队感到吃亏很大,又听说第二生产队搞了瞒产私分,实际超产粮不止那么多,更感到吃亏,该队队长干脆躺倒不干了。[①]

包工、包产、包成本、超产奖励的"三包一奖"办法,没有真正解决生产队与生产队间的平均主义问题。湖北武昌县锦绣生产大队的社员说:"养儿当兵,种田纳粮,我们没有意见,就是对明明看到我们队生产的粮食,调给别的生产队吃,思想不通。"因为怕别的队把本队的粮食调走了,富队的生产也不积极了。就是多产,也隐瞒起来,不如实上报,为了不让大队把粮食调走,而将粮食私分。不但如此,浪费、偷盗现象也多起来,生产队干部出面阻止,群众就骂他是个"苕"(湖北方言,"傻"之意)。他们说:"别的队都在浪费、偷盗,为什么管我们这样紧?"群众之间也互相不监督了,怕自己偷少了便宜了别的队。

为了解决穷队与富队的矛盾,这个大队想了许多办法。开始是搞"三包",按作物种类和面积,包工、包产、包成本,但土质好坏、耕作难易、水利阳光等千差万别,分类排队、分丘分块搞不准,大队只好要求各生产队"不要斤斤计较",并许诺到了处理奖赔时保证合理。可是一到处理奖赔,又发生了一个更大的不合理:劳力多、土地少的队,单产高,以单产乘总面积得出来的总产,超产多,得奖也多;而土地多、劳力少的队,单产低,再努力,总产也达不到包产的产量,结果不奖反赔。

---

① 中共山东省委农村工作部:《关于农村人民公社体制问题的座谈意见》,1961 年 3 月 17 日。

毛泽东与人民公社基本核算单位的下放

"三包"不行，又搞土（地）劳（力）平衡，也就是重新调整土地、耕牛、农具等，这样一来，不论是调进还是调出的都有意见，也行不通。于是，又来了一个"按常年产量包总产"。这一办法看似简单，但到底以哪一年为正常年景，各生产队间也是争得一塌糊涂，而且只讲包总产，不讲包产值，有的队旱地多，种的麦子、大豆多，产量不高但产值高，而有的队水田多，稻谷多，产量高但产值低，结果该卖小麦、大豆的队也不愿意出卖了。对此，干部和社员们说，"六十条"政策好，要是再有一条政策解开这个疙瘩，那就全好了。

这个大队的群众还说，自从办起高级社以来，年年制定"三包"，调整"三包"，处理"三包"，从正月初一到腊月三十至少有五次吵"三包"的高潮，每次总吵个半个月二十天。开干部会不行，开社员代表会；社员代表会不行，开群众大会。开会把人熬到眼泡肿，还是搞不合理，只好说："算了，算了，今年不说了，明年再来。"①

据中共中央东北局和辽宁省的调查，阜新县的富荣、大板两个公社队与队之间的平均主义十分严重，首先是生产资料"抽肥补瘦"，穷富拉平。1956年成立高级社时，就对各生产队的土地、耕畜、农具无偿地进行了统一调整，使生产资料少的队，"共"了生产资料多的队的"产"。1958年成立人民公社后，又多次在生产队之间搞"一平二调"。富荣公社的黑帝庙大队从1958年以来，队与队间无偿调剂串换耕地54垧，耕畜18头，把一个初级社时人强马壮、农具齐全、收入水平很高的土地营子生产队，抽调得只剩下"老牛破车疙瘩套"，生产队的生产和社员生活都大幅度下降。

这两个公社在"三包"中不是以产定工，以产定成本，而是按垧定产、定工、定成本，增产多的队，因为投资大、用工多，超产不奖励，多投的工和钱由生产队负担，实际等于挨了罚。相反，不好好经营以致减了产的队，因为投资和用工都少，不但不挨罚，而且还可以把节约的工日和财务包干费用来分配。在粮食分配时不根据生产队生产的好坏、打粮多少，而是统一规定一个口粮标准，又不实行粮食超产奖励，使生产好的队不能多吃，生产差的队也不少吃。征购粮则实行大队统一交售，减产队完不成任务，就由增产队来负

---

① 孝感地委工作组：《武昌县锦绣生产大队试行以生产队为核算单位的调查》，1961年8月12日。

担。工资分配也不是根据各队劳动日创造的价值高低计算评定,而是统一规定一个劳动日值,不管生产队生产好坏、效益高低,全大队统一工分分值。黑帝庙大队土地营子生产队1960年总收入为15800元,扣除生产费和公共积累,每个劳动日值(包括供给部分)为0.96元,安其营子生产队总收入为5032元,平均劳动日值0.18元。大队按统一标准分配后,这两个队的平均工值都是0.2元,土地营子生产队吃亏很大。①

另据中共河北省委工作组在保定地区的调查,满城县城内生产大队为了搞"三包一奖"和夏秋分配,大队和生产队两级、春、夏、秋三季要搞五次十套方案,要算49个百分比,1191笔账。群众说:"年年搞三包一奖,年年稀里糊涂,吃亏占光心里不清楚。"干部和会计人员反映,搞"三包一奖"一年有三愁:"算账、吵嘴、熬油灯"。实行"三包一奖",对社员应分部分的分配方法是,把包产以内的总收入刨除扣留部分后,全大队按照一个平均工值进行分配。这样,使收入多的队不能多分,收入少的队也不少分。虽说有超产奖励,但奖励的产量往往只占超产量的很小一部分,超产的大部分交给了大队。对此,群众不满意地说:"这好比新出嫁的姑娘住娘家,带回去的东西少,拿走的东西多。"

在"三包一奖"中,因为分配是按一个平均包工值确定的,包工多包产低的队就会多分,包工少包产高的队就会少分。河北涿县西皋庄大队,1960年包产时第二生产队有10亩低洼地,每亩只包产28斤豆子,每亩包工9个。这个队算了一笔账,就算这10亩豆子颗粒不收,按亏产罚30%计算,共要罚款8.4元;每亩包工9个,按每个工决算时分值0.35元计算,能分款31.5元。除去赔款还净得23.1元。如果把这些工用去搞副业,还可得100多元。其他队的社员说:"三包一奖好是好,就是投机取巧管不了。"②

---

① 冯纪新:《关于两个平均主义问题的调查报告》(草稿),1961年5月3日。
② 河北省委工作组:《关于分配大包干的调查报告》,1961年8月17日。

二、毛泽东对下放基本核算单位的
思考与农民发明"分配大包干"

    对于大队内部生产队之间的平均主义问题,1961年年初毛泽东在浙江调查时就开始关注。这年2月初,他在同中共浙江省委负责人谈话时就曾提出,在一个基本核算单位里,有富(队)、中(间队)、贫(队)就有问题,群众就不满意。小队就是过去的初级社。他建议把小队改成生产队,原来的生产队改成生产大队,把生产队(原来的生产小队)变成生产单位和消费单位。他还要浙江省委研究一下,是把基本核算单位放在过去的初级社好,还是放在过去的高级社好?就是说,放在生产小队好,还是放在生产队好?这说明,毛泽东此时已考虑到人民公社基本核算单位下放的问题。

    2月中旬,毛泽东在同中共湖南省委负责人及来湖南调查的胡乔木等人谈话时,又提出基本核算单位放在哪一级的问题。他说:"究竟是队为基础好,还是下放到小队为基础好,有人提出这样的疑问。因为现在队底下管的小队多,而小队就是过去的初级社。有三种方案:一种方案就是现在的这种方案,队为基础,比较大的队平均三四百户。这种方案在一些地方是否适宜还值得研究,这么大,从东到西,从南到北,老百姓自己不清楚。小队里边又分三种情况,比较富的,比较自保的,比较穷的,统一分配,结果就是吃饭拉平,工分拉平。第二个方案,就是把现在这个队划成三个队,使经济水平大体相同的小队组成一个基本核算单位,不要肥的搭瘦的。肥瘦搭配,事实上是搞平均主义,吃饭平均主义,工分平均主义。山区还要小,只要几十户,二三十户、三四十户一个生产队。"[①]

    同年3月,中共中央在广州召开工作会议,讨论人民公社问题。期间,中共中央中南局第一书记兼中共广东省委第一书记陶铸,给毛泽东报送了

---

    ① 中共中央文献研究室:《毛泽东传(1949—1976)》,中央文献出版社2003年版,第1127页。

一份关于广东南海县大沥公社沥西大队试行生产队包干上调任务的情况调查。沥西大队在试行"三包"、"四定"的基础上,在全大队实行统一分配的前提下,定死各生产队对大队的包干上调任务,完成上调任务后,超产部分全为生产队自行处理。试行这个办法后,各生产队和社员的积极性被进一步调动起来,整个大队的生产面貌完全改观。这实际上就是以生产队为基本核算单位。毛泽东认为这不失为一种解决生产大队内部平均主义的办法,就在这份材料上批写道:"印发各同志,请各组讨论,这个办法是否可以在各地推广。"①

但是,这份材料并未引起与会人员的太多注意。当时,人们关注的重点在社队规模及供给制和公共食堂等问题上。因此,在"六十条"草案和修正草案中,都没有定死生产队对大队的包干上调任务的内容,而是强调要"认真执行包产、包工、包成本和超产奖励的三包一奖制",并且重申生产大队是基本核算单位,这就不可能从根本上解决生产大队内部的平均主义。

为克服"三包一奖"的弊端,前面说及的湖北武昌县锦绣大队,针对"三包"搞了好几年,各种办法都想到了,变来变去总是搞不合理的情况,大队的干部经过反复讨论,最后认为在目前条件下,只有实行以生产队为单位进行分配核算,才能解决队与队之间的矛盾。以生产队为核算单位,除了完成国家征购任务和上交大队以外,其余的都归生产队自己分配,社员对生产、收入、分配都有了底,民主办社、勤俭办社才能实现,生产队和社员的积极性才能充分发挥出来。最后,经过充分讨论,报经中共孝感地委批准,这个大队决定试行以生产队为单位分配核算,大队向生产队实行"新三包",即包征购任务,包上交公积金、公益金,包大队行政费。生产队生产的东西,完成"新三包"后,自劳自得,按劳分给社员。大队提留按生产队总收入的10%提,其中公积金5%,公益金3%,行政管理费和大队干部补助2%。在公益金和行政管理费中,提一部分实物,解决五保户的生活需要,照顾烈军属的困难和大队干部的补助。实行"新三包"后,生产队非常满意,社员的积极性大增。他们说,分配权下放,生产的东西,除了提成都是我们的,收多收少

---

① 《建国以来毛泽东文稿》第9册,中央文献出版社1996年版,第445页。

都归本生产队分配了,再不积极干,那就太苕了。①

河北保定地区的唐县、定县、满城、安国等县一些公社,则创造了"分配大包干"(群众叫做"老包干"、"砸估堆")的办法。"分配大包干"的特点是:按照"六十条"修正草案规定的比例,大队从各生产队的总收入中,提取农业税、公积金、公益金、生活费、管理费之后,剩下的都归生产队;生产队除按照有关规定提留自己的生产费用和管理费用外,都按本队社员实出工数进行分配。这样经营好的队可多分而不多摊,经营差的队少分而不少摊,从根本上防止了队与队之间的平均主义。这种方法,实际上也是将生产队作为核算单位。

干部和群众认为,实行"分配大包干"后,"丝罗子事少了"。大队干部说:大包干以前,从春天作计划开始,到年终决算分配为止,一年到头"丝罗子事"不清,把工夫都用在事务上,不能很好地搞生产。在包干后,哪个队干的好就多吃点、分多点,各队相互什么搅缠都没有。生产队干部说:过去足着劲闹本位,向大队争粮、瞒产,现在足着劲往地里使,争生产。此外,"生产队有了底码了",生产队的责任制更加落实,经营管理权限明确了,各生产队都是干着今年,盘算明年。"分配大包干"还有一个好处,就是"大伙的家大伙当",过去许多事情顶多大队干部同生产队干部一商量就定了,如今一个生产队里,收入多少,开支多少,办什么,花多少钱,都与社员有直接利益关系,非同社员商量行不通。过去有人糟蹋粮食无管,反正大队几百户那点粮食没我多少;大包干后谁要是拿队里一穗粮食,只要有社员看见就会出来制止,他们说:多收一把咱也有份。

中共保定地委调查后也认为,"分配大包干确是一种正确处理生产大队内部关系的好办法。它是符合人民公社以生产大队的集体所有制为基础的三级集体所有制这一根本制度的。它的实质问题是:更明确划分了大队与生产队的经营管理范围,适当地扩大了生产队的经济实权,更彻底地贯彻了'承认差别,多劳多得'的原则,避免了队与队之间的平均主义。"②

---

① 孝感地委工作组:《武昌县锦绣生产大队试行以生产队为核算单位的调查》,1961 年 8 月 12 日。

② 《中共保定地委关于"分配大包干"问题向省委的报告》,1961 年 9 月 8 日。

三、毛泽东亲自主持邯郸谈话会
肯定"分配大包干"

　　这年7月，中共河北省委召开三级干部会议，专门讨论"分配大包干"问题。参加会议的人员绝大多数赞成"大包干"的做法，但也有少数人对此心存疑虑。正好这时，毛泽东到外地视察路过天津（当时河北省省会为天津），河北省委向他汇报了唐县峒笼公社各生产大队实行"分配大包干"的做法，并且告诉他，这个公社实行"大包干"后，鼓励了社员生产积极性，粮食增产了，向国家交售的粮食多了，在困难时期群众生活安排得比较好，没有发生浮肿病。毛泽东听后认为这是一个好办法，指示河北省委继续试行下去。①

　　1961年8月23日至9月16日，中共中央在庐山举行工作会议，重点讨论工业、粮食、财贸和教育等问题，但毛泽东此时的注意力仍主要在农业方面，关注农业"六十条"的执行情况。在会议的第一天，毛泽东说："我们有把握的、有成套经验的还是民主革命。民主革命搞了几十年，经过了陈独秀的错误，三次'左'倾错误，又经过了抗日战争时期的右倾错误，犯了许多错误，碰了许多钉子，最后经过了整风，才搞出了一套包括理论的和具体政策的为大家所公认的教科书。""讲到社会主义革命，则不甚了了。公社工作六十条，讲的是所有制、分配、人与人的关系，都是社会主义。这个问题究竟如何？你们说有了一套了，我还不大相信。不要迷信广州会议、北京会议搞了一套，认为彻底解决问题了。我看还要碰三年，还要碰大钉子。会不会亡国（蒋介石来，打世界大战）？不会。会不会遭许多挫折和失败？一定会。现在遭了挫折和失败，碰了钉子，但还碰得不够，还要碰。再搞两三年看看

---

　　① 刘子厚：《回忆毛主席在河北的几个片断》，河北省委党史研究室：《领袖在河北》，中共党史出版社1993年版，第97页。

能不能搞出一套来。"①毛泽东的这些话,大致反映了他当时的心情。对于农业"六十条",他倾注了大量的心血,也希望有了这个东西,农村和人民公社的发展就有了规矩,就不至出大的乱子。但是,是否有了"六十条",农村和人民公社就不会再出问题,农民的积极性就能提高,农村的形势就能根本好转,毛泽东心中也是没有底的。对于社会主义"不甚了了",的确是他的肺腑之言。

1961 年 9 月下旬,毛泽东在从外地视察回北京的途中,于 9 月 27 日在河北邯郸召集中共河北、山东省委和邯郸、邢台、保定、石家庄、张家口等五地委的负责人谈话。在听取河北省长刘子厚汇报河北实行大包干的经过后,毛泽东说:"广州会议时,河北要在全省实行小队核算。山东开了个座谈会,提出了这个问题:生产在小队,分配在大队,这不是矛盾吗? 在广州开会时,我批了一个文件,让大家议一议,大家议的结果都不赞成。农村现在 20 户左右的生产队,有人说规模太小。20 户不小了,山里头更小一些也可以,十来户,七八户搞一个核算单位。20 户有八九十人,30 个、40 个整半劳动力,不算少啦。生产队有 40 来个劳动力,就是个大工厂嘛,再大了管不好。河北平均 42 户,有 80 个到 90 个整半劳动力,已经很大了。这个工厂难办,它是生产植物、动物的工厂,是活的,钢、铁是死的。"②他还说:"什么叫队为基础,就是以现在的生产队为基础,就是过去的小队。三级所有,基础在队,在脚。这样搞上十年、八年,生产发展了就好办了。"③

9 月 29 日,毛泽东将自己亲笔作的《邯郸谈话会记录》,批印给政治局常委们进行讨论、研究。同一天,他又致信政治局常委说:"我们对于农业方面的严重平均主义的问题,至今还没有完解决,还留下一个问题。农民说,六十条就是缺了这一条。这一条是什么呢? 就是生产权在小队、分配权却在大队,即所谓'三包一奖'的问题。这个问题不解决,农、林、牧、副、渔

---

① 中共中央文献研究室:《毛泽东传(1949—1976)》,中央文献出版社 2003 年版,第 1168—1169 页。

② 中共中央文献研究室:《毛泽东传(1949—1976)》,中央文献出版社 2003 年版,第 1176—1178 页。

③ 中共邯郸市委党史研究室:《领袖莅临邯郸纪实》,中共党史出版社 1994 年版,第 38 页。

的大发展即仍然受束缚,群众的生产积极性仍然要受影响。""我的意见是'三级所有、队为基础',即基本核算单位是队而不是大队。""在这个问题上,我们过去过了六年之久的糊涂日子(一九五六年,高级社成立时起),第七年应该醒过来了吧。也不知道是谁地谁人发明了这个'三包一奖'的糊涂办法,弄得大小队之间,干群之间,一年大吵几次,结果瞒产私分,并且永远闹不清。据有些同志说,从来就没有真正实行过所谓'三包一奖'。实在是一个严重的教训。"①

10月2日,共青团中央第一书记胡耀邦写了一个题为《二十五天三千六百里路的农村察看》的报告。报告说,农村形势确实比去年好。所到之处,群众都说形势比去年好多了,不平调了,不瞎指挥了,干部不打人整人了,能多劳多得,生产、生活有了奔头。根本问题在于认真而具体地贯彻"农业六十条"。大队统一分配,在当前是保护队与队之间的平均主义的一个堡垒。经过邯郸时,听说主席早就说过这个问题,并且说用分配大包干代替"三包一奖",是解决生产在小队而分配在大队这个矛盾现象、真正调动小队积极性的一个大问题。我认为这是十分正确的。报告还说,我们在安徽看到一个突出的问题,就是许多生产队实行了一种叫做计划、分配、大农活、抗灾、用水看水五个统一下的田间管理责任制。这种责任制的实际内容就是按劳力分等,把田长期分到户管,包死产量,超产全奖,减产受罚,遭灾减免。许多群众通俗地把它叫做"分田到户"或"包产到户"。在一些"五风"刮得严重的地方,这种做法对调动社员的劳动积极性确实起了积极作用,但这种做法已出现了一些难以解决的矛盾和纠纷。如大家还要干,仍可试行,但要允许不同意的地方不这样做,更不要把它说得绝对,避免被动。如果要转过来,也要有准备、有计划地转,不要造成混乱,使生产再受损失。

对于如何克服人民公社内部生产队与生产队间、社员与社员间的平均主义,是1961年以来毛泽东思考得很多的问题,他为此花了很大的精力主持起草和修订"农业六十条"。但是正如他所说的,"六十条"还缺了一条,就是没有解决基本核算单位放在哪一级的问题,使得队与队之间仍在闹平均主义。他多次提示一些地方负责人,可否试一试以生产队为基本核算单

① 《毛泽东文集》第八卷,人民出版社1999年版,第284—285页。

位,但这些负责人并没有跟上他的思路。河北等地实行"大包干"的做法,与他将基本核算单位下放到生产队一级的想法不谋而合,因此他对"大包干"作了充分的肯定。

毛泽东虽然对将基本核算单位下放到生产队给予充分的热情,但他始终认为不能用包产到户的方法,去解决农村生产关系中存在的问题。搞包产到户就有滑向分田单干的危险,因此他对安徽的包产到户一直比较冷淡。"三南会议"时,中共安徽省委第一书记曾希圣向毛泽东汇报了"责任田"的情况。此时,他正在全力探索如何解决队与队、社员与社员间的平均主义问题,所以对曾希圣说:"你们试验嘛!搞坏了检讨就是了。"同年7月,曾希圣又到蚌埠就"田间管理责任制"问题向途经这里的毛泽东作了汇报,毛泽东表示:"你们认为没有毛病就可以普遍扩大。""如果责任田确有好处,可以多搞一点。"①毛泽东认为安徽"责任田""可以多搞一点",并不是表明他已经认同了"责任田",而是认为安徽"责任田"也不妨为一种解决两个平均主义的探索。而邯郸谈话会后,毛泽东认为有了"大包干",就能解决大队内部的平均主义问题,不需要再搞"责任田"一类包产到户了。胡耀邦这种既明确赞成"大包干",又不同意包产到户做法的态度,这正是毛泽东所需要的。看了胡耀邦的报告,毛泽东高兴地批写道:"此件写得很好,印发各同志,值得一看。"②

受毛泽东的委托,1961年10月3日,邓子恢主持召开中央有关部门负责人座谈会,讨论以生产队为基本核算单位的问题。10月6日,邓子恢向毛泽东报送了《关于座谈基本核算单位下放到生产队问题的情况报告》。报告不但完全同意将基本核算单位下放到生产队,而且还总结出了这样做的几个好处:(一)可以彻底克服队与队之间的平均主义,大大调动社员的积极性,从而更好地发展农业生产;(二)把生产权与分配权统一起来,解决了自高级社以来大队与小队之间长期存在的责权不明的矛盾,从而取消了"三包一奖"这个糊涂制度,结束了大小队干部一年吵几次的情况,减少了许多工作麻烦,使大家能更好地分工合作,搞好农业生产;(三)便于干部遇

---

① 安徽省农村经济委员会、安徽省档案局:《安徽责任田资料选编(1961—1963)》,1987年编印,第4、7页。

② 《建国以来毛泽东文稿》第9册,中央文献出版社1996年版,第574页。

事与群众商量,社员也才好充分发表意见,真正建立起生产上的民主管理制度;(四)分配权下放,大队成为各生产队在经济上的联合组织,大队的支配权只限于各队上交的公积金、公益金、管理费,大队直属企业有限,这也减少了大队干部贪污、多占,有利于防止官僚主义与"五风"为害;(五)分配权下放可以减少大队干部,节约开支,大队干部也可更好地集中精力把直属企业办好,把党与政治工作做好。

10月7日,中共中央发出《关于农村基本核算单位问题给各中央局,各省、市、区党委的指示》,连同《邯郸谈话会记录》,河北省关于"分配大包干"的五个材料,湖北省委关于试行以生产队为基本核算单位给中南局并报中央、毛泽东的请示报告,山东省委农村工作部《关于农村人民公社体制问题的座谈意见》和山东省委关于"三包一奖"问题的情况报告,广东省委调查组关于南海县大沥公社沥西大队试行生产队包干上调任务的情况报告,一同下发到各地。

中共中央在《指示》中肯定了以生产队为基本核算单位的做法,认为"它最大的好处,是可以改变生产的基本单位是生产队、而统一分配单位却是生产大队的不合理状态,解决集体经济中长期以来存在的这种生产和分配不相适应的矛盾"。中共中央要求各级党委的负责同志,都要亲自下乡,并派得力的调查组下去,广泛征求群众意见。各县还可选择一二个生产队进行试点,以便取得经验。①

四、下放基本核算单位试点效果良好

下放基本核算单位,毕竟是涉及人民公社体制变革的大问题。为了做好这项工作,各地吸取了人民公社化时一哄而起的教训,相继进行了以生产队为基本核算单位的试点。

中共广西区党委在调查中发现,"六十条"(修正草案)下发后,群众对

---

① 《建国以来重要文献选编》第 14 册,中央文献出版社 1997 年版,第 738—739 页。

调整社队规模,贯彻食堂自愿参加原则,粮食征购三年不变,劳逸结合,恢复自留地,允许生产队和社员开荒,口粮分配到户,开放农村集市贸易,以及干部作风的改进,都是满意的。他们说:"有了六十条,生活好过多了。""过年过节吃肉,去年是看大队的老牛,今年是看自己的鸡鸭,明年就要看自己的猪肥不肥了。"

尽管如此,"群众集体生产的积极性还不是那么高涨,集体生产部分的增产也还不那么显著",还有相当数量的社员,愿意多搞自留地和开荒,不愿多出集体工,表示出集体工所得的工分,只要能拿回口粮就算了。也有一些生产队不愿多要土地,甚至把一部分土地丢下不种,让社员去"开荒",生产队的想法是,反正大队要统一分配,生产少一点也可以得到统一调节。贯彻"六十条"后,社员的自留地和开荒地都种得很好,集体生产则起色不大。出现这种现象的原因,主要是队与队之间、人与人之间的平均主义没有解决,因而在分配上仍是一拉平,生产队是生产的基本单位,而大队则是分配单位,虽然也搞了"三包一奖",但并没有解决平均主义的问题。

试行生产队为核算单位后,对当前的生产"立竿见影起了显著的推动作用"。广西区党委给中共中央和中南局的报告中说:"试点的绝大多数生产队干部和社员群众,在确定了生产队核算后,立即动手扩大冬种,增加积肥,增置农具,积极进行备耕工作,社员出工也比过去整齐得多。"因此,以生产队为基本核算单位,"看来是非搞不可"。①

中共青海省委经过试点后总结说:"下放基本核算单位,对于充分调动广大农民群众集体生产积极性,成效显著,出现新的气象。""争工分抢活干的人多了,撂荒几年的耕地现在都抢着种。许多生产队购置、修补农具,不少社员把这几年乱拉私藏的农具拿出来。""社员们说,这种闹生产的劲头与1957年的情况差不多,'十二条'下放了生产权,现在又下放了核算权,保证明年生产能加一番。"②

中共山东省委经过试点后认为,凡是实行了以生产队为基本核算单位

---

① 广西区党委:《关于基本核算单位试点情况给中央、中南局的报告》,1961年11月13日。

② 中共青海省委:《调整农村人民公社基本核算单位试点工作初步总结》,1961年12月20日。

的地方,"气象焕然一新,广大农民群众的集体生产积极性大大提高,开始出现了新的生产高潮。事实表明,普遍实行以生产队为基本核算单位,已经是人心所向,大势所趋"。"对此,必须肯定,不要再犹豫不决"。①

黑龙江在这年 10 月 20 日前后,共派出 12 个工作组,在全省选择了 16 个公社的 33 个生产大队,进行以生产队为基本核算单位的试点。中共黑龙江省委在给东北局并中共中央关于试点情况的报告中说:"把基本核算单位由生产大队下放到生产队,是广大基层干部和群众的要求,而且这种要求早在去冬今春贯彻十二条、六十条时,就有人提出,这次工作组就基本核算单位放在哪一级好的问题,向广大基层干部和群众广泛征求意见时,迅速得到强烈反映,绝大多数人都主张基本核算单位放到生产队。"②

对于基本核算单位下放到生产队,毛泽东十分关心,也抓得很紧。10 月下旬至 11 月上旬,邓子恢率工作组回到家乡福建龙岩,就基本核算单位的试点问题进行调查,并于 11 月 23 日向中共中央和毛泽东报送了《关于农村人民公社基本核算单位试点情况的调查报告》。邓子恢在报告中说,对基本核算单位下放,各级干部和群众一致拥护,认为这对克服平均主义、官僚主义,贯彻民主办社,勤俭办社,调动社员积极性,发展农副业生产都有很大好处。但也有少数大队干部感到权力受到了限制,思想上有抵触;小队干部和群众也有一部分过去在大队分配中占便宜的人,主张维持现状不变。这些人经过说服,经过大多数群众通过,也只好赞成。对于邓子恢的这个报告,毛泽东看后作了充分肯定,并以中共中央的名义将报告转发给各中央局和各省、市、自治区党委。毛泽东在批语中说:"邓子恢同志这个报告很好,发给你们参考。因为目前各地正在普遍试点,此件可发至地、县、社三级党委参考。认真调查研究,对具体问题作出具体的分析,而不是抽象的主观主义的分析,这是马克思主义的灵魂。"③中共中央还要求在 12 月 20 日以前,各省委第一书记带若干工作组,采取邓子恢的方法,带工作组下乡,做十天

---

① 《中共山东省委批转省委调查组关于以生产队为基本核算单位问题的两个报告》,1962 年 1 月 15 日。

② 《中共黑龙江省委关于农村人民公社基本核算单位问题的调查试点情况的报告》,1961 年 11 月 22 日。

③ 《建国以来毛泽东文稿》第 9 册,中央文献出版社 1996 年版,第 605 页。

左右的调查研究工作。

1961 年 12 月 14 日,毛泽东在无锡听取中共江苏、安徽两省委和南京军区负责人的汇报时指出:关于农村基本核算单位下放问题,贯彻要快一点,一传达下去可以调动积极性。有人认为这是倒退。这不是倒退,是前进。不是讲底子薄吗? 主要是生产队底子薄,要使生产队由薄变厚,就要发展生产力,就要以生产队为基本核算单位。要肥料就要养猪,要把猪养好,把牛养好,也是生产队来管。要明确大队干什么,生产队干什么,不弄清楚,生产队的积极性起不来。毛泽东同时认为,有了农业"六十条",又有了基本核算单位下放到生产队一级,农村的问题就差不多可以解决了。在听取汇报的过程中,中共江苏省第一书记江渭清告诉他:今年农村粮食计划分配比去年少,但加上自留地、十边田生产的粮菜,估计 70% 的社员生活可以比上年好一些。毛泽东听后连连点头,并且说:"久卧思起,现在是起床的时候了。到了谷底,就要上山了。"①他认为,最困难的日子已经过去了,形势逐渐好起来了,下放基本核算单位到生产队,是农村政策的底线,不能再向后退了。因此,在这次谈话中,他明确表示不能搞包产到户。

三天后,毛泽东在济南听取中共山东省委负责人的汇报。毛泽东在插话中说:"基本核算单位下放到生产队,牲口就不会死,农具破坏也不会那么严重。大平均主义六年没有解决,现在解决了。有人说,这是不是退步? 是不是社会主义? 这不是退步,按劳分配就是社会主义。照顾五保户、困难户,有共产主义因素。还有积累,还有征粮,有了前途。这是整个人民的利益。"②

---

① 《七十年征程——江渭清回忆录》,江苏人民出版社 1996 年版,第 461—462 页。
② 中共中央文献研究室:《毛泽东传(1949—1976)》,中央文献出版社 2003 年版,第 1187 页。

五、"农业六十条"修正草案明确规定
以生产队为基本核算单位

　　为了让下放基本核算单位的决策变为全党全国实行的政策,毛泽东认为有必须起草一个文件,把这个问题交到全党面前进行研究,以取得共识。毛泽东把这个任务交给了他的秘书田家英。1961 年 10 月下旬,田家英率领调查组到了山西,在同中共山西省委和长治地委商量后,选择了潞城县的魏家庄大队作为调查对象。魏家庄大队有 200 多户,是长治地区一个基础较好的大队,但由于实行以大队为基本核算单位,生产队与生产队之间搞平均主义,生产队没有自主权,从而影响了生产队的积极性。魏家庄的调查结束后,田家英又选择了晋城县一个独立核算的生产队进行调查,这个生产队只有 20 多户,原来是一个初级社,高级社后到现在,一直是独立核算,自负盈亏。"由于生产和分配统一起来,社员直接看到集体生产的好坏同自己的利益息息相关,因而能够自觉地关心集体,参加管理,监督干部,干部的手脚比较干净,社员之间也便于互相监督,因而这个队生产比较稳定,社员生活也比较好。"①通过对比调查,田家英为中共中央起草了《关于改变农村人民公社基本核算单位问题的指示》草案。

　　1962 年 1 月 11 日至 2 月 7 日,中共中央在北京召开扩大的中央工作会议,即著名的七千人大会。七千人大会对《中共中央关于改变农村人民公社基本核算单位问题的指示》草案进行了讨论。讨论中一个重要意见是许多人提出,要规定将以生产队为基本核算单位四十年不变。一位中央负责同志提议将"四十年"改为"至少二十年内",并要毛泽东斟酌。毛泽东亲笔将其改为"至少三十年内"。他就此批示道:"以改为'至少三十年'为宜。苏联现在四十三年了,农业还未过关,我们也可能需要几十年,才能

─────────

① 董边等编:《毛泽东和他的秘书田家英》(增订本),中央文献出版社 1996 年版,第268 页。

过关。"①

经过七千人大会的讨论，又经过在此前后的试点，在此基础上，1962年2月23日，中共中央正式发出了《关于改变农村人民公社基本核算单位问题的指示》。《指示》指出：1961年10月来，全国各地普遍地进行的关于农村人民公社基本核算单位问题的调查研究和试点工作。这些调查和试点的结果表明，中央和毛泽东提出的以生产队为基本核算单位的意见，完全符合广大农民和基层干部的要求，得到他们的拥护和欢迎。一些地方试行以生产队为基本核算单位后，又一次出现了生产热潮，气象一新。

指示总结了以生产队为基本核算单位的诸多好处：（一）使生产队的生产和分配统一起来，能够比较彻底地克服生产队之间的平均主义；（二）生产队生产经营的独立性大为加强，改变了过去进行生产与安排、指挥生产不统一的状况，生产自主权有了很好的保障。（三）它使社员对自己的劳动成果，看得最直接、最清楚，更适合当前农民的觉悟程度。（四）它便于社员直接参加生产队的管理工作，便于监督干部，更有利于改善集体经济的经营管理。

同时，针对有些一些地方仍然愿意实行以大队为核算单位，党内有少数人不赞成甚至反对基本核算单位下放的情况，指示又提出："在全国各地农村，绝大多数的人民公社，都宜于以生产队为基本核算单位。这一点，经过调查和试点，已经完全可以肯定了。但是，我国地面很大，农村情况很为复杂，不论经济条件生产条件，居住条件，以及集体经济的历史，在许多地方都有许多的差别，所以，就整个农村来说，人民公社的体制，又不应当强求一律。"

《指示》特别强调："在我国绝大多数地区的农村人民公社，以生产队为基本核算单位，实行以生产队为基础的三级集体所有制，将不是短期内的事情，而是在一个长时期间内，例如至少三十年，实行的根本制度。基本核算单位一经确定之后，就要稳定下来，不能任意变动"。②

明确以生产队为基本核算单位，是1961年全党农村大调查的又一重要

---

① 《建国以来毛泽东文稿》第10册，中央文献出版社1996年版，第48页。
② 《建国以来重要文献选编》第15册，中央文献出版社1997年版，第178、180页。

成果。至此,农村人民公社的体制基本稳定下来。虽然修订后的《农村人民公社工作条例》,在今天看来也有明显的不足,它解决了大队内部队与队之间的平均主义问题,而没有解决生产队内部社员间的平均主义,并且还明确规定不许包产到户,但此时的生产队的责、权、利实际上已相当于原来的初级社,具有了较大的生产经营自主权,这正是为广大农民所拥护所欢迎的,这也是在当时的历史条件下对农村政策最大限度的调整。随着"农业六十条"草案及修正草案的制定和实施,农村的形势逐渐好转,农民生活逐步得到改善,并由此带来了共和国经济的复苏。

毛泽东生平与思想研究述评[①]

对毛泽东生平与思想的介绍,最早可以追溯到 20 世纪 30 年代。而严格意义上的研究则是中共十一届三中全会之后才开始的。1993 年以来,毛泽东生平与思想的研究取得了重大进展。毛泽东为何过早放弃新民主主义社会,新民主主义社会能否"回归",毛泽东思想与中国特色社会主义理论之间的关系,成为近来学界讨论较多的话题。

20 世纪的中国历史,与毛泽东的名字紧密相连。从上世纪三四十年代起,人们就从不同的视角、不同的侧面,对毛泽东的生平与思想进行研究。时至今日,人们在深切缅怀他的同时,仍然不断地从他的思想宝库中吸取营养。因此,了解毛泽东和毛泽东思想的研究状况,无疑有助于人们深化对毛泽东历史贡献的认识,加深对毛泽东思想的理解。

---

① 此部分内容由一份讲课稿整理而成。在写作过程主要参考了郭德宏的《毛泽东思想邓小平理论论稿》(中央文献出版社 2003 年版)、《毛泽东思想基本问题专题讲义》(中共中央党校出版社 2000 年版),周一平的《毛泽东思想研究史稿》(华东师范大学出版社 1996 年版)、《毛泽东研究七十年》(山西人民出版社 1993 年版),石仲泉、唐洲雁的《1993 年以来毛泽东思想研究的若干特点分析》(《毛泽东邓小平理论研究》2000 年第 5 期),唐洲雁的《十一届三中全会以来毛泽东和毛泽东思想研究的发展阶段及其特征》(《党史研究与教学》2002 年第 3 期)等。

一、十一届三中全会前的毛泽东
生平与思想研究

毛泽东生平与思想的介绍,最早可以追溯到 20 世纪 30 年代后半期。

有意思的是,目前发现最早的毛泽东传记,竟是共产国际的一份"讣告"。该"讣告"发表在 1930 年 3 月 20 日共产国际的公报——《国际新闻通讯》上。其中说:

> 据中国消息:中国共产党的奠基者,中国游击队的创立者和中国红军的缔造者之一的毛泽东同志,因长期患肺结核而在福建前线逝世。毛泽东同志是大地主大资产阶级最害怕的仇敌。自 1927 年起,代表大地主、大资产阶级利益的国民党就以重金悬赏他的头颅。毛泽东同志因病情不断恶化而去世。这是中国共产党、中国红军和中国革命事业的重大损失。当然,毫无疑问,敌人会因此而感到高兴……作为国际社会的一名布尔什维克,作为中国共产党的坚强战士,毛泽东同志完成了他的历史使命。中国工农群众将永远铭记他的业绩,并将完成他未竟的事业。

"讣告"译成中文约有 1 千字,对毛泽东的出身、学生时代以及五四时期、建党时期、大革命时期的情况都作了记载和评价,并着重介绍了毛泽东创立红军和建立根据地,打破国民党军队"围剿"的功绩。共产国际之所以出现这样的误会,大概是半年前,也就是 1929 年 8 月,中共红四军七大后,毛泽东被迫离开了红四军的主要领导岗位,到闽西指导地方工作,随后因患疟疾病倒了,于是前往上杭县的苏家坡和永定县的金丰山区养病。这时,国民党方面造谣说,毛泽东已死于肺结核病。由于当时通讯极为落后,共产国际方面也听信了这种误传。

这尽管是一个误传,但也说明毛泽东在中国革命中的重要地位已为共产国际所承认。

在新民主主义革命时期,有关于毛泽东的生平传记,影响最大的要数毛泽东口述、斯诺整理的《毛泽东自传》。

斯诺是个富有正义感的美国记者,1928 年就来到中国,为美国、英国的报纸写了许多有关中国的新闻报道。他多次想前往中国共产党领导的革命根据地进行采访,但由于各种原因一直未能成行。1934 年,美国一家出版社曾向斯诺约稿,请他写一本关于中国共产党的书籍,斯诺为此作了一些准备,但由于没有办法收集到第一手材料,只好作罢。1935 年,伦敦的《每日先驱报》又向斯诺表示,愿为他到共产党统治区旅行提供资助。可此时,主力红军已撤出南方根据地,正在长征途中,斯诺自然无法成行。

1936 夏天,斯诺得到一个可靠的消息:已到陕北的中共中央与张学良签订一个停战协定。这个情况引起了他的高度关注,再次燃起了他前往革命根据地访问的热情。

也就在此时,中共中央为了有更多的渠道宣传建立抗日民族统一战线的主张,写信给宋庆龄,请她设法物色一位正直的西方记者和一名外国医生到陕北根据地访问。宋庆龄马上想到了斯诺和祖籍黎巴嫩的美国医生马海德,因为他们俩多次向她表示,希望有机会到共产党领导的根据地访问。通过宋庆龄的关系,北平地下党组织为时在燕京大学任教的斯诺写了一封到陕北苏区的介绍信,并转达了中共中央欢迎他去陕北访问的邀请。这年 6月,斯诺和马海德分别从北平和上海出发,然后在郑州会合,同年 7 月到达陕北苏区。

斯诺到陕北后,毛泽东与他作了多次谈话,主要是谈党的方针政策。在采访快要结束的时候,应斯诺的一再要求,毛泽东花了十几个晚上的时间谈了个人的经历。谈话通常是晚上九点多钟开始,谈到十一二点的时候,招待斯诺吃一顿便餐,对毛泽东自己来说就是晚饭。一般谈到第二天凌晨结束。谈话时由当时任中共中央宣传部副部长的吴亮平(中共十一届三中全会后担任过中央党校顾问)做翻译。

随后,斯诺将自己在陕北苏区的采访整理成《红星照耀中国》一书,先是 1937 年 10 月由英国伦敦的一家出版社出版。接着,美国也出版了这本书。后来,该书先后被翻译成二十多种文字。1938 年 2 月,上海的复社出版了《红星照耀中国》的中译本,并取名为《西行漫记》。随后,《西行漫记》中的第四篇《一个共产党员的由来》被抽出,以《毛泽东自传》的名义,由多家书店出版,产生了很大影响。当时,许多青年知识分子就是通过《西行漫记》或《毛泽东自传》,了解中国共产党和毛泽东,从而奔赴延安,参加革命的。

就国内而言,最早从事毛泽东生平研究的,当属萧三。萧三是湖南湘乡县人。1910年秋,毛泽东从韶山到湘乡县立东山小学堂读书(湘乡与湘潭是邻县,毛外婆家在湘乡),与萧三同学。1914年至1918年毛泽东在湖南第一师范学校读书时,萧三同他又是同学。1918年4月,毛泽东发起成立新民学会,萧三是会员之一。1920年,毛泽东送萧三到法国勤工俭学。1922年秋天,萧三加入中国共产党,后来到苏联学习。1924年曾一度回国,1927年又到苏联工作,直至1939年才回国。在中共的干部中,萧三可以说是与毛泽东同学最久的人。

1939年,尚在苏联的萧三用俄文写了一篇题为《毛泽东》的文章,叙述了毛泽东青少年时代至抗战初期的事迹。次年,这篇文章作为《不可征服的中国》的一部分,由苏联国立军事出版社出版。1941年12月,萧三在当时的中共中央机关报《解放日报》上,发表了《毛泽东同志的少年时代》一文。1942年延安整风开始后,萧三几次在中央直属机关整风小组学习会上,介绍毛泽东的生平事迹。1943年,中共中央书记处书记任弼时要求他写一本毛泽东的传记,以庆祝毛泽东五十大寿。萧三经过自己回忆和对在延安的领导人的访问,为写这本书作了许多的资料准备,但由于毛泽东反对祝寿,书没有写成,但萧三根据掌握的资料,写出了《毛泽东同志传略》、《毛泽东同志的儿童时代》等文章,在解放区的报刊上发表,成为解放区最早介绍毛泽东生平的文章,产生了很大影响。1945年,太岳新华书店还出版了萧三的《毛泽东同志的初期革命活动》一书。

关于毛泽东思想的研究,也是从上世纪40年代起步的。

从目前发现的材料看,对毛泽东思想进行研究较早的文章,当属王明1940年5月7日发表在《新中华报》上的《学习毛泽东》一文。这篇文章原是王明同年5月3日在泽东青年干部学校开学典礼上的讲话(此文还刊登在7月5日出版的《中国青年》第2卷第9期)。文章提出要从五个方面向毛泽东学习,即学习毛泽东始终一贯地忠于革命的精神,勤于学习的精神,勇于创造的精神,长于工作的精神,善于学习的精神。在讲到毛泽东勇于创造的精神时,王明认为"毛泽东同志在理论和实践中有很多新的创造"。文章具体概括了毛泽东在建设苏维埃政权、建立工农红军、革命的军事战略战术、建立民族统一战线、建立新民主主义政权等方面的创造。应当说,这五个方面的概括还是比较符合实际的。王明当时写这篇文章的动机不得而知,但这却是党内对毛泽东思想的组成部分所作的最早的概括。

1941 年 3 月,在党内长期从事宣传和理论教育工作、解放后曾担任中央党校党史教研部主任的张如心,在延安《共产党人》杂志第 16 期上,发表了《论布尔什维克的教育家》,其中最早使用了"毛泽东同志的思想"一词。他说:我们党的教育人才,"应该是忠实于列宁、斯大林的思想,忠实于毛泽东同志的思想,忠实于列宁、斯大林、毛泽东的事业"。

1943 年 7 月 8 日,王稼祥在《解放日报》上发表《中国共产党与中国民族的解放道路——纪念中国共产党二十二周年与抗战六周年》,其中明确提出:"毛泽东思想就是中国式的马克思主义,中国的布尔什维主义,中国的共产主义"。

此后,有关毛泽东思想的宣传研究文章日益增多。1945 年的中共七大上,正式将毛泽东思想确立为全党的指导思想。七大通过的《中国共产党党章》明确写道:"中国共产党,以马克思列宁主义的理论与中国革命的实践之统一的思想——毛泽东思想,作为自己一切工作的指针,反对任何教条主义的或经验主义的偏向。"

从 1944 年开始,各种版本的《毛泽东选集》在各解放区相继出版。其中,最早出版的《毛泽东选集》,是中共晋察冀分局 1944 年 9 月编辑出版的。这是国内的第一部《毛泽东选集》,共收毛泽东的文章 29 篇,主要是抗日战争以来的著作,抗战以前的文章只收入了两篇,即《湖南农民运动考察报告》和《中国共产党红四军第九次代表大会决议案》。这部《毛选》共分五卷,第一卷是总论,第二卷是政治学说,第三卷是军事学说,第四卷是经济学说,第五卷是有关建党和思想文化建设的文章。当时共印了精装和平装两种,各印了两千册,1944 年 9 月发行,几天时间就销售一空。1945 年 3 月重印了一次,也很快卖完了。这部《毛选》1947 年又重新印了一次。后来,各解放区以晋察冀《毛泽东选集》为蓝本，相继编辑出版了各种版本的《毛泽东选集》，收入的文章是大同小异。其中，印刷质量最好、发行最多的是东北解放区出版的《毛泽东选集》（这大概与东北解放区经济条件较好有关）。

新中国成立后，全国迅速掀起了学习和宣传毛泽东思想的高潮。从1951年至1960年，经毛泽东本人审定的《毛泽东选集》一至四卷先后出版。

1950年，中共中央成立了毛泽东选集出版委员会，由刘少奇任该委员会的主任。《毛泽东选集》是在毛泽东的直接主持下进行的，选编的各篇文章，都由毛泽东亲自校阅过，其中有些地方毛泽东作了一些文字上的订正，也有个别文章曾作过一些内容上的修改和补充。为了使编辑工作做得更快更好，毛泽东还请斯大林派人来帮助工作。曾担任苏联驻华大使的尤金就参加过《毛选》一至二卷的编辑。1951年10月，《毛选》第一卷出版。第二年和第三年，分别出版了第二卷和第三卷。1960年出版了第四卷。解放后出版的《毛选》与各解放区出版的《毛选》比，文章的篇幅增多了，质量提高了，还出版了多种少数民族语言本。

《毛选》一至四卷主要是供领导干部、知识分子学习和研究毛泽东思想使用的。四卷出齐后，毛泽东的秘书，也是毛泽东著作出版委员会成员的田家英认为，这四大本《毛选》分量太大，不适合一般干部阅读，建议在这四卷本的基础上，出版一本《毛泽东著作选读》。这个建议得到了中共中央和毛泽东的同意。1964年7月，《毛泽东著作选读》甲乙两种本分别由人民出版社和中国青年出版社出版。其中，甲种本适合一般干部阅读，乙种本以广大工农群众和青年学生为读者对象。

在建国后的毛泽东思想的宣传、研究中，不能不提到陈伯达和他的《论毛泽东思想》。

陈伯达是福建人，1927年在大革命失败之际加入共产党，1937年9月到延安，不久成为毛泽东的秘书。1943年，陈伯达写了《评〈中国之命运〉》，发表之后影响很大，陈本人也逐渐成为党内有名的大秀才、理论家。1951年7月，也就是中国共产党成立三十周年之际，他在《人民日报》上发表了《毛泽东思想是马克思列宁主义与中国革命的结合》一文。接着，人民出版社又将其作为小册子（书名为《论毛泽东思想——马克思列宁主义与中国革命的结合》）出版。陈伯达的文章主要论述了毛泽东关于新民主主义革命的理论,文章包括"毛泽东同志是马克思列宁主义在中国最杰出的代表","近代中国是东方许多矛盾的焦点","中国革命是世界革命的一部分","无产阶级领导的人民大众的革命","从农村的革命根据地到全国的革命胜利","又联合又斗争的广泛统一战线","从民主革命到社会主义革命的转变问题","党的建设问题"等八个方面的内容,已大体上包含了毛泽东思想的各个方面。当然,作为一篇文章,受篇幅及时代条件的限制,对毛泽东的政策与策略思想、军事思想、建党思想等等,虽然有所提及,但没有深入论述,更没有说明毛泽东思想是中国共产党集体智慧的结晶。但在当时应该说这是毛泽东思想研究较有水平的理论文章。

"文化大革命"前关于毛泽东生平的著作,影响最大、水平最高的当数李锐的《毛泽东同志的初期革命活动》。李锐从1958年至1959年庐山会议期间曾当过毛泽东的兼职秘书。他是湖南平江人,参加革命后长期从事报纸编辑和党的宣传工作。1949年湖南解放后,李锐回到湖南任省委机关报《新湖南报》社长和湖南省委宣传部长,从而开始收集毛泽东在湖南的资料。1952年上半年,李锐写出了《毛泽东同志的初期革命活动》一书的初稿。书稿刚刚写完,李锐就被调任中央燃料工业部任职,没有时间再进行此书的修订工作,就将书稿交给田家英修改、整理。田家英略作删改后,交《中国青年》杂志连载,从1953年起,共连载了两年。1956年,中国青年出版社要出版这本书,李锐将田家英删去的部分又恢复过来,并于1957年8月出版。这本书共有20万字,分为《学生时代》、《五四运动前后的革命活动》、《建立中国共产党的活动》、《毛泽东同志领导的湖南初期工人运动》四章,全面介绍了毛泽东从出生到1923年大革命前的生平事迹。这是新中国成立以来国内第一本全面介绍毛泽东早期革命活动的著作。1980年,湖南人民出版社组织人对书稿作了修订,改名为《毛泽东的早期革命活动》重新出版。

据统计,至十一届三中全会前的二十多年间,各种报刊发表的学习、宣传、研究毛泽东生平与思想的文章共有1.2万篇,编印出版的各种书籍达500余种。虽然这些文章和出版物多数是学习心得或辅导材料,但对于毛泽东思想的宣传起了巨大作用,使毛泽东思想得到大普及。

不过,从20世纪50年代后期开始,曾出现了把毛泽东神化和将毛泽东思想拔高的趋势。到了"文化大革命"之中,随着林彪、康生等人的鼓吹,毛泽东思想更被简单化、庸俗化、教条化、迷信化,受到严重的歪曲。至于毛泽东更是被完全神化,对毛泽东的个人崇拜,也到了无以复加的地步。

"文化大革命"期间,出版了大量的毛泽东著作。据统计,总共发行的各种版本的《毛泽东选集》达到 8640 多万部,相当于"文化大革命"前出版的《毛泽东选集》的七倍半。此外,《毛泽东著作选读》发行了 4750 万册,《毛主席语录》发行了 3 亿 5 千万册,至少每个家庭都有一本《毛主席语录》,还印行了大量的毛泽东著作单行本。"文化大革命"期间,学习毛泽东思想表面上看起来轰轰烈烈,实际上基本上是形式主义。至于毛泽东生平与思想研究性的文章,可以说是一篇都没有,更不要说有关学术著作了。

二、十一届三中全会以来毛泽东和
毛泽东思想研究的大致进程

严格意义上的毛泽东生平和思想研究,是中共十一届三中全会之后的事。这些年来,有关毛泽东和毛泽东思想的研究,又大致可以分为两个大的阶段。

第一阶段,从 1978 年中共十一届三中全会的召开至 1993 年毛泽东诞辰 100 周年。这一阶段又可分为这样几个时间段:

一是从中共十一届三中全会至 1981 的中共十一届六中全会《关于建国以来党的若干历史问题的决议》的通过。这一时期毛泽东和毛泽东思想研究的主要任务,是理论上正本清源、政治上科学定位。1978 年的真理标准大讨论是一次伟大的思想解放运动,破除了"两个凡是"对中国人的束缚。在这个基础上召开的十一届三中全会,确立了解放思想、实事求是的思想路线。但是,在解放思想的过程中,也有极少数人曲解"解放思想"的口号,利用拨乱反正的机会,极力夸大毛泽东晚年的错误,企图否定毛泽东思想的指导地位。

在这个关键时刻,邓小平旗帜鲜明地提出了"坚持四项基本原则"的问题,并亲自主持起草了《关于建国以来党的若干历史问题的决议》(以下简称《决议》),实事求是地总结了新中国成立以来党领导人民进行社会主义革命和建设的历史经验,科学地评价了毛泽东的功过是非,明确指出毛泽东的功绩远远大于他的过失。《决议》从理论上阐明了毛泽东思想的科学定义和基本体系,从而恢复了毛泽东思想的本来面目,极大地统一了全党的思想认识。

邓小平在指导起草《决议》时,强调要牢牢地把握住这样几个环节,对毛泽东和毛泽东思想进行科学评价:

——评价毛泽东要实事求是和恰如其分,要正确处理毛泽东的历史功绩和他晚年的错误这两者的关系,应当承认毛泽东犯了错误,甚至是犯了相当严重的错误,但这是一个伟大的革命家犯错误,是一个伟大的马克思主义者犯错误。

——党用毛泽东思想教育了整整一代人,使中国共产党赢得了革命战争的胜利,建立了中华人民共和国。毛泽东晚年错误是在一定时期和一定范围背离毛泽东思想所造成的,纠正这个错误,正是要靠毛泽东思想,正是要把握这个契机更好地坚持和发展毛泽东思想。

——历史上的错误,不应该着重个人的责任,而应该着重分析历史的复杂背景,分析错误的内容和原因,吸取错误的教训,明确纠正错误和避免重犯错误的方法。不论经验还是教训都是党和人民的宝贵财富。

——毛泽东的错误,一定要毫不含糊地进行批评,但是一定要实事求是,分析各种不同的情况,不能把所有的问题都归结到个人品质上。毛泽东不是孤立的个人,他直到去世,一直是中国共产党的领袖。不能将错误的责任全都推到毛泽东一个身上,中央有责任,中央许多负责同志也有错误。

邓小平的这些话,不但是对毛泽东和毛泽东思想历史地位的科学总结,也是研究毛泽东和毛泽东思想应当坚持的基本准则。1981年中共十一届六中全会通过了《关于建国以来党的若干历史问题的决议》。《决议》的核心内容其实就是如何评价毛泽东和看待毛泽东思想,强调毛泽东的历史贡献是第一位的,缺点和错误是第二位的,并且将毛泽东思想与毛泽东晚年的错误作了区分,体现了邓小平作为政治家的远见卓识。

二是从1981年下半年学习《关于建国以来党的若干历史问题的决

议》,到 1983 年年底纪念毛泽东诞辰 90 周年。从这时起,毛泽东和毛泽东思想的研究可以说是正式起步。

《决议》通过之后,全党全国很快掀起了一个学习高潮。通过对《决议》的学习,使全党的思想认识得到了统一,也使有关毛泽东和毛泽东思想的研究进入了一个新的阶段。不少研究工作者围绕《决议》作了许多阐释性工作,其中尤以中共中央文献研究室组织编写的《〈关于建国以来党的若干历史问题的决议〉注释本》影响为著。这本书对新中国成立后的若干重大历史问题作了比较详细的分析,编写者的阵营也很强大,许多人参加过《决议》的起草。与此同时,理论界围绕毛泽东思想的定义、体系和活的灵魂等基本问题展开研究,并对毛泽东思想"是马克思列宁主义在中国的运用和发展","毛泽东思想不包括毛泽东晚年错误"等表述进行探讨。根据《决议》指出的"毛泽东思想是中国共产党集体智慧的结晶"的精神,对周恩来、刘少奇、朱德等生平与思想的研究,也日渐为学术界所重视。正是为了适应这种研究和学习的需要,中央文献研究室编辑出版了一批老一辈革命家的《选集》或《文选》,如《周恩来选集》、《刘少奇选集》、《朱德选集》、《邓小平文选》等。

三是从 1983 年毛泽东诞辰 90 周年之后到 1989 年"政治风波"之前。在这个时期,毛泽东和毛泽东思想的研究队伍已经基本形成,全国先后有十几个省市成立了毛泽东思想研究会,毛泽东哲学思想研究会等各个专业研究会也相继成立。同时,研究阵地也在不断扩大,各种专业期刊已接近 10 种,发表的学术文章和出版的理论专著逐年增多。国外关于毛泽东及毛泽东思想研究的动态、信息和观点,也逐渐被介绍,对开阔国内研究人员的视野起了积极的作用。其中,中央文献研究室从 1986 年开始编辑出版的《国外研究毛泽东思想资料选辑》丛书,在学术界产生了较大影响。

应当说明的是,在此期间,毛泽东和毛泽东思想研究在取得较大进展的同时,也存在一些从右的方面否定毛泽东和毛泽东思想的倾向。例如,有人虚构毛泽东的所谓"仇父恋母情结",通过所谓"精神分析",来诋毁毛泽东的政治品格。也有人主观随意地对毛泽东与马克思、列宁的哲学思想进行所谓"比较"研究,全盘否定毛泽东哲学的伟大贡献。

四是从 1989 年下半年到 1993 年年底毛泽东诞辰 100 周年。这是毛泽东和毛泽东思想研究出现热潮的几年。1989年的"政治风波"和苏联东欧剧变之后,国内理论界、学术界开始反思毛泽东建国后的有关论述,深入总结其中的经验教训,发表了一批有分量的著述。例如毛泽东20世纪60年代初关于防止"和平演变"的论述,就曾引起部分研究者的浓厚兴趣。这期间又适逢纪念中国共产党成立七十周年,围绕总结党的历史经验和宣传毛泽东思想,也产生了一批为数可观的研究成果。在此之前,人们对毛泽东的生平事迹的了解,主要是一些回忆录,除此之外几乎没有专门的著述。这几年,《历史选择了毛泽东》、《走向神坛的毛泽东》、《走下神坛的毛泽东》等纪实性、通俗化作品的出版,在一定程度上满足了广大读者对深入了解毛泽东的需要。由于各种因素的影响,到毛泽东诞辰100周年的时候,引发出了"毛泽东热",各地新华书店积存的《毛泽东选集》竟一购而空,读者纷纷要求增印"毛选"。为此,中共中央决定将《毛泽东选集》修订后重新出版。1991年该书第二版出版,全国一下子就销掉了800万套。这一年,毛泽东和毛泽东思想的研究达到高潮,有关研究文章、著作就达到6000余篇(本)之多。

第二阶段,是自1994年至今,有关毛泽东和毛泽东思想的研究,进入了一个平稳发展的新时期,并在毛泽东诞辰110周年之际出现了一个新的高潮。

1994年以来,毛泽东思想研究在过去的基础上又有了一定的新进展,研究视野不断开阔,一些过去未曾涉猎和较少涉猎的领域,开始逐渐成为人们的研究重点。如对毛泽东关于自然科学和自然辩证法思想的研究,这几年就相继有成果问世。此外,关于毛泽东国际战略思想、新民主主义社会理论、发展资本主义的认识等问题,也越来越引起人们的研究兴趣。一些过去已经有所研究或者取得一定成果的领域,开始逐渐向全面化、系统化、体系化的方向发展。

1998年起,高等学校政治理论课程设置中,开始开设"毛泽东思想概论",各地均组织编写了一批相关教材和辅导读物。为配合这门课程的教学,教育部和各省、市、自治区教育厅亦举办各种形式的培训班或研讨班,一批从事中国革命史教学的高校教师相继改为从事毛泽东思想的教学与研究,从而壮大了研究队伍。全国普通高校有1千多所,以每所高校平均有两至三名教师从事毛泽东思想的教学计算,人数就有数千人。如果加上各级党校和各级党史研究部门的人员,从事毛泽东思想教学与研究的队伍是很庞大的。

2003 年 12 月,中央有关部门在北京联合举行纪念毛泽东诞辰 110 周年学术讨论会,各地也召开了各种学术研讨会,从而把毛泽东和毛泽东思想研究推向了新的高潮。2003 年 12 月 26 日,中共中央举行座谈会,纪念毛泽东诞辰 110 周年。中共中央总书记胡锦涛发表重要讲话,强调毛泽东毕生最突出最伟大的贡献,就是领导我们党和人民找到了新民主主义革命的正确道路,完成了反帝反封建的任务,建立了中华人民共和国,确立了社会主义基本制度,并从中国实际出发探索社会主义建设的道路,为古老的中国赶上时代发展潮流、阔步走向繁荣昌盛创造了根本前提,奠定了坚实的理论和实践基础。胡锦涛重申,在任何时候任何情况下,我们都要始终高举毛泽东思想的伟大旗帜。

2003 年以来,毛泽东及毛泽东思想研究在原有的基础上取得了新的进展。

三、近年来毛泽东和毛泽东思想研究取得的主要成果

概括地说,1993 年以来,毛泽东和毛泽东思想研究的成果,主要表现在:

第一,编辑出版了一批毛泽东著作。中共十一届三中全会以后,随着毛泽东和毛泽东思想研究的深入,中央有关部门相继编辑出版了《毛泽东书信选集》、《毛泽东农村调查文集》、《毛泽东新闻工作文选》、《毛泽东早期文稿》、《毛泽东哲学批注集》等。1991 年再版了《毛泽东选集》。1993 年以来,又出版了《毛泽东军事文选》(六卷本)、《建国以来毛泽东军事文稿》(三卷本),《毛泽东文集》一至八卷,出齐了《建国以来毛泽东文稿》一至十三册。《毛泽东外交文选》、《毛泽东在七大报告和讲话集》、《毛泽东西藏工

作文选》、《毛泽东诗词集》、《毛泽东文艺论集》、《毛泽东致韶山亲友书信集》、《毛泽东论林业》等也得以出版,并编印了《毛泽东著作专题摘编》。

在这里,对《毛泽东文集》和《建国以来毛泽东文稿》的出版情况作一点简要的介绍。

《毛泽东文集》是继《毛泽东选集》之后的又一多卷本毛泽东著作集,于1999年6月出齐,收入了《毛泽东选集》之外的许多重要文稿、讲话和谈话,共8卷。《文集》共收入毛泽东的长短文章838篇,其中建国前的文章有299篇。在这838篇文章中,属于第一次公开发表的有586篇,占68%。《文集》收进的文章,从篇目上来讲,要大大超过《选集》,对于民主革命时期的文章,凡《选集》已收入的,《文集》就是不再收入,以免重复。《文集》与《选集》最大的不同,是《文集》的第六至第八卷收入毛泽东建国后今天看来正确或比较正确的文章。当然,与《选集》一样,那些现在看来不正确或有错误的文章,如"文化大革命"期间的一些讲话,就没有收入。至于"文革"期间一些正确的东西也收入到了《文集》之中。这类文章共收入了5篇,其中4篇属于国际与外交问题,1篇是关于文艺政策问题。

为什么毛泽东的著作出版了《选集》还要出版《文集》呢?主要是《选集》出版时,还有大量的毛泽东民主革命时期的好文章没有收进去。同时,建国后毛泽东虽然也有失误,但在社会主义革命和建设问题上,仍有许多精辟的论述,其中不少思想观点今天看来也是正确的或基本正确的,仍有指导意义,而这方面的文章没有收到《选集》去,这对于人们全面准确地理解毛泽东思想是不利的,对于深入研究毛泽东思想也是不利的。社会上曾有这样一种错误的说法,说毛泽东只会打仗,不会搞建设。也有人说,毛泽东建国后特别是1956年以后没有干过什么好事,除了失误还是失误。这些说法是非常片面的,也是很不负责任的。这套文集的出版,就是一个很好的回答。

关于毛泽东建国后的著作,1977年毛泽东逝世一周年之际,曾出版了《毛泽东选集》第五卷,收入了1949年至1957年的70多篇文章。其实,早在20世纪60年代《毛泽东选集》第四卷出版后,就开始了《毛选》第五卷的编辑工作。后来,"文化大革命"爆发,作为《毛选》编辑委员会主任的刘少奇也被打倒,参与编《毛选》五卷的人,有的搞"革命"去了,有的被打倒,《毛选》第五卷自然编不出来。1975年，邓小平在领导全面整顿的时候，又组织了一班人马编《毛选》第五卷，可不久又发生了所谓"反击右倾翻案风"，第五卷还是没有编成。1976年毛泽东去世后，中共中央立即作出编辑出版《毛选》第五卷和《毛泽东全集》的决定。这一次，第五卷编得很快，第二年就编出来，但因为《选集》第五卷是在十一届三中全会召开前选编的，加以时间很仓促，所以选进了一些今天看来不是那么十分恰当的文章，比如其中好几篇关于反右派运动的文章，收入选集中就不那么合适。因为选集不同于全集，既然叫选集，收入的文章当然是有选择的。所以到1982年，中共中央就决定停止《毛选》五卷的发行。至于《毛泽东全集》，虽然从决定编辑至现在快四十年了，但还没有出版的迹象，看来在一个可以预见的时间内出版全集的条件还不成熟。

《毛选》第五卷停止发行后，毛泽东建国后的许多正确或比较正确的著作，却又没有专门加以汇集出版。对于毛泽东这样伟大的人物，迟迟不将他的文章汇集出版，怎么也是说不过去的。1990年开始，中央有关部门乃着手出版《毛泽东选集》一至四卷的第二版。这时遇到了一个问题：毛泽东还有许多很好的文章，是不是趁机收进选集呢。当时主持中央宣传思想工作的胡乔木（胡曾是毛泽东的秘书之一，当年称毛泽东有五大秘书，即胡乔木、陈伯达、田家英、叶子龙和江青）认为这样不妥，因为《毛选》一至四卷是毛泽东生前亲自选定的，别人无权把别的文章选进去。于是，中央有关部门就决定将毛泽东1921年以来直至去世期间，现在看来正确或比较正确的文章进行选编，编辑出版了八卷本的《毛泽东文集》，成为我们今天学习和研究毛泽东思想的重要原著。

《建国以来毛泽东文稿》（13卷本）编辑和出版都要早于《毛泽东文集》，1988年就出版了第一册，于1998年1月出齐，前后共花了十年时间。这是一套供研究之用的多卷本文献著作集，系统收入了建国后毛泽东的大量文稿，其中既有为实践证明是正确的判断和观点，也有为实践证明是不正确或不完全正确的判断和观点。这是一个供研究用的本子，当时出版时还限制了读者对象，只供地厅级以上领导干部和研究人员阅读。后来似乎没有严格地执行这一规定，一般读者也可以从书店里买到此书。《文稿》选编的标准，以是否为毛泽东手稿，是否经毛泽东审定为依据，而不是根据正确与否来划分。至于大量的讲话因未经毛泽东本人审定,则没收入。

这两套毛泽东著作集,都具有十分重要的理论价值和资料价值,对于进一步开展毛泽东思想的研究,起到了极大的推动和促进作用。尤其是《建国以来毛泽东文稿》,对于研究毛泽东建国以来的思想,对于了解这一时间有关重大决策,都是不可或缺的。

第二,出版了大量的有关毛泽东的传记,使人们全方位地了解和认识毛泽东。这些年来,对毛泽东生平及事迹的研究,最重要成果是先后出版了由中央文献研究室组织编写的《毛泽东传(1893—1949)》、《毛泽东传(1949—1976)》和《毛泽东年谱(1893—1949)》,从而结束了中国人只能读到外国人撰写的毛泽东传记的历史。特别是《毛泽东传(1949—1976)》以丰富翔实的档案资料,生动细腻地叙述了毛泽东在领导恢复国民经济、实现社会主义改造、探索中国社会主义建设道路过程中所作的重大决策和深入思考,全面反映了他在确立社会主义根本制度、开创中国社会主义现代化道路中所建立的丰功伟绩,同时对毛泽东的晚年错误也作了实事求是的叙述和分析。这是近年来毛泽东生平特别是其晚年研究取得的一大成果。全书共 130 万字,其中引用的不少档案资料为首次公布。中央文献研究室编写的《毛泽东年谱(1893—1949)》,分上、中、下三卷,总计近 140 万字,如实记录了毛泽东自 1893 年 12 月 26 日诞生之日起至 1949 年 9 月 30 日新中国建国前夕的生平、经历和实践活动,为人们研究毛泽东民主革命时期的生平和思想提供了一个较准确的依据。

此外,薄一波的《若干重大决策与事件的回顾》和《领袖元帅与战友》,吴冷西的《十年论战——1956—1966 中苏关系回忆录》、《忆毛主席》,及《胡乔木回忆毛泽东》、《杨尚昆回忆录》、林克等人的《历史的真实》、李锐的《"大跃进"亲历记》和《庐山会议实录》等,也披露了许多鲜为人知的史料,澄清了许多不实的讹传。此外,陈明显的《晚年毛泽东》、陈晋的《文人毛泽东》、杨奎松的《毛泽东与莫斯科的恩恩怨怨》等,也从不同的角度对毛泽东生平事迹作了介绍,是近年来毛泽东生平研究中质量较高的著作。2003 年毛泽东诞辰 110 周年之际,不少出版社又相继推出了一批毛泽东生平的著作,如人民出版社的《毛泽东书系》、中共党史出版社再版的《毛泽东之路》等。

第三，出版了一大批毛泽东思想研究的著作，发表了大量的毛泽东思想研究论文。中共十一届三中全会特别是20世纪90年代以来出版的毛泽东思想研究的重要著作，概论方面，有金春明等的《毛泽东思想基本问题》，庄福龄、王顺生主编的《毛泽东思想概论》；毛泽东思想史方面，有金春明、陈登才主编的《毛泽东思想发展史》，杨超、毕剑横主编的《毛泽东思想史》1至4卷等；关于毛泽东早期思想，有汪澍白的《毛泽东早年心路历程》，李锐的《三十年岁以前的毛泽东》等；关于毛泽东晚年思想，有王立胜的《晚年毛泽东的艰苦探索》，许全兴的《毛泽东晚年的理论与实践》；在毛泽东思想的发展阶段研究上，有李君如的《毛泽东与近代中国》、《毛泽东与当代中国》、《毛泽东和毛泽东以后的当代中国》，周承恩、郑谦主编的《毛泽东的思想与理论（1956—1976）》等；关于毛泽东哲学思想，有杨春贵的《毛泽东哲学思想史》，雍涛等人的《毛泽东哲学思想与马克思主义中国化》等；关于毛泽东政治思想，有萧超然的《毛泽东政治发展学说概要》，徐育苗的《毛泽东政治学说》等；关于毛泽东经济思想，有顾龙生的《毛泽东经济评传》，董志凯的《延安时期毛泽东经济思想》等；关于毛泽东党的建设思想，有赵云献主编的《毛泽东建党学说论》等。此外，汪澍白的《毛泽东思想与中国文化传统》，王子今的《毛泽东与中国史学》，王兴国的《毛泽东与佛教》，王骏的《毛泽东与中国工业化》，谢武军的《毛泽东与二十世纪中国文学》等，也从不同角度，对毛泽东有关中国文学、文化、历史等各方面的思想作了深入的研究。

1993年至2003年的十年间，毛泽东和毛泽东思想的研究上取得了许多的成果，使这一问题的研究达到了一个新的高度。从中国国家图书馆检索的结果是，以"毛泽东思想"为题的著作有1046种，书名为"毛泽东思想概论"的有261种，以"毛泽东军事……"为题的有90种，"毛泽东哲学……"为题的有27种，"毛泽东经济……"为题的26种，"毛泽东教育……"为题的17种。就是关于毛泽东体育、卫生、编辑等方面思想的研究，也有专著出版。也就是说，毛泽东思想的各个方面都有相关专著。这些著述大多是1993年之后出版的。论文发表的情况更是蔚然可观。从1982年至1992年，收入《全国报刊索引》，题名中含有"毛泽东"几字的文章有6481篇。1993年至2003年共有13277篇，其中2000年至2001年两年中有 1848 篇,2002 年有 1053 篇,2003 年有 916 篇。这些文章,所研究的内容更是涉及毛泽东生平和思想的各个方面。

2003 年以来,学术界又出版了一批与毛泽东有关的研究著作,如中共中央文献研究室的《毛泽东思想形成发展大事记》、中共湖南省委党史研究室的《毛泽东与他家乡的省委书记》、余伯流的《历史转折中的毛泽东张闻天周恩来》、李瑗的《毛泽东与邓小平》、黄允升的《毛泽东三落三起:开辟中国革命道路的艰难与曲折》和《毛泽东与王明》、程中原的《毛洛合作与长征胜利》、周文琪的《伟大的征程——中苏关系曲折发展中的毛泽东》、沈志华的《毛泽东、斯大林与朝鲜战争》、徐家林等的《毛泽东职业教育思想论》、沙健孙的《毛泽东与新中国建设》、梁柱的《毛泽东与中国社会主义事业》、石仲泉的《我观毛泽东》、刘庭华的《毛泽东军事思想史纵论》等。这些著述从不同侧面、不同角度深化了毛泽东生平与思想的研究。这些年来,有关毛泽东的研究文章仍然很多。从中国知网检索可知,标题中含有"毛泽东"字样的文章 2006 年至 2008 年每年基本接近 2000 篇,而 2009 年达到 2050 篇,2010 年为 2187 篇,2011 年为 2325 篇,出现逐年增多的趋势。可见,毛泽东生平与思想的研究仍是学术界非常关注的话题。

四、近年来毛泽东和毛泽东思想
研究的几个热点问题

国内在近年来对毛泽东及毛泽东思想的研究中,讨论比较集中,甚至引发争论的问题,主要有如下几个方面:

1.关于毛泽东"伟大的马克思主义者"问题。《辞海》1999 年版发行后不久,《南方周末》于 1999 年 10 月 15 日发表《'99 新版〈辞海〉中的"毛泽东"》一文,提示读者注意《辞海》修改"毛泽东"条目释文中的"总评及对晚年毛泽东的评价",并特地提到《辞海》1979 年版称毛泽东为"伟大的马克思列宁主义者",1989 年版改称"马克思列宁主义者",1999 年版删去了前两版的上述称谓。随后,《中国合作新报》10 月 28 日发表《'99〈辞海〉重新

评价毛泽东》的文章,文中加了一个小标题:"为毛泽东摘掉'马列帽'"。文章中说,比较三个版本《辞海》关于毛泽东的评价,"可见中国改革开放的深层轨迹"。对此,《真理的追求》在1999年第12期和2000年第1期发表《毛泽东是伟大的马克思列宁主义者的评价不容否定》、《岂能"为毛泽东摘掉'马列帽'"》等几篇文章,提出批评意见。针对以上批评,《辞海》总编辑夏征农在《百年潮》杂志2000年第6期上发表《致〈中流〉杂志编辑部函》。函中说:《辞海》"毛泽东"条的概括语中从1989年版起删去"伟大的",并非是贬低毛泽东,而是贯彻有关中央领导关于辞书重要人物条目不用颂扬性评价语的精神。"至于新版《辞海》将'毛泽东'条概括语中的'马克思列宁主义者'改为'毛泽东思想的主要创立者',则是为了表明毛泽东是具有独创性和突出贡献的马克思列宁主义者。"

《辞海》对毛泽东条目上的处理,本来并没有什么值得大惊小怪的。其实,1999年版的《辞海》只是将1989年版中的"马克思列宁主义者"改为"毛泽东思想的主要创立者",同时在条目的末尾注明"参见'毛泽东思想'"。而《辞海》毛泽东思想的条目中写得很清楚,毛泽东思想是"马克思列宁主义在中国的运用和发展","以独创性的理论丰富和发展了马克思主义",应当说,如果将这两条联系起来看,意思还是很清楚的,并没有否定毛泽东作为伟大的马克思列宁主义者的历史地位。而且《辞海》这样处理,也是有依据的。早在1987年,中共中央政治局常委会就同意在辞书中重要人物的条目中,不再使用颂扬性的词语,1989年版《辞海》中去掉"伟大"的几个修饰词,就是这样处理的。这场争论本来是不应该产生的,问题出在《中国合作新报》将《辞海》的这种处理说成是"中国改革的深层轨迹"。文章的作者和编者可能有意无意在追求所谓的轰动效应,但产生的客观效果不好。关于毛泽东的任何评价,不单单是如何看待毛泽东的是非功过的问题,而是关系到党和国家的大事。从某种意义上讲,毛泽东是中国共产党的象征,对毛泽东任何不负责任的评价,都会影响到中国共产党的形象。

2.如何评价毛泽东。前几年,一些网站相继发表有关评价毛泽东的文章,其中有的比较客观,但有的文章存在"左"右两种倾向。从"左"的方面来说,有的人极力肯定毛泽东晚年的错误,继续神化毛泽东。例如有人用"真由美"的笔名,在网上发表系列文章《毛泽东是神不是人》,说毛泽东根本不是人,而是神,而且比神还伟大。也有人从右的方面极力否定毛泽东的功绩和毛泽东思想的指导作用,甚至对毛泽东和毛泽东思想加以攻击和诬蔑,认为毛泽东建国以后做好了的事不多,基本上是错误的。甚至有文章说:毛泽东的道路不是通向"现代文明社会,而是指向一个从精神到物质从物质到精神全被专制统治一体化了的荒诞世界"。在某些公开发表或出版的著述中,也有人隐晦地否定毛泽东和毛泽东思想。以上这两种错误倾向,实际上已超出了理论研究的范围。

毛泽东当然是个人,但不是普通的人,是一个对中国革命和建设作出了巨大贡献的伟人。毛泽东是一个不知疲倦的探索者。他在探索一条中国特色的革命道路时,取得了巨大的成功。在社会主义建设道路的探索上,既有成功的经验,也有失败的教训。不承认毛泽东在探索过程中出现严重的失误是不够实事求是的,如果说毛泽东完美无缺,"文化大革命"这样全局性的错误,就不好解释了。当然,过分地夸大他的失误,也是不可取的。既然是一种探索,也就难免出现失误,正如他自己讲的,社会主义谁也没搞过,不可能先学会社会主义再去搞社会主义。他为中国走出一条自己特色的社会主义道路所作的探索,不管是成功的经验还是失败的教训,都为后人留下了宝贵的财富。

3.关于毛泽东为何过早放弃新民主主义理论的问题。改革开放以来,许多学者认识到毛泽东的新民主主义理论和邓小平的社会主义初级阶段思想有相似之处,逐步重视新民主主义理论的研究。近年来,一些学者就新民主主义社会问题有了更深的思考。有的学者认为,毛泽东放弃新民主主义社会的原因:一是新民主主义理论的提出,适应了当时团结各方抗日的形势,带有策略性,使得这一理论具有不稳定性。二是对什么是社会主义,如何建设社会主义认识不成熟。三是苏联模式在实践中取得巨大成就,其弊端并未充分显现,促使毛泽东倾向苏联模式。也有的学者提出,毛泽东的新民主主义论对经济发展要达到什么程度,才能向社会主义过渡的问题,缺乏深入思考,他在考虑中国建立社会主义制度的条件时,更多地注重政治因素,不太注意全社会的生产力发展水平和现代化程度。还有学者在谈到毛泽东为何放弃新民主主义社会论时,认为新民主主义社会论本身存在缺陷,一是革命阶段衔接的模糊性;二是主要矛盾与中心任务的二元论;三是新民主主义社会性质的不确定性;四是新民主主义社会形态的短期性。正因为如此,建国之后,毛泽东很快放弃新民主主义社会的理论也就是必然的了。

与此相关联的是关于毛泽东是否有民粹主义思想的争论。《中共党史研究》1998年第6期上,发表中共中央党史研究室主任胡绳的《社会主义和资本主义的关系:世纪之交的回顾和前瞻》一文。文章在总结中国社会主义建设的经验时,认为毛泽东"曾染上民粹主义色彩"。在1999年第3期的《中国社会科学》上,又发表了胡绳的文章《毛泽东的新民主主义论再评价》,文章肯定毛泽东从理论和实践两方面坚定地、透彻地反对民粹主义,是党内的第一人的前提下,进一步阐发和论证了他在前一篇文章中的观点,指出中国革命和建设中的一个重要问题就是处理资本主义与社会主义的关系问题,也就是用民粹主义思想还是根据马克思主义理论去处理这个关系的问题。对此处理得好,革命和建设事业就顺利,解决得不好,就会产生各种各样的问题。这篇文章实际上是胡绳1998年12月26日在湖南举行的"毛泽东、邓小平与马克思主义中国化"理论讨论会上的一个发言。当时就有与会者提出不同意见。此后,《中流》、《中共党史研究》、《中国社会科学》等刊物上相继发表文章,赞成或反对胡绳的观点,成为世纪之交理论界特别是党史界展开了激烈争论的一个问题。

4.能否"回归新民主主义社会"的问题。当下有人认为,现在的社会主义初级阶段,实际上就是当年新民主主义社会的回归,只不过名称叫社会主义初级阶段罢了。亦有人主张中国发展到现在,已有许多现象用中国特色社会主义理论无法解答,而新民主主义理论则可以对这些社会现象作出合理的解释。人们将这种观点概括为"新民主主义回归"论。

笔者认为,今天的社会主义初级阶段与当年的新民主主义社会,无疑有许多相类似的地方,如根本政治制度与基本制度都是一致的,不论是当下还是当年,中国共产党在国家政治生活中都是居于领导地位;人民代表大会制度作为根本政治制度,中国共产党领导的多党合作与政治协商制度和民族区域制度作为基本政治制度,在这两个历史阶段都是相同的;在经济制度上也有许多相类似甚至相一致的地方,如多种所有制共存,多种分配形式共存,都是通过市场配置资源等。但恐怕不能简单地认为前者是后者的"回归"或"复归",因为新民主主义社会与社会主义初级阶段,虽然都是多种经济成分共存,但在所有制结构仍有明显的差异,这主要是前者土地归农民个人所有,后者土地则为农民集体所有。更为重要的是,如果将今天的社会发展阶段重新定性为新民主主义社会,那就意味着当年的社会主义改造及由此建立的社会主义制度,实际上都是不应当的,因而对社会主义改造问题的评价,根本不是搞早了、搞快了的问题,而是该不该搞的问题。这样一来,中共十一届三中全会前的二十余年的历史就不好解释,而且会由此引起重大的思想混乱。不但如此,当今的一些社会现象与社会问题,也并非都是新民主主义理论可以解释和解决的,因为当下的国情与新民主主义社会阶段的国情已经发生了很大的变化。其实,社会主义初级阶段的含义十分清楚,用社会主义初级阶段的理论反倒能更好地解释当今的社会现象和解决当今的社会问题。所以,在当下,必须坚持社会主义初级阶段理论,坚持党在社会主义初期阶段的基本路线、基本纲领和基本政策不动摇。

5.毛泽东思想与中国特色社会主义理论的关系问题。中共十七大胡锦涛所作的政治报告中,明确将中共十一届三中全会以来形成的中国化马克思主义理论成果,概括为中国特色社会主义理论体系,表明中共中央对改革开放以来取得的重大理论成果成功地实现了整合,因而具有重要的理论意义与现实意义。关于这点,学术界给予了高度评价。但是,中共十七大报告并没有将毛泽东思想归入中国特色社会主义理论体系之中。对于这个问题,学术界主要有两种观点,一种观点认为毛泽东思想不应当包括在中国特色社会主义理论体系之内。另一种观点则相反,认为毛泽东思想应是中国特色社会主义理论体系的组成部分。

对于中国特色社会主义理论体系为什么不包括毛泽东思想? 十七大政治报告本身没有展开论述。为此,一些理论工作者根据自己的理解进行了解释。概括起来,主要理由如下:中国特色社会主义理论体系是"当代中国"的创新理论,而毛泽东思想不是"当代中国"形成的理论成果[1];毛泽东对如何建设社会主义提出的正确观点不成体系[2];马克思主义与中国实际

---

[1] 石仲泉:《中国特色社会主义理论体系为什么不包括毛泽东思想?》,《河南日报》2007年11月13日。

[2] 华建宝:《"中国特色社会主义"名称及内涵的历史演进》,《广西社会科学》2009年第3期。

结合的两次历史性飞跃的起点不同,从理论形态上看,毛泽东关于社会主义建设道路的探索,仍然属于毛泽东思想,仍然属于第一次历史性飞跃的理论成果①;等等。公开发表的一些文章认为中国特色社会主义理论应当包括毛泽东思想的,主要是在中共十七大之前。其中影响较大的便是"始于毛,成于邓"之说,即是说中国特色社会主义理论起始于毛泽东20世纪50年代中期的探索,代表性的理论成果就是1956年4月的《论十大关系》和1957年3月的《关于正确处理人民内部矛盾的问题》。亦有学者认为,毛泽东思想是中国化的马克思主义,当中国开展革命和建设之时,善于搞"结合"的毛泽东立志搞中国化的马克思主义和中国特色的社会主义,毛泽东思想是中国特色社会主义理论的发端和初始形态。如果将毛泽东思想排除在外,中国特色社会主义理论就成了一个不知从何而来的空降物。②

中共十七大对中国特色社会主义理论体系作了明确界定之后,认为中国特色社会主义理论体系应包括毛泽东思想在内的观点,主要发表一些网络文章中。例如某毛泽东思想网站一篇署名为"高哲"的文章认为,中国特色社会主义理论体系应该包括毛泽东思想。理由是:第一,毛泽东思想关于社会主义的理论,就是"中国特色社会主义理论"。第二,邓小平"建设有中国特色的社会主义"的理论,是毛泽东思想关于社会主义建设理论的继承。第三,毛泽东思想对于社会主义市场经济仍有现实指导意义。文章还列举了将毛泽东思想列入中国特色社会主义理论体系的两大好处:一是不至于使人们误以为毛泽东思想已经"过时"进而淡化甚至遗忘毛泽东思想,使毛泽东思想这份宝贵的精神遗产失去其灿烂的光辉,从而使党、国家和人民蒙受不可弥补的损失。二是使"邓小平理论、'三个代表'重要思想和科学发展观与毛泽东思想一脉相承"这个提法更有说服力。③

其实,中国特色社会主义理论体系中不包含毛泽东思想,并不等于否定毛泽东对中国自己社会主义道路探索所作的贡献。中国特色社会主义不论

---

① 秦宣:《解读"中国特色社会主义理论体系"》,《理论前沿》2007年第22期。

② 杜鸿林:《关于构建中国特色社会主义体系的若干思考》,《天津行政学院学报》2007年第1期。

③ 高哲:《中国特色社会主义理论体系应当包括毛泽东思想》,http://mzdthought. com/html/sxyj/2007/2007/1209/9109. html。

是其道路、理论体系还是其制度，当然不是说与十一届三中全会前的探索毫无历史关联。作为中国特色社会主义道路的基本前提的社会主义制度，是上世纪50年代中期基本形成的；从上世纪50年代开始，毛泽东就提出了走中国自己的社会主义道路的命题，并为此作了许多的探索，应当说，毛泽东确实想走出一条不同于苏联的、适合中国国情的、具有中国自己特点的社会主义道路，也提出了许多有价值的理论观点，为后来中国特色社会主义理论的形成提供了许多有益的启示与借鉴。但实事求是地看，十一届三中全会前，中国并没有从传统的社会主义模式走出来，很难说已经形成了中国特色社会主义。不但如此，毛泽东思想有其丰富的内容，大体说来，包括关于新民主主义革命的理论与社会主义革命和建设的理论，如果将毛泽东思想纳入中国特色社会主义理论体系的范畴，其中关于新民主主义革命的理论显然是中国特色社会主义理论体系不能涵盖的。用毛泽东思想和中国特色社会主义理论体系来分别归纳概括马克思主义中国化的理论成果，更加合适些。

十一届三中全会以来，特别是最近十年来，随着研究条件的日益改善，毛泽东和毛泽东思想的研究取得了巨大的成就，产生了一大批有价值的成果，不但促进了学术的繁荣，也为人们深刻认识中国特色社会主义提供了有益的启示和借鉴。但是，应该看到，在毛泽东和毛泽东思想研究中，也存在着一些值得注意的问题，如选题、研究内容重复，每年发表或出版的成果虽然不少，但真正高质量、高水平、有新意的不是很多。有关毛泽东生平与思想研究的文章，大体可分为三类，一是真正有新意的，这是极少数；二是内容平平，虽无新意，但也无甚不对，这是多数；三是拼凑、克隆之作，这也是少数。另外，在毛泽东思想的许多方面研究仍有待深化，如毛泽东在民主革命时期正确解决农民问题的成功经验，毛泽东对实现马克思主义中国化、确立社会主义基本制度的主要贡献，等等。

责任编辑：王世勇

图书在版编目（CIP）数据

回看毛泽东/罗平汉 著. —北京：人民出版社，2013.5（2025.8 重印）
ISBN 978－7－01－011820－8/01

Ⅰ.①回⋯　Ⅱ.①罗⋯　Ⅲ.①毛泽东（1893~1976）-人物研究
　Ⅳ.①A755

中国版本图书馆 CIP 数据核字（2013）第 047481 号

回看毛泽东
HUIKAN MAOZEDONG

罗平汉　著

人民出版社 出版发行
（100706　北京市东城区隆福寺街 99 号）

北京汇林印务有限公司印刷　新华书店经销

2013 年 5 月第 1 版　2025 年 8 月北京第 3 次印刷
开本：710 毫米×1000 毫米 1/16　印张：26
字数：398 千字

ISBN 978－7－01－011820－8/01　定价：108.00 元

邮购地址 100706　北京市东城区隆福寺街 99 号
人民东方图书销售中心　电话（010）65250042　65289539